当代中国的经济特区

CONTEMPORARY CHINA: THE SPECIAL ECONOMIC ZONES

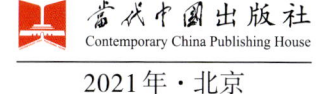

2021年·北京

图书在版编目（CIP）数据

当代中国的经济特区 /《当代中国》丛书编辑委员会编. -- 北京：当代中国出版社, 2021.4
（《当代中国》丛书）
ISBN 978-7-5154-0958-0

Ⅰ.①当… Ⅱ.①当… Ⅲ.①经济特区—概况—中国 Ⅳ.① F127.9

中国版本图书馆 CIP 数据核字（2019）第 173415 号

出 版 人	曹宏举
责任编辑	宗　边
特约编辑	陈立旭
责任校对	康　莹
印刷监制	刘艳平
装帧设计	创世禧图文
出版发行	当代中国出版社
地　　址	北京市地安门西大街旌勇里 8 号
网　　址	http://www.ddzg.net　邮箱：ddzgcbs@sina.com
邮政编码	100009
编辑部	（010）66572264　66572154　66572132　66572180
市场部	（010）66572281　66572161　66572157　83221785
印　　刷	北京润田金辉印刷有限公司
开　　本	787 毫米 ×1092 毫米　1/16
印　　张	33.75 印张　494 千字
版　　次	2021 年 4 月第 1 版
印　　次	2021 年 4 月第 1 次印刷
定　　价	240.00 元

版权所有，翻版必究；如有印装质量问题，请拨打（010）66572159 转出版部。

《当代中国的经济特区》编辑委员会

名誉主任 谷 牧

顾　　问 周建南　任仲夷　项　南　胡　平　马　洪

主　　任 何椿霖

委　　员（按姓氏笔画排列）

丁励松　于　飞　王一士　王金水　方　苞　江　平
孙尚清　刘国光　刘　峰　李　灏　李　琮　李珠镜
邹尔均　吴南生　吴　波　张　戈　张元元　何仲云
何佳声　苏彦汉　陈顺恒　陈肇斌　陆自奋　孟庆平
林兴胜　林铭侃　郑良玉　周溪舞　胡光宝　赵云栋
姚文绪　梁广大　秦文俊　盛　愉　游德馨　鲍克明
蔡常今　缪恩禄

《当代中国》丛书
编辑委员会

主　编　邓力群　马　洪　武　衡

编　委　(按姓氏笔画排列)

丁伟志　于光远　王忍之　王惠德　安平生　有　林
朱穆之　华　楠　李力安　杜润生　杨白冰　谷　羽
周克玉　林涧青　房维中　胡　绳　贺敬之　袁宝华
梅　益　薛暮桥

《当代中国》丛书
编辑部

(按姓氏笔画排列)

刘　杲　杜　敬　陈伯林　吴家珣　李松晨　段若非
唐合俭

《当代中国的经济特区》
编 辑 部

张　戈　毛宗城　何佳声　苏彦汉　罗木生　王　健
高海波　张炳申

《当代中国的经济特区》主要撰稿人

（按姓氏笔画排列）

王建一　王建中　毛宗城　叶　英　冯　强　刘新华
刘鸿钧　齐德秀　江潭瑜　邱少波　吴　艳　何佳声
苏水利　苏彦汉　周运源　周笑梅　罗　元　罗木生
封小云　张　戈　张木明　张晋元　张炳申　张穗强
徐乐夫　柳孝华　高海波　黄兰淮　隋广军　蔺海清

《当代中国》丛书再版说明

《当代中国》丛书作为新中国成立以来第一套大型当代中国国史和国情丛书，是新中国国史研究领域的标识性作品。该丛书以无可辩驳的史实客观呈现了新中国成立以后近40年我们党带领全国人民所取得的社会主义建设的伟大成就，是改革开放前后两个时期有机衔接的忠实记录。

《当代中国》丛书是20世纪80年代初胡乔木同志提议，经中共中央书记处批准，由中宣部向全国部署，交由中国社会科学院规划和编辑出版，是新中国成立后由中央组织的首次大规模编写中华人民共和国历史的工程。《当代中国》丛书共150卷，208册，约1亿字，3万幅珍贵历史图片。丛书内容广泛，几乎涵盖新中国成立以来各条战线、各个地区社会主义革命和社会主义建设事业的发展过程、辉煌成就。按内容区分，有部门（行业）卷、地方卷、专题卷，还有不限于某个部门或某个方面的综合卷。

1999年6月30日，《当代中国》丛书完成总结大会在北京人民大会堂召开，时任中共中央总书记、国家主席江泽民，国务院总理朱镕基，副总理李岚清等党和国家主要领导同志亲切会见了与会代表。江泽民总书记对丛书的完成表示热烈祝贺和高度评价，同时发表重要讲话。他指出：《当代中国》丛书为研究有中国特色社会主义的伟大事业的发展进程、经验和规律，为在广大干部和群众中开展爱国主义、集体主义、社会主义思想教育，提供了丰富的史料和生动的教材。大家应该充分运用这部丛书的科研成果，为资政育人服务，为推进改革开放和现代化建设服务。同年，《当代中国》丛书荣获第四届中国国家图书奖荣誉奖。

由于本丛书第一版时间久远，版本陈旧，且至今市面无存，为服务广大读者，我们推出了该丛书的新版本。目前再版这套丛书，既是向2019年新中国成立70周年奉献的一份厚礼，也是向2020年全面建成小康社会和2021年中国共产党成立100周年敬献的贺礼。

本次再版的总体原则是在尊重史实和时代语境的前提下，保持丛书既有框架和内容，个别调整体例、订正错讹。本次再版，我们邀请专业人员对各卷英文目录做了全面修订，使之更加准确、简洁。我们还提升了用材、装帧质量，务使该丛书以更好的面貌呈现给广大读者。

本次再版得到了中国社会科学院哲学社会科学创新工程和当代中国研究所的鼎力支持与帮助，在此谨表诚谢。

2019年，习近平总书记对在"不忘初心、牢记使命"主题教育中学习党史、新中国史作出重要指示。我们真诚希望，通过本丛书再版，能为全国广大读者增添一套新的、更为全面系统的学习教材，起到进一步传承红色基因、坚定理想信念的作用，做到知史爱党、知史爱国。

当代中国出版社

2019 年 12 月

总　序

中华人民共和国，作为一个伟大的社会主义国家，屹立于世，已经整整 35 个春秋。

当此之际，我们决定把 30 多年来的历史经验，分门别类，加以总结，编纂成书，陆续付梓，以献给这一伟大事业的创业者和建设者，献给行将参加到这一事业中来的一代又一代新的建设者，献给全国各族同胞和世界上一切关心我们事业的朋友们。

在中华民族 5000 多年的文明史上，我们当代的历史——中华人民共和国的历史，是最辉煌的篇章。这个时期，中国大地上社会的发展，历史的进步，各项事业的兴旺，人民的团结，都是空前的。我们并不满足于既有的初步成就，并不想以此矜夸于人，但是我国人民通过 30 多年的实践，确实重新建立了充分的民族自信。实践本身向全世界宣告，有着古老文明的中华民族，在中国共产党领导下，恢复了和勃发着青春的活力，她完全有能力在比较短的时间内，扎扎实实，以比较高的速度，迎头赶上，跻身于世界先进民族之林。

中华人民共和国的历史，是一部艰苦卓绝的社会主义创业史。其所以艰苦卓绝，一则是由于我们的基础太差，起点太低；二则是由于我们没有经验。如何把一个贫困落后的半殖民地半封建的旧中国改造和建设成为一个富强先进的社会主义新中国，不仅在我国的历史发展中是前无古人的创新之举，而且在世界范围内也无成例可援。我们固然可以参考和借鉴别人的经验，但从根本上来说，却只有靠我们自己运用马克思列宁主义的普遍真理，独立地认识和分析中国的特殊国情，以无畏的革命创造精神和严格的科学态度，找出一条中国化的建设社会主义的道路。只有这样，振兴中华的大业才会事半功倍，卓有成效。在革命战争年代，我们把马克思列宁主义普遍真理和中国革命具体实践相结合，形成了适合中国情况的科学的指导思想，即毛泽东思想。是否坚持马克思列宁主义普遍真理和中国革命具体实践相结合，是决定新民主主义革命成败的关键。新中国成立以来的历史实践表明，这同样是决定我国社会主义事业成败的关键。30多年来，中国人民为此贡献了智慧，付出了劳动，备尝了失误的苦痛和成功的欢欣。党的十一届三中全会以后，我们总结过去正反两方面的丰富经验，坚持和发展马克思列宁主义、毛泽东思想，逐步制定和完善各方面的方针政策，在探索建设有中国特色的社会主义的道路上，有许多新的创造，取得了重大的成就。在1982年党的第十二次全国代表大会上，邓小平同志提出："把马克思主义的普遍真理同我国的具体实际结合起来，走自己的道路，建设有中国特色的社会主义，这就是我们总结长期历史经验得出的基本结论。"建设有中国特色的社会主义，这是一个实践的过程，又是我们的认识不断提高和深化的过程，这是我们的出发点，又是我们的奋斗目标。我们完全可以自豪地说，沿着这条道路前进，通过全体共产党人和各族人民脚踏实地的艰苦奋斗，把我们的祖国建设成为一个高度文明、高度民主的社会主义的现代化强国，是指日可待的。

　　社会主义中国的历史还在发展。我们有责任把我国走过的道路和取得的经验，介绍给全国各族人民，介绍给世界人民。我国人民必能从中吸取到爱国主义和社会主义的可贵教益，国外一切关心中国的人也能够由此增进对社会主义新中国的了解。这就是我们编撰出版这套《当代中国》丛书的主要目的。

《当代中国》丛书，将遵循实事求是的科学的态度，不虚美，不掩过，用可靠的事实资料，如实地写出新中国30多年的建设史，为世人为后代留下一部科学的信史。我们深信，只要把30多年建设的成功和挫折的经验，运用马克思列宁主义、毛泽东思想一一加以科学的总结，那就会使之成为传诸后世的国宝。

当然，任何珍贵的历史经验，都不应变成妨碍人们继续前进的沉重负担。我们不仅不能重复过去的错误，也不能为成功的经验所束缚，而故步自封。历史经验的可贵，在于提供给人们继续前进的力量，在于给人们研究和解决新问题以智慧。现在，为了实现社会主义现代化，全面进行经济改革和技术革命的历史任务，已经提上了议事日程。这些在新的历史条件下面临的重大的新课题，显然是不可能从既往的历史经验中找到现成答案的。我们的任务在于，正确运用历史经验，从中得出规律性的认识，以便用科学性和革命性紧密结合的革新精神，去迎接我国社会主义现代化建设的新高潮。

《当代中国》丛书编辑委员会

1984年5月3日

江泽民总书记在庆祝深圳经济特区建立十周年招待会上的讲话

（一九九〇年十一月二十六日）

朋友们、同志们：

在欢庆深圳经济特区建立十周年的时候，我代表党中央、国务院，向为建设我国经济特区创造性地辛勤劳动和工作的同志们，致以热烈的祝贺和亲切的问候！向在座的各位来宾，向所有关心和支持我们改革开放和社会主义现代化建设事业，关心和支持经济特区建设事业的港澳同胞、台湾同胞、海外侨胞和各国朋友，表示热烈的欢迎和衷心的感谢！

十年前，在党的十一届三中全会作出把全党工作重点转到经济建设上来、实行改革开放的战略决策后不久，经邓小平同志倡议，党中央和国务院决定兴办深圳、珠海、汕头、厦门四个经济特区，运用对外开放的条件，加快经济发展。这是一项具有远见卓识的创举。十年过去了，今天我们来到深圳，看到这里的面貌已经发生了巨大的变化。那时的深圳是个边陲小镇，点缀其中的只有几座外贸仓库，今天的深圳，已经是一个各项设施比较齐全，经济昌盛，市场繁荣，内外经济交流十分活跃的现代化城市。

深圳和其他几个经济特区，在我国发展对外贸易，引进国外资金和技术，扩大对外经济合作交流中，发挥了重要的窗口和基地作用，在改革开放中也发挥了排头兵作用。经济特区坚持发展以工业为主、工贸结合的外向型经济的指导思想，卓有成效地吸收外资、引进先进技术和科学管理经验，扩大出口，开展国际经济技术合作和交流，逐步建立起适应外向型经济发展的经济运行机制，为确立我国对外开放的格局和实施沿海地区发展外向型经济的战略，进行了有益的探索。经济特区外引内联，扩大横向经济联合发展经济的路子，对内地众多地区进入国际市场起到了借鉴和推动作用。经济特区在经济体制改革的许多方面先行一步，为全国经济体制改革的深化提供了重要的经验。经济特区在抓物质文明建设的同时，重视抓社会主义精神文明建设，坚持四项基本原则，也为我们在对外开放条件下保持正确的政治方向，提高人的政治、业务和文化素质，积累了可贵的经验。经济特区建设所取得的成就充分证明，创办经济特区的实践是成功的，实行改革开放的总方针是完全正确的。它从理论与实践的结合上，丰富了我们对建设有中国特色的社会主义的认识。

朋友们、同志们：

九十年代是我们建设有中国特色的社会主义非常关键的十年。目前，我国正在制定经济和社会发展的十年规划和"八五"计划的基本纲要。我们一定要在保持政治稳定、社会稳定的基础上，进一步把经济搞上去，使国民经济持续、稳定、协调地发展，保证实现第二步战略目标，并为下世纪中叶实现第三步战略目标创造条件。为了达到这一目的，我们必须继续坚定不移地贯彻执行党的基本路线，继续坚定不移地贯彻执行党的十一届三中全会、十二大、十三大以来确定的各项重大方针政策。当前我们正在进一步进行治理整顿、深化改革，采取一些必要的调整措施，用改革的精神来解决经济生活中存在的问题，这正是为了更好地贯彻执行党的基本路线和重大方针政策。对外开放是我国一项长期的根本政策，这项政策是不会改变的。

我们要继续在自力更生的基础上坚持对外开放，积极发展与世界各国、各地区的经济技术合作和交流。这就要求必须把现有的深圳、珠海、汕头、厦门、海南五个经济特区进一步办好，把沿海开放地区发展外向型经济的事情进一步办好，把吸纳国外资金、引进先进技术、拓展对外贸易、发展国际经济合作的事情进一步办好。党中央、国务院从我国经济发展的长远战略着眼，今年又作出了开发与开放上海浦东新区的决定。这将充分发挥上海和长江沿岸腹地的经济资源优势和科学技术优势，使我国的对外开放出现一个新的局面。

在这样的形势和任务面前，经济特区要在过去十年成就的基础上，不断总结经验，不停顿地把各方面的工作推向前进。我们的改革是社会主义制度的自我完善和发展，是要克服过去体制中存在的各种弊端，使社会主义制度的优越性充分发挥出来。我们的对外开放，是要积极开展对外经济技术合作和交流，学习外国包括资本主义发达国家的先进技术、科学管理经验和进步文化成果，同时抵制资本主义社会那些消极腐朽东西对我们的侵蚀，继承和发扬中华民族一切优良的思想、道德、文化传统。无论是特区还是其他地区，都要始终把握这样一些基本要求，在实际工作中不断探索、开拓、进取，共同推进建设有中国特色社会主义的宏伟事业。在这方面，希望特区创造更多更好的经验。特区已经有了一个发展外向型经济的初步基础，今后的任务是提高水平，增进效益。要提高技术水平，引进和开发更多的先进技术以至高新技术，以科技进步来推动产业结构和产品结构的优化。要提高管理水平，使政府行政管理、市政管理、经济管理和企业管理更加科学化、现代化和法制化。要提高知识水平，特别是要增进广大干部的国际经济、贸易、金融、法律知识，培养宏大的对外经济工作队伍。要提高政策水平，通过改革，使经济特区的政策、法规更好地适应外向型经济发展和社会全面进步的需要。所有这些，总起来说，也就是要求经济特区做到邓小平同志所期望的那样，充分发挥"技术的窗口、管理的窗口、知识的窗口和对外政策的窗口"的作用，与浦东的开发和开放相互配合，为国家的经济振兴服务。

当前国际形势正在发生重大的变化。不管国际风云如何变幻，我国仍将坚定不移地执行独立自主的和平外交政策，执行对外开放的方针。经济特区的有关政策，党和国家要保持其稳定性和连续性，并在实践中逐步完善。经济特区的一些重要基础设施，省政府、中央各部门也应该一如既往地给以支持，为特区建设创造必要的条件，为投资者创造更好的环境。我们也殷切期望港澳同胞、台湾同胞、海外侨胞和各国朋友，一如既往地从各个方面关心和支持经济特区建设。

我们可以满怀信心地期望，再过十年，当经济特区庆贺它建立二十周年的时候，将会创造社会主义物质文明和精神文明的更大成绩，将会更加生机勃发。

江泽民总书记在厦门经济特区
建立十周年庆祝会上的讲话

（一九九一年十二月十八日）

同志们、朋友们：

这次我们到厦门、汕头，庆贺两个经济特区建立十周年。我代表党中央、国务院，向经济特区人民，向为了建设经济特区辛勤劳动和工作的同志们，致以热烈的祝贺和亲切的问候！向各位来宾，向所有关心和支持我们改革开放和现代化建设事业，关心和支持经济特区建设事业的港澳同胞、台湾同胞、海外侨胞和各国朋友，表示热烈欢迎和衷心感谢！

坚持对外开放，在自力更生的基础上，积极发展与世界各国、各地区的经济技术交流和合作，是我国一项长期的根本政策，也是我国进行社会主义现代化建设的一个重要条件。深圳、珠海、汕头、厦门和海南五个经济特区，处在我国对外开放的前列，在我国发展对外贸易，扩大对外经济技术合作中，越来越发挥着窗口和基地的作用。经济特区建设卓有成效的实践，充分证明：党的十一届三中全会以来形成的，以经济建设为中心，坚持四项基本原则，坚持改革开放的基本路线，是完全正确的；邓小平同志倡导的举办经济特区、进一步开放沿海地区的决策，是正确的、成功的。

厦门是我国的一个历史悠久的对外通商口岸。厦门经济特区建立十年来，经过广大干部和群众的艰苦努力，经济和社会发展各个方面都取得了令人瞩目的成就。十年前，我们到厦门来，这里城区很小，工厂很少，经济还很落后。今天，我们看到这座古城的面貌已经发生了巨大的变化。通过对外开放，吸引外商和港台客商投资，引进先进技术和科学管理经验，上千家新企业办起来了，成群的高楼大厦建起来了，商业贸易繁荣起来了，初步形成了以工业为主，工贸结合，各业综合发展的外向型经济格局。厦门经济特区建设，对带动闽南地区、加快经济发展起了重要作用，为推动海峡两岸的经济交往，促进祖国统一事业作出了积极的贡献。厦门的发展，汕头的发展，各个经济特区的发展，都进一步显示了改革开放带来的强大生机和活力，显示了社会主义制度的优越性，丰富了我们建设有中国特色社会主义的理论和实践。

我国国民经济，经过三年来的治理整顿和深化改革，基本达到了预期的目的，正在进一步向好的方向发展，将进入一个持续、稳定、协调发展的新阶段。九十年代是我们建设有中国特色社会主义事业的非常关键的十年，我们一定要在保持政治稳定、社会稳定的基础上，集中力量把经济搞上去，并且促进社会的全面进步，保证实现现代化建设的第二步战略目标，并为下世纪中叶实现第三步战略目标创造条件。我们已经制定并正在执行我国国民经济和社会发展的十年规划和"八五"计划纲要。最近召开的中央工作会议和十三届八中全会，又分别就搞好国营大中型企业，加强农业和农村工作做出了决策和决定，这些都是我们向着第二步战略目标迈进的重大步骤。进一步扩大对外开放，也是我们实现这一战略目标的一项重大措施。我们要把经济特区办得更好，巩固和发展已经开辟的经济技术开发区、沿海开放城市和沿海经济开放区；要进一步贯彻沿海地区经济发展战略，积极发展外向型经济；要进一步扩大对外经济技术合作，积极有效地吸收外商投资，引进先进技术，拓展对外贸易，增强国际交换和竞争能力，使我国对外开放出现一个新局面。

经济特区要认真总结经验，把各方面的工作推向前进。经济特区要从国民经济全局出发，合理地确定开发和建设规划，保证经济建设和对外开放更健康地发展。要把特区经济发展的重点转移到依靠科技进步，提高劳动者素质，增进经济和社会效益的轨道上来。按照国家的产业政策，跟踪世界新技术革命的进程，积极调整产业结构，努力发展高新技术产业。同时把吸收外商投资同加快老企业技术改造结合起来。特区也要坚持把国营企业搞得更好，不断增强它们的活力。要大力发展为生产服务，为出口服务的第三产业，特别是信息、金融、贸易等产业，促进特区产业结构合理化和现代化，在这方面，视野要更开阔些，步伐要更大些，成效要更显著些。要继续加强同内地的横向联系和协作，促进内地的建设和对外开放，更好地在全国的经济发展中发挥外引内联、双向辐射的作用，把外向型经济提高到一个新水平。

经济特区是我国改革开放的"排头兵"。特区要围绕建立和完善适应社会主义有计划商品经济发展的、计划经济与市场调节相结合的新经济体制和运行机制这个改革的总目标，积极稳妥和协调配套地推进各方面的经济体制改革和政治体制改革，在这方面多创造一些好的经验。同时特区要十分注意和大力抓好社会主义精神文明建设，抓好社会主义民主和法制建设。要坚持不懈地进行四项基本原则教育，切实加强思想政治工作，坚决抵制一切消极腐朽思想的影响和侵蚀，努力消除一切同社会主义精神文明和我们民族的传统美德不相容的社会现象，使经济特区的发展始终沿着社会主义的方向前进，并培育出讲奉献、讲团结、讲道德、讲文明、讲礼貌的良好社会风尚，造就出一大批优秀的社会主义现代化建设者。

厦门经济特区与台湾一水之隔，是海峡两岸开展经济文化交流的一个重要窗口。厦门特区要充分利用有利条件，积极增进海峡两岸同胞的相互了解和往来，热忱欢迎台湾同胞参与经济特区的建设，为推动祖国统一大业作出新贡献。

我们也殷切期望港澳同胞、台湾同胞、海外侨胞和各国朋友继续关心、支持和参与我国经济特区的建设。

在国内外各方面的关心和支持下，我相信，今后经济特区将会以更迅速更坚实的步伐向前迈进。到二〇〇〇年，经济特区将会取得社会主义物质文明和精神文明建设更加丰硕的成果，呈现出更加繁荣昌盛的新面貌。

前　言

呈现在读者面前的这本《当代中国的经济特区》，是对中国经济特区举办的第一个十年（1980—1990年）历史的回顾。

基于对国情的科学分析，中国共产党从十一届三中全会以来，确立和实行了以经济建设为中心、坚持四项基本原则、坚持改革开放的基本路线。作为贯彻实施这条基本路线总体部署中的一个组成部分，经邓小平倡议，中共中央、国务院于1979年7月作出举办经济特区的战略决策。1980年8月，第五届全国人民代表大会常务委员会批准建立深圳、珠海、汕头、厦门四个经济特区。1988年4月，第七届全国人民代表大会，又决定建立海南经济特区。经济特区丰硕的建设成果，经济迅速发展的实绩，锐意改革的经验，"两个文明"建设同时抓的实践，以及在全国经济生活中日益明显的积极作用，为国内外所瞩目。编写这本书的目的，在于帮助人们了解上述过程的概貌，并从这个侧面说明中国共产党在新的历史时期实行的基本路线的正确性。同时，对于认真总结经济特区第一个十年发展中的经验，今后迈出更加雄健扎实的前进步伐，也是有意义的。

1990年11月26日和1991年12月18日，中共中央总书记江泽民，先后在深圳经济特区和厦门经济特区成立十周年的庆祝会上，发表了重要讲话。这两篇重要讲话，是对中国举办经济特区基本经验的全面概括，特收入本书，列于全卷之首，作为代序言。

全卷本文分为上下两编。

上编是综述编。中国举办经济特区是推进现代化建设的战略措施之一，也是建设有中国特色的社会主义的一项重要实验。在社会主义制度下举办经济特区，没有任何现成的公式可以搬用。特区建设与全国的改革开放一样，经历着从"必然王国"逐步走向"自由王国"的艰苦探索。本编是对这个进程的综合阐述，分为九章。第一章概括地介绍了中共中央、国务院作出举办经济特区的决策和不断总结经验指导特区发展成长，各特区认真探索，努力开拓，步步迈上新水平的实践进程。第二章至第八章，就经济特区几个重要方面的工作，包括建设基础设施，创造投资环境，积极吸收利用外资，拓展对外贸易，发展外向型经济；适应参与国际交换和竞争的需要，逐步深化经济体制改革，健全完善涉外经济法制；坚持以工业为主、工贸结合，带动其他行业，促进社会生产力和整个经济的发展；从处于对外开放前沿的实际出发，切实加强社会主义精神文明建设等，分别作了专门介绍。每个专章就一个方面叙述它的起始面貌、发展进程和取得的成就，也介绍了若干曾经发生过的问题，并对实践作了些反思和考察。特区是全国的特区，特区的一切工作成果，都要落到为全国服务上。在本编的第九章中，对全国支援特区、特区服务全国的基本情况作了综述和阐列；同时，还初步展望了90年代特区发展的前景。

下编是分述编。深圳、珠海、汕头、厦门、海南五个经济特区，在其发展中具有共性。但是，由于各自的地理位置、原有基础、自身的优势和弱点以及起步建设的时间有所不同，因而开拓的路数、工作的进度、取得的成就和创造的经验，以及尚待加强的薄弱环节，都有其特性。在本编中五个特区各列分章，以反映各特区姿彩纷呈的不同风貌。这对于从比较中研究今后如何进一步发展，也不无裨益。

本书还编列了中国沿海经济技术开发区的情况、有关经济特区的法规和政策性文件目录，以及其他有关资料，作为全书的附录。附录四编录的是过去未对外公布的中共中央、国务院有关经济特区的文件。

中国举办经济特区的实践，今后将有更大的发展，对它的认识还将不断深化。本书所写的内容，只是就其在过去十年中已经显露的若干方面，试作初步的分析归纳和阐述。由于编著人员水平的局限，虽然黾勉从事，力求立论准确，阐述精当，但其中不妥之处在所难免，热诚欢迎从事特区工作的同志和广大读者给予批评指正。

本书从1989年4月着手组织编写。在编写过程中，中国的改革开放事业和经济特区建设持续发展，不断取得新成就。1992年年初春，中国社会主义改革开放和现代化建设的总设计师邓小平视察包括深圳、珠海经济特区在内的南方部分地区，发表了重要谈话。这篇重要谈话，贯穿了一个鲜明的中心思想，就是必须坚定不移地全面贯彻执行"一个中心、两个基本点"的基本路线，解放思想，实事求是，排除各种干扰，抓住有利时机，加快改革开放的步伐，集中精力把经济建设搞上去，不断地把有中国特色的社会主义事业全面推向前进。在这篇重要谈话中，他还充分肯定了经济特区十年多来的发展成就，更明确地提出了攀登新台阶的要求。1992年10月召开的中国共产党第十四次代表大会，进一步强调要办好经济特区、沿海开放城市和沿海经济开放区。这对于经济特区更快更好的发展、进一步提高水平、增进效益，是强有力的推动。人们完全可以预期，进入90年代的经济特区必将在社会主义物质文明和精神文明建设中，取得更加丰硕的成果和更加成熟的经验。同时，也将陆续有更多的理论与实践相结合、历史与逻辑统一、内容和文采并茂的有关经济特区的论著问世。我们满怀信心地期待着。

《当代中国的经济特区》编辑部

1992年10月

目录

总　序

江泽民总书记在庆祝深圳经济特区建立十周年招待会

　　上的讲话（一九九〇年十一月二十六日）

江泽民总书记在厦门经济特区建立十周年庆祝会

　　上的讲话（一九九一年十二月十八日）

前　言

上　编
开拓的历程

第一章　在改革开放中建立和发展 ·· 4

　第一节　酝酿和筹办 ·· 4

　　一、决策的过程 ·· 4

　　二、制订公布有关经济特区的管理条例，划定特区区域 ········ 6

　　三、举办特区方针政策初步系统化 ····································· 7

　第二节　开创新业建基础 ··· 10

　　一、集中力量建设基础设施 ·· 10

　　二、外引内联，兴办工业生产项目 ···································· 11

　　三、兴办商业、旅游等服务行业，活跃市场 ······················ 12

　　四、适应开发建设的需要，初步改革经济体制 ··················· 12

　第三节　致力发展外向型经济 ··· 14

一、外向型经济发展目标的进一步明确 ………………………… 15

二、外向型经济的发展及其基本框架的树立 …………………… 18

第四节 建立海南经济特区 …………………………………………… 21

第五节 提高水平，迎接 90 年代新发展 …………………………… 23

第二章 基础设施建设开创新路 …………………………………… 27

第一节 基础设施建设的进程和成就 ………………………………… 27

一、特区建设要求基础设施先行 ………………………………… 27

二、基础设施建设的进程 ………………………………………… 28

三、基础设施建设的成就 ………………………………………… 30

第二节 多方筹资，负债开发 ………………………………………… 31

一、使用国家银行贷款 …………………………………………… 31

二、实行土地有偿使用制度 ……………………………………… 32

三、吸收利用外资 ………………………………………………… 33

第三节 加强规划管理，讲求综合效益 ……………………………… 35

一、认真制定建设规划 …………………………………………… 35

二、分期分片开发 ………………………………………………… 36

三、加强施工管理 ………………………………………………… 36

四、实行商品化经营 ……………………………………………… 37

第四节 引进竞争机制，实行招标承包 ……………………………… 38

第五节 几点思考 ……………………………………………………… 39

第三章 吸收外商投资不断发展 …………………………………… 41

第一节 吸收外商投资的优惠政策 …………………………………… 41

第二节 吸收外商投资的发展进程 …………………………………… 44

一、起步阶段 ……………………………………………………… 44

二、初创局面阶段 ………………………………………………… 45

三、持续增长和逐步提高阶段 …………………………………… 46

第三节　外商投资构成不断改善 ········· 50
一、外资的来源及其变化 ········· 50
二、外资投入方式及其演变 ········· 51
三、外资投向及其变动 ········· 53

第四节　吸收外商投资对特区经济发展的作用 ········· 54
一、通过吸收外资，举办外商投资企业，促进了特区经济的发展 ········· 54
二、通过吸收外资，举办外商投资企业，引进了大量先进
适用的技术与设备 ········· 54
三、通过吸收外资，举办外商投资企业，借鉴了国外先进的
管理经验，培养了一大批人才 ········· 55
四、通过吸收外资，创办出口工业企业，促进了特区外贸的发展 ········· 56
五、通过吸收外资，举办外商投资企业，增加了特区的就业机会，
提高了特区人民的物质文化生活水平 ········· 56

第五节　几点思考 ········· 57
一、不断改善硬环境，努力优化软环境，是吸收外商投资的首要条件 ········· 57
二、灵活采用多种方式，内联外引，是大规模吸收外商投资的
有效途径 ········· 58
三、加强产业政策导向，重点面向国际市场，发展外向型经济，
是特区吸收外资的重要指导方针 ········· 58
四、保障外商投资者的合法权益，加强管理监督，
是提高综合经济效益的关键 ········· 59

第四章　对外贸易不断扩大 ········· 61

第一节　在国家政策支持下迅速拓展 ········· 61
一、开创起步 ········· 62
二、逐步增长 ········· 62
三、初具规模 ········· 63

第二节　外贸出口结构的变化 ········· 64

一、出口产品从农副产品为主转向工业制成品为主 …………… 64
　　二、自产产品比重上升 …………………………………………… 65
　　三、创汇大户不断涌现 …………………………………………… 66
　　四、外销市场向多元化发展 ……………………………………… 67
　　五、外商投资企业的产品出口占有重要地位 …………………… 68
第三节　几点思考 ……………………………………………………… 68
　　一、积极发展出口商品生产基地 ………………………………… 68
　　二、深化外贸体制改革 …………………………………………… 69
　　三、努力完善外贸服务体系 ……………………………………… 71
　　四、联合内地共同开拓国际市场 ………………………………… 72

第五章　经济体制改革逐步深化 …………………………………… 74

第一节　改革是经济特区的重要课题 ………………………………… 74
　　一、特区建设呼唤改革 …………………………………………… 74
　　二、特区进行改革具有相对优越的条件 ………………………… 75
　　三、国家对特区进行改革的要求 ………………………………… 75
　　四、特区经济体制改革的进程 …………………………………… 76
第二节　经济特区改革的基本内容 …………………………………… 77
　　一、实行社会主义公有制为主导的多种经济成分并存的所有制结构 … 77
　　二、改革投资管理体制和基建管理体制，推进特区建设 ……… 79
　　三、改革劳动、人事、工资制度和社会保险制度，
　　　　调动劳动者的积极性 ………………………………………… 79
　　四、改革企业经营管理体制，使企业成为独立的商品生产者和经营者 … 81
　　五、培育市场体系，为企业创造良好的生产经营环境 ………… 83
　　六、建立有效的宏观调控体系 …………………………………… 88
第三节　几点思考 ……………………………………………………… 90
　　一、关于特区改革的特性 ………………………………………… 90
　　二、关于特区改革的进程 ………………………………………… 91

三、关于特区进一步深化改革的关键 ……………………………… 92

　　四、关于特区改革对全国的意义 …………………………………… 93

第六章　涉外经济法制初步确立 …………………………………………… 94
第一节　特区涉外经济立法体系的形成和基本内容 …………………… 94
　　一、全国人大及其常委会和国务院制定颁布的有关法律、法规 …… 95

　　二、省级立法机关和政府制定的适用于经济特区的涉外经济
　　　　法规和规章 ……………………………………………………… 99

　　三、中国政府参加的有关国际公约和中国与有关国家（地区）
　　　　签订的双边或多边经济协定 …………………………………… 100

第二节　涉外经济司法和法律服务 …………………………………… 102
　　一、为外商提供法律服务 …………………………………………… 102

　　二、涉外诉讼和仲裁服务 …………………………………………… 104

第三节　进一步完善特区经济法制环境 ……………………………… 107
　　一、逐步健全和完善特区经济法制 ………………………………… 107

　　二、特区涉外经济法制建设要借鉴国际有关法规 ………………… 108

　　三、加强涉外经济法律的执行和监督 ……………………………… 108

　　四、增强法制观念，普及法律知识 ………………………………… 108

第七章　经济实力迅速增长 ………………………………………………… 110
第一节　十年巨变 ………………………………………………………… 110
　　一、工农业生产高速发展 …………………………………………… 111

　　二、第三产业兴旺发达 ……………………………………………… 111

　　三、经济实力持续增强 ……………………………………………… 112

　　四、人民生活水平显著提高 ………………………………………… 112

第二节　高速增长的工业 ………………………………………………… 113
　　一、发展进程 ………………………………………………………… 113

　　二、主要特点 ………………………………………………………… 115

第三节 欣欣向荣的第三产业 ································· 117
一、房地产业 ····································· 117
二、商业和饮食服务业 ····························· 118
三、金融业 ······································· 120
四、旅游业 ······································· 121

第四节 向现代化发展的农业 ····························· 122
一、从传统农业走向现代化农业 ····················· 122
二、出口创汇持续增长 ····························· 123
三、深度开发大有希望 ····························· 124

第五节 几点思考 ····································· 125
一、以工业为主，综合发展 ························· 125
二、外引内联，优化生产要素组合 ··················· 126
三、推动科技进步，优化产业结构和技术结构 ········· 127
四、从全国着眼，突出自身特色 ····················· 127

第八章 精神文明建设喜见成效 ··························· 129
第一节 十分重要的课题 ······························· 129
第二节 喜见成效的实践 ······························· 131
一、坚持深入进行四项基本原则的思想政治教育 ······· 131
二、加强和改进企业的思想政治工作 ················· 132
三、开展生动活泼的职业道德教育 ··················· 134
四、发展教育科技事业 ····························· 135
五、完善文化市场管理 ····························· 136
六、严厉打击违法犯罪活动 ························· 137
七、狠抓廉政建设 ································· 138
八、树立和弘扬特区精神 ··························· 139

第三节 对特区精神文明建设的再认识 ····················· 139
一、特区的精神文明建设任重道远 ··················· 139

二、"两个文明"建设要同时抓紧，同步进行 ············· 140
　　三、思想政治教育是精神文明建设的核心 ················ 141
　　四、各级领导身体力行是精神文明建设的关键环节 ········· 142

第九章　依托全国，服务全国 ························· 144
第一节　全国支援特区建设 ··························· 144
　　一、国家政策的扶植 ····························· 144
　　二、生产要素的提供 ····························· 146
　　三、理论研究的推动 ····························· 147
第二节　特区为全国服务 ····························· 147
　　一、传递国际经济信息 ··························· 148
　　二、沟通内地与国际市场的联系 ····················· 148
　　三、转让先进技术 ······························· 148
　　四、协助内地进口紧缺生产资料 ····················· 149
　　五、培训人才 ·································· 149
　　六、为国家和内地生财 ··························· 150
第三节　方兴未艾的特区与内地的经济联合 ··············· 150
　　一、随着特区的发展而逐步扩大 ····················· 150
　　二、以平等互利、优势互补为基础 ···················· 151
　　三、以进入国际市场为目标 ························ 152
　　四、催育着一批企业集团 ·························· 153
第四节　经济特区十年发展的总体考察 ··················· 154
　　一、特区是观察研究当代世界经济的窗口 ··············· 154
　　二、特区是对外开放的先行 ························ 155
　　三、特区是开展对外经济贸易的新基地 ················· 156
　　四、特区是改革的试验场 ·························· 156
　　五、特区是中国现行改革开放政策的集中展示 ············ 156

下 编
各具特色的五个经济特区

第十章 深圳经济特区（上） 162
第一节 深圳市的概况 162
  一、地域概貌 162
  二、历史沿革 163
第二节 深圳特区的建立 164
  一、在深圳举办特区的有利条件 164
  二、深圳经济特区的建立 165
  三、深圳经济特区的区划 165
第三节 深圳特区的发展 166
  一、草创奠基阶段 166
  二、发展成型阶段 170
第四节 卓著的成果 174
  一、初步建成具有良好投资环境的新兴城市 175
  二、工农业生产迅速发展 175
  三、吸收外资和引进先进技术成就突出 176
  四、一个新的外贸商埠在中国南方崛起 177
  五、第三产业蓬勃兴旺 177
  六、科学、教育、文化、卫生事业欣欣向荣 178

第十一章 深圳经济特区（下） 182
第一节 坚持外引内联，以工业为主，工贸结合，发展外向型经济 182
  一、积极筹措资金，建设比较完善的基础设施 182
  二、外引内联，发展以"轻、小、精、新"产品为特色的新型工业 183

　　　　三、以工业生产力的发展带动其他产业的振兴 …………………… 183

　　　　四、逐步实行国际化经营 …………………………………………… 185

　第二节　坚持以社会主义公有制为主导，多种所有制并存，

　　　　　发挥联结内外的枢纽作用 …………………………………………… 185

　　　　一、社会主义全民所有制 …………………………………………… 186

　　　　二、社会主义集体所有制 …………………………………………… 186

　　　　三、个体和私营经济 ………………………………………………… 187

　　　　四、外商投资企业 …………………………………………………… 187

　第三节　在国家宏观调控下，充分发挥市场的调节作用 ………………… 188

　　　　一、改革计划体制 …………………………………………………… 189

　　　　二、改革价格体制 …………………………………………………… 189

　　　　三、改革财政金融体制 ……………………………………………… 189

　　　　四、改革流通体制 …………………………………………………… 190

　　　　五、改革企业管理体制 ……………………………………………… 190

　　　　六、改革外贸、外汇管理体制 ……………………………………… 190

　　　　七、改革房地产管理体制 …………………………………………… 191

　　　　八、改革劳动用工制度 ……………………………………………… 191

　　　　九、改革分配制度 …………………………………………………… 192

　　　　十、改革干部人事制度 ……………………………………………… 192

　　　　十一、改革行政管理体制 …………………………………………… 193

　第四节　建立自我积累、自我发展机制，增强经济建设后劲 …………… 194

　　　　一、用好银行贷款，以钱生钱，"滚动"发展 …………………… 195

　　　　二、积极发展第三产业，广辟财源 ………………………………… 195

　　　　三、开源节流，增加有效积累，提高经济效益 …………………… 195

　第五节　坚持"两手抓"，实现"两个文明"建设同步发展 …………… 196

　　　　一、坚持物质文明与精神文明同时抓 ……………………………… 197

　　　　二、坚持深入开展政治思想工作，加强党的建设 ………………… 197

　　　　三、倡导"开拓、创新、团结、奉献"的特区精神 ……………… 198

四、大力发展教育、科学、文化事业 …………………………… 199

　　五、加强法制建设和廉政建设 …………………………………… 200

第六节　90年代的发展前景 ……………………………………………… 201

第十二章　珠海经济特区　205

第一节　珠海市概况 ……………………………………………………… 205

　　一、自然环境 ……………………………………………………… 205

　　二、历史沿革 ……………………………………………………… 207

第二节　珠海特区的建立 ………………………………………………… 208

第三节　探索前进的历程 ………………………………………………… 209

　　一、起步初创（1980—1983年） ………………………………… 209

　　二、建立以工业为主的经济格局（1984—1986年） …………… 212

　　三、向外向型经济发展（1987—1990年） ……………………… 215

第四节　对发展实践的思考 ……………………………………………… 218

　　一、社会生产力大发展 …………………………………………… 218

　　二、以旅游业为重点的第三产业繁荣兴旺 ……………………… 219

　　三、经济实力和人民生活水平显著提高 ………………………… 219

　　四、建成独具特色的园林式商埠城市 …………………………… 220

第十三章　汕头经济特区　225

第一节　潮汕地区概况和汕头特区的创建 ……………………………… 225

　　一、潮汕概况 ……………………………………………………… 225

　　二、汕头特区的创立 ……………………………………………… 227

第二节　艰苦奋进的历程 ………………………………………………… 228

　　一、从建设龙湖工业区扎实起步 ………………………………… 228

　　二、致力建设综合性经济特区 …………………………………… 230

　　三、在治理整顿中更上一层楼 …………………………………… 232

第三节　获得的成就和显示的作用 ……………………………………… 236

一、振兴了潮汕地区的传统工业 ·· 236
　　二、促进了潮汕农业的深度开发 ·· 237
　　三、发挥了通向国际市场的桥梁作用 ·· 237
　　四、对提高人民生活水平作出贡献 ··· 238
　　五、增强对港、澳、台同胞和华侨的吸引力 ································ 238
第四节　思考与展望 ·· 239
　　一、大处着眼，小处着手，稳步前进，力创巨业 ························· 239
　　二、扬长避短，以"软"补"硬" ·· 240
　　三、背靠腹地，瞄准国外，甘心服务，发挥窗口作用 ··················· 241
　　四、思想政治工作紧密结合经济工作进行 ··································· 242

第十四章　厦门经济特区 ·· 246

第一节　厦门市概况 ·· 246
第二节　厦门特区的建立 ·· 249
　　一、酝酿 ··· 249
　　二、筹建 ··· 250
第三节　持续拓展的十年 ·· 251
　　一、初创起步 ·· 251
　　二、基本格局形成 ·· 254
　　三、着力发展外向型经济 ·· 258
第四节　老港口城市焕发青春 ·· 260
　　一、创造了较好的投资环境 ··· 260
　　二、国民经济迅速发展，经济实力显著增强 ································ 261
　　三、以工业为主的外向型经济格局基本形成 ································ 262
　　四、旅游业蓬勃兴旺 ·· 263
　　五、教育事业进一步发展 ·· 264
　　六、初步发挥对外开放的窗口和基地作用 ··································· 264
第五节　在促进海峡两岸交往中迈出新步伐 ·· 265

一、调整特区发展布局 ·· 266
二、进一步发展外向型经济 ···································· 266
三、充分发挥对台工作优势，在扩大海峡两岸交往中起积极推进作用 ··· 266
四、加强基础设施建设，进一步完善投资环境 ···················· 266
五、增强内外辐射功能，进一步发挥窗口和基地作用 ·············· 267
六、加大改革的力度 ·· 267

第十五章 海南经济特区 ·· 269

第一节 南国明珠 ·· 269
一、优越的地理环境 ·· 269
二、丰富的自然资源 ·· 270
三、悠久的历史 ·· 274

第二节 举办海南经济特区 ···································· 276
一、改革开放把海南开发建设提上重要日程 ······················ 276
二、以对外开放促进岛内开发方针的实施 ························ 276
三、海南建省办经济特区 ······································ 278
四、国家赋予海南特区的主要政策 ······························ 279

第三节 扎实的起步 ·· 280
一、建立适应特区发展的新体制 ································ 281
二、加强基础设施建设 ·· 283
三、狠抓投资软环境建设 ······································ 284

第四节 迈向发展外向型经济的轨道 ···························· 287
一、蓬勃兴起的横向经济联合 ·································· 287
二、发展中的利用外资工作 ···································· 288
三、日益活跃的对外贸易 ······································ 288
四、成片开发与开发区建设起步 ································ 289

第五节 大有希望的发展前景 ·································· 292
一、办经济特区以来的初步总结 ································ 292

二、90年代发展展望 …………………………………………… 294

附录一　沿海开放城市的经济技术开发区 …………………… 299
　　大连经济技术开发区 …………………………………………… 310
　　秦皇岛经济技术开发区 ………………………………………… 311
　　天津经济技术开发区 …………………………………………… 312
　　烟台经济技术开发区 …………………………………………… 313
　　青岛经济技术开发区 …………………………………………… 315
　　连云港经济技术开发区 ………………………………………… 316
　　南通经济技术开发区 …………………………………………… 317
　　上海闵行经济技术开发区 ……………………………………… 318
　　上海虹桥经济技术开发区 ……………………………………… 319
　　上海漕河泾新兴技术开发区 …………………………………… 320
　　宁波经济技术开发区 …………………………………………… 321
　　福州经济技术开发区 …………………………………………… 322
　　广州经济技术开发区 …………………………………………… 323
　　湛江经济技术开发区 …………………………………………… 324

附录二　上海浦东新区 ……………………………………………… 326
附录三　有关经济特区文件、法规目录 ………………………… 329
附录四　中共中央、国务院关于经济特区文件 ………………… 336
附录五　有关经济特区工作机构负责人员名单
　　　　　（1979—1990年） ……………………………………… 471
附录六　参观访问经济特区的外国贵宾
　　　　　（1981—1990年） ……………………………………… 482
后　记 ………………………………………………………………… 490

Contents

General Preface

Speech at the Reception of Celebrating the 10th Anniversary of the Establishment of Shenzhen Special Economic Zone on November 26, 1990 by Party General Secretary Jiang Zemin

Speech at the Celebration for Celebrating the 10th Anniverary of the Establishment of Xiamen Special Economic Zone on December 18, 1991 by Party General Secretary Jiang ZeminForeword

Part One

The Pioneering Path

Chapter I Emergence of the Special Economic Zones (SEZ) in the Course of Reform and Opening up ··· 4

    1. On the Drawing Board ··· 4

    (1) Decision Making ··· 4

    (2) Formulating the Regulations and Carving out the Zone ··············· 6

    (3) Initial Systemization of the Related Principles and Policies ············ 7

    2. Laying the Foundation ··· 10

    (1) Concentrating on Building Infrastructural Facilities ··············· 10

    (2) Establishing Manufacturing Industries with Investment from Both Abroad and the Hinterland ··· 11

    (3) Setting up the Tertiary Industry to Invigorate the Economy ············ 12

(4) Starting the Economic Reforms ……………………………………… 12

3. Developing the Export-oriented Economies ……………………………… 14

(1) Clarification of the Direction of Development ……………………… 15

(2) Basic Framework in Place ………………………………………… 18

4. Rising of the Hainan SEZ ……………………………………………… 21

5. Improving the Level, and Greeting the 1990's with New Victories ………… 23

Chapter II New Approach to Infrastructure Construction …………… 27

1. Process and Achievements of Infrastructure Construction ………………… 27

(1) SEZ Construction Requiring Infrastructure as the Forerunner ………… 27

(2) The Course of Development of Infrastructure Construction …………… 28

(3) Achievements of Infrastructure Construction ……………………… 30

2. Raising Funds Through Borrowings and Other Channels ………………… 31

(1) Using State Bank Loans …………………………………………… 31

(2) Implementing Revenues from Granting Land Use Rights …………… 32

(3) Absorbing and Utilizing Foreign Capital …………………………… 33

3. Better Planning and Management for Overall Benefits …………………… 35

(1) Drawing a Clear Blueprint Carefully ……………………………… 35

(2) Developing Plot by Plot …………………………………………… 36

(3) Enhancing Construction Management ……………………………… 36

(4) Initiating Commercialization ……………………………………… 37

4. Competition Mechanism at Work in Bidding and Contracting …………… 38

5. Reflections ……………………………………………………………… 39

Chapter III Attraction and Absorption of Foreign Capital …………… 41

1. Preferential Policies for Foreign Investment ……………………………… 41

2. Growth of Foreign Investment …………………………………………… 44

(1) Early Days …………………………………………………………… 44

(2) Widening Scale ………………………………………………………… 45
(3) Sustained Increase and Gradual Upgrading ……………………… 46
3. Ever-optimizing Structure of Foreign Investment ……………………… 50
(1) Changes in Source ……………………………………………………… 50
(2) Changes in Pattern …………………………………………………… 51
(3) Changes in Fields ……………………………………………………… 53
4. Role of Foreign Capital in the SEZs ……………………………………… 54
(1) Through Absorbing Foreign Capital and Setting up Foreign-invested Enterprise Promoting the Economic Growth of the SEZs ……………………… 54
(2) Through Absorbing Foreign Capital and Setting up Foreign-invested Enterprise Introducing a Large Number of Advanced Technology and Equipment …… 54
(3) Through Absorbing Foreign Capital and Setting up Foreign-invested Enterprise Learning Advanced Foreign Management Skills and Training Qualified Personnel ……………………………………………………………… 55
(4) Through Absorbing Foreign Capital and Setting up Export Industrial Enterprise Developing Export-oriented Economy of the SEZs …………………… 56
(5) Through Absorbing Foreign Capital and Setting up Foreign-invested Enterprise Increasing Job Opportunities and Raising Living Standard of the People …… 56
5. Reflections ……………………………………………………………… 57
(1) Continuous Improving the Hard Investment Environment and Efforting to Optimize the Soft Environment Were the Prerequisite for Attracting Foreign Investment …………………………………………………… 57
(2) Combining Foreign Capital with Hinterland Investment in Flexible Ways Was the Effective Way of Absorbing Foreign Investment on a Large Scale ………………………………………………………… 58
(3) Guiding Foreign Investment with Industrial Policies and Targeting International Market as the Main Direction While Opening Domestic

Market Appropriately to Foreign Investors ………………………… 58

（4）Guaranteeing the Lawful Rights and Benefits of Foreign Investors While Improving Their Administration Was the Key to Better Economic Results …………………………………………………………………… 59

Chapter IV Expansion of Foreign Trade ………………………… 61

1. Rapid Progress on the Wings of State Policies ………………… 61
 （1）Starting off ……………………………………………………… 62
 （2）Steady Growth ………………………………………………… 62
 （3）Reaching a Notable Scale …………………………………… 63
2. Changes in Export Composition ………………………………… 64
 （1）From Agricultural Products to Manufactured Goods ……… 64
 （2）Increase of Local Products …………………………………… 65
 （3）Large Foreign Exchange Earners to the Fore ……………… 66
 （4）Diversifying Markets of Export Sales ……………………… 67
 （5）Important Role of Foreign Funded Companies in SEZs' Export ………… 68
3. Reflections ………………………………………………………… 68
 （1）Setting up Export Production Bases ……………………… 68
 （2）Deepening the Reform of Foreign Trade System ………… 69
 （3）Improving Service Network ………………………………… 71
 （4）Penetrating World Markets Together with the Hinterland ………… 72

Chapter V Reform of the Economic Restructure Deepened Gradually …… 74

1. Reform Was Major Task of the SEZs …………………………… 74
 （1）An Imperative for the SEZ Construction …………………… 74
 （2）Favourable Conditions of Reform in the SEZs …………… 75
 （3）State Requirements to the Reform of the SEZs …………… 75

(4) The Course of the Reform of Economic Restructure in the SEZs 76
2. Basic Content of Reform in the SEZs 77
(1) Coexistence of Multiple Economic Sectors with the Socialist Public Sector
   in the Lead 77
(2) Reform of Investment Administration and Capital Construction System to
   Accelerate Construction 79
(3) Reforms of Labor, Wage Distribution, Personnel Management and Social
   Security Systems for Enhanced Labor Incentive 79
(4) Reform of Management for Transformation of Enterprises into Independent
   Economic Entities 81
(5) Development of the Market Mechanism for a Better Business Environment 83
(6) Establishment of an Effective Macro-control System 88
3. Reflections 90
(1) Major Characteristics of SEZ's Reform 90
(2) Course of the SEZ's Reform 91
(3) Key to Deepening Reforms 92
(4) Significance of the SEZ's Reforms for the Whole Country 93

Chapter VI Formulation of Laws and Regulations Concerning Foreign Economic Activities 94

1. Formation and Basic Content of the Foreign-related Economic Legislation
   System of the SEZs 94
(1) Laws and Regulations Issued by the Standing Committee of the NPC
   or the State Council 95
(2) Laws and Regulations Formulated by the Legislative Bodies or
   Governments at the Provincial Level 99
(3) International Conventions, Bilateral or Multilateral Treaties Signed by
   the Chinese Government 100

2. Judicial and Legal Service for Foreign Investors ……………… 102

(1) Legal Service for Foreigh Inrestors ……………………… 102

(2) Foreign Law Suits and Arbitration ……………………… 104

3. Further Improvement of Legal Environment in the SEZs ……… 107

(1) Gradually Improving the Legal System of the SEZs ……… 107

(2) Learning International Experience to Build the Legal System of the SEZs … 108

(3) Reinforcing Foreign Law Enforcement and Supervision …… 108

(4) Popularizing Legal Knowledge and the Concept of Legality …… 108

Chapter VII Ballooning Economic Clout ……………………… 110

1. A Decade of Tremendous Changes ………………………… 110

(1) Thriving Agriculture and Industry ……………………… 111

(2) Flourishing Tertiary Industry …………………………… 111

(3) Growing Economic Strength Continuously ……………… 112

(4) Rising Living Standard ………………………………… 112

2. Fast-growing Manufacturing Industries …………………… 113

(1) Impressive Track Record ……………………………… 113

(2) Main Characteristics …………………………………… 115

3. Thriving Tertiary Industry ………………………………… 117

(1) Real Estate …………………………………………… 117

(2) Commerce and Catering ……………………………… 118

(3) Banking ……………………………………………… 120

(4) Tourism ……………………………………………… 121

4. Quicker Steps Towards Agricultural Modernization ………… 122

(1) From Traditional Operation to Modernization …………… 122

(2) Growing Foreign Exchange Earnings …………………… 123

(3) Great Potentialities for Further Development …………… 124

5. Reflections ·· 125

(1) Overall Development with the Focus on Manufacturing Industries ·········· 125

(2) Seeking Optimal Composition of Production Factors ···························· 126

(3) Promoting Technological Development and Improving Industrial Structure ··· 127

(4) Full Play to SEZs' Advantages ·· 127

Chapter VIII Building Spiritual Civilization ····································· 129

1. A Vital Task ·· 129

2. Fruitful Measures ·· 131

(1) Sustained Ideological Political Education in the Four Cardinal Principles ··· 131

(2) Improving Ideological Political Work in Enterprises ···························· 132

(3) Cultivating Occupational Ethics in Vivid Forms ································ 134

(4) Spreading Education and Technology ·· 135

(5) Improving Management of Cultural Undertakings ······························ 136

(6) Cracking Down on Crimes ·· 137

(7) Fighting Against Corruption ·· 138

(8) Fostering a SEZ Spirit ·· 139

3. Rediscovery of Spiritual Civilization in the SEZs ······························ 139

(1) Arduous Task of Spiritual Civilization in the SEZs ···························· 139

(2) Attaching Equal Importance to Both Material and Spiritual Civilizations ······ 140

(3) Ideological Political Work as the Core of Spiritual Civilization Building ······ 141

(4) Fine Examples of the Leadership at All Levels as the Key of Spiritual Civilization ·· 142

Chapter IX Relying on and Serving the Whole Country ·················· 144

1. Whole Country Behind SEZ Construction ·································· 144

(1) Granting Preferential State Policies ·· 144

(2) Offering Production Factors ·· 146

（3）Promoting Theoretical Research on SEZ Development ……………… 147

2. The SEZs in the Service of the Entire Nation …………………………… 147

（1）Transmitting World Economic Information ……………………… 148

（2）Bridging the Hinterland and the International Market …………… 148

（3）Introducing Advanced Technology ……………………………… 148

（4）Importing Scarce Capital Goods for the Hinterland ……………… 149

（5）Training Qualified Personnel …………………………………… 149

（6）Providing Money-making Opportunities ………………………… 150

3. Burgeoning SEZ-hinterland Economic Cooperation …………………… 150

（1）Advancing Along with the Progress of the SEZs ………………… 150

（2）Exploiting Each Other's Advantages for Mutual Benefit ………… 151

（3）Targeting the World Market Together …………………………… 152

（4）Nuturing An Increasing Number of Large Enterprise Groups …… 153

4. Overall Review of the Track Record of the SEZs in the Past Ten Years ……… 154

（1）As the Window for Observing the World Economy ……………… 154

（2）As the Pioneers for Opening up ………………………………… 155

（3）As the New Bases for Foreign Trade …………………………… 156

（4）As the Laboratory for Reforms ………………………………… 156

（5）As the Show-case for China's Open Policy ……………………… 156

Part Two

Five SEZs with Their Own Characteristics

Chapter X Shenzhen SEZ（A） ……………………………………… 162

1. Overview of Shenzhen ……………………………………………… 162

（1）Geographical Features …………………………………………… 162

（2）History …………………………………………………………… 163

2. Setting up of the Shenzhen SEZ …………………………………… 164

(1) Favourable Conditions ········· 164
(2) Establishment ········· 165
(3) Administrative Divisions ········· 165
3. Its Growth of Shenzhen SEZ ········· 166
(1) Pioneering Days ········· 166
(2) Years of Rapid Development ········· 170
4. Remarkable Achievements ········· 174
(1) A New City with Fine Investment Environment ········· 175
(2) Fast Growing Industrial and Agricultural Sectors ········· 175
(3) Successful Introduction of Foreign Capital and Advanced Technology ······ 176
(4) Rise of a New Foreign Trade Centre in Southern China ········· 177
(5) Thriving Tertiary Industry ········· 177
(6) Vigorous Development of Science, Education, Culture and
   Public Health ········· 178

Chapter XI Shenzhen SEZ (B) ········· 182

1. An Industry-focused, Industry and Trade Integrated, Export-oriented Economy
   with Links Inside and Outside the Country ········· 182
(1) Actively Raising Funds to Build Relatively Sound Infrastructure ········· 182
(2) Linking Inside and Outside, Developing Manufacturing Industries with
   "New, Light, Sophisticated, Small-sized" Products ········· 183
(3) Development of Industrial Productivity Driving the Revitalization of
   Other Industries ········· 183
(4) Gradually Implementing International Operations ········· 185
2. Pivotal Role in Opening up the Country with Public Ownership as the
   Dominant Factor, Coupled with Diversified Ownerships ········· 185
(1) Socialist Public Ownership ········· 186
(2) Socialist Collective Ownerships ········· 186

(3) Individual or Private Sector ……………………………………… 187
　　(4) Enterprises with Foreign Investment ………………………………… 187
　3. Full Play to the Regulatory Role of the Market Under the Government
　　Macro-regulation ……………………………………………………… 188
　　(1) Reform of the Planning System ……………………………………… 189
　　(2) Reform of the Price Structure ……………………………………… 189
　　(3) Reform of Public Finance and Banking Systems …………………… 189
　　(4) Reform of Circulating System ……………………………………… 190
　　(5) Reform of Operating System of Enterprises ……………………… 190
　　(6) Reform of Foreign Trade and Foreign Exchange Administration Systems …… 190
　　(7) Reform of Real Estate Administration ……………………………… 191
　　(8) Reform of Employment System ……………………………………… 191
　　(9) Reform of Distribution System ……………………………………… 192
　　(10) Reform of Personnel Administration ……………………………… 192
　　(11) Reform of Governmental Administration ………………………… 193
　4. Stronger Staying Power for Sustained Economic Growth Propped by a
　　Mechanism of Self-accumulation and Self-development …………… 194
　　(1) Making Money with Bank Loans …………………………………… 195
　　(2) Tapping More Financial Resources from Tertiary Industries …… 195
　　(3) Increasing Economic Efficiency …………………………………… 195
　5. Sticking with Both Hands, Closing Attention to Spiritual as well as Material
　　Civilization ……………………………………………………………… 196
　　(1) Stressing Both Material and Spiritual Civilizations ……………… 197
　　(2) Deepening Ideologically and Political Work, Strengthening the Party Building
　　　……………………………………………………………………… 197
　　(3) Initiating the SEZ Spirit of "Pioneering, Creativeness, Unity and
　　　Dedication" ………………………………………………………… 198
　　(4) Expanding Educational, Scientific and Cultural Undertakings …… 199

(5) Enhancing the Legal System and Strengthening Anticorruption Work 200

6. Prospects for the 1990's 201

Chapter XII Zhuhai SEZ 205

1. Overview of Zhuhai 205

(1) Natural Environment 205

(2) History 207

2. Setting up of the Zhuhai SEZ 208

3. Trail-blazing 209

(1) Start Stage (1980-1983) 209

(2) Economy with Manufacturing as the Main Sector (1984-1986) 212

(3) Export-oriented Economy (1987-1990) 215

4. Reflections over the Path 218

(1) Great Expansion of Social Productive Forces 218

(2) Thriving Tertiary Industry with Tourism as the Major Trade 219

(3) Notable Increases of the Economic Strength and People's Living Standard ... 219

(4) Unique Garden-type Commercial City 220

Chapter XIII Shantou SEZ 225

1. Overview of Shantou and Setting up of the Shantou SEZ 225

(1) Overview of Shantou 225

(2) Setting up the Shantou SEZ 227

2. Arduous Journey 228

(1) Starting from the Longhu Industrial District 228

(2) Towards Overall Growth 230

(3) Further Development During the Course of Straightening up the Economy ... 232

3. Achievement and Their Demonstration Effect 236

(1) Revitalizing the Traditional Industries 236

（2）Promoting Agricultural Production ……………………… 237

　　（3）Linking the Hinterland with the World Market ……………… 237

　　（4）Improving People's Livelihood …………………………… 238

　　（5）Making Shantou More Attractive to the Compatriots in Hongkong, Macao,
　　　　Taiwan Regions and Other Overseas-Chinese ……………… 238

　4. Reflections and Forecasts ……………………………………… 239

　　（1）Thinking Big, Acting Small, Progressing Steady, and Force a Huge Career
　　　　…………………………………………………………… 239

　　（2）Making the Most of Advantages While Avoiding Disadvantages ………… 240

　　（3）Serving the Hinterland as a Window to the Outside World ……………… 241

　　（4）Coordinating Ideological and Political Work Closely with Economic
　　　　Construction ……………………………………………… 242

Chapter XIV　Xiamen SEZ …………………………………… 246

　1. Overview of Xiamen …………………………………………… 246

　2. Setting up of the Xiamen SEZ ………………………………… 249

　　（1）Deliberations ………………………………………………… 249

　　（2）Preparations ………………………………………………… 250

　3. Ten Years of Continous Expansion …………………………… 251

　　（1）Start Stage …………………………………………………… 251

　　（2）Basic Shape Formed ………………………………………… 254

　　（3）Focus on Export-oriented Economy ……………………… 258

　4. Glowing of an Old Port City ………………………………… 260

　　（1）Fine Investment Environment ……………………………… 260

　　（2）Rapid Economic Development …………………………… 261

　　（3）Export-oriented Economy with Manufacturing as the Main Sector ……… 262

　　（4）Vigorous Tourist Industry ………………………………… 263

　　（5）Progress of Education ……………………………………… 264

(6) Window and Base for Opening up ··· 264

5. New Steps in Cross-strait Exchanges ······································ 265

(1) Restructuring the Distribution of Development of the SEZ ················ 266

(2) Expanding the Export-oriented Economy ································· 266

(3) Giving Full Play to the Advantages in Working with Taiwan Region and Play an Active

　　Role in Expanding Cross-strait Exchanges ···························· 266

(4) Strengthening Infrastructure Construction and Improving the Investment

　　Environment ··· 266

(5) Strengthening the Functions as Window and Base for Opening up ········ 267

(6) Deepening the Reform ·· 267

Chapter XV　Hainan SEZ ·· 269

1. A pearl in the South ·· 269

(1) Favourable Geographical Location ·· 269

(2) Rich Natural Resources ·· 270

(3) Long History ··· 274

2. Launching of the Hainan SEZ ··· 276

(1) Reform and Opening up Put Hainan's Opening up and Development

　　on an Important Agenda ·· 276

(2) Developing the Island Through Open Policies ····························· 276

(3) Hainan Province Setting up the Hainan SEZ ······························ 278

(4) Major Policies Granted to the Hainan SEZ by the State ··················· 279

3. Solid Start ··· 280

(1) New Administrative System Is Built to Adapt to the Development of SEZ ······

　　··· 281

(2) Strengthening Infrastructure Construction ································· 283

(3) Paying Close Attention to the Soft Investment Environment ················ 284

4. Towards Export-oriented Economy Path ……………………………… 287

(1) Economic Cooperations with Hinterland Provinces ……………… 287

(2) Growing Foreign Investment ………………………………………… 288

(3) Active Foreign Trade ………………………………………………… 288

(4) Developing Plot by Plot and the Construction of the Development Zone …… 289

5. Promising Future …………………………………………………………… 292

(1) Preliminary Conclusions Since Establishing SEZ ………………… 292

(2) Prospects for the 1990s ……………………………………………… 294

Appendix 1: Economic and Technological Development Zones (ETDZ) in Open Coastal Cities ………………………………………………………… 299

    Dalian ETDZ …………………………………………………………… 310

    Qinhuangdao ETDZ …………………………………………………… 311

    Tianjin ETDZ ………………………………………………………… 312

    Yantai ETDZ …………………………………………………………… 313

    Qingdao ETDZ ………………………………………………………… 315

    Lianyungang ETDZ …………………………………………………… 316

    Nantong ETDZ ………………………………………………………… 317

    Shanghai Minhang ETDZ …………………………………………… 318

    Shanghai Hongqiao ETDZ …………………………………………… 319

    Shanghai Caohejing ETDZ ………………………………………… 320

    Ningbo ETDZ ………………………………………………………… 321

    Fuzhou ETDZ ………………………………………………………… 322

    Guangzhou ETDZ ……………………………………………………… 323

    Zhanjiang ETDZ ……………………………………………………… 324

Appendix 2: Pudong New Area in Shanghai ……………………………… 326

Appendix 3: A List of Laws and Regulations Concerning the SEZs ……… 329

Appendix 4: Extracts from the Documents of the Party Central Committee and the

    State Council on SEZs ·· 336

Appendix 5: Name List of the Leaders of Party Committees, Governments and

    Administrative Boards of the SEZs (1979-1990) ····················· 471

Appendix 6: Name List of Distinguished Foreign Visitors to the SEZs

    (1981-1990) ·· 482

Postscript ·· 490

上　编
开拓的历程

上 编 开拓的历程

进入 20 世纪 80 年代，中国的经济生活中出现了经济特区这个新事物。本编论列经济特区建立头十年的开拓历程和几个重要方面的发展概况，以及它在全国改革开放和社会主义现代化建设中初步发挥的作用。

第一章
在改革开放中建立和发展

举办经济特区，是中国共产党中央委员会（简称中共中央）和国务院实行改革开放，推进社会主义现代化建设战略部署的组成部分，是建设有中国特色的社会主义的一项重要实验。过去十年中，各经济特区在实践中认真探索，不断总结经验，开拓前进，取得很大进展。

第一节 酝酿和筹办

一、决策的过程

1978年12月，中国共产党召开了具有深远历史意义的十一届三中全会。这次会议在科学地分析国内外形势，认真地总结历史经验的基础上，郑重决定把全党工作的着重点转移到社会主义现代化建设轨道上来。全会还提出要"对经济管理体制和经营管理方法着手认真的改革，在自力更生基础上积极发展同世界各国平等互利的经济合作，努力采用世界先进技术和先进设备，并大力加强实现现代化所必需的科学和教育工作"。[①]

为了建设现代化的社会主义国家，人们按照中共十一届三中全会的精神，解放思想，冲破长期以来经济工作旧框框的束缚，放眼世界，研究国外经济发展情况。世界上许多国家（地区）设置经济性特区的做法，引起了人们的兴趣。这些经济性特区，一般都是从本国（地区）内划出一定区域，在对外经济活动中采取更加开放的政策，用减免关税等优惠办法吸引外商进行经济

---

① 《中国共产党第十一届中央委员会第三次全体会议公报》，《三中全会以来——重要文献选编》，人民出版社，1982年8月第1版，第5页。

贸易活动和投资，以达到特定的经济目的。这些经济性特区，有各种不同的名称，有设在本国（地区）国境之内、关境之外的允许外国货物自由进出的自由港或自由贸易区；有设在本国（地区）港口或交通枢纽附近，以发展出口产品为目的出口加工区；有设在本国（地区）边境地带，吸收外资办厂，方便邻国货物过境的自由边境区；有在本国（地区）划出专门区域，发展高科技产业的科技工业园区（或称工业科学园、科学城）。世界上设置这类经济性特区，已有300多年的历史，最早的一个是1547年设立的意大利里窝那自由港。以后随着国际贸易的逐步发展，到第二次世界大战前夕，已有26个国家（地区）设立了75个经济性特区。第二次世界大战后，随着国际上商品交换、资金融通、技术交流的扩大，经济性特区不但数量激增，而且形式和内容都有新的发展；不但发达国家继续设立经济性特区，而且在发展中国家（地区）出现了一大批以加工出口为主、兼营其他对外经济合作业务的经济性特区。如新加坡的裕廊出口加工区，菲律宾的马里蒂莱斯自由贸易区，韩国的马山出口加工区，中国台湾省的高雄出口加工区和新竹科学工业园等。这些经济性特区，区域范围大小不等，发展模式不同，也各有其吸引外商投资的手段，但有一个基本的共同点，就是在其区域范围内减免关税，提供一套优惠办法，有效地开展了对外经济贸易和技术交流活动，促进了该国（地区）经济的发展。

这种经济现象启发人们思考：在国际形势发生变化的情况下，中国应通过开展国际经济交往促进国内建设，设立出口加工区、自由贸易区的做法也可在中国沿海某几个地方参照采用。中共广东省委和广东省人民政府，根据本省与香港、澳门相邻，商品经济较为发达，海外华侨众多的特点，专门就扩大对外经济交流和举办出口加工区的可行性反复作了讨论，形成了初步意见。

1979年4月中旬，中央召开专门讨论经济建设问题的工作会议。中共中央副主席、国务院副总理邓小平，在会上听取了广东省领导人习仲勋等的汇报。汇报提出，希望中央下放若干权力，让广东在对外经济活动中有必要的自主权，允许在毗邻港澳的深圳市、珠海市和重要侨乡汕头市举办出口加工区。邓小平说，还是办特区好。他向中央倡议批准广东省的这一要求。这次会议上，在讨论如何扩大对外贸易的过程中，到会的许多负责干部也认为，在广东省的深圳、珠海、汕头和福建省的厦门试办出口特区，发展出口商品生产，是一项可行的措施。这个意见被写入了会议的有关文件。

中共中央、国务院责成广东、福建两省领导机关进一步组织论证，提出具体实施方案报中央审定。受中央委托分管此事的国务院副总理谷牧，于5月份带领国务院有关部门的十多位负责干部，前往广东、福建调查，同当地的干部和经济专家深入研究。与此同时，这两省分别进行方案制定工作。7月15日，中共中央、国务院批转了广东和福建两省分别提出的关于对外经济活动实行特殊政策和灵活措施的两个报告，批准在深圳、珠海、汕头、厦门四个市各划出一定区域试办出口特区。随后，确定由新建立的国家进出口管理委员会归口管理此项工作。

受中共中央、国务院委托，谷牧于当年第四季度前往这四个地方实地考察筹办工作情况；1980年3月下旬在广州召开广东、福建两省会议，检查中央指示的贯彻情况，进一步研究特区建设问题。会议明确指出，特区的管理在坚持四项基本原则和保障国家主权的条件下，可以采取与内地不同的体制和政策；主要吸收侨资、外资进行建设；要先搞好水、电、道路、通讯等基础设施，为外商投资创造条件；先上些投资少、周转快、收效大的项目。根据半年多筹办工作实践，考虑到特区在其发展中不但要办出口加工业，也要办商业、旅游等行业，不但要拓展出口贸易，还将在全国经济生活中发挥多方面的作用，这次会议采纳了广东提出的建议，并报经中央同意，将"出口特区"这个名称，改为具有更丰富内涵的"经济特区"。

二、制定公布有关经济特区的管理条例，划定特区区域

为了给举办经济特区提供一个基本的章法，早在1979年8月，国务院就着手组织起草法规性文件。先是委托广东省有关方面起草，并经广东省人大常委会审议；以后又责成国家进出口管理委员会组织研究论证，字斟句酌，先后十三易其稿。1980年8月26日，第五届全国人民代表大会常务委员会第

十五次会议，审议批准建立深圳、珠海、汕头、厦门四个经济特区，并批准公布了国务院提请审议的《广东省经济特区条例》。从此中国的经济特区通过国家立法程序正式诞生。

此后不久，国务院相继批准上述四个经济特区的位置和区域范围。

深圳经济特区，位于广东省深圳市境内，南沿深圳河与香港新界为邻，北以梧桐山脉走向为界，东和西均迄于海，面积327.5平方公里。早在1979年1月，经国务院批准交通部香港招商局投资举办的蛇口工业区，也划为深圳经济特区的一部分。

珠海经济特区，位于广东省珠海市境内珠江入海口的西面，面积6.81平方公里。

汕头经济特区，位于汕头市东郊龙湖村一带，面积1.6平方公里。

厦门经济特区，位于厦门本岛西北部湖里村一带，面积2.5平方公里。

这四个特区最初批准划定的面积共338.41平方公里。以后随着发展的需要，国务院先后批准对珠海、汕头、厦门三个经济特区的区域范围作了调整。到1990年年底，这四个特区的面积扩大到632.1平方公里。

选定在深圳、珠海、汕头、厦门举办经济特区，是由于这四个地方在地理、人文条件方面具有开展对外经济活动的优势。一是深圳和珠海与香港、澳门毗邻，汕头和厦门也与港、澳相近，厦门还面对台湾，在历史上这些地方就与海外有着密切的交往。二是深圳是中国南方对外交通的重要陆路通道，汕头和厦门是中国南方的重要海运港口。三是有广阔的腹地可为依托。四是这两个地方是著名的侨乡。后来的实践证明，在这四个地方举办经济特区是正确的选址。

三、举办特区方针政策初步系统化

在国务院批准上述四个特区的位置区域后，广东省成立了以中共省委书记吴南生为主任的广东省经济特区管理委员会，福建省成立以中共省委书记郭超为主任的福建省厦门经济特区管理委员会，并着手制定建设规划、建立工作机构、宣传招商等项工作。

为了借鉴国外经济性特区的做法，1980年9、10月份，国家进出口管理委员会副主任江泽民，在全国人大常委会立法工作机构有关工作人员参加下，带领国务院有关部门和广东、福建两省、深圳和厦门两个特区负责干部组成的九人小组，到斯里兰卡、马来西亚、新加坡、菲律宾、墨西哥、爱尔兰六国的九个出口加工区、自由贸易区进行考察。还借途经日内瓦的机会，邀请联合国组织的十多位专家举行了两天讨论。考察组从所见、所闻、所得的大量资料中，对国外经济性特区的基本经验归纳了五条：立法比较健全，可操作性强；有开发总体规划，从小到大逐步建设；管理体制灵活，地方和企业有很大自主权；注重人才培训；有优惠政策。考察结束归国后，向中央作了汇报。

1981年5月下旬到6月中旬，中共中央、国务院在北京召开广东、福建两省和经济特区工作会议。为了开好这次会议，事前作了充分准备。参加这次会议的有广东、福建两省的主要领导人任仲夷、项南，有中共中央的和国务院的有关部门及特区的负责干部，还邀请了钱俊瑞、许涤新、薛暮桥、古念良等多位经济学家。会议在中共中央书记处书记、国务院副总理谷牧主持下，总结了初步开展的工作，参考国外经济性特区的成功做法，从中国实际出发，对举办特区的指导思想、基本方针和重要的政策措施，进行了深入讨论，提出了较系统的意见。会后报请中共中央、国务院审查，得到批准。主要内容是：

1. 深圳、珠海、汕头、厦门经济特区，不是政治特区。中华人民共和国在这四个经济特区内，全面行使主权，坚持四项基本原则。它的"特"在于实行国家规定随特殊经济政策和特殊经济管理体制，与帝国主义强加于旧中国的"租界"有本质区别。

2. 举办经济特区是为了吸收利用外资，引进先进技术，拓展对外贸易，加速经济发展，同时在实践中观察与研究当代资本主义经济，学习与提高参与国际经济交往的本领，进行经济体制改革试验。

3. 特区经济的所有制结构，是社会主义经济领导下多种经济成分并存。在工业生产方面，外商投资企业（包括中外合资经营企业、中外合作经营企业和外资企业,以下同)所占比重可以大于内地。特区的经济活动在社会主义计划指导下充分发挥市场调节的作用。

4. 特区建设要制定全面规划,量力而行,从小到大,逐步发展。各特区的经济发展要从实际出发,因地制宜,各具特色。

5. 特区要致力于经济体制改革。特区的行政管理机构按照精简、高效的原则设置。

6. 加强经济特区法制建设。会后,经国务院提出议案,全国人大常委会于11月26日通过决议,授权广东省、福建省人民代表大会及其常务委员会,根据有关法律、法规、政策规定的原则,按照本省经济特区的具体情况和实际需要,制定经济特区的单行经济法规,并报全国人大常委会和国务院备案。

7. 对在特区举办的外商投资企业给予优惠和方便。企业所得税减按15%征收;收取场地使用费按不同行业和用途给予优惠;对来往特区的外籍人员、华侨和港澳同胞简化入出境手续。

8. 授予特区较大的经济管理权限。属于中央统一管理的外事、边防、公安、海关、金融、外汇等方面的业务,由国务院主管部门结合实际情况,制定专项管理办法,报国务院核准后实施。

9. 国家大力支持特区建设。特区建设所需的资金,由国家给予财政和信贷支持。允许特区银行吸收的存款全部用作贷款。深圳、珠海两市的财政收入1985年以前不上缴(期满后又延长五年),厦门、汕头两市上缴的财政收入,由两省人民政府核减。特区的外汇收入单列,超过1978年基数的增收部分五年内不上缴(期满后又延长五年),用于特区建设。特区的对外贸易在国家统一政策指导下,自主经营,特区可接受各省、自治区、直辖市的委托,代理国家外贸主管部门不统一经营的进出口业务等。

10. 开展坚持四项基本原则的思想政治教育,树立良好的社会风尚,加强社会治安,打击走私活动。

这次会议,对举办特区的方针政策的构架作了初步的集成工作,对特区的建立与发展起了重要作用。

第二节　开创新业建基础

经过一年多的酝酿筹备，深圳、珠海、汕头、厦门四个经济特区，从1980年下半年起相继投入开发建设。从这时到1985年年底，上述四个特区在全国改革开放的推动下，着重从下述四个方面进行艰苦开拓，为后来的发展初步打下了基础。

一、集中力量建设基础设施

在开发建设起步的时候，深圳特区是边境小镇，珠海特区是滨海渔村，汕头和厦门划定举办特区的地方还都是山坡或荒滩。因此，首先要平整土地、通水、通电、通道路、通电信、通排污管道（简称"五通一平"，有的加上通煤气，通排洪，称为"七通一平"），兴建工业厂房、商业楼宇和居民住宅，为吸收外商投资和企业生产经营创造条件。集中力量进行以创造投资环境为目的，以基础建设为重点的基本建设，成为经济特区举办初期的工作主题。这四个特区从自身实际出发，多方筹措资金，分片开发，开创了新的路子。

起步最早的深圳特区，在全面规划、通盘安排基建项目的基础上，重点建设蛇口、罗湖、上步三片。蛇口工业区在1979年上半年就着手施工。举办这个工业区的香港招商局，使用本企业的部分积累，运用自身的资信优势，从香港金融市场上筹借贷款，在蛇口首期开发一平方公里，建成通往香港的客货码头、直拨香港的微波电话、变电站和供水站，以及一些生活服务设施。在施工中引进国外先进管理经验，提出"时间就是金钱，效率就是生命"的口号，创造了较快的速度和较好的效益，以后被誉为"蛇口模式"。深圳特区对罗湖综合功能区和上步工业区的开发，除投入部分地方财政收入外，主要运用国家信贷政策倾斜，使用银行贷款，负债经营，滚动发展，并引进竞争机制，实行工程项目设计、施工招标和承包的建筑管理改革，取得了高速优质的成果，被誉为"深圳速度"。深圳特区的这些经验和做法，为其他特区的开发建设提供了重要借鉴。

厦门特区于1981年10月在湖里工业区破土动工，进行"五通一平"。与此同时，重点建设位于厦门岛上的高崎国际机场、东渡港深水码头和万门程控电话交换机，以改善厦门全市的基础设施面貌。

珠海特区开始从发展旅游业着手进行开发，先修建码头，开辟通往香港的航线，与香港商人合作开办了特区第一家实行现代化管理的石景山旅游中心，招引港澳游客，繁荣市场，积累资金。1984年开始建设吉大、南山等工业区及外围配套工程。

汕头特区坚持量力而行，尽力而为，生活服务设施主要依托老市区，在划定的1.6平方公里内先开发20万平方米，重点举办出口加工业。1983年8月建起了两幢标准工业厂房及相应配套设施后，即接纳外商投资办厂。

特区建设铺开后，举国为之注目。内地十多万建筑工人和工程技术人员陆续进入特区，展开了大规模施工，工程进展日新月异。到1985年年底，上述四个特区累计完成基本建设投资96.7亿元，开发了60平方公里的建设用地，基本建成了具有现代化综合设施的8个工业小区，以及与之配套的市政工程、商业楼宇和旅游设施。经济特区从规划蓝图变成了俨然在望的现实。

二、外引内联，兴办工业生产项目

中国经济特区的举办，引起了海外投资者的兴趣。港澳客商率先到来投资举办企业（吸收外商投资通称"外引"）。深圳的家乐傢俬有限公司、光明华侨电子有限公司、乌石鼓采石场、蛇口海虹船用油漆厂，珠海的香洲毛纺厂，汕头的正大地毯厂、奋成实业公司，厦门的印华地砖厂，就是最先出现在特区一批生产厂家中之著称者。特区为了弥补自身资金短缺、人才不足和技术底子薄的弱点，内地一些部门和企业为了通过特区获取经济技术信息、开拓国际市场，促进了双方的经济技术联合（通称"内联"）。电子工业、船舶工业、航空航天工业等部门首先与深圳合作，随后纺织、轻工、机械等部门也参加了内联的行列，并扩大到其他三个特区。内联增强了对外资投入的吸引接纳能力。中（特区）—中（内地）—外（境外客商）联合投资、共同经营成为良好办厂方式，外引内联促进了特区社会生产力的发展。到1985年年底，四个特区已有包括电子、轻工、纺织、食品、机械、建材等行业的900

多家工厂投入生产经营,采用优良种苗和现代化技术的创汇农业也开始兴起。当年工农业总产值达到61.7亿元,比建立特区时的1980年增长3倍多。在工农业发展的基础上,外贸出口迅速增长,当年出口额比1980年增长4倍多。虽然当时的工业项目以加工装配的小型项目居多,相当一部分还属于来料加工、来件装配和补偿贸易,出口的商品中大多是劳动密集型,但是毕竟为特区的经济发展打下了初步基础。经济迅速增长的实践,大大增强了举办特区的信心。

三、兴办商业、旅游等服务行业,活跃市场

按照举办综合性经济特区的要求,在重点发展工农业生产的同时,上述四个特区尤其是深圳、珠海特区,积极举办商业、房地产、饮食、旅游、金融等第三产业。1985年,这四个特区的社会商品零售总额比1980年增长了6倍多。西丽湖度假村、香蜜湖度假村、石景山旅游中心、珠海宾馆和集中全国各地不同风味美馔佳肴的饮食业,一年吸引一百多万人次的海外游客。原来疏落寂寥的市貌变成一派繁荣景象。特区提高了知名度,也增加了财政收入。

四、适应开发建设的需要,初步改革经济体制

上述四个特区,都结合实际情况对经济体制改革作了开拓性的探索。探索步子迈得较大的首属深圳。除建筑设计施工实行招标承包以外,还推行劳动用工合同制,浮动工资制,放开大部分生活资料价格,各专业银行交叉经营搞活信贷发放,房地产商品化等等。这些改革,促进了特区建设,引起了内地的重视。基于改革实践经验的总结,遵照立法程序,制定公布一批特区单行法规,使特区工作初步做到有法可依。

在各特区积极努力,扎扎实实进行打基础工作的过程中,中共中央、国务院及其所属有关部门给予了有力的支持和指导。1982年年初,中央在解决广东、福建两省沿海一度走私活动猖獗的问题时,明确指出不能因为开展反腐蚀的斗争动摇对外开放政策的贯彻执行,强调要正确实行对外开放和对内搞活经济的政策,进一步办好经济特区。10月底,中共中央政治局常委陈云

在广东的一份报告上批示：特区要办，必须不断总结经验，力求使特区办好。11月，中共中央书记处书记、国务委员谷牧受中央委托，组织国务院有关部门和广东、福建两省的负责干部就特区建设中提出的问题，作了系统的研究，形成了解决这些问题的讨论纪要。12月3日，中共中央、国务院批准转发执行，并指出：试办经济特区，是在新的历史时期贯彻执行对外开放政策的一项重要措施，广东、福建两省和国务院有关部门都要加强对特区工作的指导。

1984年春节前后，中共中央政治局常委、举办特区的倡导人邓小平，视察了深圳、珠海、厦门三个经济特区。他说，经济特区是我倡议举办的，现在来看看办得怎么样了。他在视察期间留下了具有重要指导意义的题词。在深圳的题词是："深圳的发展和经验证明，我们建立经济特区的政策是正确的。"[1]在珠海的题词是："珠海经济特区好。"[2]在厦门的题词是："把经济特区办得更快些更好些。"[3]邓小平视察回到北京后，又同中央几位领导人进一步谈了特区的开放政策和怎样进一步开放的问题，他说："这次我到深圳一看，给我的印象是一片兴旺发达景象。深圳的建设速度相当快，其中蛇口更快，""特区是个窗口，是技术的窗口，管理的窗口，知识的窗口，也是对外政策的窗口。""特区将成为开放的基地，不仅在经济方面、培养人才方面得到好处，而且会扩大我国的对外影响。"[4]他还说："厦门特区地方划得太小，要把整个厦门岛搞成特区"，"可以实行自由港的某些政策。"[5]邓小平还对全国的对外开放工作提出了重要意见，他强调指出："我们建立特区，实行对外开放政策，有个指导思想要明确，就是不是收，而是放。"[6]他建议："除现在的特区之外，可以考虑再开放几个点，增加几个港口城市，如大连、青岛。"[7]邓小平的重要讲话，进一步澄清了当时社会上对举办经济特区的某些疑虑，明确了特区在社会主义现代化建设中的作用和功能，

---

[1] 邓小平：《关于经济特区和增加对外开放城市问题》，载《坚持改革、开放、搞活》，人民出版社，1987年10月第1版，第191—192页。
[2] 同上。
[3] 同上。
[4] 同上。
[5] 同上。
[6] 同上。
[7] 同上。

发展了办好特区的指导思想，极大地鼓舞了从事特区建设的广大干部和群众，有力地推动了全国对外开放工作。

1984年3月26日至4月6日，中共中央、国务院在北京召开沿海部分城市座谈会。经过讨论，决定进一步开放天津、上海、大连、秦皇岛、烟台、青岛、连云港、南通、宁波、温州、福州、广州、湛江和北海14个沿海港口城市，并扩大这些地方经济管理权限，对外商投资实行类似经济特区的优惠政策。在座谈会上，还专门讨论了特区建设问题。会议指出，特区还处于开创阶段，必须不断总结经验，发扬成绩，克服缺点，扎实工作，勇于前进；必须下很大的力量加强先进技术的引进，特区的工农业要尽可能采取先进技术成果，尽快搞出一批适销对路的骨干商品，进入国际市场；特区的商业、旅游服务业，要瞄准国际先进经营管理水平；要按照经济发展主要面向国际市场的特点，改革特区的管理体制和管理机构；经济特区一定要办得既有高度的物质文明，又有高度的社会主义精神文明。会后，国务院批准厦门特区的范围扩大到厦门全岛。在此前后，国务院还批准珠海特区、汕头特区扩大范围。

1984年7月16日，国务院决定设立特区办公室（前身是国务院办公厅特区工作组），作为主管特区工作和沿海对外开放工作的直属机构。随后，广东省人民政府和福建省人民政府也相继建立了特区办公室。

在经济特区诞生后第六个年头的春天，1985年2月18日，中共中央、国务院又决定将长江三角洲、珠江三角洲和闽南厦（门）漳（州）泉（州）三角地区的59个市、县开辟为经济开放区。中国的对外开放，从举办四个经济特区起步，至此初步铺开了由经济特区—沿海对外开放城市—沿海经济开放区—内地这样一个有重点、多层次的梯级推进的格局。形势的发展要求经济特区迈开新的前进步伐。

第三节　致力发展外向型经济

到1985年年底，深圳、珠海、汕头、厦门四个特区，经过5年多的开发建设，取得了显著进展，初步奠立基础。与此同时，前进中也产生了一些需要认真解决的新问题,主要是经济发展中产生了某些失衡现象,投资结构不尽合理,产业结构统筹规划不够,企业的管理水平和技术水平不高,产品外销竞争能力不强。特别是全国对外开放在沿海地区铺开的新情况,要求经济特区立足于自身优势,开创新局面,发挥"排头兵"的作用。从1986年起,上述四个特区,按照中央的指示,致力于发展以工业为主、工贸结合的外向型经济,进入了一个新的发展阶段。

一、外向型经济发展目标的进一步明确

发展外向型经济,对经济特区来说,并非到这时才提出的新课题。特区在筹办之初,就曾命名为"出口特区"。中央关于特区工作的指示文件中一再提出:要开展对外经济技术交流,积极吸收利用外资,发展出口商品生产等等,基本的发展方向是规定了的。特区也是沿着这个方向走过来的。但是,限于主客观条件,在举办初期几年中经济外向度还不高,同时在认识上也有个随着实践发展逐步深化的过程。到1985年2月,在深圳举行的经济特区工作座谈会上,把发展外向型经济的目标更明确地提了出来。

主持这次座谈会的中共中央书记处书记、国务委员谷牧,在总结讲话中强调:在新形势下,特区应在继续完善投资环境的同时,要把重点转向增加工业生产,积极扩大出口创汇方面来。新上的外引内联企业都要按此精神审批,要重点建设一批技术水平较高,能够出口创汇的项目,培育一批能够进入国际市场的骨干产品,尽快建成以工业为主、工贸结合、农牧渔和旅游业同时发展的外向型的综合性经济特区。他要求各特区要朝着这一目标,下大力量"爬好一个坡,更上一层楼"。

当年3月,受国务院领导人委托和深圳特区的邀请,中国社会科学院副院长刘国光教授,率领十多位研究人员,就此问题进行调查研究,提出了《深圳特区经济、社会发展战略问题研究报告》。报告认为,特区发展的战略目标应该是外向型的、以先进工业为主、工贸并举、工贸技结合的、综合性的经济特区。报告说,经济特区是实行对外开放的产物,只有坚持外向型才能真正起到"窗口"和"枢纽"的作用。特区在对外开放方面,不仅与内地

一般地区有明显的区别，而且同沿海的开放城市与开放地带相比，其外向程度也应更高一层。报告提出了外向型经济的主要标志：一是资金来源积极吸收外资，工业生产可以外商投资举办的工业企业为主；二是产品以外销为主，出口的特区产品应逐步达到占特区生产企业商品产值的70%以上；三是进出口贸易的外汇收支应有顺差。

这些意见得到有关领导机关和特区干部的赞同，并就此展开了广泛的讨论。有些意见还强调，对于特区的外向型经济，不仅要有量化概念，而且要有质的要求：一要按照国际的技术标准、质量标准组织生产，并实行现代化的经营管理，增强出口竞争能力，以此为出发点调整产业结构，安排技术改造；二要使出口贸易和生产企业的活动适应国际市场的变化，包括确定市场目标，开辟销售、信息网络，采取有应变能力的经营手段等；三要为外资的投入提供更有吸引力的环境。

为了推动特区大力发展外向型经济，广东、福建两省党政领导机关加强调查研究，进行了具体指导。11月国务院特区办公室遵照国务院领导的指示，邀请国务院有关工业部门的负责干部和一些专家，到深圳专门就特区工业生产如何提高外向度进行座谈。在此基础上，1986年元旦期间，国务委员谷牧受国务院委托，在深圳召开经济特区工作会议。参加会议的有四个特区、广东和福建两省、国务院29个部门的负责干部。会议总结了特区举办以来的工作，集中讨论了进一步发展外向型经济的目标和重要的政策性措施。这次会议是继1981年5月经济特区工作会议之后，又一次安排部署特区建设的重要会议。

会议提出，经济特区经过五年多的搞建设、打基础，在"七五"期间应当把指导思想和工作重点转到抓生产、上水平、求效益方面，努力发展以工业为主、工贸结合的外向型经济，进一步发挥"四个窗口"的作用。具体要求：

——特区产业结构应以具有先进技术水平的工业为主，工业建设以吸收外商投资为主。要认真筛选引进的工业项目，着重发展采用先进技术装备的传统工业，力求产品能更多地外销，逐步发展技术密集型、知识密集型项目和高技术产业。内联应当以技术水平和经营管理水平较高、产品具有外销潜力的内地企业为主要对象,以增强对外资和国外先进技术的吸收能力和消化能力。

——产品以出口为主。要瞄准国际市场的需求,开发一批竞争力强,稳定适销的拳头产品,争取工业制成品60%以上能够外销,外汇收支平衡并有节余。

——千方百计提高经济效益。建立起一套完善的管理(包括生产工艺、质量检验、财务会计、劳动人事等)制度。确保国民收入、财政收入不断增长,使特区的人均国民收入进入全国前列,在财政上缴、外汇上缴方面为国家多作贡献。

——深入进行经济体制改革,进一步搞活企业、搞活经济、同时要努力建立完善的宏观控制和调节系统,深入探索微观放开搞活与宏观加强管理密切结合的经验。

——加强智力开发和文化建设,积极培养和引进人才,大力提高职工队伍的素质,培训一大批中高级技术工人。

——要扎扎实实通过发展生产、改善管理取得最佳的经济效益。坚决反对和制止违法经营。

——在完善投资环境方面,除了继续搞好基础设施的配套以外,尤为重要的是要在健全经济立法、提高办事效率、加强人才培养这些"软件"上下功夫。"七五"期间,要使特区的涉外法规基本配套。

会议还强调,越是对外开放,越要加强社会主义精神文明建设,坚决抵制资本主义腐朽思想的侵蚀,反对腐败现象。要求特区领导干部身体力行,勤奋工作,廉洁奉公,带领广大群众把特区的"两个文明"同时抓上去,充分显示社会主义制度优越性。

为了支持特区发展外向型经济,会议就国家需要采取的政策性措施,提出了建议。主要有:特区建设项目中的外商投资不列入国家固定资产投资计划控制规模;在一定期限内减征、免征内地在特区举办企业的所得税;继续实行信贷管理的倾斜政策,深圳特区信贷计划单列,珠海、汕头、厦门特区实行"多存多贷、差额包干"的办法;对特区出口的工业品,在配额、许可证管理上简化手续,由外贸管理部门到特区就近发证;外汇管理采取灵活办法,特区的外商投资企业产品出口和经营业务收汇可以保留现汇,经营进出口业务的国营企业,经当地外汇部门同意,也可以保留部分现汇等等。

2月7日,国务院审定批转了这次会议产生的《会议纪要》,对特区以后的发展起了重要的指导和推动作用。

二、外向型经济的发展及其基本框架的树立

按照国务院批准的这次会议的精神和在此之后关于治理经济环境、整顿经济秩序的部署,深圳、珠海、汕头、厦门四个特区进行了卓有成效的工作。

(一)坚决调整投资结构,实行"压"与"保"相结合的方针。首先下决心停建一批可以缓建的工程项目,主要是非生产性项目。深圳在1986年就果断地从建设计划中削去十八层以上的高层楼宇51座,此后两三年间又先后四次停建、缓建了总计建筑面积为341万平方米的280个项目,压缩基建投资31亿元。珠海特区连续两年停缓建项目31个,压缩投资3.37亿元。从而使资金、物资紧张的状况得以缓解,造成比较宽松的经济运行环境。与此同时,重点确保对生产力增长作用大的项目和完善基础设施配套的项目。在固定资产投资总额中,工农业生产、运输、邮电、科研项目所占比重上升,一般城建项目所占比重下降。

(二)着重发展工业生产、抓好产品品种质量。加强对外引内联项目的筛选,引导投资方向。在所有洽谈的项目中,重点接纳工业生产项目,在工业项目中优先安排出口创汇项目和先进技术项目。在组织生产上注重改善企业管理,抓紧技术培训和技术开发,着力上水平、求效益。1986年到1990年,这四个特区投产项目年年增多,产品品种年年扩大,生产迅速发展。1990年工业产值达到296.2亿元,比1985年翻了两番多。工业门类发展到电子、机械、纺织、食品、饲料、医药、轻工、化工、印刷、包装、建材、通信器材、航空配件等30多个行业,产品达1000多种。

(三)大力拓展国际市场,扩大外贸出口。这四个特区都把扩大外贸出口,当作发展外向型经济的中心环节,按照"立足特区,依托内地,走向世

界"的方针,从产品更新和市场开拓这两个方面采取积极措施。一是尽可能采用国际标准和流行的款式、包装装潢组织生产。二是联合内地科技力量,追踪国际市场需求,强化产品开发,注重发展"精、小、轻、新"的产品。三是与内地企业加强经济联合,将内地富余的原材料、初级产品在特区进行深加工,增值出口,以小批量、多品种、快交货招揽客户。四是优化企业组合,扶植产、技、贸三结合的企业集团,使之成为出口创汇大户。五是"借船出海",同海外公司发展合作关系,扩大外销。六是有计划地到海外办企业,开辟自己的商情和经销网络。艰苦的开拓创造了丰硕的成果,这四个特区的外贸出口额,1986年突破10亿美元,1988年超过30亿美元,1990年46.85亿美元,比1985年增加了4.7倍。

(四)清理整顿商贸公司,克服流通领域中的混乱现象。特区举办以后,各类商贸公司纷纷成立,在促进生产、繁荣市场、扩大对外贸易方面起了积极作用,同时流通领域中也发生了一定程度的混乱现象,违法经营屡有发生。针对这一情况,1988、1989两年,四个特区先后对5000多家公司进行了清理整顿,撤并1100多家,查处620多家,取消了59家的进出口经营权。经济生活的正常秩序得到了保障,为发展外向型经济创造了健康的经营环境。

1986年到1990年5年间,深圳、珠海、汕头、厦门4个特区,在发展外向型经济中都从自身实际出发,各有侧重地开展工作,取得了各具特色的进展。

深圳特区,充分发挥独有的地缘优势,全面运用党和国家的政策倾斜,紧紧依托同内地的经济技术联合,在头五年打下的基础上,着重从调整产业结构、优化企业组合、推动科技进步、进行配套改革等方面作巩固、完善的工作,并在巩固、完善中保持适度的发展规模。在四个特区中,发展较为全面,开创的局面最大。1990年,工农业总产值达到170.3亿元,比1985年增长近5倍;外贸出口额29.96亿美元,在全国大中城市中仅次于上海,工业品出口产值占工业产值的63.6%。十年累计实际利用外资32.37亿美元,居全国大中城市之冠。科技进步也初露头角,微电子等高新技术产品的产值已占工业产值的10%,有240项经科学鉴定部门确认的科技新成果问世,其中

27项达到国际同类技术先进水平。企业经济效益不断提高，1990年县以上工业企业全员劳动生产率达到7.15万元，比1985年提高143.2%；商业流通费用率由1985年的7.01%下降到4.93%。地方财政收入1990年比1985年增长2.4倍多。整个经济运行步入良性循环。

珠海特区，奋力改变原来经济实力薄弱，举办特区头几年生产发展不快的状况，获得了显著成果。通过积极吸收外资举办工业项目，生产年年上新台阶。1985年工业产值只有6亿多元，1987年达到13亿元，1988年增长到25.4亿元，1990年又增长到45.4亿元。形成了以电子、纺织、食品、建材、轻型机械为骨干行业，拥有14个年产值超过5000万元的重点厂家的工业群体。在大力发展工业的同时，还利用全市境内的广阔滩涂围海造地25万亩，加上开荒9万亩，相当于特区建设用地的8.5倍，用以办起现代化农业基地180多个，建立农业示范区，引进先进种养技术装备90多台套、优良种苗100多个，进行试验繁育。种苗除出口之外，已推广到内地14个省、市。在发展生产的基础上，外贸出口迅速增长，1990年达到4.89亿美元，比1985年增长13.8倍多。城市建设十分注重统一规划，合理布局，环境保护，绿化美化。以建筑物鳞次栉比又具有园林风格著称于各特区，闻名于中外。优美的城市，加上16家高、中档宾馆、酒店和"微笑在珠海"优质服务活动的开展，使旅游业欣欣向荣。

汕头特区，经过头几年艰苦创业，扎实起步，从出口加工业为主向综合性经济特区发展。以精简、高效的行政管理和人勤手巧的劳动素质，弥补投资环境方面某些"硬件"的不足，引来了日益增多的外商投资；以扩大对内联合，增添发展活力；以深化改革，挖掘自身的潜力，由原来的小步紧走转为大步前进。1988年工农业总产值超过前六年的总和，外贸出口额、财政收入分别相当于前六年的95.6%和70.6%。1989年、1990年持续稳定协调发展，以上各项指标大都比上年有较多的增长。由纺织服装、塑料皮革、食品加工、化工医药、饲料、工艺陶瓷、电子元器件、钟表等行业组成的特区工业，出口部分已占其产值的72%。外商投资工业企业的产值占全区工业产值的62.5%。按照贸工农相结合的方针，由特区农业公司牵头，联合潮汕地区农业生产基地，借助外商投资农业企业的技术、信息、销售网络，形成了种植、养殖和产前服务、产后加工"一条龙"的创汇农业。在培育推广优良品种，提高加工精度，扩大产品外销方面，取得显著成果和良好效益，增加了特区收入，也为广阔腹地传统农业的技术革新提供了有益的经验。

厦门特区，在范围扩大到全岛后出现了新的发展势头。一方面，筹措 7 亿多元投资，引进 2000 多台（套）先进工业装备，对一批老企业按外向型经济的要求进行技术改造。另一方面，大力开展对台经贸往来。随着海峡两岸关系走向缓和，台商到厦投资日趋活跃，1986 年到 1990 年，累计实际吸收外商直接投资 3.82 亿美元，相当于 1980 至 1985 年总和的 3 倍多，其中一半以上是产品外销比例高的台资。台资在厦门的境外客商投资中已居首位，厦门特区成为开展对台经贸活动的重要基地。老企业的改造、外向型新企业的增加和彩色电视机等拳头出口商品的形成，促进了外贸出口扩大，1990 年外贸出口额达到 7.8 亿美元，比 1985 年增长 3.7 倍。由于境外客商投资增多和扩大出口的带动，牵动了整个经济朝着外向型持续发展。

1985 年到 1990 年，深圳、珠海、汕头、厦门四个特区，年工农业总产值由 61.7 亿元上升到 305.5 亿元，增长近 4 倍，是全国经济发展最快的地方；累计实际利用外资由 10.83 亿美元上升到 52.91 亿美元，增长 3 倍多，成为全国吸收外商投资的热点，外商投资工业企业的产值已占工业产值的 58.8%；年外贸出口额由 8.18 亿美元增长到 46.85 亿美元，增长 4.7 倍，成为全国新的出口基地，工业产值中的出口比重分别达到 40%—80%。从总体上看，外向型经济的框架基本树立起来了，从实绩上回答了人们对经济特区能不能办好的疑虑。

第四节 建立海南经济特区

在深圳、珠海、汕头、厦门 4 个经济特区沿着发展外向型经济的轨道开拓前进的时候，1988 年 4 月 13 日，第七届全国人民代表大会第一次会议审议通过了国务院提出的议案，决定设立海南省，划定海南岛为海南经济特区。

1988 年春，为了扩大对外开放，加速社会主义现代化建设，中共中央、国务院决定将辽东半岛、山东半岛和其他沿海地区的大部分省辖市和县划入沿海经济开放区。要求由经济特区、沿海开放港口城市和沿海经济开放区组成的包括293个市、县，面积42万平方公里，2亿多人口的沿海对外开放地带，发挥自身优势，积极参与国际交换和竞争，发展外向型经济。建立海南经济特区，就是这项战略部署的一个组成部分。

建立海南经济特区，也是总结海南岛开发建设实践经验作出的重要决策。海南岛是中国少有的湿热带宝地、黎、苗等少数民族的聚居地区，长期坚持斗争的革命根据地。1950年4月获得解放后，海南各族人民在中国共产党和人民政府领导下开始了改变长期经济落后、生活困苦的进程。经过30年的奋斗，在70年代末建成中国最大的天然橡胶生产基地和富铁矿生产基地，促进了海南经济、文教和其他各项事业的发展，对全国的社会主义建设做出了重要贡献。但是，由于若干客观因素的制约，全岛的自然优势没有得到充分发挥，同全国其他地区相比，经济发展依然缓慢。随着国际形势的变化和国内实行改革开放，1980年7月上旬，国务院曾专门召开会议，确定对海南放宽政策，把经济搞活，逐步建立适应当地特点的农业结构，推动经济全面发展。1983年4月，中共中央、国务院又根据中央几位领导人先后去海南调查研究提出的建议，作出专项决定，赋予海南行政区较多的对外经济合作自主权，在海南实行经济特区的某些政策，包括外商投资企业的所得税减按15%征收，以对外开放促进内部开发。中共中央、国务院强调指出，开发建设好这个宝岛，对于加强民族团结，实现社会主义现代化、巩固南海国防，意义重大，要求中央各有关部门从人、财、物上积极给以支持。这项方针和有关政策的实施，使海南开发建设获得了活力，迈开了新的步伐。1987年全年工农业产值达到45.6亿元，比1982年增长82%，城乡人民生活水平明显提高。正是在总结上述实践经验的基础上，中共中央、国务院于1987年4月开始研究在海南岛实行特殊经济政策，建立管理新体制，把海南岛办成全国面积最大的经济特区。全国人民代表大会关于建立海南经济特区的决议，就是在做了一年准备工作的基础上通过的。

在筹备海南经济特区的过程中，对有关的政策措施反复进行过研究。国务委员谷牧、张劲夫受中共中央、国务院的委托，组织国务院特区办公室、国家计委、国家经委、财政部、经贸部、中国人民银行、海关总署等有关部门会同广东省、海南行政区党政机关和一些专家，立足于海南岛的实际，分析国际环境，考虑到国家宏观经济的承受能力，对举办海南经济特区的可行性和有关政策，三上三下作了研究论证。1987年10月上旬，谷牧在海口市主持召开有国务院16个部门和广东、海南负责干部参加的会议，深入讨论并系统集纳了各个方面的意见，上报国务院。国务院审查修改后，于1988年5月4日发布了《关于鼓励投资开发海南岛的规定》。这个法规性文件，明确规定了海南经济特区的基本政策。其中大部分是深圳等四个特区行之有效的经验，一部分是按照海南实际作出的新规定。如外商可以采取"购买股票、债券等有价证券"和"参股经营或者承包、租赁经营企业"的方式投资，海南省人民政府可以依法将国有土地的使用权有偿出让给外商投资者，最长期限定为70年等等。关于这些政策的具体内容，将在本书第十五章"海南经济特区"中详述，这是中国举办经济特区政策的新发展。

海南经济特区的建立，开辟了开发建设海南岛的新里程。在1988年到1990年3年中，扩大开放的特殊经济政策和不断改善的基础设施，吸引着日益增多的外商投资；外引内联促进了社会生产力的发展；着力提高技术水平的工农业生产增加了出口货源；管理体制的改革增强了发展活力。海南经济和社会发展，在新的条件下扎实地前进。1990年工农业总产值上升到58.83亿元，比1987年增长28.9%；外贸出口则比1987年增长3倍，1988年到1990年三年实际吸收外商投资额，超过1980年到1987年8年总和的3.2倍。海南经济特区建设起步的实践说明，经济特区的发展前景是大有希望的。

第五节　提高水平，迎接90年代新发展

经济特区带着自身经济迅速增长，对全国改革开放起了重要借鉴和推动作用的实绩，跨进了90年代。

90年代，是中国实现第二步战略目标，把国民经济和社会发展提到新水平的重要发展阶段，是建设具有中国特色的社会主义非常关键的十年。中共

中央、国务院对全国改革开放的"排头兵"——经济特区在90年代取得更大进展寄予殷切期望。全国对经济特区在社会主义现代化事业中发挥更大作用拭目以待。中共中央总书记江泽民，在1989年年末和1990年5、6月份先后视察厦门、海南、深圳、珠海、汕头特区，1990年11月又出席深圳、珠海特区庆祝建立十周年的活动。他要求各特区在已经获得成就的基础上，不停顿地把各方面的工作推向前进，提高水平，增进效益。90年代的第一春，1990年2月5日至8日国务院在深圳召开特区工作会议，田纪云副总理主持会议，集中讨论了特区如何更好地发展外向型经济，充分发挥对外开放窗口和基地的作用。国务院总理李鹏专程到会听取汇报，并作了重要讲话。国务院根据中共十三届七中全会建议制订并提请第七届全国人民代表大会第四次会议批准的《国民经济和社会发展十年规划和第八个五年计划纲要》中明确提出："进一步办好深圳、珠海、汕头、厦门和海南5个经济特区"，要求"更有效地利用外资，引进先进技术和科学管理经验，努力发展外向型经济，同时扩大与内地的横向经济联合与合作，积极支援边远地区与内地经济的发展"。

按照中共中央、国务院提出的要求，各特区根据过去10年的经验，围绕着提高水平，增进效益，更好地发挥作用，为振兴全国经济服务这个中心，充分挖掘自身潜力，以更加扎实的工作，继续开拓前进的步伐，迎接90年代的新发展。

——加强经济发展的全面规划，在全国经济中进一步发挥作用。以往的经验说明，特区经济必须与全国经济实行有机结合，才能有强大生命力，发挥更大作用。各特区从国民经济全局出发，结合本地优势，进一步确定自身经济发展方向和主攻目标，发展各具特色的产业，与内地形成合理地域布局和有机的结合，更好地为社会主义现代化建设服务。

——进一步完善投资环境，提高吸收利用外资的水平。以往的经验说明，吸收外商投资，可以带进建设资金、先进技术、管理经验和产品外销渠道，是发展外向型经济的重要媒介。为了吸引和接纳更多的外商投资举办更多的好项目，各特区扩大基地设施建设，搞好投资环境中"硬件"的充实、完善和配套。同时，下更大的力量，精简办事环节，提高工作效率，健全涉外法制,创造生产经营条件,提供优质服务,切实完善投资环境中的"软件",并强化依法监管机制。按照国家产业政策和发展外向型经济的需要,引导外资投向,争取举办一批技术先进、有一定规模、外销能力强、效益好的骨干项目和能够提高现有加工技术水平,增强产品协作配套能力的项目,为特区壮大社会生产力增加新的生力军。

——调整技术结构和产品结构,提高参与国际交换和竞争的能力。以往的经验说明,国际市场上的竞争从根本说是科学技术水平的竞争。各特区致力于以科技进步推动产品结构的优化。积极改变劳动密集型产品比重较大的状况。密切同内地科研单位和大专院校实行技术合作,瞄准国际市场需求,加强应用技术开发,创制新产品,更新传统产品的花色、品种、款式,在老产品上增加新功能。努力建立国际商情信息和产品销售网络,开拓远洋市场,并发展特区接订单、做设计,委托内地加工制造的业务。

——发展第三产业,增强经济辐射能力。过去 10 年的经验说明,在经济特区里相应发展第三产业,不但是促进经济发展和社会进步的重要环节,完善投资环境的基本要求,而且是增强对内对外经济辐射能力的必需。各特区除了积极巩固提高商业、物资业、旅游业、房地产业以外,特别致力于发展对外向型经济关系重大的对外贸易业、金融业、信息业,注重发展与科技进步相关的咨询和技术服务业,完善为创汇农业服务的行业。在发展第三产业中,充分调动各方商的积极性,积极扩大外商在第三产业中的投资领域。

——深化经济体制改革,建立适应发展外向型经济的运行机制。过去 10 年的经验说明,不断深化改革是特区发展的重要动力。各特区的改革在按照社会主义市场经济的要求,逐步建立国家宏观调控指导下充分发挥企业活力,主要采取市场调节手段的经济运行机制。同时,积极提高广大干部的国际经济、贸易、金融、法律知识水平和实际工作能力。把不断完善经济体制和培养精明干练的干部队伍结合起来,在竞争激烈的国际经济活动中把握主动权。

——发掘内部潜力,增进社会经济效益。各特区明确认识到,有了头 10 年的创建基础,在新的 10 年开始之际就应进一步使特区经济从速度型向效益型转变,把提高社会经济效益放在经济工作的首位;就应在国家政策支持下苦练内功，发掘内部潜力。向优化经济结构要效益，向加强管理要效益，向科技进步要效益，向适度规模经营要效益，向增收节支要效益，成为共同的认识和切实组织实施的行动。

——坚持社会主义的政治方向，建设社会主义精神文明。过去10年的经验证明，搞好社会主义精神文明建设，是发展特区经济的政治和智力保证，也是社会主义中国经济特区的根本特色。各特区在经济建设中，深入开展思想政治教育和职业道德教育，提高文化科学素质，厉行勤政廉政，在频繁的对外交往中，坚持抵制和克服外来消极腐朽东西的侵袭；在发扬社会优良风尚的同时，不断扫除社会丑恶现象，打击犯罪活动。

90年代，5个经济特区在"两个文明"建设方面攀登新台阶，在增进社会经济综合效益方面创新业，在服务全国、带动内地经济振兴方面展现新姿。经济特区在它诞生的第二个10年里与日俱进，臻于成熟。

第二章
基础设施建设开创新路

中共中央、国务院决定举办经济特区之后，先是深圳特区，接着珠海、汕头、厦门特区相继进行了大规模的基础设施建设。特区建设者运用国家赋予的政策，克服重重困难，立足于改革建筑管理体制，自筹资金，负债经营，开发建设。在动工后的四五年内就创造了较为齐备的投资"硬"环境，奏出特区建设的第一曲凯歌，随后又不断加以充实、完善，促进了外向型经济的持续发展。

第一节 基础设施建设的进程和成就

一、特区建设要求基础设施先行

在深圳、珠海、汕头、厦门举办经济特区，的确有着地理、人文方面的良好条件，但从当代开展对外经济贸易所必需的交通、水、电、通讯等公用设施来看，这四个地方在举办特区之初尚存在很大的差距。

当时，深圳的城区不到3平方公里，建筑物总面积仅29万平方米，街道狭窄，市容陈旧，最高的房屋仅有一座五层楼。走遍街巷没有一盏交通指示灯，供电不足，电信设备只有一套2000门的老式电话交换机。除了单线行驶的广九铁路以外，公路运输和水上运输都很落后。珠海是个渔村式的小镇，只有一条道路，用的是手摇电话，跨境通话还得由中山县接转。汕头和厦门划定办特区的区域，都是有待开发的荒坡和沙滩地，老城的基础设施状况也很差，道路不平，电灯不明，供水不足。汕头市的机场只能起降小型客机。厦门市没有机场和深水码头。

这种状况要求特区建设必须从平整土地做起，开通道路、修建供水、供电、邮电通信、排污系统，建设大中型机场和深水码头，进而建造标准工业厂房、仓库、商业楼宇、住宅、宾馆、饭店，还要相应地把文教、卫生设施跟上去。总之，首先要搞好基础设施、市政工程和公用事业，创造吸引境外客商投资的环境，为企业、事业的生产经营提供必需的物质条件。这样，才能使这些地方开展对外经济贸易活动的潜在优势得到现实的发挥。

首先建设基础设施，是国际上举办经济性特区的通常做法。有些区域面积不大的经济性特区，往往把基础设施建设完善之后才对外招商；那些区域面积大、投资需求量多的经济性特区，则采取分期开发的办法。不论哪一种做法，基础设施建设都必须先期进行。

二、基础设施建设的进程

在过去10年中，各经济特区的基础设施建设，虽然起始时间先后不等，但大体上都贯穿于特区建设全过程，经历了初期集中建设、重点充实配套和扩大开发规模三个阶段。

（一）初期集中建设。从1980年至1985年，深圳、珠海、汕头、厦门4个特区，先后展开了以基础设施为重点的大规模基本建设。按照建设规划进行"五通一平"，开发工业区，建造部分商业楼宇、居民住宅和生活服务设施。"搞建设、打基础"成为这个期间特区工作的重点，建筑业迅速发展为这四个特区重要的经济支柱。据1985年统计，建筑业在社会总产值中的比重，深圳为40.3%，珠海为45.3%。基础设施建设又是基本建设的大头。1980年至1985年，4个特区累计完成基本建设投资96.7亿元，其中城建投资占31.2%，交通运输和邮电投资占13.4%，其他服务性设施的投资占15.5%，以上三项共占整个基建投资的60.1%。商贸、金融、科教文卫项目的基建投资占16.4%，其中一部分也是属于基础设施建设。工农业生产性项目的基建投资只占23.5%。

经过五年多的建设，完成了一大批重要工程项目。如深圳的蛇口、上步、八卦岭工业区和罗湖综合区的开发，特区管理线、罗湖火车站联检大楼，直升机场，万门程控电话交换机；珠海的九洲港客货码头，供水站和输变电工程，南山、北岭工业区开发；厦门的东渡港深水码头，高崎国际机场，万门程控电话交换机，湖里工业区开发；汕头的龙湖工业区开发，专用码头等等。投资环境得以初步形成，经济特区由构想和蓝图变成看得见的客观现实。

（二）重点充实配套。1986年起，这四个特区的工作重点由"搞建设、打基础"，转入"抓生产、上水平、求效益"，发展外向型经济。从这一年到1988年，基础设施建设主要是适应外向型经济发展的需要，针对薄弱环节进行充实配套。

深圳兴建了装机容量70万千瓦的沙角B电厂，开凿梧桐山隧道，建设市区道路与铁路立交高架桥，完善市区道路网络，修建妈湾港，开发沙头角、南头、沙河、水贝四个工业区。

珠海完成广珠公路西线珠海段的改造，建成装机容量3.72万千瓦的柴油发电自备电站，西江一期引水工程，2万门程控电话交换机，污水处理厂，开发吉大、夏湾、湾仔等工业区。

汕头扩建了原来只能起降小型客机的机场，达到起降中型客机的水平，扩大了龙湖工业区的输变电能力。

厦门按照特区扩大到厦门全岛的需要，改造了市政公用设施，扩建高崎机场，着手建设东渡港二期工程和高崎跨海公路桥。

这个期间，在铁道部牵头组织下，广九铁路广深段完成了复线改造工程。所有这些，都使这四个特区的基础设施水平提高了一步，促进了外向型经济的发展。

（三）扩大开发规模。由于1986年到1988年这4个特区经济迅猛发展，原有基础设施的容量日见不足，特别是能源和交通成为两大"瓶颈"。因此，从1989年起，基础设施建设呈现出扩大规模的特点。

深圳新上了九大基础设施工程，包括：国际机场、新火车站、盐田深水港及其配套铁路支线、60万千瓦的大型电厂、广深珠高速公路、惠深汽车专用公路等。1989年就投入使用的有皇岗口岸货运通道、深南路的皇岗立交桥、广深公路南头至黄田段、深惠公路布吉到丹竹头段的一级公路。

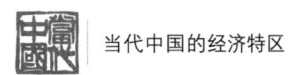

厦门为了适应台商投资踊跃的需要，除了加快在建基础设施项目的进度外，铺开了60万千瓦的火力发电厂、煤气工程、2万门程控电话扩容、湖里工业三期建设等工程。

从1989年起，珠海开始了西部重工业区的开发。以高栏港建设为中心，带动西部的交通、水、电、通讯等基础设施工程建设。横跨磨刀门水道的珠海大桥破土动工。

汕头参与广东省牵头的广（州）梅（县）汕（头）铁路、深（圳）汕（头）一级公路的建设，以进一步改善交通运输大环境。与此同时，进行了供水、电话等项目的扩容。

这些大项目的建成和投入使用，使这四个特区基础设施的状况进一步完善，适应了90年代发展的需要。

三、基础设施建设的成就

深圳、珠海、汕头、厦门4个特区经过大规模的基础设施建设，发生了改天换地的变化。

一是建起了现代化的都市。到1990年年底，累计开发建设用地150平方公里，建造房屋5000多万平方米，其中包括18层以上高楼100多座，修筑道路673公里。深圳和珠海从过去的小城镇变成了布局合理、建筑新颖、环境优美的现代化的都市。老城市厦门和汕头也旧貌变新颜。

二是建成了18个工业区和一批商贸、住宅、文教和旅游区。

三是水、电供应大为改观。1990年，这四个特区年供电32亿多度，日供水200万吨。

四是开辟了对外交通、通信网络。这四个特区，在海运方面新建万吨以上泊位9个，3000—5000吨泊位20个，形成年吞吐2000多万吨货物的能力。在空运方面，厦门和汕头开辟了与全国重要城市的民用航空线，并分别与新加坡、菲律宾、印度尼西亚和泰国通航。厦门高崎国际机场1990年过往旅客110余万人次。深圳的国际机场1991年年底建成开航。在电信方面，新增程控自动电话交换机23.1万门，开通了与全国400多个城市和158个国家（地区）的直拨电话，并为用户提供电报和传真服务。

海南的基础设施建设，在 1983 年 4 月中央赋予类似特区的优惠政策以后就开始进行，交通部、铁道部给予积极支持。1988 年 4 月建立特区后加快了进度。1990 年与 1987 年相比，发电供电能力增加 2 倍多，长途电话通信容量增加 96%，新建 2 个万吨级深水码头，海口机场开辟了通往国内 17 个城市的国内航线和通往泰国、新加坡的国际航线。

第二节　多方筹资，负债开发

经济特区在进行基础设施建设中，成功地解决了筹集资金这个难题。

国外经济性特区的开发建设，一是由政府出资建设基础设施，或者由政府资助与私人企业共同开发，创建出完善的投资环境后，再招商投资举办企业。中国经济特区建设基础设施，不可能采取国家财政拨款的办法。一是因为全国的现代化建设百业待兴，需要大量资金，无论是中央财政和省财政都难以划拨出满足特区建设需要的巨额资金。二是国家着手改革建设投资体制，将过去由财政计划拨款改为由银行贷款，即建设单位由无偿使用国家投资改为有偿（付利息）使用国家投资。从这种实际情况出发，国家对特区建设采取了四条方针：1. 在一定的期限内减免上缴财政任务，扶持特区自我聚财滚动发展；2. 国家银行从信贷政策上给以支持；3. 个别建设项目（如深圳特区的管理线）国家给以少量资助；4. 鼓励特区吸收利用外资建设某些基础设施项目。在此方针指引下，特区运用国家的政策扶持，立足于改革，走出了多方筹集资金，负债开发经营，建设基础设施的新路。

一、使用国家银行贷款

首先使用国家银行贷款建设基础设施的是深圳特区。1980 年深圳决定由负责开发工程的经济特区发展公司统一向国家银行借款，解决土地开发、基础设施工程的投资，同时用土地使用费、开发费以及水费、电费等收入偿还贷款。第一笔由建设银行发放特种基建贷款 3000 万元投入罗湖综合区"七通一平"的工程。深圳的国营各专业银行分行，每年都安排一部分固定资产贷款用于支持基础设施的建设，由市财政局统一借款，并由市计委与财政局分配到具体建设单位，在市财政支出计划中统一安排归还。1981年，国家银行为厦门湖里工业区的建设安排了5000万元的专项贷款。继此之后，珠海、汕头特区也采用了这种办法开发建设。

作为中央银行的中国人民银行，为了从信贷资金上支持特区建设，采取了相应的政策性措施。主要有：深圳特区的信贷计划单列，由中国人民银行总行审批，深圳分行统一安排贷放；珠海、汕头、厦门特区实行多存多贷、差额包干，吸收的存款全部留用；海南除实行多存多贷、差额包干的信贷政策之外，在1995年以前中国人民银行每年给予2亿元的低息贷款，中国银行给予5000万美元外汇贷款；允许国营各专业银行在特区的分行实行一业为主，交叉经营业务，改变"钱到地头死"的现象，提高信贷资金利用率；特区银行可以向内地银行拆借资金。这些办法归结起来就是：特区吸收的存款，全部留作特区的信贷资金，同时又从内地拆借一部分存款增加特区的信贷资金，提高特区银行筹集资金的积极性和资金使用效益。因此，使用银行贷款成为特区开发建设资金的主要来源。据深圳材料，在整个建设投资中，银行贷款占1/3以上。银行信贷业务也由此得到较大的发展。1990年年末深圳、珠海、汕头、厦门特区各银行人民币存款余额和贷款余额，分别比1980年年末增长38.5倍和45倍。

二、实行土地有偿使用制度

经济特区举办伊始，就根据第五届全国人大常委会第十五次会议批准的《广东省经济特区条例》中有关土地使用的规定，改革土地管理体制，以地生财，以财养地，用这种办法筹集建设资金。

1980年至1987年，主要是收取土地使用费。特区土地为国家所有，使用单位用地由特区政府按实际需要提供，并根据不同行业和用途，规定不等的使用期限，收取不同标准数额的土地使用费。这就把办特区前的无偿、无限期使用土地的办法，改为有限期的有偿使用，使土地初步成为建设资金的一个来源。与此同时，还将一定区块的土地应收的土地使用费折算作为中方资金，与外商举办中外合资、合作企业。但这只是土地商品化的初步，收益也不多。1980年至1987年，深圳累计收取土地使用费5000万元，同期珠海土地使用费收入也只有2000多万元。

从1988年起，进一步深化土地管理改革，实行土地使用权有偿转让。当年4月，第七届全国人民代表大会第一次会议通过《中华人民共和国宪法修正案》，其中明确规定"土地使用权可以依照法律的规定转让。"当年12月，第七届全国人大常委会第五次会议据此相应修改了《中华人民共和国土地管理法》的有关条款，明确规定"国有土地和集体所有土地的使用权可以依法转让"。各特区根据这些法律规定的土地所有权与土地使用权分离的原则，实行土地使用权有偿出让和转让，彻底改变原来的政府给使用单位无偿划拨土地的办法，以协议、招标、拍卖的办法，有偿出让土地使用权。1988年、1989年两年间，深圳、厦门、珠海、汕头四个特区通过有偿出让土地使用权，收取土地使用权出让金近8亿元，进一步使土地成为筹集建设资金的另一个重要来源。

三、吸收利用外资

（一）从国际金融市场筹借贷款。交通部香港招商局在深圳蛇口工业区开发建设初期，依靠本企业的资信，经香港上海汇丰银行许可，以透支的方式从该行筹得部分资金投入"七通一平"工程。厦门高崎国际机场的建设，利用了一部分科威特阿拉伯基金会的长期低息贷款。珠海的基础设施建设，使用了一些国际商业贷款。经验说明，在偿还能力确有保障不致造成沉重外债负担的前提下，适量使用一些国外贷款进行基础设施建设是可行的。

（二）采用中外合资、合作经营的方式，吸收外资建设基础设施。深圳与一家外商、三家香港中资企业、两家内地企业，以中外合资经营方式，举办南山开发有限公司，建设赤湾港。1982年打下第一根桩，1983年4月建成第一个万吨级泊位，到1989年建成有15个大中型泊位、岸线总长1685米、年吞吐量310万吨的港口，成为华南地区一个新的外运港口和南海石油勘探后勤服务基地。这家公司实行建港、装卸、仓储、海运等业综合经营，利润逐年增长，到1989年已回收建设投资90%。1984年6月建立的深圳沙角电厂B厂，是中外合作经营的能源建设项目。合作双方是深圳电力开发公司（甲方）和香港合和（中国）电力有限公司（乙方）。合同规定全部投资折合28.87亿港元，由乙方负责筹集，甲方负责解决2.5亿元人民币的贷款指标，乙方以"交钥匙"方式对工程进行总承包，建设两台自动化控制的35万千瓦燃煤发电机组，年发电36.8亿度。1984年9月开工，1987年9月全部建成投入试运转。按合同规定，甲乙双方合作经营期为十年，从1988年4月1日起至1998年3月31日。合作经营期间的电厂全部收入，除提取部分给甲方作为管理费外，其余归乙方所有；合作经营期满后，电厂全部产权无偿归甲方所有。经验说明，港口、电站这一类可以盈利的基础设施，争取外商投资是可能的。

（三）外商投资成片开发经营土地。这种方式，是由海南特区洋浦地区的开发提出来的。洋浦海域有建设深水大港的条件，岸上有几十平方公里不适宜耕种的瘠土荒地。香港熊谷组集团公司有意承包进行开发。为了明确规定有关政策，1990年5月国务院制定公布了在经济特区、沿海开放城市和沿海经济开放区实行的《外商投资开发经营成片土地暂行管理办法》。按照这一办法，外商可以依法有偿取得一定区块的国有土地在一定期限（最长不超过70年）内的使用权，依照规划在区内进行综合性的开发建设，平整场地，建设供水、供电、供热、道路交通、通信等公用设施，形成工业用地和其他建设用地条件，然后进行转让土地使用权，经营公用事业，或者进而建设通用工业厂房以及相配套的生产和生活服务设施等地面建筑物，并对这些地面建筑物从事转让或出租。这是吸收利用外资建设基础设施的新方式，也是利用土地筹集建设资金的新发展。外商投资者对此也颇有兴趣。到1990年年底止，除海南特区洋浦地区的成片开发，与香港熊谷组集团公司深入进行了洽谈以外，其他特区也有外商前往洽谈，并初步达成几个协议。

1980年至1990年的10年中，5个经济特区基本建设投资累计365.2亿元，其中属于建设基础设施包括能源、交通、邮电、城建、文教卫生的投资约占45%。在基础设施建设投资中，银行贷款占40%，吸收利用外资占10%，各特区以自身积累滚动投入占40%，国家和内联投资占10%。

第三节 加强规划管理，讲求综合效益

如何正确运用来之不易的资金，多快好省地创造投资环境，避免损失浪费，收到良好效益，是特区建设中的重要课题。为此，各特区都采取了有效的措施。

一、认真制定建设规划

建设规划是特区在一定时期内经济和各项事业发展的综合部署纲要，又是安排具体建筑项目的基本依据。各特区举办伊始，就十分重视规划工作，邀请有关专家参加，详细调研论证，进行多方案比较。一般都注重以下几点：1. 按国家举办经济特区的战略意图，认真制定经济和社会发展总体规划；2. 城市基础设施建设与经济社会发展目标密切结合，适应建设现代化城市、发展生产、繁荣经济、方便生活的要求；3. 吸收国内外经验，使规划具有科学性和先进性；4. 总体布局合理，公用设施先进，建筑物造型美观，环境协调发展。

深圳在制定和实施建设规划中，实行分层次审批管理的办法。第一层是全特区的经济社会发展纲要，1982年年底制定出《深圳经济特区社会经济发展规划大纲》，1984年进行了全面修订，1986年报经国务院批准，并被国家主管部门评定为一等奖。这是确定建设方针、目标的总纲性的文件。第二层是根据上述《大纲》制定的各《分区规划》，由市规划局审核后报市政府批准，成为进行建设的"法定图则"。第三层是将《分区规划》具体化为《分区建设详细蓝图》，详列区内道路和各类管线网络骨架，重要建设项目建议，由市规划局批准作为建设依据。第四层是各分区内个别小区的开发安排，由开发单位依据上述蓝图的要求制定，经市规划局批准后组织实施。规划一经确定，就严格执行，未经规定程序，任何人不得擅自变动。建筑物的布局、层数、形体、色彩和周边绿化标准，都要按规划规定进行设计和施工。对于违章建筑物，不论是属于单位或个人，限期拆除，对逾期不拆的，要强行拆除，情节严重的还要通报处分。曾有一个市局级干部，因私人违章建房，受

到撤职处分。这些做法,在珠海特区的城市建设和厦门湖里工业区、汕头龙湖工业区的建设中,得到推广运用。珠海在城建中尤其注重市容美化、园林绿化、环境保护,取得了显著成就。

二、分期分片开发

为了避免铺大摊子,拉长建设战线,产生长期不能全部完工的"胡子"工程,各特区按照中央关于"建设一片,投产一片,收益一片"的方针,在作好总体规划的基础上,采取分期分片开发建设的办法。深圳把全特区分为中、东、西3大片和18个功能小区,先从罗湖、蛇口、上步建起,逐步扩展。蛇口工业区在2.5平方公里范围内又先开发1平方公里。汕头龙湖工业区在1.6平方公里范围内,首期开发0.2平方公里,第二期开发0.24平方公里,第三期开发0.47平方公里,直到1988年才全面铺开。厦门特区先建机场和深水港,开发湖里工业区。海南特区在建立之后,开发重点先放在海口、三亚、清澜等五个小区。这种扎实起步,分期拓展的办法,保证了一定范围内投资环境的较快形成,也有利于建设投资的逐步回收。一般在平整场地的次年即有生产项目、商贸项目投入建设,第三年即可有一定的产出。如蛇口工业区,到1988年年底就基本上回收了在此之前的基础设施建设投资。

三、加强施工管理

特区建设要求在不长时间里完成平整场地、通路、通水、通电、通电信、通排污等一系列配套工程,还要建造工业厂房、商业楼宇、旅游宾馆、居民住宅等等,不但要立体交叉作业,而且涉及诸多隶属关系不同的单位,因而它是个庞大复杂的系统工程。如果不精心组织管理,"各吹各的号,各唱各的调",势必矛盾丛生,相互掣肘,一条道路刚刚竣工使用,就挖开铺设管道,刚填上又挖开安装电缆,挖路不止,旷日误事,浪费惊人。

有鉴于此,特区在建设中实行了"五统一"的管理制度,即"统一规划,统一设计,统一征地,统一组织施工,统一使用资金",并且严格按照"先地下管线,后地面建筑"的顺序施工。深圳市政府专门设立"基础工程工作组"，代表市政府统一协调处理建设单位、勘察设计单位和建筑施工单位的关系，把有关各方面的工作有机地组织起来，基本上做到路修到哪里，地下管线就铺到哪里，路灯就安装到哪里，花草树木就栽到哪里。应当说明，深圳、珠海的城建工程和湖里、龙湖工业区的开发，基本上是从空地上开始的，与老城改造相比，也便于实现上述管理办法。

四、实行商品化经营

为了用好、用活有限的资金，对某些建筑物主要是房屋实行商品化经营，"未建先卖""边建边卖""建成就卖"的办法，得到了重视和采用。一是在建造设计确定之后或在施工的过程中，就发行广告招揽买主，收取预付定金，然后随建造进度分笔收取房款，在交付买主使用时收清；二是在交付买主使用后分期收取房款，并按期限长短给予多少不等的优惠折扣；三是建成后出租，主要是写字楼、仓库、商场。

这种滚雪球式筹集运用资金推进建设的办法，始自蛇口深圳特区，尔后陆续推广。深圳工业服务公司运用这一办法，从银行借得4000万元贷款铺底，在两年内完成2亿元的建筑工作量，建成了39幢工业厂房和相应的配套服务设施，初步开发出上步、八卦岭两个工业区。

实行这种办法，振兴了房地产业，不但推动了特区建设，而且在实践中锻炼培育出一批开发房地产的骨干企业。以深圳经济特区房地产开发公司为例。它在1980年1月成立时，只有6个人，借了3000万元银行贷款作为启动资金。到1989年年底已发展成为有3000名职工、6亿元固定资产、以开发房地产为主的综合经营的集团式企业。在过去十年（指1980—1990年）中，建成16层以上大楼44幢，公寓楼451座，花园别墅321个，累计上缴税利2.24亿元，被评为深圳的"重合同、守信用"先进企业。这家企业还"扬帆出海"，到香港地区和美国、加拿大、澳大利亚投资经营房地产，收益可观，被评为深圳的创汇大户。

第四节 引进竞争机制，实行招标承包

在建筑施工上实行设计评选、工程招标、施工承包，是特区建设得以高速进行的重要推动力，也是特区建设初期实行的一项重要改革，其经验已在全国推广。

从 50 年代到 70 年代，国内建设的设计施工一般采用行政分配任务的办法，一项工程由独家垄断，"吃大锅饭"，浪费材料、资金，尾工长期不能扫清。显然，这种办法很不适应特区建设的需要。同时，特区建设开始后，内地大批建筑设计、施工队伍进入，据 1984 年统计，深圳、珠海就有来自 15 个中央部门，11 个省、53 个县的大小设计、施工单位 288 个，达 17 万人。这就为引进竞争机制提供了契机。正是在这样的背景下，进行了建筑组织管理体制的改革。

较早实行工程招标承包制的较大建设项目，是 1981 年兴建的两幢 20 层、建筑面积总计 5 万平方米的深圳国际商业大厦。原来用老办法安排给一家建筑公司承建。这家公司提出每平方米造价 580 元，工期两年，没有达成协议。建设单位改用公开招标办法，包给以每平方米造价 388 元、工期一年半中标的来自武汉的第一冶金建设公司，结果，工期比预定的一年半又提前两个月完成，工程质量优良，节约投资 940 万元。这个办法，后来在特区建设中普遍推广。在过年的十年中，深圳实行招标承包的工程项目有 1474 个，珠海建筑工程招标面达 70%。

中标单位承包方式大致有三：一是大包干，即建筑工程和材料、设备，全包；二是包工程和部分材料、设备；三是只包工程不包材料、设备。深圳实行招标承包的工程，主要是第一种方式。在大包干中有一种承包水平较高的"交钥匙"总承包方式，即勘测、设计、拆迁、施工、安装、材料、设备、质量、造价、工期，有的还包括绿化，统由一家公司总承包。总承包公司通过招标，再将有关项目分包出去。深圳城建（集团）开发公司就以总承包形式，承担了罗湖、上步 34 平方公里的"七通一平"工程、128 万平方米的房屋、24 幢 18 层以上大楼、15 所中小学校舍的建筑任务。这种方式把使用单

位、建筑单位、材料设备供货单位密切联系在一起,形成备料、施工、设备安装和调试一条龙,减少中间环节,加快了工程进度。这家公司总承包的深圳大学首期建校工程,破土后七个月就交付使用,受到国家教委表扬。建筑施工实行招标承包的效果十分明显。据深圳、珠海材料,一般工期可缩短20%—30%,大型工程的造价约降低15%,中小型的项目约降低8%。同时,也推动了企业内部管理的改革。

实行招标承包制后,为了保证工程质量、施工安全和加强施工现场的管理,还有三条相应的措施:

一是,设立工程质量监督检验站。深圳于1981年设立这一机构,作为市政府的代表,对施工质量和工程财务进行监督。珠海市也成立了工程质量检验站,规定6层以上的建筑物和总投资100万元以上单体工程,必须由这个站进行质量监督。

二是,实行地盘管理。这是深圳于1985年实行的。即由建设单位(发包单位)向承建公司的工地派驻工作小组,按照双方签订的合同,对建筑工程从准备到竣工进行全过程的监督。为使建筑监督社会化、专业化,随后又建立了8个建筑地盘管理公司,接受建设单位的委托,对建筑承包单位进行监督,处理施工过程中技术、经济问题,按全部工程造价的1%—2%收取地盘管理费。

三是,1987年深圳从施工安全需要的实际出发,对施工的建筑机械及其操作人员实行审查发证制度。

第五节 几点思考

过去十年(指1980—1990年)中,各特区在进行以基础设施为重点的大规模基本建设中,勇于开拓,解决了时间紧、资金短缺、工程量大、综合性强、标准要求高等一系列难题,开拓前进,取得巨大成果。把丰富的实践经验集中起来,就是正确运用国家的扶植政策,紧紧依托内地的建设力量,认真筛选国外科学的管理经验,并把这三者同特区的实际结合起来,锐意进行建设投资体制、建筑管理体制和施工企业经营机制的改革,培育建筑劳务市场和房地产市场。这些改革的经验，是特区的重要精神财富，同基本建设的巨大物质成果相比，具有更深远的意义。在特区今后还将继续进行的基本建设中，应当不断深化这方面的改革，取得更大的成就和更好的效益，总结出更丰富的经验。

10年的实践说明，基础设施建设是特区经济和各项事业的基础，在特区建设中居于先行的地位。它不但应在特区举办初期首先重点进行，而且要贯穿于特区发展的全过程，不断地完善、扩展、提高，否则，将会成为制约特区发展的因素。特别应当引起重视的是投资大、工期长的能源和交通建设。从1989年、1990年的情况看，深圳供电紧张，严重影响生产。厦门、汕头海陆外运条件也亟待加强。加强这两个落后环节的建设，是刻不容缓的。

能源和交通建设在一定程度上的滞后，一方面是由于在建设安排上重视不够，另一方面建设资金不足也是个重要原因。从过去十年的经验看，能源、交通这类能够经营盈利的基础设施，与平整场地、铺设地下各种管线等那类主要是获得社会效益的服务性的基础设施不同，可以吸收外商投资。特别是随着特区经济的成长，综合补偿能力的增强，外商投资于这两个方面的意向也在增强。应该积极开展工作，完善有关政策，进一步吸引外商投资，争取举办一些中外合资、合作经营的能源、交通等骨干项目。

过去10年的特区基础设施，总体来看多是些中小型项目，与周边地区联系不大。随着特区的进一步发展，有较多的大型项目上马，必然涉及特区与周边地区内的同类和有关建设项目如何合理布局的问题。应由国家主管部门和所在省牵头，加强统筹规划和协调，防止不必要的重复建设和盲目竞争。

第三章
吸收外商投资不断发展

各经济特区在开发建设的初期，就把吸收外商投资摆到重要工作日程上，作为发展社会生产力和外向型经济的重要途径。10多年来，经济特区充分运用国家给予的吸收外商投资的优惠政策，不断完善投资环境，努力发挥自身的区位优势，取得了吸收外资的突出成就。

第一节 吸收外商投资的优惠政策

吸收外商投资，是中国实行对外开放的一项重要内容，也是中国政府赋予经济特区的基本任务之一。国家在维护主权、坚持平等互利和尊重国际惯例的原则下，制定和发布了一系列关于鼓励外商直接投资的法律、法规和各项优惠政策措施。经济特区吸收外资、兴办外商投资企业，是国家发展对外经济合作的组成部分，同样必须遵守国家发展对外经济合作的一般原则，国家制定和发布的有关法律、法规同样适用于经济特区。同时，国家还从建设经济特区、有利于促进外商投资出发，对经济特区吸收外商投资实行了更加优惠的政策和不同于其他地方的经济管理体制。中共中央、国务院关于经济特区建设的各项文件，1980年公布的《广东省经济特区条例》，1984年公布的《国务院关于经济特区和沿海14个港口城市减征、免征企业所得税和工商统一税的暂行规定》，1986年公布的《国务院关于鼓励外商投资的规定》，1988年公布的《国务院关于鼓励投资开发海南岛的规定》，1991年公布的《中华人民共和国外商投资企业和外国企业所得税法》，以及海关总署、国家税务局等部门发出的有关管理和各项实施细则中，对外商在经济特区投资举办各类企业的优惠措施，都作了具体明确的规定，并得到了组织实施。其主要内容为：

——外商投资企业的企业所得税和外国企业就其在中国境内设立的从事生产、经营的机构、场所的所得应纳的企业所得税，按应纳税的所得额计算，税率为30%；地方所得税按应纳税的所得额计算，税率为3%。而设在经济特区的外商投资企业和外国企业，则减按15%的税率征收所得税；地方所得税需要给予减征、免征优惠的，由特区人民政府决定。

——生产性外商投资企业，经营期在10年以上的，从开始获利的年度起，第一年和第二年免征企业所得税，第三年至第五年减半征收企业所得税。在经济特区设立的从事服务性行业的外商投资企业，外商投资超过500万美元，经营期在十年以上的，经企业申请，经济特区税务机关批准，从开始获利的年度起，第一年免征企业所得税，第二年和第三年减半征收企业所得税。在经济特区设立的外资银行，中外合资银行等金融机构，外国投资者投入的资金或者分行由总行调入的营运资金超过1000万美元，经营期在10年以上的，可以按15%税率征收企业所得税；经企业申请，当地税务机关批准，从开始获利的年度起，第一年免征企业所得税，第二年和第三年减半征收企业所得税。

——从事港口、码头建设的中外合资企业，经营期在15年以上的，经企业申请，所在地的省、自治区、直辖市税务机关批准，从开始获利的年度起，第一年至第五年免征企业所得税，第六年至第十年减半征收企业所得税。在海南经济特区设立的从事机场、港口、码头、铁路、公路、电站、煤矿、水利等基础设施项目的外商投资企业和从事农业开发经营的外商投资企业，经营期在15年以上的，经企业申请，海南省税务机关批准，从开始获利的年度起，第一年至第五年免征企业所得税，第六年至第十年减半征收企业所得税。

——外商投资举办的先进技术企业，在依照税法免征、减征企业所得税期满后，可以按照税法规定的税率延长3年减半征收企业所得税。外商投资举办的产品出口企业，在依照税法规定免征、减征企业所得税期后，凡当年出口产品值达到当年企业产品产值70%以上的，可以按照税法规定的税率减半征收企业所得税。经济特区符合上述条件的先进技术企业和产品出口企业,按10%的税率征收企业所得税。

——外商投资企业的外国投资者,将从企业取得的利润直接再投资于该企业,增加注册资本,或者投资开办其他外商投资企业,经营期不少于5年的,经投资者申请,税务机关批准,退还其再投资部分已缴纳所得税的40%税款。外国投资者将从海南经济特区内的企业获得的利润直接再投资海南经济特区内的基础设施建设项目和农业开发企业,可以全部退还其再投资部分已缴纳的企业所得税税款。

——外国企业在中国境内未设立机构、场所,而有取得来源于中国境内的利润、利息、租金、特许权使用费和其他所得,或者虽设立机构、场所,但上述所得与其机构、场所没有实际联系的,都应当缴纳20%的所得税。但来于经济特区的股息、利息、租金、特许权使用费和其他所得,除依法免征所得税的以外,都减按10%的税率征收所得税。其中提供资金、设备的条件优惠,或者转让的技术先进,需要给予更多减征、免征优惠的,由特区人民政府决定。

——外商投资企业生产的出口产品,除国家限制出口或者另有规定的少数产品以外,免征出口关税和工商统一税。为生产出口产品而进口的原材料、辅料、元器件、零部件和包装物料,免征进口关税和工商统一税。

——外商投资企业的外方投资者作为投资或企业增加投资而进口的机器设备、零部件和其他物料,以及企业进口自用的交通工具、办公用品,外方职工自用的行李物品、安家用品,在合理数量内,均免征进口关税和工商统一税。

——外商投资企业将使用进口料、件加工的产品运往内地,对其所用进口料、件要依法补征关税和工商统一税,在本特区内销售的产品,可减半征收;除各种矿物油、烟、酒等按照税法规定的税率,减半征收工商统一税以外,特区人民政府也可以自行确定对少数产品照征或者减征工商统一税,其他产品都不再征收工商统一税。

——对来往于经济特区的外籍人员、华侨和香港、澳门、台湾同胞简化入出境手续,给以方便。与中国有外交关系或者官方贸易往来的国家或地区的外国人进入深圳、珠海、海南经济特区，可临时在口岸办理入境手续。

为了有利于吸收外资工作的开展，国家还放宽了对经济特区利用外资建设项目和引进技术的审批权限，授予经济特区相当于省、自治区一级政府的权限。

第二节 吸收外商投资的发展进程

过去十年多的时间里，各特区在吸收利用外资方面，努力开拓，不断发展，经历了规模由小到大，投资来源由比较单一到逐步多元化，投资方式由简单到多样，资金投向也渐趋优化的过程。除举办较晚的海南特区以外，就深圳、珠海、汕头、厦门四个特区来说，大体上可分为三个阶段。1980年到1983年属于起步阶段，1984年到1986年是初创局面的阶段，1987年到1990年是持续增长和逐步提高的阶段。

一、起步阶段

1980年到1983年，上述四个经济特区处于举办初期，主要是进行基础设施建设，很多涉外经济法规尚待制订，投资环境不完善，但是，这四个特区仍然积极宣传招商，吸收外商投资。而且，中国的经济特区一建立，就在港澳地区和其他境外客商中引起了注意，特区的区位优势，吸引了一批投资先行者。四年累计批准外商直接投资项目522个，协议外商投资金额29.1亿美元，外商实际投入3.99亿美元，平均每年实际吸外资近1亿美元。其中深圳特区实绩较大，累计实际吸收外资2.85亿美元，批准各种外商投资企业420多家。这个阶段外资大多投向资金少，风险小，周转快的项目，主要是劳动密集型的加工装配生产项目，以及旅游业、房地产业项目。尽管技术水平较低、项目规模较小，毕竟迈开了第一步。其中也有些较好的项目。比如，深圳的中美合资经营的百事可乐饮料有限公司，中澳合营的乌石鼓采石场，中港合营引进国外先进技术配方和生产工艺的蛇口海虹油漆厂（生产船用漆），中港合营家乐傢俬有限公司；珠海与港商合作举办的香洲毛纺厂，与澳门合办的石景山旅游中心；汕头吸收泰资举办的汕头正大地毯厂等。这些企业提高了特区的知名度，促进了特区经济的发展，有些企业以后又增资扩大生产经营,成为骨干企业。

深圳、珠海、汕头、厦门特区吸收外商投资情况
(1980—1983 年)

表 1

	深 圳	珠 海	汕 头	厦 门	合 计	平均每年
批准外商直接投资项目（个）	422	69	11	20	522	130.5
协议外商投资金额（万美元）	157227	125547	526	8090	291390	72847.5
外商实际投入金额（万美元）	28460	10491	151	794	39896	9974

二、初创局面阶段

1984 年到 1986 年这 3 年,上述 4 个特区面临的形势发生了积极的变化。一是中国开放了沿海十四个港口城市,把长江三角洲、珠江三角洲和闽南沿海的一些市、县开辟为沿海经济开放区,批准厦门特区扩大到全岛,珠海、汕头两个特区也扩大了范围。二是特区的基础设施建设初具规模,涉外经济法制逐步健全。三是 1986 年 10 月,国务院公布了《关于鼓励外商投资的规定》,对产品出口企业和先进技术企业进一步放宽优惠规定。四是发达国家(地区)调整产业结构的步伐加快。这些情况都给特区扩大吸收外资提供了契机。这三年间,深圳、珠海、汕头、厦门四个特区,在吸收外商投资上都初步打开了局面。表现之一是数量增多。这三年累计新增外商直接投资项目 1468 个,协议外商投资金额 23.2 亿美元,外商实际投资 11.2 美元。平均每年批准外商直接投资项目 489 个,外商实际投入 3.75 亿美元,都比 1980 年到 1983 年年平均数增长 2.75 倍。表现之二是外商实际投入的比例增大。这三年外商实际投入金额占协议外商投资金额的 48.4%。1980 年到 1983 年仅为 13.7%。表现之三是建设较晚的汕头特区也有了 63 个外商投资项目。表现之四是,出现了一批生产规模较大,技术档次较高的项目,如深圳的中美泰合资经营的浮法玻璃有限公司,中港合营的深圳中华自行车有限公司,中日合营的华强三洋电子有限公司;厦门的厦门华侨电子企业有限公司等。表现之五是外商投资工业企业的产值,在特区工业产值中已占相当比例。1986 年,这 4 个特区外商投资企业的工业产值近 29 亿元,占全部工业产值的 42%。在这个阶段,深圳、珠海还从境外筹借外汇贷款 3 亿多美元。

根据特区经济发展的需要，国家批准了一些外资银行或境外的中外合资银行进入特区设立分行开业。在深圳有香港上海汇丰银行等13家，在厦门有新加坡大华银行等5家，厦门还办了一家中外合资的厦门国际银行。

深圳、珠海、汕头、厦门特区吸收外商投资情况
（1984—1986年）

表2

	深圳	珠海	汕头	厦门	合计	平均每年
批准外商直接投资项目（个）	840	340	63	225	1468	489.3
协议外商投资金额（万美元）	157061	28744	4569	41928	232302	77434
外商实际投入金额（万美元）	73079	22237	2310	14765	112391	37463.7

三、持续增长和逐步提高阶段

1987年到1990年，中国政府在对外开放上采取一系列重要的新步骤，包括把沿海经济开放区扩大到整个沿海地带，并实行发展外向型经济的战略；举办海南经济特区，实行更加优惠的吸收外资政策；上海浦东新区实行开发和开放。这就大大增强了外商来华投资的信心。尽管1989年夏季以后西方国家对华进行经济"制裁"，但外商投资并未受到多大影响。在这种情况下，各特区认真总结经验，进一步改善投资环境，在继续加强基础设施建设的同时，着重抓好涉外经济法制的完善，提高行政办事效率，改进投资服务工作，从而使外商投资呈现持续增长和逐步提高的趋势。这四年累计批准外商投资项目4377个，新增协议外商投资金额46.9亿美元，外商实际投资19.56亿美元。平均每年新批准的项目、协议外资金额、外商实际投资额，分别比1984年到1986年年平均数增长123.6%、51.4%和30.5%。

这个阶段，外商投资项目的素质有明显的提高。深圳特区1987年到1990年新增外商直接投资项目2305个，其中工业生产项目占90%以上；一批对经济发展作用较大的引进项目，如彩色显像管、电脑软磁盘、光纤光缆、激光音像制品等投入建设，并注重企业自身外汇平衡，产品外销比在70%以上。珠海特区1987年到1990年批准的957个外商投资项目中，工业生产项目也占90%，涉及电子元器件、特种电线、纺织、毛纺、医药、食品、建材等行业，使特区的产品逐步系列化。汕头特区，在扩大外资来源的同时，原来投资的外商有一半左右增加投资,扩大经营。如中日港三方合资的东京电子元件厂,生产规模扩大了一倍。在厦门特区,也出现了外商投资 2 亿美元厦门翔鹭涤纶纺纤有限公司等大项目。

深圳、珠海、汕头、厦门特区吸收外商投资情况
(1987—1990 年)

表 3

	深圳	珠海	汕头	厦门	合计	平均每年
批准外商直接投资项目(个)	2305	957	380	735	4377	1094.3
协议外商投资金额(万美元)	214540	56665	34706	163072	468983	117245.7
外商实际投入金额(万美元)	124341	20360	16063	34802	195566	48891.5

海南 1988 年建立特区后,加强能源、交通、通讯等基础设施建设,积极吸收外资。1988 年至 1990 年 3 年共批准外商直接投资合同 1093 项,是建立特区前八年总和的 3.7 倍,实际吸收外资 3.2 亿美元,是前 8 年的 4 倍多。在利用海南自然资源优势,引进热带作物良种,发展中外合作种植和养殖方面,也取得了进展。

海南特区吸收外商投资情况
(1980—1990 年)

表 4

	特区建立前 (1980—1987 年)	特区建立后 (1988—1990 年)	特区建立后 3 年 较前 8 年
批准外商直接投资项目(个)	294	1093	+2.7 倍
协议外商投资金额(万美元)	23814	79131	+2.3 倍
外商实际投入金额(万美元)	7617	32183	+3.2 倍

中国经济特区吸收外商投资的历程说明,各个特区由于具体条件不同,工作进展有些差异,但经济特区吸收外资的总规模在迅速扩大。至 1990 年累计,5 个经济特区共批准外商直接投资项目 7714 个,协议外商投资 109.56 亿美元,外商实际投入 38.7 亿美元,加上加工装配、补偿贸易等其他外商投资 2.59 亿美元,使用境外借款 17.3 亿美元,经济特区共吸收利用外资 58.63 亿美元。这表明经济特区已成为中国吸收利用外资的重要集纳地。

表5 经济特区历年吸收外资情况（1980—1990年）

（单位：项，万美元）

	项目	1980年	1981年	1982年	1983年	1984年	1985年	1986年	1987年	1988年	1989年	1990年	累计
深圳	外商直接投资项目	33	70	66	253	334	282	224	310	591	647	757	3567
	协议外商直接投资	23966	86360	17546	29355	53342	79323	24396	56675	43021	46945	67899	528828
	实际吸收外资总额	3264	11282	7379	14394	23013	32925	48933	40449	44429	45809	51857	323734
	其中：直接投资	2755	8618	5771	11316	18640	17989	36450	27379	28716	29252	38994	225880
	境外借款	—	—	—	—	1962	13585	10860	12436	14430	15563	12360	81196
	其他投资	509	2664	1608	3078	2411	1351	1623	634	1283	994	503	16658
珠海	外商直接投资项目	9	24	14	22	127	137	76	95	252	225	385	1366
	协议外商直接投资	5552	11297	103478	5220	11138	12787	4819	4205	14036	12840	25584	210956
	实际吸收外资总额	1575	1367	5633	2939	12694	9104	7568	6963	21762	16947	10828	97380
	其中：直接投资	1066	1303	5528	2594	12457	5262	4518	3382	4740	5328	6910	53088
	境外借款	—	—	—	—	—	3759	2591	3088	16174	11012	3755	40379
	其他投资	509	64	105	345	237	83	459	493	848	607	163	3913
汕头	外商直接投资项目	—	—	—	11	24	23	16	21	78	140	141	414
	协议外商直接投资	—	—	—	526	2061	1306	1202	841	5826	13271	14768	39801
	实际吸收外资总额	—	—	—	153	779	784	1178	2270	3440	6977	8368	23949
	其中：直接投资	—	—	—	151	779	731	800	1773	2274	5891	6125	18524
	境外借款	—	—	—	—	—	—	—	—	—	988	2001	2989
	其他投资	—	—	—	2	—	53	378	497	1166	98	242	2436

续表

	项目	1980年	1981年	1982年	1983年	1984年	1985年	1986年	1987年	1988年	1989年	1990年	累计
厦门	外商直接投资项目	—	—	—	20	86	105	34	50	198	225	262	980
	协议外商直接投资	—	—	—	8090	14967	24202	2759	5671	31940	76906	48555	213090
	实际吸收外资总额	—	—	—	794	4044	9341	7076	5322	16409	23822	17307	84115
	其中：直接投资	—	—	—	794	4044	7328	3393	1753	4796	20980	7273	50361
	境外借款	—	—	—	—	—	1560	3638	3428	11492	2760	9908	32786
	其他投资	—	—	—	—	—	453	45	141	121	82	126	968
海南	外商直接投资项目	—	—	—	—	—	—	—	294	463	378	252	1387
	协议外商直接投资	—	—	—	—	—	—	—	23814	38189	28060	12882	102945
	实际吸收外资总额	—	—	—	—	—	—	—	9255	12771	16097	18982	57105
	其中：直接投资	—	—	—	—	—	—	—	7617	11421	10707	10055	39800
	境外借款	—	—	—	—	—	—	—	757	526	5153	8911	15347
	其他投资	—	—	—	—	—	—	—	881	824	237	16	1958

注：汕头、厦门1983年数据为1980—1983年的累计数。
海南1987年数据为建立特区前1980—1987年的累计数。

第三节 外商投资构成不断改善

一、外资的来源及其变化

港澳资金一直是经济特区主要的境外客商投资来源，即使在特区出现了外资来源多元化趋势之后，港澳资金也仍然占重要地位。

中国经济特区的建立正处于香港经济的转型期。80年代初期，世界性经济衰退给香港经济带来不利的影响，香港的高地价和工资的上升使经营利润不断下降，加之以轻纺工业为主的出口业又深受国际市场激烈竞争的困扰，经济特区的建立正好为香港的企业家提供了转移其部分资金摆脱困境的机遇。而处于中国对外开放前沿的特区，以低廉的土地使用费、劳务费和以内地为依托的丰富资源和市场潜力，显现着日益增强的吸引力。于是，香港、澳门的工商人士纷纷到特区进行投资。到1986年，特区吸收的外资中，港澳资金占90%。在此之后虽然特区的外资来源出现了多元化的趋势，但港澳资金在深圳、珠海、汕头这3个特区仍居榜首。与港澳地区距离稍远些的厦门特区，港澳资金在其实际吸收外资总额中的比重，虽不及上述3个特区那样高，但在1988年以前也居于首位，1988年以后，由于台资投入较多，才发生位次的变化。

香港投资者多是中小厂商，办的多数是见效快的劳动密集型企业。但它投入的总量大，为经济特区提供了主要的外资来源，而且还对境外其他的客商投资起到了穿针引线的作用。

来自东南亚地区的资金在经济特区也占有一定比重。这些地区工商界人士中，有不少祖籍粤闽的华裔，他们出于乡谊之情，熟悉中国情况，到特区投资兴办企业逐渐增多，如厦门特区吸收的外资中有几个年度来自新加坡的就居于第二位。

1986年以后，特区吸收外资呈现出多元化趋势，美日欧等发达国家的资金在特区的投资增多。在深圳特区，较为明显的外资多元化发生在1986年，这一年港资的比重下降到70%，而外国投资上升到30%，有26个国家和地区的外商到深圳特区兴办企业。到1988年，就有更多的外国商人前来特区投资，仅美商在厦门特区就办了26家企业。外资来源的多元化也在珠海、汕头特区出现。到1989年年底，已有20个国家和地区的客商在汕头特区投资办厂，仅日资企业就有9家。

1987年到1990年，特区吸收外资还有一个新动向，即跨国公司和大财团开始进入特区，如日本的三井株式会社、德国巴斯夫公司、加拿大铝业集团、意大利英格公司等都到深圳洽谈投资事务，美国道格拉斯公司还同深圳中国航空技术进出口公司签订联合生产空心铆钉的协议。

1988年以来，台商在特区投资比重显著提高。80年代后期，台湾面临着台币升值、工资上扬、环境污染、社会动荡等各种因素，都促使台资另外寻找出路。随着海峡两岸形势逐渐走向缓和，加上特区投资环境日趋完善，到特区投资的台商迅速增多。与台湾隔海相望的厦门特区便成了台商投资的热点。1988年台商在厦门特区的投资已超过香港资金，到1990年年底，已批准台商投资合同410项，协议台资额9亿美元。台商在深圳特区的投资也迅速增长，1990年当年台资的增长幅度超过了其他境外客商投资。

二、外资投入方式及其演变

特区吸收外商投资主要采取中外合作经营、中外合资经营、外商独资经营和商品贷款这几种形式。

契约式的中外合作经营方式。这种方式，中方提供经营场地、现有厂房设施和劳动力，一般不须再承担出资责任，适合特区资金比较紧缺的实际；外商提供设备、原材料和必需的资金，权责利由双方共同商定，比较灵活，简便易行，因此，曾经成为特区吸收外资投入的主要方式。1987年，这种方式的投资在深圳外商直接投资总额中占63%，到1989年，这种方式的投资仍占外商直接投资总额的52.3%。珠海特区1987年、1988年，这种方式的投资分别占71%和54%。

股权式的中外合资经营方式。合资各方共同投资，共同经营，共担风险、共享权益。1984年以来，这种投资方式曾得到迅速发展，对建立外向型工业起到了重大作用。到1990年，深圳累计建立合资企业1806家，投入的外资占实际利用外资总额的 21.84%。在深圳、珠海、汕头、厦门 4 个特区中，厦门特区中外合资经营企业数量较多，到 1987 年，中外合资经营方式的投资占同期外商总投资的 80%，1988 年以后由于台资投入大多采取独资经营方式，其比重又有下降。

全部资金由外商投入并独自经营的方式（即外资企业）。在特区吸收外资的起步阶段，这种方式不多，后期才逐渐增加。汕头特区 1987 年以前，独资经营方式的投资占外商投资总额的 29%，居当时各特区之首。1988 年以后台资大量投入厦门特区，短短两年间，就举办了 130 多家独资经营企业。深圳特区的外商独资企业也呈增多的趋势，1988 年批准独资项目 80 个，1990 年由于台资迅速增加并多采取独资经营方式，新批准的独资项目达 223 个，在同年批准的协议利用外资金额中的比重也由 1989 年的 22% 上升到 48%。

商品贷款方式。这种方式包括来料加工、来样加工、来件装配和补偿贸易（通称"三来一补"），以及租赁等方式。在来料、来样加工和来件装配中，中方取得一定数量的加工费；在补偿贸易中，中方以货物补偿外方提供的设备价款；在租赁中，中方以租金形式补偿外方的设备折旧费。这种方式对中方来说不需要先投入建设资金，而且手续简便、方式灵活、适应性强、收效快，所以得到广泛运用。在吸收外资的起步阶段，珠海特区以这种方式吸收的外资占同期外资总额的 76%；在深圳特区这种方式曾占全部引进项目的 77%。毗邻港澳是这种方式得以发展的外部条件，低廉丰裕的劳动力资源是这种方式得以发展的基础。它实际上成为特区发展出口加工业的前阶。后来由于技术档次低，不鼓励其发展，但仍占一定比例。到 1989 年，在珠海特区吸收外资总额中仍占 16.8%，在深圳特区吸收外资项目总数中亦占 16.7%。

1988 年以来，在特区吸收外资中还出现了外商土地成片开发经营和中外合资股份制企业等新方式。

在通过上述多种方式吸收外商直接投资的同时，还从境外筹措商业贷款。在境外筹措商业贷款比较容易，使用比较方便，可以依据特区经济发展需要投入基础产业或主导产业部门，但利息较高，必须如期还本付息。所以经济特区在使用中一般比较慎重。特区在起步阶段，很少使用境外商业贷款，后来才逐渐增多。至 1989 年年底，深圳特区利用境外贷款 8.11 亿美元，同年厦门特区境外贷款余额为 1.53 亿美元，汕头特区境外贷款较少，仅 0.32 亿美元；珠海经济特区由于使用境外贷款进行基础设施建设，在吸收外资总额中占的比重相对高一些，但也未超过外商直接投资额。

三、外资投向及其变动

外资在特区的投向，经历了由偏重于非生产性部门到转向以生产部门为主的过程。

特区建设初期，除了在深圳蛇口工业区、汕头龙湖工业区外资主要投入加工工业以外，在其他特区外资多投入房地产、旅游、交通运输等第三产业。1983 年，珠海特区外商在第三产业的投资占 81%；深圳特区也有不少外资投入宾馆、商品楼，仅 1000 万港元以上的房地产投资项目就有 36 项。在特区建设初期，为创造投资环境，吸收外资适当发展第三产业也是需要的。但为了发展特区经济，各特区十分重视引导外资投向工业生产项目。深圳特区 1984 年实际利用外资中，工业项目投资已占 49%。同年珠海也将外资在工业中的投资比重提高到 59%。1986 年，国务院召开特区工作会议后，各经济特区更加明确了建设以工业为主、工贸结合的外向型经济的发展方向。外商投资的工业项目增多，项目的技术档次与产品的出口比例逐渐提高，工业企业产值和出口值都大幅度增长。这一年深圳外商投资工业企业产值比上年增长 31.71%。1988 年以来，特区进一步加强了吸收外资的产业导向工作，一方面力争吸取更多的工业投资项目，扩大工业规模。1980 年到 1990 年，深圳特区累计外商投资的 2/3 投向了工业行业。另一方面注意提高投入项目的产业关联性、加工深度和技术档次，促进某些系列化项目的引进，使外商投资由下游产品加工项目转向零部件、原材料、配套行业等中上游项目，逐步推进对于特区经济具有重要意义的生产系列化。如厦门与外商合办了 17 家自行车零部件生产项目，形成了在国际市场上具有一定竞争能力的自行车制造企业集团。

第四节 吸收外商投资对特区经济发展的作用

10年来,吸收外商投资对特区经济的发展起到了重要促进作用。

一、通过吸收外资,举办外商投资企业,促进了特区经济的发展

特区的建设是遵循国家的方针,充分运用特殊政策,多方面开辟资金来源进行的。吸收外资就是重要来源之一。1980年至1989年全社会固定资产投资中,深圳特区外资投入占22.5%,汕头特区外资投入占30.14%。由于外资的投入和外商投资企业的兴办,促进了特区社会生产力的发展。特别是工业生产的发展。1990年,五个经济特区工业产值达325.1亿元,其中外商投资企业工业产值174.24亿元,占53.6%,其中深圳占63.8%,汕头占62.5%,厦门占54.75%;珠海占38.2%,刚举办不久的海南特区占11.14%。

外资投入工业的行业涉及电子、轻工、机械、食品、化工、塑料制品、建材、纺织等30个行业以及高技术产业,尤其是较多地投入电子工业,对特区电子工业的发展起了重要作用。大批外商投资企业的兴办,促进了劳动就业的扩大。这两者又促进企业存款和居民储蓄的上升,从而增强了特区银行信贷能力。外商投资于房地产业,使特区有可能以地生财,筹措建设资金。外商投资旅游业,促进了市场繁荣和非贸易外汇收入的增加。可以说,特区经济的迅速发展,在很大程度上是积极吸收外商投资的结果。

二、通过吸收外资,举办外商投资企业,引进了大量先进适用的技术与设备

通过吸收外商投资,也带来了国外先进的技术与设备。深圳特区10年引进5万美元以上的技术设备11700台(套),10万美元以上的生产线、装配线94条,其中有20%达到70年代末80年代初期国际先进水平,包括喷漆机械手、塑料彩印设备、电脑软磁盘、卫星地面接收器生产设备、浮法玻璃生产

线等。珠海经济特区十年来共引进国外先进技术设备4万多台（套），较先进的有全自动高速电脑磁盘整套生产技术设备、火花线切割机、全自动投影机、蚀版生产线等。汕头经济特区到1989年年底，具有较高技术水平的外商投资企业已达29家，主要分布在电子、塑料、食品加工、陶瓷、制药等行业，引进的先进技术和设备主要有中高压陶瓷电容器生产线、烤鳗生产线、高级日用瓷生产线、抗癌药盐酸亚霉生产设备和丝绸涤纶染织技术等。拥有众多老企业的厦门经济特区，通过吸收外资，引进国外技术设备，全面改造老企业97家，占厦门特区老企业总数的13%，使这些老企业提高了技术水平，增加了经济效益和竞争能力。各特区都引进了一大批农业技术设备与优良品种，改造了传统农业，促进了创汇农业的迅速成长。

三、通过吸收外资，举办外商投资企业，借鉴了国外先进的管理经验，培养了一大批人才

来自不同国家和地区的外商，其企业管理方式不尽相同。但外商投资企业管理有其共同的特点，即在经营管理方面拥有充分的经营自主权，机构设置精简、高效，经营组织严密，权责统一，重视制定企业经营目标和管理规范，实行较为灵活的分配方式以调动职工的积极性等。这对于进一步深化企业改革，建立科学管理很有借鉴意义。特区已涌现一大批在借鉴外国管理经验和企业经营方面做出成绩的企业。如深圳的华强三洋电子有限公司实行的"目标管理"，康佳电子有限公司实行的"以质量求生存、以品种求发展"，在厂内建立质量保证体系等，经济效益显著。厦门华侨电子企业有限公司，在企业制度上实行董事会领导下的总经理负责制，在生产管理上实行区域负责制，在人事制度上实行聘任制，并且同国内20多家科研单位、高等院校联合，开发高科技电子元器件及相关产品，带来了良好的经济效益，公司全员劳动生产率达到37万元。

经济特区的外商投资企业为了竞争与发展的需要，绝大部分都十分重视职工的专业培训，把提高职工素质作为办好企业的一个根本措施来抓。职工经过专业培训，加上平时严格的管理和考核，大多数职工在技术和业务上都

有了较快的提高，适应现代化生产的需要。特区也积极地向内地传播办得好的外商投资企业的管理经验，通过讲座、讲习班等多种形式，为内地培训了一大批企业管理和对外经贸人才。

四、通过吸收外资，创办出口工业企业，促进了特区外贸的发展

随着大批外商投资企业的投产，特区生产的产品在技术档次和质量上逐步提高，在国际市场上的竞争能力和出口创汇能力明显增强。特区的出口贸易持续增长。深圳、珠海、汕头和厦门四个经济特区1990年的出口额达到46.85亿美元，连同海南经济特区，出口额达到51.57亿美元。在特区出口贸易中，外商投资企业占有重要地位。在厦门特区，外商投资企业的出口交货值占全区出口交货值的70%以上。在深圳的出口总额中，外商投资企业也占46.6%。在汕头，这一比例也达到41.1%。外资的投入也促进了特区出口商品结构的优化，一大批档次较高款式新颖的出口产品相继问世，如彩电、自行车、电话机、录音录像带、液晶显示器、收录机等都是特区外商投资企业生产的出口拳头产品。

五、通过吸收外资，举办外商投资企业，增加了特区的就业机会，提高了特区人民的物质文化生活水平

外商在经济特区投资办厂，提供了众多的劳动就业机会。各经济特区的就业率普遍提高。厦门特区原有的就业压力比较重，由于外商投资企业的增多，不仅城镇的就业问题得到了解决，而且为外地创造了大量的就业机会。从特区建立到1988年，厦门已安置待业人员12万人。深圳特区原有劳动力仅2万多人，辟为特区后，外商投资企业所需劳动力大部分都是由外地提供的，已吸纳外地劳动力70万人。由于外商投资企业的劳动生产率一般都比较高，职工的工资水平相应也比较高。加上就业率的提高，就业者的负担系数下降，从而使特区居民收入显著增加，物质文化生活水平不断提高。

第五节 几点思考

特区建设的 10 年，也是努力探索、逐步积累吸收利用外资经验的 10 年。10 年的实践说明，吸收外资是一个复杂的系统工程，必须把握住有关的各个环节，在投资环境、投资方式、政策导向、外资管理等方面进行有成效的工作，才能收到预期的良好效果。

一、不断改善硬环境，努力优化软环境，是吸收外商投资的首要条件

吸收外资的实践表明，境外投资者都是在对各个受资地区投资环境的各种因素进行综合对比后，才作出投资决策的。所以吸引投资首要的问题就是要创造一个有吸引力的、适宜外资生存和增值的环境，这是摆在特区建设中的一项基本任务。投资环境包括物质环境和社会环境，即所谓硬环境和软环境两个方面。特区区址正确地选择在对外交通方便、毗邻港、澳、台的地区，就为吸收境外客商投资提供了良好的自然地理前提条件。但是特区原有的基础设施和经济条件落后，因此，各特区在创立伊始就大力进行交通、能源、通讯等各项基础设施建设，并随着外资的投入和特区经济的发展，不断完善投资硬环境。软环境包括政治稳定、经济秩序、社会治安状况、行政管理效率、法制建设和劳动者素质等诸多因素，从实践看，远比硬环境的建设更为复杂。几年来，各特区普遍重视涉外经济法制环境的建设，使经济运行渐趋规范化和法制化；注意提高行政办事效率，建立精干的吸收投资的服务、管理机构；合理确定劳务费用与土地价格，形成比较优势；在尊重外商投资企业生产经营自主权的同时，培育和发展生产要素市场；依法加强对外商投资企业的监管等等。创造投资软环境，有赖于特区经济体制改革的深化。随着外商投资规模的扩大和特区经济的发展，又会产生新的问题，必须进一步加强基础设施，深化管理体制改革，以防止投资环境劣化。经济特区要以更佳的职工素质、更完善的法制建设，更高的工作效率，更适应外商投资企业运作和外向型经济发展的管理体制，来吸引更多外资的投入。

二、灵活采用多种方式，内联外引，是大规模吸收外商投资的有效途径

境外投资者有工业资本家、商业资本家、金融资本家。他们的资本有大中小，经营方式和企业决策又多种多样，应当适应外商不同的投资需要，结合特区生产要素的具体状况，灵活采用各种经营方式，才能吸引境外资本大量投入。深圳、珠海特区初期灵活运用了"来料加工"方式，在必要时还把"来料加工"与补偿贸易乃至进料加工结合起来。来料加工这种初级的简便易行的方式，对特区初期吸收外资起到了很大作用。

外资投入特区的目的，是要利用特区的某些条件，优化生产要素的结合，建立企业的经营优势。这就要求特区必须善于选择和创造能发挥本地区优势的吸收外商投资的方式。中外合作经营方式，能够将特区的土地、劳动力优势较方便地与外商资金、技术设备和管理经验相结合，这种方式，在深圳、珠海特区短期内就得到广泛推广，对吸引外资起到了很大的推动作用。而经济特区毗邻港、澳、台，处于内地与国际市场的联结点，有利于发挥内外经济交流枢纽的区位优势。经济特区依托内地，加强对内联合，吸引内地的资源、技术和部分资金，既为内地走向国际市场、发展外向型经济提供了渠道，也充实了特区自身的生产要素，增强了对外资的吸引力。特区通过外引内联，创造了外商—特区企业—内地企业各方合资的"中中外"的形式。它以横向联合为基础，以国际市场为目标，综合特区的土地、劳动力与经营、外商的资金与供销渠道、内地企业的资源与技术等要素条件，形成竞争力较强的经营优势。

三、加强产业政策导向，重点面向国际市场，发展外向型经济，是特区吸收外资的重要指导方针

外资的投向与特区产业结构的形成有着直接关系，而产业结构的优化对特区经济的成长与辐射效应的增强，又有决定性的作用，为了合理使用外资、优化产业结构，必须加强产业政策的导向。特区举办初期，由于需要迅速吸

收外资，加之各种导向手段很不完备，外资便主要流入当时一些盈利较高的部门、旅游宾馆业等第三产业和简易加工装配业，这是难以完全避免的。随后，特区按照国家的要求和特区长期发展的需要，明确优化产业结构的指导原则，逐步形成技术较为先进、各产业协调发展的外向型结构，举办"精、小、轻、新"生产型、出口创汇型的项目。并据以制定产业规划，建立项目库。充分运用国家制定的吸收外资的各项政策措施，把产业政策导向与优惠措施结合起来，适当拉开一般项目和出口型、先进技术型、基础材料与基础设施型项目的优惠档次，在税收、土地使用费等方面有所差别。强化宏观调控，在信贷支持、外汇调剂、原材料供应与价格、内销比例等方面，采取某些激励和引导措施。

引进先进技术向来是发展中国家出口加工区的重要目标，但实现这一目标的难度极大。除了技术输出国对先进技术的垄断与控制外，技术输入国缺乏吸引先进技术的外汇资金与市场条件也是个重要原因。特区虽然遇到类似的困难，但背靠内地广大市场是它的一大优势。正确贯彻以市场换技术的方针，有利于特区更好地引进先进技术。在这方面，经济特区已经初步积累了一些经验，取得了一些成就。如制定技术引进总体规划，确定适用性与先进性相结合的方针和引进的战略重点，注意引进技术的递进性与动态性；把开放一定范围和销售比例的国内市场与特区其他优势条件相结合，努力引进关键技术设备与软件，尤其是将那些领先技术引进来；加强消化吸收与应用的部署，建立科研与生产联合体，开辟技术市场与工业科学园区。这些措施，已使特区部分低档次加工工业得到技术改造，先进技术产业正在逐渐成长。

四、保障外商投资者的合法权益，加强管理监督，是提高综合经济效益的关键

从根本上来说，特区大规模吸收外资的目的，是为了获得更大的经济效益，加速国家经济发展和增加国民收入。特区多年来吸收外资正反两个方面的经验都证明，要达到这一目的，必须完善与加强吸收外资的管理。要保障外商投资企业的合法权益，并完善管理和服务体系，建立法规化、制度化、规范化的经济运行秩序。在这种有序的经济环境的制约下，让外商投资企业自主决策、依法经营。重视外商投资项目引进，轻视后序服务管理的观点要加以克服。各经济特区在加强对外商投资企业的管理上，采取了一系列措施：切实依法保障外商投资企业的经营自主权与合理收益，制止不必要的行政干预与乱收费；完善董事会领导下的总经理负责制，保障职工劳保福利，正确处理劳资关系；健全财会管理，强化财务报表制度等等。

为了加强对吸收外商投资的宏观管理。各特区采取的综合措施是：1. 建立统一的领导机构，作好协调工作；2. 制定吸收外资规划，依据特区的承受力，合理安排外资投入的规模与结构；3. 完善与稳定对外商投资及其企业的政策体系并切实贯彻；4. 健全涉外法规体系；5. 建立行业协会等中介机构和会计、律师、经济咨询等服务体系，以支持企业的经营活动；6. 建立和健全特区信息与销售网络，扩大对外销售渠道；7. 建立吸收投资经济效益监测系统，掌握投入与产出和对外收支状况，加强对外商投资的监管工作。

第四章
对外贸易不断扩大

在积极吸收外商投资，发展社会生产力的基础上，各经济特区把拓展对外贸易，增加出口创汇，作为发展外向型经济的重要环节。10年多来，在国家政策扶植下，各经济特区发挥自身优势，依托内地的支持，利用国际上产业结构调整的机遇，取得了进出口贸易不断扩大的实绩，增强了内地与国际市场的联系，发挥着对外开放窗口和基地的作用。

第一节 在国家政策支持下迅速拓展

拓展对外贸易，增加出口创汇，是中国实行对外开放的重要效益目标，也是国家赋予特区的基本任务之一。为此，中国政府对特区的外贸给以十分关注，采取了一系列扶植的政策。主要有：

——特区的对外贸易，在全国统一政策指导下，由特区自主经营，特区可接受各省、自治区和直辖市的委托，代理国家对外经贸部门不统一经营的进出口业务。

——经国家经贸部批准的特区的若干个外贸公司，按照国家外贸的有关规定，可在全国范围组织货源出口。

——内地的原料性产品和初级产品，在特区加工增值20%以上的，出口时视同特区产品。

——国家经贸部门对特区经营实行配额、许可证管理的出口产品，给以适当照顾，并采取简化审核发证的手续。

——每年特区产品出口的外汇收入，超过1978年基数的新增部分，在

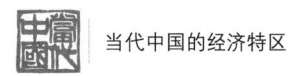

1989年以前留给特区用于开发建设。

——经批准进口供特区自用的生产资料和消费资料,除烟、酒等少数商品外,均免征或减征关税等等。

在国家政策扶植下,各经济特区的进出口贸易都持续扩大,迅速发展。就建立较早的深圳、珠海、汕头、厦门4个特区来看,10年多来的拓展历程大致可分为开创起步、逐步增长和初具规模三个阶段。

一、开创起步

1980年到1983年,属于这个阶段。这4个特区的对外贸易是在很薄弱的基础上起步的。原来深圳虽然是个外贸口岸,但当地主要是与香港开展边境贸易,特区举办之初,规模极小。厦门虽从明清以来就是对外贸易口岸,但从50年代起因海峡两岸军事对峙,对外贸易受到严重影响。珠海是个在海滨渔镇基础上新建的市,出口的只是些农产品和沙石。汕头特区刚刚动工兴建,1982年前无产品出口。1980年4个特区的出口额才1.61亿美元。

举办特区之后,因基础设施建设的需要,大量进口建筑材料,随着一些生产项目的投产,出口也逐渐增多。1983年4个特区进出口总额达到9.93亿美元,其中进口7.78亿美元,出口2.15亿美元,进大于出5.63亿美元。在进口额中,生产设备、原材料和特区自用物资占70%以上。

二、逐步增长

从1984年到1986年,是这四个特区外贸逐步增长的阶段。按进出口总额计算,这三年分别为14.77亿美元、20.18亿美元和24.57亿美元。1986年比1983年增长147.3%。

在这个阶段,特区的基础设施建设规模进一步扩大,对建筑器材的需要大大增加,同时许多生产项目也相继投入建设和生产,生产设备和原材料的进口也增加了。1986年进口额14.23亿美元,比1983年增加6.45亿美元,增长82.9%。在进口额中生产设备、建筑器材、生产原材料和零部件占 75%。

这一阶段有较多的项目相继投入生产,产品出口的增长明显高于进口的增长比例。1986 年出口额达到 10.34 亿美元,比 1983 年增加 8.19 亿美元,增长 3.8 倍,当年的出口额在进出口总额中所占比重,也由 1983 年的 21.6% 上升到 42.07%。虽然,在此阶段特区出口产品以加工装配的劳动密集型产品为主,但为以后出口的扩大积累了经验,打下了初步基础。

应当指出,这一段发生过以进口特区自用物资为名,购进某些国内紧俏的消费品转售牟利的情况。尽管有的是为了给特区建设开辟点资金来源,但违反了国家政策规定,甚至由于对市场情况估计不准,对进口商品检验不严,造成既违纪又赔本的后果。如 1984 年年底前后,一些特区进口的"838"计算器、冷暖风机大量积压,亏损严重。后来,各特区遵照国务院指示,认真检查纠正了这种错误做法。

三、初具规模

1987 年至 1990 年,是深圳、珠海、汕头、厦门四个特区外贸走入迅速发展轨道并初具规模的阶段。这四年的年进出口总额分别为 37.15 亿美元、55.5 亿美元、58.74 亿美元、81.4 亿美元。1990 年比 1986 年增长 231.3%。

这 4 年是上述 4 个特区,按照中共中央、国务院规定的方针,努力发展外向型经济,取得卓著成绩的 4 年。出口额增长迅速,1990 年达到 46.85 亿美元,比 1986 年增长 353.3%,而且从 1987 年起出现了出口大于进口的情况,1990 年出口额占进出口总额的 57.56%。

在这 4 年中,进口额也有增长,1990 年为 34.54 亿美元,比 1986 年增长 142.7%,增长比例大大低于同期出口的增长。进口的构成发生了积极的变化,主要是为出口生产服务的技术装备和原材料,这些物资在进口构成中占 80% 左右。

海南特区自 1988 年 4 月建立后,外贸也有显著发展。1990 年进出口总额达到 9.37 亿美元,比 1987 年增长 2.2 倍,其中出口额 4.71 亿美元,比 1987 年增长 3 倍多。

经济特区对贸易发展情况
(1983—1990 年)

表6 （单位：万美元）

	1983年	1984年	1985年	1986年	1987年	1988年	1989年	1990年
进出口总额	99336	147660	201814	245684	371511	621558	696970	907670
出口额	21506	43892	81796	103356	212635	343973	384635	515682
其中：深圳	6230	26539	56340	72552	141354	184949	217428	299581
珠海	2449	2319	3338	7072	27372	42105	36508	48865
汕头	—	449	5590	7358	17802	29816	29939	41950
厦门	12827	14585	16528	16374	26107	57607	64678	78148
海南	—	—	—	—	—	29496	36082	47138
进口额	77830	103768	120018	142328	158876	277585	312335	391988
其中：深圳	72412	80708	74291	112144	114430	159328	157831	247529
珠海	4259	4681	11158	14260	16445	21520	16450	15967
汕头	—	2580	6699	4460	12532	29993	32066	44812
厦门	1159	15799	27870	11464	15469	29778	32450	37121
海南	—	—	—	—	—	36966	73538	46559

1990年，五个经济特区进出口总额90.77亿美元，其中出口额51.57亿美元，进口额39.2亿美元，都约占当年全国的10%。这说明特区已成为全国新的对外贸易基地，并且在以进养出、发展进料加工再出口中，进入了出口大于进口，外汇收支平衡有余的良性循环。

第二节 外贸出口结构的变化

经过十年的努力，深圳、珠海、汕头、厦门四个经济特区在外贸出口的产品结构、销售市场等方面，不断发生着积极的变化。

一、出口产品从农副产品为主转向工业制成品为主

在经济特区建立之初，由于工业基础薄弱，出口产品中农副产品占很大比重。随着经济的迅速发展，产业结构逐渐优化，工业制成品在出口结构中的比重持续上升。

深圳1979年出口商品主要是蔬菜、水果和沙石，工业产品出口只占当年出口额的32%。到1985年，出口额中工业产品占53.9%，首次超过农副产品

及其加工品的比例。到 1989 年工业产品出口额猛增至 15.96 亿美元,占出口全额的 73.4%,1990 年又上升到 82.02%。深圳的 33 个工业行业中,有 28 个行业生产出口产品。出口产值占本行业产值比重 60% 以上的有纺织、服装、造纸、电子等 11 个行业,其中服装业出口产值比重高达 94.4%,纺织业达 94.3%。电子工业有 100 多个品种规格的产品进入国际市场,出口产值占本行业产值 61.9%。

厦门 1978 年外贸出口额中土畜产品和粮油食品等初级产品占 80.58%,1989 年,工业产品占出口额的比重达 58.9%,改变了以出口农副土特产品为主的状况。轻工纺织、机械、仪器表、电子、化工等产品,成为厦门经济特区出口创汇的主要产品,特别是机电行业已有彩色电视机、收录机、电话机、自行车、装载机、工业轴承、低碳钢电焊条等几十种产品出口。

汕头经济特区 1984 年工业产品出口额仅占出口全额的 35.6%,农副产品则高达 60% 以上。到 1988 年工业产品出口额在出口全额中的比重上升到 81.5%。1989 年通过提高产品质量,努力开发新产品,使工业品出口比重又上升到 90.6%。

珠海 1978 年出口全额中渔农产品占 72%,建筑沙石占 25%,其他占 3%。随着特区经济的发展,工业产品出口迅速上升到主导地位。1985 年工业产品出口额占出口全额的 76.14%,1987 年上升到 83% 以上,出口的大宗产品有电子、纺织、食品、轻工日用品和化工产品等。1989 年农副产品出口额相当于 1979 年的 10 倍,但在出口全额中的比重却下降为 17%。

经济特区通过引进国外先进技术,与内地开展经济联合,对彩色电视机、玩具、收录机、自行车、装载机、电话机、仪器仪表、印染布、服装、饮料、家具、印刷线路板、皮革制品、塑料制品等类产品,不断开发新品种,源源输往世界五大洲。

二、自产产品比重上升

经济特区建立初期,出口的产品中有相当大一部分货源来自内地。随着特区社会生产力的发展,经济实力的增强,各特区采取有效措施,积极扶持自产产品的出口。1986 年以后，出口产品逐步转变为以自产产品为主。1990年，深圳、珠海、厦门、汕头 4 个经济特区自产产品出口比重约占出口总额的 60% 以上。

1987 年到 1990 年，经济特区从内地组织的出口货源中，属代理出口的约占 1/3，这是在经贸部统一管理下，按国家有关规定进行经营的，其中大部分为非国家配额和许可证管理的出口产品，相当部分还是库存积压和出口换汇成本高的产品。经济特区充分运用国家政策和自身优势组织内地货源出口，既增加了创汇，也为内地产品进入国际市场拓宽了渠道，发挥了经济特区的"窗口"作用。

三、创汇大户不断涌现

各特区在拓展外贸出口的实践中，培植出一批技术较先进、管理较科学、市场开拓能力较强、拥有拳头出口产品的重点出口企业或企业集团，被称为创汇大户。如深圳康佳电子有限公司，创办 10 年来围绕发展外向型经济的目标，全面推行现代化管理，健全质量保证体系，按照国际标准组织生产和检验，积极开拓国际市场。1986 年首批产品取得美国 UL 机构①的安全认证，电视机和录音机获准免检销往美国。该公司在拓展出口的实践中，摸索总结出一套多渠道掌握市场信息、以变应需、以新应变、以快取胜的经营方法。先后开发出"康佳牌"彩电、音响等 14 个系列 210 多种电子产品，投入批量生产，产品 85% 远销海外。1988 年出口彩电 55 万台，占当年全国机电出口额的 16.44%，创汇 6882 万美元，成为广东省电子行业创汇大户之冠。

1989 年，5 个经济特区年出口创汇 100 万美元以上的企业已超过 600 家，其中 1000 万美元以上的创汇大户有 100 余家。在出口产品中，年创汇 100 万美元以上的产品有 300 余种，创汇 1000 万美元以上的产品超过 40 种。

---

① "UNDERWRITERS LABORATORIES INC."的缩写，它是美国在国际上有权威的从事安全试验和鉴定的民间机构，成立于 1894 年，主要从事有关产品的安全检验和经营安全证明业务。

四、外销市场向多元化发展

由于经济特区均位于中国南部,历来与香港、澳门地区有密切经济交往。特区创立伊始,进出口贸易的主要伙伴也是港澳地区,各特区出口货物绝大部分是输往港澳或经由港澳转口。这种情况一方面显示了港澳地区在特区对外贸易活动中占有重要地位;另一方面,也说明港澳地区以外的海外市场有待开拓。

各经济特区采取巩固港澳市场,开拓海外市场的方针。一方面,从提高产品质量、开发新品种、扩大销售渠道等多方面着手,树立良好信誉,增强竞争能力,巩固港澳市场。另一方面,积极开拓远洋贸易,组织经贸团组到西欧、美国、日本、澳大利亚、东南亚、中东等国家和地区进行考察,通过积极参与和举办各种类型的贸易洽谈会、产品展销会,组织外商经销、代销商品等活动,进行双边和多边的贸易合作。根据多方面收集的国际市场信息,为特区内外企业提供各项有效服务,促使特区产业结构和产品结构按照国际市场变化、国际产品标准进行调整,以提高产品适销竞争能力。不少企业根据自身的实力,对全方位拓展国际市场作了刻苦努力。深圳赛格集团公司自1985年成立以来,坚持"立足深圳,依托内地,面向世界"的方针,大力开拓海外市场,逐步在世界五大区域建立起技、工、贸相结合的海外分支机构;在香港开办深圳赛格有限公司作为海外中心机构,通过直接投资、合资经营、吸收股权,以及委托经营、自主经营等方式与30多个国家和地区的100多家公司建立了合作关系;并在美国参股收购建立了一个拥有95家连锁店的销售网;在肯尼亚办厂组织国内元器件SKD(即大散件)组装等。赛格集团还组建商情网和维修服务网,积极开拓了国际市场,1989年出口创汇达3000万美元,走出了一条从近洋贸易逐步转向远洋贸易的奋进之路。

为了开拓远洋贸易,各特区还在海外举办了一批企业,仅深圳就在港澳地区和美国、西欧、东南亚举办了125个贸易企业和生产企业。这些企业通过生产经营活动,提高了特区出口产品在国际市场上的知名度,直接掌握国际市场上的动态信息及时反馈给特区,逐步建立自己的销售服务网络。

经过锲而不舍的探索，经济特区的远洋贸易取得了一定成绩。据不完全统计，1989年深圳、珠海、厦门、汕头的远洋贸易约占特区出口总额的10%，出口涉及的国家和地区超过140个。发展远洋贸易给特区带来了更大的贸易量，更好的经济效益，更多的信息量，扩大了参与国际交换的广度和深度。虽然经济特区开拓远洋市场还处于初级阶段，但是毕竟走出了第一步。从长远来看，它对经济特区外向型经济发展的意义不可低估。

五、外商投资企业的产品出口占有重要地位

1986年以后，随着经济特区的投资环境逐步完善，外商投资企业相继投产运营，生产规模不断扩大，销往国际市场的产品迅速增多，成为经济特区对外贸易中的重要力量。

据深圳、珠海、厦门、汕头四个特区的统计，1989年，经济特区外商投资企业的产品出口额，占当年四个特区出口总额的41.7%。经济特区进入国际市场的拳头产品中，如彩色电视机、自行车、液晶显示器、电话机、录音机、录像带、钟表等等，相当部分来自外商投资企业。外商投资企业注重以国际市场需求为目标，以质量求生存，以品种求发展，以优质服务求信誉的经验，给特区发展出口提供了有益的借鉴。

特区外商投资企业产品出口的迅速增长，增强了特区经济的外向度。同时，也在宏观管理上提出了新的课题，比如外商转移销售利润和将出口外汇存留境外等，需要认真研究解决。

第三节　几点思考

作为特区外向型经济的重要标志的对外贸易，在过去10年不断扩大的实践中，创造了许多成功的经验。

一、积极发展出口商品生产基地

建立外向型经济要从发展出口商品的生产入手，只有在坚实的工农业生产发展基础上，才能为参加国际交换和竞争提供适销对路的出口货源。特区建立十年来，坚持发展外向型工农业生产，创建出口商品生产基地，以外贸出口带基地建设，以基地建设促外贸出口，按国际市场的需求来决定基地建设的规模和方向，完善生产经营体系，不断增强出口创汇的后劲。深圳经济特区尤为突出，建设了蛇口、上步、八卦岭、沙头角等八个工业区，开展外引内联，初步形成了电子、轻纺、服装、食品、饮料、建材、化工、机械、医药、金属加工等产品的出口创汇生产体系。1987年，深圳又筹办了沙头角保税工业区。其他经济特区也都通过外引内联，积极创办各种类型的出口商品生产基地，有计划有重点地开发和扶植具有竞争力的"精、小、轻、新"工业出口产品，保证按时、按质、按量、均衡、稳定地供应出口货源。

特区除了发展工业出口产品之外，对发展"稀、优、偏、鲜"的农副产品出口，也十分重视。如深圳特区积极发展三黄鸡、乳鸽、奶牛等的生产，使这些产品畅销于港澳市场。珠海特区通过自办、联办、资金扶持等多种形式，发挥毗邻港澳运输方便的优势，引进技术设备及优良品种，建立了金鼎农业示范区等一批鲜活农副产品出口生产基地。这些以出口创汇为目标的农渔牧业商品生产基地，基本上实现了技术现代化、经营集约化、管理科学化、产品良种化，多年来做到稳定供应港澳市场。汕头经济特区与潮汕腹地加强经济联合，先后建立了种养、加工、出口一条龙的鳗鱼、蔬菜、梭子蟹、对虾、甜橙等生产基地，不仅扩大了特区出口的货源，也带动了内地农业的发展和技术进步，逐步形成内地—特区—国际市场的外向型出口创汇的农业生产体系。据统计，汕头特区烤鳗和速冻蔬菜的年出口额均在1000万美元以上。海南经济特区1989年投资2亿多元建立了立足本地湿热带资源的各类出口产品种植场、加工厂100多个，可提供茶叶、椰子汁、咖啡、腰果等出口创汇商品。

二、深化外贸体制改革

10年来，经济特区在改革外贸管理体制方面起步早、步伐大、收效较好，主要采取了以下措施：

首先，在国家统一管理下实行多家经营进出口业务，调动各方面的积极性。深圳特区具有进出口经营权的外贸企业,由最初的 6 家发展到 270 家。厦门特区有外贸权的企业由 5 家发展到 246 家。各经济特区形成了外贸专业公司、工贸公司、省和市营的进出口公司等多层次的外贸出口企业。特区政府运用经济、法律和必要的行政手段,按照国家的外贸政策管理这些企业。深圳特区先后制定了《进出口交易规则》《特区对外贸易统一会计制度》《关于经济合同管理办法》,健全对进出口业务的管理,提高企业的经济效益。

第二,实行自负盈亏。根据政企分开的原则,特区政府对企业不承担出口补亏,由企业自主经营,自负盈亏,改变了过去"计划收购,计划出口,亏损补贴"的做法。深圳特区大多数外贸企业都推行"利润包干,盈利留用,三年不变"的承包责任制。珠海经济特区对所有进出口企业,全面实行"包创汇、包成本、包上缴"的办法。这种承包经营责任制,调动了外贸企业的积极性,使扩大出口创汇成为企业的内在动力,从而涌现出一批出口创汇大户。

第三,实行以一业为主,多种经营。为了适应国际市场竞争的需要,特区的外贸企业普遍实行进出口贸易结合、批发与零售结合、自营与代理结合、自营生产与来料加工结合、现货贸易与期货贸易结合、商品展销与技术交流结合、现汇买卖与易货结合,建立了工农技、产供销、内外贸一体化的经营体制,统一管理,协调发展。如汕头特区水产养鳗联合发展公司,就是一家技、工、农、贸相结合的企业。它以补偿贸易的方式先后利用外资 20 亿日元,从日本引进一条具有 80 年代先进水平的年产 1000 吨的全自动烤鳗生产线和其他配套设备,在潮汕平原地区,建立了各种形式的鳗鱼生产基地,把生鳗加工增值成烤鳗出口,每吨生鳗可增值 1 万美元。

第四,克服"坐商"作风,实行"出门"销售。特区政府采取了一系列措施,推动外贸企业改变过去"等客上门,坐店经营"的做法,根据国际市场情况进行自我调节,主动找客户、找货源、找销路。通过举办和积极参加各种类型的贸易洽谈会、博览会,派业务人员出国推销,加强与驻外机构的联系合作等方式,了解国际市场信息及各类商品行情,把握时机,组织适销对路的商品出口。深圳特区对外贸易(集团)公司,是全国率先进行外贸体制改革的国营企业,1989 年在出口贸易遇到资金短缺、市场疲软、换汇成本上升等困难的情况下,公司及时采取"走出去,请进来"的做法,到国外找资金、找原料、找市场,办各种展销会,并把客户请来参观访问企业,洽谈业务,克服了种种困难,当年出口创汇达 2.69 亿美元。

通过深化外贸管理体制改革,经济特区以海外市场需求为前提,优先安排外向型工业生产,又以外向型工业为前导,安排农业、原材料的生产,使对外贸易领域中产、供、销各环节与国际市场的联系日趋紧密。生产厂家根据国际市场反馈的信息,及时生产适销对路的产品,推动企业在激烈的竞争中加强经营管理,谋求自我发展和完善,进一步挖掘了企业的内部潜力,增强了企业的活力。经过 10 年不断深化改革,一个以全面开拓国际市场为目标,多层次、多元化、多渠道的对外贸易体系已在各经济特区初步形成。

三、努力完善外贸服务体系

各经济特区注重建立与对外贸易发展相适应的服务体系。

特区金融机构在支持对外贸易方面发挥了巨大作用。深圳特区率先实行银行业务交叉,各专业银行都可办理外贸贷款及外汇的存、放、汇业务,多方筹措资金,支援技术先进、收益快、创汇能力强的重点出口企业。1988 年下半年,尽管国家银根紧缩,中国人民银行深圳分行还是筹措到 4 亿元资金,解决重点企业所需原材料、农副产品收购及外贸周转资金紧缺的难题。1985 年以来,中国人民银行珠海分行向各专业银行发放短期性贷款达 7 亿多元,支持外贸部门组织矿产、日用品、农副产品等出口货源。汕头特区 1988 年在完成压缩贷款规模任务的同时,集中资金支持特区企业发展外向型经济,仅中国工商银行龙湖支行全年用于支持出口的贷款就达 1.19 亿元,占流动资金的 51.8%。

在交通运输方面,各特区扩建完善港口设施,壮大外运力量,加快货运速度,缩短商品流通时间。经过 10 年的艰苦努力,深圳、珠海、厦门、汕头四个特区,港口吞吐量已达 2000 万吨。尤其是厦门特区,目前已有通往新加坡、日本及香港、澳门等地的定期或不定期货轮,与世界五大洲的近百个港口有航运往来。特区还致力改善与港澳直通货车运输的条件,仅深圳 1989 年出入境车辆就达 435.9 万辆次、比 1984 年增长 4 倍。深圳机场、盐田港、妈湾港、珠海机场、高栏港深水码头等一批重点项目正在建设之中，形成了一个四通八达的综合运输体系，为对外贸易的更好发展提供良好的外运条件。

在口岸管理方面，海关坚持把关和服务并重，改进监管工作，简化验放手续，加强后续管理，推广保税工厂、保税仓库制度。有的特区海关实施 24 小时服务，日夜进行进出口申报、查验，减少企业往返报关的时间和次数。这对特区的进出口贸易给予了有力的支持。

特区商检机构严格进出口商品质量检查，采取口岸检查和产地检查结合、预检和查验结合、自检与组织检验结合的做法，方便了特区进出口贸易。到 1989 年止，深圳商检局检验进出口商品已达 13.38 万批，商品总值 56.27 亿元。发现不合格的出口商品 649 批，质次、残损、重量不足的进口商品 306 批，索赔 404.3 万美元，退换及补回零配件总值 114.5 万美元。既维护了国家、特区及企业的权益，也保证了特区出口产品的信誉，促进了特区出口产品质量的提高。国家商检机构还做了大量的公证鉴定工作，为特区对外贸易的发展做出了积极的贡献。

四、联合内地共同开拓国际市场

经济特区在发展对外贸易的进程中，得到了中央各部门、全国各地的支持和通力合作。没有全国广阔的内地作为后盾，就没有特区外向型经济兴旺发达的局面。

内地是经济特区出口的重要货源基地，也是特区进口贸易的重要用户。通过合营、联营和代理等各种方式和渠道，带动了内地产品的出口。1989 年，内地通过深圳出口的产品额，约占深圳当年出口全额的 30%。各经济特区进口总额的 20% 左右，是为内地代理进口的货物，主要包括机械设备、原材料、化肥及其他短缺物资。

经济特区通过与内地联合发展出口产品的生产，弥补了经济特区资金、技术、原材料、劳动力等方面的不足，增强了经济特区发展对外贸易的实力。有些特区企业，依靠内地的技术力量和生产能力，凭借特区信息和销售渠道的优势,共同开发适销对路富有竞争力的出口产品。如深圳中华自行车有限公司组织江苏、浙江、广东的20余家企业进行协作生产零配件,组装自行车,1989年总产量达82万辆,80%以上出口到欧美各国,出口总值6400万美元,成为国内最大的出口自行车的企业。

  特区与内地横向经济联合的增强,互为依托,互相补充,形成了资金、技术、设备、原材料、销售渠道方面的综合优势。既增强了特区出口创汇实力,又促进了内地经济与国际市场的联系,发挥了特区的"窗口"作用。

  今后,要将特区对外贸易推向新的更高的层次,还有许多工作要做,还有许多新问题要解决。进一步改善外贸宏观调控机制,充分发挥价格、税收、利率、外汇等经济杠杆的调节作用,完善调整外贸承包经营责任制,是当务之急。同时,要有计划、有步骤、有选择地按不同国家和地区建立起稳定的国际销售渠道和网点。特别要看到,当代世界经济与贸易发展趋势的一个显著特征是,跨国公司、大型企业化集团在国际市场竞争中日益显示出巨大的作用。特区作为中国对外开放的"排头兵",必须有计划、有步骤地培植一批工(农)贸技、供产销密切结合,实行国际化经营的企业集团,使其能够适应国际市场的变化,机动灵活地进行产品开发、生产调整、市场开拓,以较强的实力参与国际交换与竞争,开创经济特区对外贸易的崭新局面。

第五章
经济体制改革逐步深化

在发展社会生产力和外向型经济的过程中,各经济特区遵循国家有关的方针政策,紧密结合自身实际,按照建立社会主义商品经济的要求,坚持对经济体制改革进行开拓性的探索,取得了卓有成效的进展,为经济建设和社会发展增添了活力,也为全国的经济体制改革提供了有益的借鉴。过去10多年来,经济特区发展壮大的过程,也是改革逐步深化的过程。

第一节　改革是经济特区的重要课题

一、特区建设呼唤改革

经济特区是在中国共产党确立的以经济建设为中心、坚持四项基本原则、坚持改革开放的基本路线指引下举办的。在改革开放的总方向上,特区与全国是一致的。改革,就是要通过社会主义制度的自我完善,以适应和促进社会生产力的不断发展和社会的全面进步,实现社会主义现代化。开放,就是要通过国际间平等互利的交换,借助于利用国外资金、先进技术和社会化大生产的科学管理经验,优化生产要素组合,加速社会主义现代化的进程。改革为开放提供条件,开放促进改革,二者密切联系,相辅相成。从使封闭半封闭的经济转变为开放型的经济这个意义来说,开放本身就是很重要的一项改革。

中共中央、国务院举办经济特区的主旨,是要求特区成为全国吸收利用外资、引进先进技术、学习科学管理经验的特殊渠道和发展外向型经济的重要阵地,发挥对外开放的"窗口"和桥梁作用。这就决定了特区不但要改革过去那种过于集中统一的产品经济管理体制，建立适应社会主义商品经济发展的、充分发挥市场调节作用的经济体制和运行机制，而且要面向国际市场，积极参与国际交换和竞争，掌握开展对外经贸活动的主动权，在对外开放方面担负起先行一步的历史使命。这就必须加大改革力度，加快改革进程，为开放开拓道路。

特区举办的起始与全国改革的肇兴是同步的。特区建设所需的生产要素包括人、财、物各个方面，基本上不可能按照旧的经济管理体制来获得，比如国家对特区的基础设施建设，不采取中央财政拨款的办法，只给若干重要政策，减税让利，改革投资体制，支持特区自我滚动发展建设。这就要求特区通过改革，另辟开发新路。特区建设强烈呼唤改革，改革成为特区的重要课题。

二、特区进行改革具有相对优越的条件

特区的改革不但有其必要性和迫切性，而且与非特区相比，也有着相对优越的条件。一是各特区大体上都是比较完整的行政区域。国家赋予特区特殊的经济政策和特殊的经济管理体制，特区政府（管委会）具有较大的经济管理权限。二是特区主要面对国际市场，按国际市场需求组织安排生产建设，与国际市场经济联系密切，交往频繁，受国内经济生活影响相对较少。三是随着特区经济的发展、财力的增长和人民生活水平的提高，社会承受改革的能力不断增强。四是特区处于对外开放前沿，在改革中参考借鉴国外社会化大生产的管理经验也比较方便。

三、国家对特区进行改革的要求

正是基于上述关于特区改革的必要性和可能性的分析，中共中央、国务院在关于特区工作的一系列指示中，一直把改革放在很重要的位置上。早在特区建立之初的1980年5月，中央就明确指出，经济特区的管理，在坚持四项基本原则和不损害主权的条件下，可以采取与内地不同的体制和政策。1982年12月，中共中央、国务院在关于批转《当前试办经济特区工作中的若

干问题的纪要》中进一步指出，特区的经济活动同国际市场联系密切，与外商交往频繁，沿用原来的经济管理体制很不适应，必须建立一套适应特区要求的经济管理体制。1984年4月，中央再次强调各特区要跳出国内现行的不适应生产力发展的老框框，改革管理体制和管理机构。1987年上半年，中央在总结了特区发展外向型经济的经验之后，进一步提出特区必须深化改革，按照发展外向型经济的要求，建立一个能够加强宏观控制调节，充分发挥企业活力，适应国际市场变化的经济体制。

四、特区经济体制改革的进程

根据全国经济体制改革的总方针和中央对特区改革的要求，各特区从自身发展需要出发，不断推动改革的深化。回顾过去10年的历程，大体可分为两个阶段：

第一阶段，从1980年到1985年。当时各特区处于打基础、搞建设的初创阶段，改革基本上是围绕尽快创造投资环境来进行的，具有单项推进、局部突破的特点。当时各特区面临着紧迫的基础设施建设任务。按照传统的做法，建设新工业区要靠国家投资。国际上办的经济性特区，其基本建设投资，一般也是由政府财政拨款，或由企业出资建设经营。但是当时国家财政紧张，不可能拿出这笔巨额投资，因而要求特区率先改革传统的投资管理体制，在实践中积极探索，开拓一条多渠道筹集资金、负债开发的新路子，进而带动银行信贷体制和基建管理体制等方面的改革。随着投产开业的外商投资企业和"三来一补"企业逐渐增多，要求特区创造企业生产经营的外部环境，建立平等竞争的市场机制。这样就推进了价格体制、流通体制、金融体制、计划体制、税收体制等一系列的改革。特区建设要求广泛延揽各种人才，充分调动职工的积极性，从而推动了劳动人事制度和工资制度的相应改革。

第二阶段，从1986年到1990年。这一时期各特区的工作重点从打基础、搞建设，转到"抓生产、上水平、求效益"上来，社会生产力逐步形成一定的规模。因此，改革主要是围绕发展外向型经济这一中心任务来进行，包括改善宏观调控，搞活微观经济，建立和完善市场体系三个方面，具有综合配套的特点。1984年10月,中共十二届三中全会所通过的《关于经济体制改革的决定》,为特区这一阶段的改革提出了明确的指导方针。特区在已有改革的基础上,进一步改革价格体制、流通体制,培育生产要素市场,在国家计划指导下充分发挥市场调节作用;扩大企业自主权,试行股份制,进行国有资产管理体制的改革和建立企业集团;建立和完善宏观调控机制。其目的是努力探索建立有效的宏观调控机制和富有活力的企业经营机制密切结合的新体制。

由于各特区情况不同,发展水平也各有差异,所以经济体制改革无论是铺开的广度,还是进行的深度,都不大一样。其中深圳特区的改革较有代表性。

第二节　经济特区改革的基本内容

经济特区的改革,是以坚持社会主义制度的自我完善和发展为总方向,把中共中央、国务院的改革方针与特区实际情况相结合,借鉴国外组织社会化大生产的经验来进行的。改革的基本内容有六个方面。

一、实行社会主义公有制为主导的多种经济成分并存的所有制结构

深圳、珠海、汕头、厦门和海南,在办特区以前的经济所有制结构,主要是社会主义公有制(包括全民所有和集体所有制)。举办特区以来,因吸收外商投资举办中外合资经营、合作经营和外商独资企业,发展其他经济成分,原来的经济所有制结构发生了新的变化。

(一)社会主义国营经济迅速增强,但比重下降。在对外开放的条件下,依靠国家政策的扶植,特区的国营经济在原来十分薄弱的基础上焕发出新的活力,国营企业的工业产值有较大幅度上升,国有资产存量明显增加,其中深圳特区1990年国有资产存量已达270亿元。但是,由于兴办外商投资企业和发展多种经济成分,国营工业产值占工业总产值的比重逐渐下降。1989年深圳特区国营工业产值比重为30%左右,厦门特区为38.3%,珠海特区为47.5%,汕头特区为23.3%。

(二)外商投资企业的比重不断增大。截至1990年年底,五个经济特区

共兴办了上万家外商投资企业,并主要分布在工业部门,1990年外商投资企业的工业产值在特区工业总产值中的比重占53.6%,其中深圳特区为63.8%,汕头特区为62.5%,厦门特区为54.75%。兴办外商投资的工业企业,为特区建设带来资金、技术和管理经验,传递了国际经济信息,开拓了产品出口的渠道,密切了特区经济与国际市场的联系。

(三)集体所有制企业主要是乡镇工业发展迅速。在对外开放条件下,调动了各种经营形式的集体经济参与特区建设的积极性。它具有分布广泛性、经营灵活性以及资金来源和销售渠道多样性的特点,其发展往往与发展对外加工装配业务结合起来,已成为各特区的一支重要经济力量。集体所有制企业占各特区工商企业总数,1990年深圳占24%,海南占29.5%,珠海22.1%。但它以小型企业为主,劳动密集型的居多,其产值在工业产值中所占比重不大,1990年海南占5.3%,深圳占6.4%,珠海比重大一些,占13.2%。许多集体所有制企业,外向性也比较明显。

(四)其他经济成分有适当发展。特区的优惠政策和活跃的市场机制,为个体、私营经济的发展提供了有利条件。这类经济成分主要集中在商业服务系统。深圳的商业、服务业中个体网点约占81%,对方便人民群众生活需要、繁荣市场起重要补充作用。深圳特区还出现一批民间科技企业,即科技人员以技术自办企业,或以技术入股与他人合伙办企业,开发新技术和新产品。这对于发挥科技人员的创造性,促进科技成果商品化,有积极作用。

虽然,社会主义公有制经济在所有制结构中比重下降,但是社会主义公有制在国民经济中仍然发挥着主导作用。

1. 社会主义公有制仍占重要比重。据统计,深圳特区的固定资产中,有68.9%为国有资产;在社会商品零售额中,有57%是国营商业实现的;在外贸出口中,有53.4%是由国营企业完成的。国民经济的重要命脉,如土地、银行、铁路、港口等仍然为国家所掌握。其他特区大体上也是如此。

2. 中外合资经营企业和中外合作经营企业中,约有50%以上的股权(或资产)属于中方,是社会主义公有制企业参加投资,与外方共同管理的。

3. 国家从国民经济发展的全局出发,确定特区经济的发展战略、产业政策、经济规模并实行宏观调控，特区政府代表社会主义国家管理经济，各种经济成分都要遵守国家的法规政策。海关、工商、税收等部门，代表国家在其主管业务范围内，对各种所有制的企业实行管理和监督。

二、改革投资管理体制和基建管理体制，推进特区建设

在国家将基本建设投资由财政拨款改为银行贷款的情况下，经济特区对市政和基础设施建设，探索多渠道筹集资金的新路子。以深圳为例，在过去十年基本建设累计投资额中，利用外资、银行贷款和自筹资金就占到85%左右。投资体制的改革带动了基建管理体制改革，推行了设计搞评选，施工搞招标，对建筑施工队伍实行包工期、包造价、包质量的承包责任制，有效地推进了特区市政和基础设施建设，并培育了劳务、基建物资市场。此项改革的具体实践，已在本书第二章中作了介绍，它实际上是特区各项改革的先导。

三、改革劳动、人事、工资制度和社会保险制度，调动劳动者的积极性

改革劳动、人事和工资制度，核心问题是破除原来的"大锅饭"式的用工制度，改变平均主义的工资分配制度以及供给制的社会保险制度。

（一）建立劳动合同用工制和双向选择的劳动就业制度。这种用工制度，开始主要在外商投资企业中实行。1983年，深圳特区在总结实践经验的基础上，制定了《深圳市实行劳动合同制暂行规定》，把劳动合同制推向各行各业。1988年9月27日广东省第七届人大常委会通过的《广东省经济特区劳动条例》，对劳动用工制的改革作了规范化的规定，全面推广。1990年年底，深圳市合同制工人已达36万人，有50%的固定工和全部临时工，实行劳动合同化管理。汕头特区制定了劳动管理实施办法，合同用工和临时用工占用工总数的82%。厦门特区除了在新招工人中普遍实行劳动合同制外，对技工学校毕业生、外地调入的固定工都实行劳动合同制，全市合同制工人已达3万人。特区基本上都实现了双向选择的就业制度，劳动者可根据自己的志趣和特长选择职业，企业也根据生产需要选择劳动者，并逐步形成劳务市场，调节劳

动力的供求。

（二）实行以按劳分配为主体的多种分配形式。特区普遍实行职工工资与企业经济效益挂钩。1982年，深圳特区首先在中外合资企业的竹园宾馆、友谊餐厅试行。1985年，深圳市制定了《关于当前企业工资改革中若干问题的规定》，肯定了实行工资总额与经济效益挂钩的改革方向，并在不同行业的企业中试行不同形式的挂钩办法。汕头特区逐步完善企业工资总额同经济效益挂钩制度，到1989年年底，已在150多家企业中推广。厦门特区推广工资总额同实现利税总额挂钩，已有170多家企业实行。在外商投资企业、集体企业和股份制企业中，实行"企业自主决定分配形式，国家征收调节税"的办法。在行政机关和事业单位，实行以职务工资为主的结构工资制等等。

（三）干部人事制度的改革是一项较为复杂的任务。各特区在改革实践中，主要进行了以下三项工作：

1. 实行多样化的干部人事调配形式。以公开招聘、招考为主，自荐、推荐为辅。厦门特区从1989年开始，从社会上公开考选行政机关干部，体现"公开、平等、竞争、择优"的原则。珠海特区成立人才招聘办公室，至1989年年底共从全国延揽各类专业人员共1.4万多人。

2. 建立干部聘任制。先是在外商投资企业中招聘经理（厂长）。尔后，在各特区不同所有制的企业和行政机关干部中逐步推行。深圳特区已在10多个局级单位试行公开招聘领导干部，从几千名应试者中，通过请专家考试与组织考核相结合的办法，聘用了20多名局级领导干部。

3. 建立严格的干部考核制度。为了全面、准确、及时地对干部的德、能、勤、绩等方面进行公平合理的评价，深圳特区对领导干部实行定期民主评议和信任投票，以加强群众监督。

（四）建立社会劳动保险制度。依据《广东省经济特区企业劳动工资的管理暂行规定》，从1982年起，广东各特区对外商投资企业的合同制工人实行社会劳动保险；从1985年9月起，对全民所有制企业、事业单位实行退休金统筹制度（党政机关、社会团体和事业单位除外）；从1987年3月起，对临时工和区（县）以上集体所有制单位，也实行社会劳动保险。截至1989年年底止,深圳、珠海、汕头三个经济特区退休养老的投保面达85%,待业保险的投保面达90%。深圳特区参照新加坡的经验,结合职工住房制度的改革,试行包括养老、医疗、待业、住房相联系的"社会共济"与个人自我保障相结合的社会保障基金制度。汕头经济特区,从1984年开始建立社会保险制度,经过五六年的努力探索,已实现了社会劳动保险"四统一":一是统一社会保险的范围与对象,范围包括党政机关、社会团体和所有企业、事业单位,对象包括国家干部、固定工、合同工和临时工;二是统一开展退休、医疗、工伤、待业等七项保险业务,三是统一社会保险基金的收取标准和办法;四是统一调剂使用社会保险基金。海南特区也在着手实行。

四、改革企业经营管理体制,使企业成为独立的商品生产者和经营者

特区企业是在国际市场竞争中生存发展的,必须具有依法经营自主权。改革企业的经营管理体制的重点,是增强特区国营企业的活力,使其成为自负盈亏、自主经营、自我发展,自我约束的商品生产者和经营者。

(一)按照政企分开原则,保障企业的生产经营自主权。特区的国营企业,基本上由两部分组成:一是市属国营企业,二是中央部属和内地各省、市兴办的内联国营企业。这两类国营企业原来都程度不同地存在政企不分,效益不佳等问题。特区借鉴外商投资企业的管理经验,实行政企分开,使国营企业在人、财、物和产、供、销等方面拥有较大的自主权,从行政机关的附属物变为独立核算、自负盈亏的商品生产经营者。

(二)推行企业承包经营责任制和经理(厂长)任期目标责任制。深圳特区于1983年开始推行企业承包经营责任制,各特区企业也随后推行承包经营责任制,并在实践中不断完善。其承包形式有以下几种:一是指标承包,完成承包指标后的利润,按比例分成;二是全额承包,确定上缴利润基数,盈亏自负;三是部分承包,承包者在规定的经营范围内,向发包单位按合同规定上缴利润;四是租赁承包,发包单位将固定资产折价出租给承包者,承包者按期缴纳租金、利润和折旧费。同时,为了规范企业领导行为,又进一步实行经理(厂长)任期目标责任制,规定其在任期内必须完成的综合指标,

把企业的管理置于群众和上级监督之下；企业领导者也相应改为群众选举和上级聘任相结合的选聘制。从总体上来说，承包经营责任制的改革是成功的，但企业行为短期化等问题还需要研究解决。

（三）探索国营企业股份化改革。为了克服承包经营责任制中的企业行为短期化，保护国有资产存量和增值，深圳特区于1986年10月15日制订和公布了《国营企业股份化暂行规定》，从1987年开始在6个市属国营企业进行股份制的试点，其经济效益有明显提高。它们实现的利润，1988年比1987年增长2.4倍。1989年全市实行股份制的国营企业和新组建的股份公司达到200多家，其中有6家股份公司的股票上市。从这些股份公司的效益来看，1990年产值比实行股份制的当年增长1倍，利润增长2.2倍，上缴税金增长2.5倍，外汇收入增长21%，资金利用率提高44%，净资产增长87%，初步显示出股份制对生产发展的作用。国营企业股份制的试验在其他特区也逐步试行。

（四）推进企业联合，组建工、贸、技相结合的企业集团。各特区按照发展外向型经济的需要，积极推动企业走联合之路，组建了一批工、贸、技相结合的企业集团。这有利于把资金、技术、人力相对地集中起来，依据产业政策要求，调整产业结构和产品结构，提高企业集团的素质和经营管理水平。同时，这些企业集团还是联系特区与内地、特区与国际市场的结合点，形成发展外向型经济的合力。

（五）探索国有资产管理体制的改革。深圳组建投资管理公司，作为国有固定资产的法人代表，对市属固定资产行使管理监督职能，确保国有资产的收益和增值。该公司还依据自身的经济实力，向企业参股、控股。厦门也设置国有资产管理局。这项改革虽处于试验阶段，但对探索国有资产所有权与经营权分离，建立国营企业的自我发展和自我约束的机制，以及转变政府职能等方面，进行了有益的尝试。

（六）对外商投资企业，比照国际惯例实施管理。企业实行董事会领导下的总经理负责制。对部分中外合资和合作企业，实行由中方或外方承包经营。企业的生产要素实行市场调节。在用工制度上，对员工录用实行"双向选择"，由企业自主决定工资分配方式。在质量管理上，实行按国际市场的产品质量标准组织生产。在销售体制上，实行以销定产，按国际市场需要，组织生产和流通。特区政府坚持改善投资环境与加强监督并重，从审计、税收等方面依法施行监督管理。

五、培育市场体系，为企业创造良好的生产经营环境

培育市场体系，发展商品经济，是特区经济体制改革的重要课题。各特区从发展的实际需要出发，先后培育了生活资料市场、劳务市场、房地产市场、金融市场、生产资料等市场，逐步形成社会主义商品经济的市场体系。

（一）全面开放生活资料市场。各特区自觉利用价值规律，充分发挥市场调节作用，逐步放开消费品价格，使比价结构趋向合理，促进了消费品生产，繁荣了市场。主要做法是：1. 取消了农副产品的统购、派购和工业品的计划定量分配和供应体制；2. 减少计划价格，扩大国家指导价格和市场调节价格的范围，后两者已占各特区社会商品零售额的95%—97%，消费品大多由企业依据市场需要，自行定价，以搞活流通；3. 发挥国营商业主渠道的作用，开辟商品货源，增加有效供应，保证市场需求；4. 加强间接宏观调控，调节商品供需总量，探索行业协调价格，禁止垄断价格和哄抬物价。各特区都已初步形成在国家宏观调控下，全面开放的生活资料市场。

（二）建立活跃的劳务市场。特区全面改革劳动、人事、工资制度，广泛实行社会保险，为建立健全劳务市场创造了条件。特区的劳务市场，主要是由劳动服务公司和劳动管理站负责，调节劳动力的供求，促进劳动力的优化配置，建立良好的劳务市场秩序。一个以劳动服务公司为中心的、对劳动力实行宏观调控的劳务市场管理网络已经形成。除此之外，还有一种辅助性劳务市场，就是企业通过广告等形式自主招聘职工，劳动者根据自己的志趣选择企业。劳务工资形式通常实行的有：计件工资制，岗位职务工资加基本生活工资再加浮动工资制，全额浮动工资制。这些灵活的工资形式，加上社会保险制度的改革，促进了劳务市场的活跃和发展。

（三）蓬勃兴起的房地产市场。各特区按照土地的所有权与使用权分离，国有土地有偿使用和住宅商品化的原则，逐步建立房地产市场，为特区建设

积累资金。

1. 政府控制一级土地市场。这利于统一规划，平抑地价，引导资金投向，提高办事效率，使土地的使用获得最佳效益。深圳特区于1988年1月制定《深圳经济特区土地管理条例》，全面推行国有土地有偿使用制，通过公开拍卖、招标、协议等形式有偿出让国有土地使用权。到1989年年底，累计有偿出让土地198幅，总面积441万平方米。收取土地使用权出让金4.4亿元，相当于从兴办特区到1987年政府征收土地使用费的8.8倍，为基础设施建设积累了资金。汕头特区控制一级土地市场，实行统一规划、统一征地、集中配套、分块出让的办法，1988年，统一征地1860多亩，有偿出让土地496亩。厦门特区，从1986年6月开始推行土地使用权有偿转让，到1990年止，共出让土地89幅，总面积为100多万平方米，其中以招标出让的为25幅、面积为37万平方米，收取土地使用权出让金1亿元。

2. 搞活二、三级房地产市场。特区在政府控制一级土地市场的情况下，鼓励依法获得土地使用权的土地经营者根据市场需求开发土地，经营房地产，搞活二级房地产市场。作为商品化的建筑物又可进一步转让，形成了三级房地产市场。到1990年年底，深圳特区经营房地产开发的企业已有103家，经营的建筑商品有厂房、仓库、商场、办公楼、港口、码头、公路、隧道等，特区的二、三级房地产市场价格放开，企业以需求为导向，利用银行贷款，实行企业化经营，边建设、边出售、边回收，基本实现了建设资金的良性循环。

3. 大力推行住宅商品化。为了改革城市低租统配的传统住宅分配制度，各特区都大力推行住宅商品化。深圳特区于1987年3月，成立房地产改革领导小组，制订房改方案及配套实施细则，逐步实现了住房商品化。据测算，实行房改可使政府和企业每年减少1.9亿元的建房负担。特区居民购买住房相当踊跃，每建成一片住宅区，就出现了签订购房合同的热潮，使群众把消费资金投向房屋建设，同时，银行也推出各项住房贷款业务，为居民购房提供资金服务。

经济特区围绕着培育房地产市场，相应健全了有关立法、咨询、执行和监督等管理机构，形成了比较规范的市场运行机制。

（四）开辟多层次，多样化的金融市场，为特区建设筹集资金。主要措施有四条：

1. 建立总量控制的金融管理体制。国家对特区分别实行"多存多贷、差额包干、适当递增、允许拆借资金"或信贷资金"切块"下达的银行信贷制度。1986年国务院又决定：深圳的信贷资金单列，由中国人民银行总行单独审批，中国人民银行深圳分行负责统一安排使用。国家实行总量控制的政策，使特区在运筹资金方面拥有较大的自主权和灵活性，初步形成了一个以中央银行特区分行（即中国人民银行深圳分行）为领导、国营专业银行为主体、其他经济成分银行金融机构并存、多层次多功能的、开放型的银行体系，并在全市形成一个纵横交错的资金活动网络，创造了比较宽松的金融环境。其他特区也相继向这种金融管理体制发展。

2. 搞活资金市场。各特区已与全国大多数省、自治区、直辖市的上百家银行金融机构建立了融资关系，开展跨系统、跨地区的资金拆借业务。深圳特区从1984年到1989年年底，累计拆借资金总额为217亿元；从1979年到1989年的10年间，吸收各项人民币存款已达137亿元，增加了140倍；发放各项贷款达178亿元，增加了254倍；外汇存款达24亿美元，增加了136倍；发放外汇贷款27.3亿美元，增加549倍。金融事业的发展，支持了特区的经济建设，国营企业的现有固定资产的80%，是靠银行贷款支持形成的。其他各经济特区也十分重视搞活资金市场，并充分发挥银行筹集资金、引导资金投向、提高资金利用效益的作用。

3. 逐步开放外汇调剂市场，搞活外汇资金。为了帮助外商投资企业实现外汇综合平衡，国家决定在特区开辟外汇调剂市场。深圳特区率先试点，于1985年年初开办外汇调剂中心。初期对外汇的调剂范围和对象作了必要限制，随后根据实际情况，逐步放开调剂范围，1986年11月全面放开外汇调剂市场。外汇调剂中心只管外汇的来源和用途，价格实行市场浮动；调剂的对象扩大到特区各类企业和个人持有外汇；外币币种由单一的美元，变为多种货币。到1989年年底，外汇调剂额累计为41亿美元。厦门、珠海和海南特区的外汇调剂中心，于1987年以后也相继成立。

4. 试办证券和股票市场。国家根据特区经济发展的需要，决定在深圳试办证券和股票市场。1987年9月成立全国第一家证券公司，深圳发展银行的股票首家上市，并放开国库券转让市场，至1990年年底，已有5家公司股票上市，发行上市股票3.3亿元，有200多家国营企业试行股份制改造，发行有价证券6亿多元，由10家证券商经营。深圳特区积极借鉴和吸收国际市场证券和股票运行机制，结合特区实际，认真探索并不断地总结经验。从1991年开始，深圳的证券和股票市场的运作实现了"三个转变"；即市场管理方法，从以行政手段为主的直接管理转向以经济手段为主的间接管理；市场交易方式，从分散交易和过户转向按国际惯例集中交易和过户；操作技术，由手工操作转向电脑化和规范化操作。主要措施是：建立了以中国人民银行深圳分行为主管机关的证券领导小组；把10家证券商联合为证券交易所，成立证券登记公司，并批准这两个机构正式开业；制定和颁布了证券和股票发行和运用规则等一系列地方法规；加强管理，依法运作，取缔黑市交易，并根据股票市场需求量与上市股票供应不足造成的股票价格猛涨的趋势，经国家有关部门的批准，深圳发展银行等5家上市公司，共扩股1.7亿股，采用溢价的方式向社会增集资金6.6亿元。新上市公司11家，向社会公众发行人民币普通股（A股）2亿多股，发行股票7.1亿元，其中有6家向境外投资者发行人民币特种股（B股）1.8亿股。从股票市场上共集资24.45亿元人民币和1亿美元。

从深圳股票市场的运作实践表明，它对集中社会闲散资金，变消费基金为投资基金，优化投资结构，明确产权关系，转换企业经营机制，克服企业短期行为，增强人们投资的风险意识等等，均有积极的作用。但如果股市供求长期失衡，市场运作不畅，管理滞后，股票暴涨暴跌，股市便弊端丛生。因此必须加强宏观管理，使股票运作纳入法制化和规范化的管理轨道，促使其健康发展。

（五）逐步开放生产资料市场。随着经济特区大规模建设的展开，外商投资企业、内联企业、市属国营企业的不断建立投产，对生产资料需求量急剧增加。这一批新增的生产资料不可能实行计划调拨，从而出现了建立生产资料市场的契机。主要做法是：

1. 在宏观方面，缩小指令性计划管理范围，以指导性计划为主，除了对重要物资钢材、水泥、木材等的一小部分实行指令性计划外（约占2%—5%），其余逐步放开，通过市场调节。

2. 逐步建立各类生产资料市场，价格放开，随行就市，利用价值规律，引入竞争机制，调节生产和流通。

3. 内外流通网络相结合，多渠道经营。特区的生产资料市场，以国营物资企业供应渠道为主，同时还有工业部门自销渠道、商业和供销部门兼营渠道、外贸部门进口经营渠道，乡镇企业和其他集体企业经销渠道和个体户零售渠道。

4. 试办保税生产资料市场，首先在深圳特区试点。保税生产资料市场是从国际市场上进口特区企业生产所需的各种生产资料，包括建筑材料和设备、金属材料、机电产品、石油、化工医药、纺织原料、农业生产资料、包装材料等八大类，由特区政府审查批准的国营企业在规定的经营范围内进行经营。进口生产资料由海关查验登记后，进保税仓库储存或销售，以各种灵活的经营方式，满足特区企业的生产需要。保税生产资料，仅限于在特区内使用，运到非特区必须按规定补缴关税。举办保税生产资料市场，有利于特区企业减少在国际市场上零星进口的麻烦，防止外商掌握供应渠道高报价格的弊端，也有利于特区增加税收。

（六）积极稳妥地进行物价改革。为了适应建立市场体系，发挥市场调节作用的需要，特区从实际出发，分步骤地进行了物价改革。本着"管大放小、管少放多、管好放活"的原则，按商品种类实行多层次定价权，缩小计划价格的范围，扩大市场调节价格的范围，逐步形成三种价格管理形式：一是中央和省管的铁路、航空、海运、邮电和人民生活必需品粮、油等，以及与人民生活关系密切的服务项目费用，如房租、水电、市内交通、电话、医疗卫生、学杂费等，实行国家定价；二是对某些重要商品实行指导价格，视不同商品品种规定不同幅度的浮动价格；三是其余的商品均为市场调节价格，随行就市。1990年，除了少数几种商品实行计划指导价格外，其余价格已全部放开。价格改革初期曾出现一些波动,通过加强计划指导和必要的行政管理,并与工资改革相配套,使价格改革控制在社会和群众能够承受的范围内,逐步形成较为合理的价格体系。

六、建立有效的宏观调控体系

经过10年的改革实践,各特区已初步形成两级宏观调控体系,即国家对特区的宏观调控体系和特区自身宏观调控体系。

(一)国家对经济特区的宏观调控。一是政策调控。国家依据经济发展的客观要求和对外开放的大政方针,确定经济特区的发展战略,并根据国家的产业政策和生产力布局,引导资金的投向。二是指标控制。国家依据国民经济全局发展的情况和经济特区发展的需要,实行主要指标控制。基本建设规模、大型建设项目纳入国家计划;信贷资金和对外借款,由国家核定控制指标;外贸进出口接受国家外贸统一政策及配额和许可证的管理。用进口料、件生产的替代进口和先进技术产品的内销,经国家主管部门审定,核定内销比例等。

(二)特区政府的经济调控。各经济特区依据中央确定的方针、政策和全国宏观经济发展的要求,统筹安排本特区的经济建设,从宏观上调控本特区的经济运行。重点做好以下方面工作:

1. 依据中央确定的经济特区的发展战略,结合各特区的实际,制定经济和社会发展纲要、城市规划、产业规划和教育与人口规划,重点放在搞好总量平衡和综合平衡,以保证特区经济持续、稳定和协调发展。

2. 根据经济发展的需要和国家、省给予的信贷规模,确定基本建设规模、大型项目建设安排和经济增长速度,力求投入与产出获得最佳经济效益。

3. 逐步建立具有本特区特色的产业结构。在过去10年间,各特区以适应国际市场需求为出发点,围绕建立工业为主的产业结构,制定正确的产业倾斜政策,促进外向型工业生产体系的形成。并围绕工业相应地发展第一产业和提供优质服务的第三产业,初步形成了各具特色的产业结构。这样,就为90年代各特区的产业结构的升级打下了基础。

4. 加强对特区商品流通的宏观管理,取缔牟取暴利的违法经营,整顿流通领域的某些混乱状况，以法律、经济和行政手段加强监督与调控，做到活而不乱、管而不死。

（三）特区进行宏观调控的方式，逐步从直接控制向间接控制过渡。由于特区经济成分多元化，又处于国内市场与国际市场的交汇点，实行发展外向型经济的战略，因而进行宏观经济调控的方式需要加以改革，已有以下几条主要经验：

1. 利用财政杠杆。各特区每年从地方财政收入中提取一定比例，用于支持有发展前途的外向型企业。通过财政贴息和财政投资等方式，支持关键和重点项目，对有些国营企业的税后利润，全部或部分返还，以增强其自我发展的能力。

2. 利用税收杠杆。比如，为了促进外向型经济的发展和产业结构的优化，对高科技产业，在一定年限内减免所得税；对为平抑市场物价而限定产品价格的企业，在一定期间内免征营业税。

3. 利用利率杠杆。国家银行按合理正常的周转，调整还贷期限、办理延期或续借手续。对企业不同期限的存款，实行差别利率。调整流动资金贷款的期限和利率，促使企业合理使用资金，加速资金周转。对有发展前景的外向型生产项目，银行发放优惠利率贷款。深圳特区各专业银行，还从税后利润中提取一定的比例，建立特种贷款基金，以优惠的利率，支持技术先进的外向型企业。

4. 建立特区的宏观调控网络。深圳特区已初步建立了决策系统、执行系统、监督系统和服务系统、信息咨询系统，通过系列化的调控机制，调节国民经济的运行。

5. 采取必要的行政干预手段。对于运用经济手段调控难以马上见效的，特区政府采取必要的行政手段进行干预。在1985年，各特区曾一度存在基本建设投资规模过大，投资结构不合理，引起经济生活紧张的情况。在国家经济调整方针指导下，各特区采取了行政直接干预，坚决压缩固定资产投资规模，保证了特区经济的协调健康发展。

（四）建立精简、高效的政府管理机构。建立适应发展外向型经济的新体制，就要求认真改进政府管理经济的职能和手段，逐步改革政府管理经济的机构。

深圳特区，从1981年到1988年，先后4次对政府管理机构进行改革。强化政府对社会经济发展的有效调控，实行政企职责分开，转变政府职能，提高办事效率，推进决策的科学化与民主化。

汕头特区，建立精简、高效的行政管理机构，取得了成效。管委会只设16个局。从项目的洽谈，到开业投产，由经济发展局统一管理，大大简化外商投资手续和项目审批时间。对行政机关工作人员反复进行"多服务"的教育，建立"24小时答复询问"制度。

厦门和珠海特区，都设置外商投资企业管理机构，有关涉外经济事务的部门联合办公，"一个窗口对外"。

海南省按照"小政府、大社会"的原则设置省级有关行政机构，提高办事效率。

第三节 几点思考

随着特区经济体制改革的深化，人们对特区经济体制改革的认识也逐步提高，这里就几个重要问题加以论列。

一、关于特区改革的特性

经济特区是中华人民共和国完全行使主权管辖的行政区域。特区经济是全国社会主义商品经济的组成部分。10年来，特区的经济体制改革，是在全国改革的总方针和基本政策指导下进行的，并作为全国改革的一个试验场，纳入通过社会主义制度的自我完善和发展、建设有中国特色的社会主义这一总体部署之中。这是特区改革与全国改革的共同之点，也是基本之点。同时，与非特区相比，特区在经济体制改革的具体目标模式以及具体做法上，又有一定的特殊性。

在生产资料所有制方面，特区与全国一样，必须确保社会主义公有制经济的领导地位和主导作用。在此大前提下，考虑到特区是国家政策规定的集中吸收外资的地区，在社会主义现代化建设中担负特殊的功能，可以允许非社会主义公有制经济成分相对多一些，尤其是在第二产业中将逐步形成外商投资企业为主的所有制结构。

在分配方面，特区也要坚持实行以按劳分配为主的多种分配形式。但是，特区由于大量吸收外商投资举办企业，外商投资者要依法分得利润，即在收入的社会分配上有相当一部分不是按劳分配而是"按资分配"，其比例要比非特区大。这是社会主义利用资本主义争取建设速度所必须支付的"赎金"。特区在分配方面改革的重要课题是：既要做好按劳分配部分的合理分配，调动劳动者的积极性；又要依法保护外商投资者的合法收入，并依法通过税收等方式调节其过高收入，依法坚决取缔违法牟利行为。

在经济运行机制方面，特区是全国社会主义商品经济的一部分。但是，与非特区相比，特区商品经济的所有制基础，是社会主义公有制为主导的、其他所有制经济成分相对较多的综合体；生产主要面向国际市场发展外向型经济，原材料和产品销售"两头在外"的比重较大；指令性计划、产品调拨关系很少，通过市场的商品交换覆盖面较普遍。因此，市场调节的作用要发挥得更充分一些，市场调节范围可以更大一点，市场的调节方式可以更灵活一些。总起来说，特区经济活动是在国家宏观计划指导下，主要通过市场调节手段来运行的。

综如上述，特区经济体制改革与非特区的改革，总方向是一致的，具体进程和做法又有所不同。其共同性反映了中国经济特区的社会主义性质。其特殊性，反映了在社会主义改革总方针、总原则范围内的局部差异，是社会主义改革总方针、总原则与特区具体实际相结合的体现。这种特殊性是充分发挥特区功能所必需的。从长远来说，对于在"一国两制"下实现祖国统一之后，发展与港、澳、台的经济交流也有重要意义。

二、关于特区改革的进程

10年来，特区的实践说明，改革经济体制是特区建设发展的需要，它随着特区经济的发展逐步深化，并积极促进社会生产力的解放和发展。面对要把外向型经济推向新水平的重要课题，特区的改革需要进一步深化，提高经济素质，增强参与国际交换和竞争的能力。同时，又要看到，特区的改革虽然在十年的实践中积累了一定的经验，但还有许多新问题需要刻苦探索。特区的发展强烈呼唤改革，同时发展的实际水平在一定程度上又制约着改革的深度和广度。特区的改革作为全国改革的一部分，在若干重大问题上应与全国改革的进程相协调。应当从精心调查研究中准确把握实际的需要与可能；在制定方案中要注重处理好特区改革与全国的关系；在组织实施中要稳健出台，分步到位，防止可能发生的负面效应，以期收到最佳的效果。总之，特区的改革，要照顾国家宏观全局，从特区发展实际出发，锐意开拓，刻苦探索，不断推进，逐步深化。

三、关于特区进一步深化改革的关键

纵观特区 10 年的改革，就宏观与微观两个方面相比而言，搞活企业和发挥市场机制的作用确实取得了卓著成果，而建立有效的宏观调控体系则显得落后一些。这是因为，过去的改革基本上是循着放权让利、增强企业自我发展活力这个路子来展开的。特区的国营企业大都是中小型企业，基本上不担负国家指令性计划任务；新建的企业主要是外商投资企业和内联企业，而且大都面向国际市场，很多是实行原材料来源和产品销售"两头在外"。特区的改革，围绕着搞活企业这个中心，并积极培育生产要素市场来展开，是特区经济发展特别是发展外向型经济迫切需要解决的问题。首先侧重解决这些问题也是正确的和必要的，今后仍然应当根据发展需要继续深化这个方面的改革。与此同时，必须把建立有效的宏观调控体系，进一步放到改革的重要日程上认真抓好，以解决企业自我约束机制软化，市场运作不够规范，经济秩序存在某种混乱的状况。与搞活微观经济相比，理顺宏观调控涉及面更宽，问题更为复杂，受旧体制的影响和制约也更大，因而具有更大的难度。但它是特区改革和发展中必须解决好的一个关键问题。下苦功夫，认真探索，不断总结经验，使其有显著的进展，是刻不容缓的。

四、关于特区改革对全国的意义

特区的改革首先是自身发展的需要,但它对全国改革仍然具有"试验田"的作用。特区作为面向国际市场,发展外向型经济的地区,国家赋予其特殊政策和较大的经济管理权限,经济运行具有相对独立性,许多改革可以先行一步,起到试验探索的作用。特别是可以积极借鉴和吸收国外社会化大生产的经营管理经验为我所用。特区作为一个行政区域,有着综合的经济、社会环境,不但可以进行单项改革的试验,而且可以进行多项改革的配套试验,借以从相互的联系上作深层的观察研究。特区的经济体制改革的许多成功经验,对全国其他地区是很有用的。有些微观管理方面的经验,已在内地逐步推广,比如负债开发经营的投资体制、建筑工程招标承包制、劳动合同用工和浮动工资制、企业厂长经营目标责任制等。有些可以给非特区提供实行改革的思路,比如关于积极培育市场体系的经验。有些暂时只能在特区实行的改革,以及改革中的某些不够成功之处,也可以给全国提供某些借鉴。这些都已为过去 10 年的改革实践所证明,从这种意义上来说,特区是全国"管理的窗口"。

第六章
涉外经济法制初步确立

经济特区是依法建立、依法管理的。10年来，随着全国法制建设的推进，特区为了适应外向型经济发展的需要，着重加强涉外经济法制建设。一个包括吸引外商投资、依法保障投资者的权益、为外商提供律师、公证服务和仲裁、司法审判途径的涉外经济法制体系已初步确立，为开展对外经济合作活动提供了法律保障，为依法治区积累了经验。

第一节　特区涉外经济立法体系的形成和基本内容

1982年12月4日通过的中国现行宪法，在中华人民共和国历史上第一次对外商在中国投资及其他形式的中外经济合作，从根本法上作出了明确的规定，为吸引外商投资，加强对外经济合作提供了宪法依据。特区是中华人民共和国行使主权的一个区域，它是吸收利用外资、发展对外经济合作的重点，也是加强涉外经济立法工作的重点。

经济特区涉外经济立法体系建设，是随着全国改革开放的进展，全国法制建设，特别是涉外经济法制建设的推进，而逐步形成的。从1979年7月全国人民代表大会常务委员会颁布了鼓励外商投资的第一个法律《中华人民共和国中外合资经营企业法》之后，国家制定和颁布了一系列涉外经济法律、法规。国家宪法及各种基本法律、法规，除另有特别规定外，同样适用于经济特区。同时，为了适应经济特区发展外向型经济，不断改善投资环境的需要，结合特区建设和发展的进程，国家和有关省人民代表大会及其常委会、各经济特区，在诸如劳动、工资、土地、企业管理、加强与内地经济联合等方面，也陆续制定了专门适用于特区的各个单项法律、法规，以及大量的行政性规章和管理办法。这些为适应经济特区的建设而专门制定的各项涉外经济法律、法规，以及大量的行政性规章、管理办法，与上述全国性的涉外经济法律、法规，共同构成了经济特区涉外经济立法体系。

根据法律颁布或公布主体的不同，特区涉外经济立法体系大致分为三大类：1. 由全国人大及其常委会和国务院及其所属各部委制定的、适用于全国的（包括经济特区）涉外经济法律、法规及专门适用于经济特区的涉外经济法律、法规、规章；2. 全国人大及其常委会授权广东、福建、海南三省人大及其常委会制定的以及深圳、厦门两个计划单列市人民政府制定的，专门适用于本经济特区的涉外经济法规、规章；3. 中华人民共和国参加或签定的一些国际条约和协议，以及与此有关的国际惯例，也适用于经济特区。

一、全国人大及其常委会和国务院制定颁布的有关法律、法规

根据中国宪法的规定，现行立法体制是一个两级、多层次的立法体制。两级即中央与地方。中央一级，包括国家最高权力机关与国家最高行政机关；地方一级，包括地方权力机关和地方行政机关。全国性的涉外经济法律、法规、规章，分别由全国人大及其常委会制定颁布和国务院及其所属各部委制定公布。

1979年中国实行改革开放以来，为了积极开展国际经济合作和技术交流，适应吸收外商投资的需要，国家致力于创造一个有法律保障的稳定、优惠、方便的投资环境。从1979年全国人大常委会颁布了《中外合资经营企业法》之后，又陆续制定了大量的涉外经济法律、法规。其中有适用于全国的，并涵括经济特区的涉外经济法律、法规，也有专门适用于经济特区的涉外经济法律、法规。

这部分涉外经济法律规范大体有如下几类：

（一）有关吸收外商投资方面。在吸引外商直接投资方面，主要有三个企业法，即《中华人民共和国中外合资经营企业法》《中华人民共和国中外合作经营企业法》《中华人民共和国外资企业法》。这三个法律，对外商在中国投

资的三种主要方式——中外合资、中外合作和外商独资经营企业作了明确的法律规定。为了实施这些法律，国务院及其所属有关部门，在这些法律原则的规定下，根据授权分别制定了一些与这些法律相配套的实施细则和规定。例如，为了实施《中华人民共和国中外合资经营企业法》，国务院及其有关部门制定了《中外合资经营企业法实施条例》《中华人民共和国中外合资经营企业登记管理办法》《中华人民共和国中外合资企业劳动管理规定》《中华人民共和国关于中外合营企业建设用地的暂行规定》等等。

国务院于1986年10月公布了《中华人民共和国关于鼓励外商投资的规定》（简称"二十二条"）。在这一法规颁布后一年多时间里，国家银行、劳动人事、海关、外经贸委等主管部门，也先后制定了与此相配套的20多个具体规定和实施细则，涉及内容广泛，诸如外汇平衡问题，企业用人自主权、外商投资企业贷款办法、外商投资企业进出口许可证管理、外汇抵押贷款等。

（二）有关涉外税务方面。建立合理和优惠的涉外税收制度，是创造投资环境的一个重要内容。全国人大曾分别于1980年和1981年制定和颁布了《中外合资经营企业所得税法》和《中华人民共和国外资企业所得税法》。国家依据这两部法律，参照国际惯例，给予了许多鼓励投资的减免税的优惠待遇。另外，国务院还于1984年11月，对经济特区和沿海十四个港口城市公布了减征、免征企业所得税和工商统一税的规定。

十年来的实践证明，上述两部税法和国务院有关规定，对于鼓励外商投资，改善投资环境，促进对外经济合作和技术交流发挥了重要的作用。但是，随着中国对外开放和利用外资工作的不断发展，上述两部税法中有些规定已与实际情况不相适应。1991年4月9日第七届全国人大第四次会议审议通过的《中华人民共和国外商投资企业和外国企业所得税法》，将原来两部税法合为一部新税法，将原来法律中行之有效的规定加以保留，又参考国际上的通行做法，充实了一些新内容。主要有以下几个特点：统一了优惠税率，保持了政策的连续性；体现了国家的产业政策；对违反税收法律的一系列行为规定了行政处罚和刑事处罚的措施。

（三）有关涉外技术转让和交流方面。引进先进技术是对外经济交流中的一项重要任务。为了保护外国先进技术拥有者的权益，国家制定了《中华人民共和国专利法》。该法规定，任何人未获专利权人的许可，不得实施其专利；被许可人也无权允许合同以外的任何单位或个人实施该项专利。在《中华人民共和国专利法》之外，又制定了《中华人民共和国技术合同管理条例》，明确规定了引进方对外方提供的专有技术中尚未公开的秘密部分，承担保密的义务，为引进技术和国外厂商在中国进行技术投资提供了法律保护。国家还于1983年3月1日施行了《中华人民共和国商标法》，保护注册商标的专用权。这部法律对于保护商标专用权，促使生产者确保商品质量和维护商标利益，保障消费者的合法权益，促进社会主义商品经济的发展，提供了法律保证。另外，《中华人民共和国著作权法》于1991年6月1日生效，从而使中国文学、艺术、科学作品的著作权，以及与著作权有关的正当权益获得法律保障。国家还公布了《计算机软件保护条例》，于1991年10月1日起施行。所有这些，标志着中国的民事法律体系和知识产权法律体系进入了一个新阶段。

（四）有关对外贸易和进出境方面。对外贸易方面的重要立法，是1985年3月颁布的《涉外经济合同法》。该法对涉外合同的订立、履行、违反合同的责任、合同的转让、变更、解除，以及争议的解决都作了规定，为外国公司同中国企业的各种经济合作提供了合同准则。

关于进出境方面，中国的立法比较完备，较重要的有《中华人民共和国海关法》《中华人民共和国进出口商品检验条例》《中华人民共和国国境卫生检疫法》《中华人民共和国外国人入出境管理办法》，以及其他有关进出口关税、进出口货物许可证等方面的管理办法。

（五）有关外汇、金银与金融方面。中国是实行外汇管制的国家，因此对外汇和金银的管理有比较严格的规定。有关法规主要有《中华人民共和国外汇管理暂行条例》《中华人民共和国金银管理条例》《中华人民共和国对外汇贵金属和外汇票证等进出国境的管理施行细则》《中华人民共和国银行管理暂行条例》《中华人民共和国金融信托投资机构管理暂行规定》等。1986年2月，国务院批转中国人民银行《关于办理留成外汇调剂的几项规定》，给经济特区以外汇调剂的自主权。对外商投资企业、外国驻华机构及个人的外汇管理，还制定了一些施行细则。1985年4月国务院公布了关于《经济特区外资银行、中外合资银行管理条例》，规定外资、中外合资银行经中国人民银行批准可在经济特区开办营业。

（六）全国人大及其常委会和国务院及其所属各部门专门为经济特区制定的法律、法规。其中主要有：

1980年8月26日经第五届全国人大常委会第十五次会议通过的《广东省经济特区条例》。该条例对经济特区的性质、目的、宗旨、任务，外商在经济特区的投资经营、管理和优惠办法，都作了明确的规定。厦门特区适用这一条例。它是中国举办经济特区的法律根据。

1981年11月26日，在第五届全国人大常委会第二十次会议上通过了《关于授权广东省、福建省人民代表大会及其常务委员会制订所属经济特区的各项单行经济法规的决议》。

1988年4月13日，在第七届全国人大第一次会议上通过了《关于建立海南经济特区的决议》。

1988年5月4日，国务院发布了《关于鼓励投资开发海南岛的规定》。

（七）有关涉外经济纠纷的仲裁和诉讼方面。仲裁和诉讼，是处理和解决中外双方发生经济争议的两种主要措施，中国法律对此都有专门的规定。关于涉外经济诉讼，1982年五届全国人大常委会第二十二次会议审议通过并颁布的《中华人民共和国民事诉讼法》（试行）中就有专章规定。1991年4月9日在第七届全国人大第四次会议上审议通过了《中华人民共和国民事诉讼法》。这个法律在总结了试行九年的经验基础上，保留了原行之有效的基本内容，并作了必要的补充。

民事诉讼法是程序法，是国家基本法律之一。当公民、法人、其他组织的民事权益受到侵犯或者发生纠纷，就可以通过民事诉讼法规定的程序，求得对其民事实体权利的保护。涉外民事诉讼在《民事诉讼法》的第四编中也有专门规定。对有关涉外经济诉讼的一般原则管辖、诉讼文书的送达和诉讼时效、财产保护、司法协助等，都作了明确的规定。与此相配套的还有涉外经济仲裁方面的专门规定，主要分为对外经济贸易仲裁和海事仲裁，这两种仲裁都有专门的仲裁程序规则，这方面内容将在本章第二节中详细介绍。

二、省级立法机关和政府制定的适用于经济特区的涉外经济法规和规章

除广东、福建、海南省人大及其常委会制订的适用于本省并涵括经济特区的涉外经济法律、规章外，1981年11月26日，第五届全国人大常委会第二十一次会议决定，授权广东省、福建省人大及其常委会根据有关的法律、政策规定的原则，按照各该省经济特区的具体情况和实际需要，制订适用于经济特区的各项单行经济法规，并报全国人大常委会和国务院备案；1988年4月13日第七届全国人大第一次会议决定，授权海南省人大及其常委会可制订法规在海南经济特区实施。

（一）广东省有关经济特区的立法。1981年至1989年，广东省人大及其常委会，制定了20多个有关特区的单行经济法规。为了解决外商投资企业在经济特区的注册登记和劳动管理的问题，1981年制定了《广东省经济特区企业登记管理暂行规定》和《广东省经济特区劳动工资管理暂行规定》。前者规定了外商投资企业作为法人成立、变更和解散的法律手续，明确了外商投资企业申请登记领取注册证书、营业执照、向银行开户、向税务部门办理纳税登记，以及因迁移、转户、增减转让注册资本、延长合同期等原因变动登记的手续。后者则明确了经济特区实行劳动合同制、建立新的劳动保险制度的问题，规定了外商投资企业可以公开招收职工，通过考核，择优录用；企业可以解雇、辞退职工等。这一法规为改革经济特区的劳动制度发挥了积极的作用。

鉴于以往国有土地实行无偿、无限期使用的政策，不适应经济特区的发展，在1981年还制定了《深圳经济特区土地管理暂行规定》，为改革土地管理制度，实行国有土地有偿有限期使用作了大胆尝试。1987年，通过了《深圳经济特区土地管理条例》，规定国有土地的使用权可以转让、抵押，明确外商在经济特区的土地使用权受法律保护。

为了保证外商在生产、生活方面对房产的需求，1983年公布了《深圳经济特区商品房产管理规定》，规定住房可以出租、买卖、抵押，规定了对房屋产权的确认、转移、房产的抵押、租赁、扩建及征用的条件。

1986年，广东省人民政府公布《深圳经济特区抵押贷款管理规定》，允许企业将房产、物资、有价证券、支付凭证及其他权利作为抵押物向银行申请贷款。

1987年上半年，为了贯彻国务院《关于鼓励外商投资的规定》，广东省人民政府制定了《广东省鼓励外商投资实施办法》，各经济特区也制定了一些补充规定，这些规定对于改善经济特区的投资环境起了较大的作用。

（二）福建省有关经济特区立法。福建省人大及其常委会根据授权，从1985年以来，制定了厦门经济特区《土地使用管理规定》、《劳动管理规定》、《与内地经济联合的规定》、《技术引进规定》、《厦门市环境保护管理规定》、《企业登记管理规定》六个单行经济法规。此外，还制定了关于改善投资环境、土地使用权有偿出让，鼓励外商投资等行政管理规章。

（三）海南省有关经济特区的立法。根据1988年4月13日，第七届全国人大第一次会议通过的《关于建立海南经济特区的决议》中的授权条款，海南省人大及其常委会根据海南经济特区的具体情况和实际需要，也制定了一批涉外经济法规。

另外，各经济特区所在市的人民政府，为了贯彻国家及地方关于经济特区的各项法律、法规，制定了大量行政性规章。这些规定，对经济特区的体制改革和经济发展也同样有着重要意义。比如，1981年的《深圳经济特区土地管理暂行规定》，有一些问题因为规定得过于原则，特别是在土地使用费的征收上，各部门掌握不一致。为此，深圳市人民政府制定了《深圳经济特区土地使用费调整及优惠减免办法》，将土地使用费、土地开发费和征用土地费分开计算，并且扩大了土地使用费的优惠减免幅度，及时解决了执行上的具体问题。

三、中国政府参加的有关国际公约和中国与有关国家（地区）签订的双边或多边经济协定

国际投资存在着各种风险，任何国家发展本国经济都要借助于法律保障来吸引外资，通过立法的形式签订双边、多边条约或国际公约，明确规定保护投资者合法权益、优惠政策和处理投资争议等条款，以促进国际经济合作的正常进行。

外国企业同中国企业在经济特区的经济合作，受到中国所参加的有关国际条约或双边、多边协定的保护。中国法律明确规定，如果中国的国内立法，同中国所参加或签订的国际条约或协定有抵触时，除中国声明保留的条款外，适用国际条约或协定。

国际多边条约或协定：中国于1984年12月19日向世界知识产权组织提出申请加入了《保护工业产权巴黎公约》。1985年3月19日《商标注册马德里协定》对中国生效。这就使中国的技术市场，包括经济特区的技术市场，向这两个公约的其他成员国的企业和公民开放。公约成员国的企业或公民，在经济特区要求申请专利和优先权，可以受到同中国公民一样的待遇。中国还于1988年1月1日和1986年4月分别参加了《联合国国际货物销售合同公约》和《多边投资担保机构公约》。1984年中国加入了《国际纺织品贸易协议》。1980年加入《国际货币基金协定》。1980年中华人民共和国恢复在世界银行的席位，《国际开发协会协定》对中国也生效。

中国和外国的双边协定：到1991年年底，中国已经同日本、美国、英国、德国、法国、意大利、马来西亚、新加坡、泰国、澳大利亚、新西兰等31个国家签订了双边投资保护协定。这些国家的企业在中国经济特区投资，受到这些协定的保护。中国还同日本、美国、英国、法国、新加坡、泰国、科威特、奥地利等32个国家签订了避免双重征税的双边协定。

中国政府对国际多边和双边条约或协定的信守，是享有盛誉的。中国在对外经济合作和技术交流中一直坚持遵守合同，重视参照国际惯例处理双边或多边的经济关系。在中国经济特区，对有些法律尚没有规定的情况，

按照中国有关法律规定，可以在双方确认的条件下，参照国际上通行的惯例办理。

第二节 涉外经济司法和法律服务

一、为外商提供法律服务

境外客商到经济特区进行投资，从签订有关合同，批准设立企业，到办理法人登记及正式开业之后，要遇到许多法律事务。对这些法律事务，外商可以自己办理，也可以委托中国有关法律服务机构协助办理。中国从创办经济特区之初，就非常重视律师及公证机构对外商投资企业提供法律服务方面的作用。

（一）涉外公证服务。在中国，公证是指国家公证机关根据当事人的自愿申请，依法证明法律行为、有法律意义的文书和事件的真实性、合法性的确认活动。在涉外经济活动中，根据国际上的习惯做法，许多活动是需要通过公证的。

经济特区的公证处是从 1980 年开始逐步建立的，从事的涉外公证业务，大致包括涉外经济合同、房产买卖、合同转让、抵押、租赁、委托书、设备、场地、抵押贷款等，同时，也为承包工程、涉外经济贸易活动中使用的文书，为涉外经济诉讼中使用的证据等文书和事实提供公证服务。

到 1990 年，经济特区公证机构的设置情况如下：深圳特区有公证处 5 个，珠海特区有公证处 3 个，汕头特区的公证业务由汕头市的公证处承担，厦门特区有公证处 8 个，海南特区有公证处 23 个。

为了适应客观形势的变化和要求，1990 年 12 月 13 日至 16 日，司法部和中国公证员协会在深圳联合召开了全国公证制度研讨会，会议集中讨论了公证制度与实体法、程序法的关系，公证效力及其法律保障，国家证明权的统一行使等问题，以求进一步健全和完善中国公证制度。

（二）律师的涉外法律服务。1980 年，全国人大常委会第十五次会议通过了《中华人民共和国律师暂行条例》，正式从法律上确认了律师制度。

各经济特区在举办之初，都设立了法律顾问处。其后，深圳在全国率先使用律师事务所这个名称。在初期，律师事务所都具有综合性的特点，不仅办理涉外经济案件，也办理民事、刑事及其他经济案件，所提供的法律服务项目也比较单一。随着涉外经济关系的发展，各经济特区逐步设立了一些专门办理涉外经济法律事务的律师事务所。比如，对外经济律师事务所，经济贸易律师事务所、金融房地产律师事务所等。

律师所提供的涉外法律服务是相当广泛的，从外商投资企业的设立到解散过程中发生的各类法律问题都可以提供帮助。比如，对外商投资进行法律政策上的可行性分析；参加合作、合资的磋商谈判；为外商办理申报项目、申请营业执照、税务登记、注册商标等非诉讼性法律事务；草拟或审查有关经济合作、合资的合同文本等法律文书；担任外商投资企业的常年法律顾问；代理参加有关经济诉讼等。在经济特区投资的外商，如果在特区之外的中国其他地区发生了经济纠纷，可以聘请特区的律师，也可以聘请中国其他地区的律师，为其办理有关法律事务。为了减少诉讼及正确处理纠纷，1988年深圳特区创办了经济合同纠纷调解中心。

随着中国涉外法律服务的发展，中国的律师队伍也迅速扩大。到1989年年底，全国有律师事务所3644个，执业律师达3.4万多人。广东省现有律师事务所244个，律师3264人，其中专职2085人，兼职595人，特邀584人。在各经济特区，深圳有各类律师事务所12个，执业律师216人（其中专职163人，兼职49人，特邀7人）；珠海有律师事务所6个，执业律师65人（其中专职51人，兼职7人，特邀7人）；汕头有律师事务所1个，执业律师7人（均专职）。福建省现有律师事务所132个，执业律师1180人；其中厦门特区有律师事务所11个，执业律师123人。海南省有律师事务所33个，执业律师195人。

经济特区的律师以及其他地区的律师，从长期所提供的大量法律服务看，他们能够严格依法办事，无论对中方当事人，还是外方当事人，都能持公正立场，为当事人提供法律帮助，受到外商的普遍欢迎。

经济特区为了更为符合国际惯例，在律师制度方面也进行了改革。比如在深圳特区，在一定条件下允许开办试验性的私人或合作性质的民间律师事务所；还授予一些律师以公证员资格，使其担负公证的职能。深圳的律师事务所还同香港的一些律师机构签订合作协议,建立业务协作和联系。同时,也加紧培训既懂法律、又懂经济和外语的律师,以适应涉外经济的发展。这些措施,无疑会使特区的涉外法律服务工作更加健全。与台湾律师同行探讨两岸律师合作可能性的问题也正在进行中。

二、涉外诉讼和仲裁服务

外商在经济特区投资设厂的合法权益,受中国法律、法规的保护。

按照中国法律规定,涉外经济纠纷一般的处理和解决方式,有协商调解、仲裁和诉讼三种。各特区依据这种方式解决了大量的经济案件,有效地保护合法,打击违法,维护了特区涉外经济秩序。

(一)涉外司法审判。根据中国有关程序法的规定,涉外经济案件的第一审由中级人民法院受理,第二审(即上诉审)分别由经济特区所在省(即广东、福建、海南省)的高级人民法院受理。

根据中国涉外仲裁的管辖规定,涉外经济争议的双方在没有仲裁协议的情况下,任何一方都可以向特区人民法院起诉。外方当事人可以自己参加诉讼,也可以委托代理诉讼。法院秉公依法审理外国人、无国籍人、外国企业和组织在人民法院的起诉、应诉。需要委托律师代理诉讼的,必须委托中华人民共和国的律师。不住在中国的外国人起诉、应诉者若要委托中国律师或其他人代理诉讼,其委托书须经规定程序认证后才能认可。

为了保证不在中国的外国当事人及时应诉,对诉讼文书的送达时间,在《中华人民共和国民事诉讼法》中有专门规定。中国还同一些国家和地区签订有司法协助协定。比如,中国同法国签订了民事、商事司法协定。根据协定,双方将在转递和送达司法文书、代为调查取证、相互承认和执行对方法院裁决等方面进行合作。中国同其他一些国家也有类似协议。1986年8月,最高人民法院、外交部、司法部曾联合发出《关于我国法院和外国法院通过司法途径相互委托送达法律文书若干问题的通知》。在审判实践中,只要争议的当事人向经济特区法院起诉,经济特区法院就会积极受理,尽力维护当事人的合法权益。

经济特区十分重视行政诉讼部门维护法制的作用,因为与外商有关的许多经营管理问题,都是由这些行政部门处理的。为了防止行政行为侵犯外商的经营自主权和合法权益,有必要加以监督。为此,在经济特区各级人民法院内,普遍设立了行政审判庭;在法院之外,建立了经济合同、劳动争议、商标、专利争议的专门处理机构,裁决有关争议。

在上海、青岛、天津、广州、大连、厦门、海口等城市,还设立有海事法院,专门处理海事、海商的纠纷。1989 年,全国海事法院受理的海事、海商案件有 725 件。外商有关海事方面的纠纷,也可以通过海事法院裁决。

(二)涉外仲裁。通过仲裁方式解决国际商务纠纷,是国际上的普遍做法。外商在经济特区的投资中发生的经济纠纷案件,可以在中国的涉外仲裁机构解决。一般来说,涉外经济仲裁较比涉外司法审判程序更简便易行,节时省力,费用较少,当事人有较大的选择余地。

中国先后在 1956 年和 1958 年,在中国国际贸易促进委员会(简称贸促会)内,设立了对外经济贸易仲裁委员会和海事仲裁委员会,分别受理有关对外贸易合同和交易中所发生的争议和海事、海商争议。为了扩大受理范围,1980 年将对外贸易仲裁委员会改为对外经济贸易仲裁委员会。使外商在华投资及其他活动中发生的争议,都可以在中国仲裁解决。1984 年该仲裁委员会在深圳设立分支机构,还聘请港澳法律界、工商界人士担任特邀仲裁员。

新颁布的《民事诉讼法》第二十八章,对涉外仲裁有专门规定,如在何种情况可予仲裁;裁决之后在哪些情形下,裁决不予执行;在何种情况下仲裁申请可以提交何级何地人民法院予以裁定或执行,以至起诉等等。

中国的涉外仲裁机构已是世界上重要的国际仲裁机构之一。外商在经济特区投资及从事其他经济贸易如发生纠纷,可申请中国的涉外经济仲裁机构予以仲裁解决。

中国的涉外经济仲裁坚持以事实为根据,以法律为准绳的原则,解决经济纠纷案件,特别是注重参照国际惯例。比如,在适用法律上,尊重当事人事先对法律的选定,如果当事人没有选定的,则适用与合同有密切联系的国家法律。适用中国法律时,如果中国法律与中国缔结或参加的国际条约规定不一致时,适用该国际条约的规定;涉外经济合同争议的当事人有书面协议提交仲裁机构仲裁的,人民法院不得受理;涉外仲裁为终局裁决,裁决后当事人不得向法院起诉等。

中国的涉外仲裁还十分重视调解工作,强调采用调解与仲裁相结合的方法解决纠纷。在实践中,还创造了联合调解的方式,即由涉外经济纠纷的当事人向各自本国的仲裁机构提交仲裁申请,由双方仲裁机构各派人数相近的仲裁员作为调解员,共同进行调解,如果调解成功,则按调解协议办,如果调解不成,就按仲裁条款进行仲裁,这种办法取得了较好的效果。

中国涉外经济仲裁机构还同其他国家和国际仲裁机构建立了良好的关系。同日本、法国等国的仲裁机构订立了双边仲裁合作协议,派人担任国际商事仲裁委员会委员,香港国际仲裁中心、波兰对外贸易商会仲裁院、澳大利亚国际商事仲裁中心、伦敦国际仲裁院的仲裁员。1987年年初,中国加入了《联合国承认与执行外国仲裁裁决公约》。在缔约国范围内,外国仲裁机构的裁决,可以由中国法院强制执行;中国仲裁机构的裁决也可以由外国法院强制执行,从而使中国的涉外经济仲裁更具有国际影响。

在中国进行仲裁费用也是比较低的,申诉人在申请仲裁时,只须预付争议金额 0.5% 的仲裁手续费。这笔预付金在仲裁之后根据双方承担责任的情况确定一定的仲裁费,多退少补。而且仲裁委员会最后收取的手续费金额,最高不得超过争议金额的 1%。

(三)对外商投资企业的依法监督和管理。根据在经济特区适用的有关法律,经济特区的外商投资企业依法享有经营自主权。它们可根据市场需要以及自身条件,制定本企业的发展计划和生产经营活动的规则,确定企业的销售额、产品的数量和品种;依法决定出口销售价和内销出厂价;建立适合本企业的财务管理制度;自行招聘、选择和任命工作人员;可依照有关规定调动、解聘、解雇或辞退职工;有权直接从国外或在国内市场购买机器设备、原材料和燃料等;在分配上,外商投资企业依法自主决定积累和消费资金的分配比例，决定企业职工的工资标准和工资形式。

同时，中国法律明文规定，外国企业和外商投资企业必须遵守中华人民共和国法律。有关法律还规定：1. 外商投资者应当依合同履约出资；企业的设立、合并、转让和其他重要事项的变更，应报原审批机关批准；雇用中国职工应依法签订合同，保证职工在安全、卫生条件下进行工作；对妇女实行特殊保健；需为本企业工会活动提供必要条件；企业解散应及时公告并按法定程序进行清算；不得以非法手段获取非法利润。2. 外商投资企业应在中国境内设置会计账簿并按规定报送会计报表，依法缴纳各种税款和其他费用。3. 外商投资企业需接受海关、税务部门、工商行政管理部门、劳动部门等的监督检查。

第三节　进一步完善特区经济法制环境

一、逐步健全和完善特区经济法制

经济特区是改革开放的"排头兵"。经济特区的经济法制建设特别是涉外经济法制建设，在全国具有先行性。它通过探索和实践，经历了由粗到细、由暂行到逐步成熟和完善的过程，为沿海开放地区乃至全国的涉外经济立法提供了有益的经验。特区现行的许多单行经济法规，如《经济特区涉外经济合同规定》《深圳经济特区技术引进暂行规定》《深圳经济特区土地管理条例》，都是在全国同类涉外法制之前制定的。由广东省人大常委会先行规定和实施的《涉外经济合同法》《技术引进合同管理条件》《城镇国有土地使用权出让和转让暂行条例》，都为后来国家制定类似法规时所参考。加强经济特区的经济法制建设，不但是特区发展所必需，对全国也有重要的意义。但是，特区经济立法涉及面广，政策性强，任务繁重，加之没有现成的经验，遇到的问题几乎都是全新的，必须从实际出发，边摸索、边总结、边立法、再不断修订。这个过程是总结经验、深化认识的过程。特区涉外的立法，既要有长远规划，也要有短期安排，使经济法制建设不断发展、完善。

从特区涉外经济法法制建设需要来看，对外贸易法、海商法、劳动法、公司法、消费者权益保护法、跨国公司投资法等都是不可缺少的。但这些法律、法规属于全国性立法，需由国家法制工作部门抓紧研究制定。

二、特区涉外经济法制建设要借鉴国际有关法规

今后特区的经济法制建设，要进一步紧紧环绕发展外向型经济这一中心目标来进行。要把特区经济体制改革的经验法规化，以便进一步适应参与国际市场交换和竞争的需要。发达国家或地区在长期的国际经济交往中，形成了许多与国际商业投资活动相适应的法律制度，具有世界通用性。这些法律、法规，可供经济特区参考借鉴。有些法学专家提出，深圳特区宜重点借鉴香港地区对工商企业组织、证券市场、金银票据、交通运输、市政和公用事业、土地房产、海关等方面的经济立法经验，这一建议值得重视。同时，也应注意研究借鉴东南亚新加坡等国家和地区有关的经济立法经验。当然，借鉴绝不是照搬。要从实际出发，筛选吸收其中某些可用的立法技术、法律规范和调整方法等。

三、加强涉外经济法律的执行和监督

在加强经济法制建设中，与完善立法的同时，更要坚持有法必依、执法必严。从某种意义上说，执法守法更难、更重要。各经济特区应把有关法律、法规实施细则尽快制定出来，使之具体有效地执行。为加强执法工作，中国最高人民法院于1990年在一些法院建立了执行机构，开展了全国法院系统执法执纪大检查，取得了好的效果。经济特区在执法上，应坚持实事求是，严格按照中国的法律规定进行公正裁判。同时继续坚持主权原则、对等原则、司法豁免原则，信守与中国缔结或参加的国际条约，参照国际惯例，秉公处理涉外经济民事、海事、行政案件。

四、增强法制观念，普及法律知识

有必要在所有从事涉外经济工作的人员中，进一步普及涉外法律知识。要创办各类培训中心和培训班，或在其他专业的培训中加入涉外经济法律的

课程。同时，还应重视对外商和外方管理人员宣传中国有关法律，使外商了解经济特区的基本法律制度，按中国有关法律规定办事。对特区广大群众也要普及法律常识。只有群众学法、懂法，才有遵法、执法的群众基础。在普及法律常识的同时，注重培养公民的法制观念，建立社会主义的法律文化，做到有法必依，执法必严，违法必究。经济特区一定要进一步健全、完善法制环境，依法治区，促进外向型经济的进一步发展和社会的全面进步。

第七章
经济实力迅速增长

经济特区创办 10 多年来，社会生产力迅速发展，以工业为主体的经济实力持续增长，人民生活显著改善，取得举世瞩目的成就。这是中国实行改革开放的一项重要成果，反映了举办经济特区的方针是正确的和成功的。

第一节 十年巨变

从新中国成立到 70 年代末，由于特定的历史条件和国际环境的因素，加上受到台湾海峡两岸长期对峙的影响，广东、福建一带的社会生产力和国民经济发展是比较缓慢的。1979 年，深圳、珠海、汕头、厦门经济特区举办起步时，经济技术基础非常薄弱。

1979 年的深圳，即宝安县的县城深圳镇，只有 20 多家作坊式的小工厂，唯一的一家机械化程度稍高的小化肥厂，还是个亏损企业。全县的工业产值只有 6061 万元，农业产值只有 1.14 亿元，农村人均年收入仅 150 多元。由于经济落后，群众生活水平很低，多年来，大批人员外流香港和海外其他地区。

珠海市的前身珠海县，是 1953 年由中山县分出来的一个县，经济以农渔业为主，1979 年，工业产值仅有 6132 万元，农业产值 6600 多万元（不含当时尚未划入珠海市管辖的斗门县）。

汕头市和厦门市，历史上曾是中国东南沿海有些名气的港口城市，但从 50 年代到 70 年代，两市因地处海防前线，建设发展受到客观条件的制约。1979 年，厦门全市的工业产值仅 8.05 亿元，农业产值 1.85 亿元。厦门经济特区起步建设的湖里工业区，是一片山坡。汕头市划定建设特区的龙湖，还是一片沙滩。

兴办经济特区，使深圳、珠海、汕头、厦门的经济发展揭开了新的一页。尽管四个经济特区原有的条件不尽相同，起步建设的时间有先有后，但经过十年的艰苦努力，经济面貌都发生了巨大的变化。

一、工农业生产高速发展

工业方面，四个特区努力发展以工业为主、工贸结合的外向型经济，取得了显著成果。到1990年年底，四个特区共建立了十多个现代化的工业区，已投产的工业企业5000多家，形成了包括电子、机械、纺织、轻工、家用电器、服装、食品饮料、饲料、家具制造、印刷、石油化工、医药、建材、电力、工艺品等30多个工业生产行业。1990年，四个特区按1980年不变价格计算的工业产值达到296.2亿元，比1980年的11.2亿元增长了25倍多。其中深圳的工业产值达167.6亿元，等于1980年工业产值的158倍；厦门的工业产值达68.16亿元，等于1980年的7倍多。

农业方面，4个特区坚持以满足特区城市人民生活需要和扩大出口创汇为目标，发展迅速。蔬菜、水果、水产、畜禽蛋等产品产量大幅度提高，不仅满足了特区人口迅速增加的需要，而且出口量日益扩大。1980年，四个经济特区的农业产值3.41亿元，1990年发展到9.34亿元，为1980年的2.7倍多。农业生产的集约化现代化水平大为提高。

二、第三产业兴旺发达

四个经济特区在高速度发展工农业的同时，努力发展商业、旅游业、房地产业、金融业等第三产业，既搞活了经济，又为外商提供了良好的投资环境。以深圳为例，1980年到1990年的11年间，社会商品零售总额由1.29亿元发展到68.39亿元，增长了52倍。商业饮食服务行业网点，由1140个发展到2.6万多个，增加了21.8倍；从业人员从1.04万人发展到12.81万人，增加了11倍多。年旅游外汇收入由约100万元外汇人民币，增加到9.96亿元外汇人民币。房地产业、金融业从无到有，队伍不断壮大，业务量迅速增加。

三、经济实力持续增强

在社会生产力迅速发展和第三产业繁荣兴旺的基础上,特区的经济实力持续增强。1980年,深圳、厦门两个经济特区合计国内生产总值为9.18亿元,国民收入为8.14亿元,1990年分别增长到167.2亿元和122.15亿元。1990年与1980年相比,这两个特区的国内生产总值增长17.2倍,国民收入增长14倍。在发展经济的同时,各特区努力开源节流,加强聚财工作,1990年,深圳、珠海、汕头、厦门四个特区财政收入共37.93亿元,比1980年增长15.6倍。

在特区的财政收入中,税收占很大的比重。随着特区工农业生产的高速增长,市场繁荣,部分企业所得税减免陆续到期并开始征税,带来了税收收入的增加;外贸的迅速发展,海关代征进口工商税也大幅度增加;随着工资等项收入的增加,个人收入调节税、工资调节税也逐年增长。如深圳1979年财政收入仅为3559万元,其中工商等各项税收1594万元,占46%。1989年各项税收16.87亿元,接近于财政收入的90%。厦门在1981年,全市财政收入1.95亿元,其中税收1.38亿元,占70%;1988年全市财政收入增加到6.27亿元,其中税收达5.27亿元,占84%。由于生财聚财能力的增强,不仅为特区的经济建设提供了有力的保证,也为实施各项改革提供了较大的承受能力。

四、人民生活水平显著提高

深圳、珠海、汕头、厦门4个特区,随着国民经济和各项社会事业的蓬勃发展,人民生活水平得到显著提高。从这四个特区的以下一些综合数字,可以看出其概貌:职工平均年工资收入,1980年大致都为八、九百元,1990年厦门增至3100多元,汕头增至3700多元,珠海增至3600多元,深圳增至4300多元。农村人均年收入,1980年一般为150元上下,1990年增至1500元以上。城市居民储蓄存款,1980年仅1.69亿元,1990年增至80.74亿元,增长46.7倍。教育事业,除小学教育大普及并提高了教学质量以外,中等、高等教育有了较大发展，普通中学、中等专业学校和高等学校由 1980 年的 80 所增加到 1990 年的 203 所。关系人民健康的卫生事业，面貌为之一新，1990 年医院病床达到近 1 万张，比 1980 年增长 1 倍多。城乡人均住房、人均车辆、人均电话、人均城市绿化面积、户均拥有彩色电视机等，反映公共消费和生活质量水平的指标在全国居于前列。

海南经济特区原有经济基础十分薄弱。1988 年建省办特区后，使海南经济和社会面貌出现新变化。电力、交通、通讯等基础设施建设有了较大发展。通过外引内联，提高了海南工业技术水平和实力。1990 年工业产值 28.89 亿元，比办特区前的 1987 年增长 67.4%。农业结构不断得到调整，热带经济作物有了进一步发展。1990 年农业产值 29.94 亿元，比 1987 年增长 13.5%，1990 年国内生产总值、国民收入分别比 1987 年增长 70.2% 和 67.3%。

第二节　高速增长的工业

工业的高速增长，是特区过去 10 年发展中最引人瞩目的成就，也是带动整个经济发展的重要因素。

一、发展进程

深圳、珠海、汕头、厦门四个经济特区举办之初，中共中央、国务院就确立了特区的经济发展要以工业为主的战略方针。这是因为国家举办经济特区的主旨，是使之成为对外开放的窗口和基地，发挥对内对外辐射的作用。这四个特区地缘优势虽好，但经济技术基础落后，不改变原来的落后面貌，积累一定的经济实力，就难以发挥上述的作用。而要把经济迅速搞上去，关键在于工业的发展，发达的工业是现代经济建设的主要支柱，有了一定规模和水平的工业。才能推动其他各业的发展，才能为出口创汇开辟重要货源，才能有引进先进技术和科学管理经验的载体。1986 年 1 月，国务院召开的全国经济特区工作会议，明确提出特区应努力发展以工业为主、工贸结合的外向型经济，要求特区的产业结构应以具有先进技术水平的工业为主。各特区在过去十年多的进程中，始终把发展工业放在重要位置上。

表7 深圳、珠海、汕头、厦门特区经济发展情况（1980—1990年）

项　目	单　位	1980年	1981年	1982年	1983年	1984年	1985年	1986年	1987年	1988年	1989年	1990年
工农业总产值（1980年价）	万元	146461	176214	201599	278121	429388	617076	761193	1148170	1777042	2269730	3055116
工业产值	万元	112382	139828	162577	224934	373353	556573	696928	1076814	1697491	2183139	2961671
农业产值	万元	34079	36386	39022	53187	56035	60503	64265	71356	79551	86591	93445
社会商品零售总额	万元	69983	87758	119878	219851	366874	500728	516087	603329	924027	1012533	1227956
货运量	万吨	551.93	565.71	615.23	857.62	981.38	2526.10	1895.20	2368.38	2874.64	3811.46	4074.95
港口吞吐量	万吨	241.68	282.15	331.34	496.95	604.90	842.18	797.36	1092.19	1438.66	1716.62	2118.26
接待过夜境外游客	万人	9.74	15.28	22.11	74.02	109.68	116.65	117.51	137.69	159.10	140.19	210.04
旅游外汇收入（外汇券）	万元	282	960	1922	17880	44450	38695	58429	71924	92978	87718	176195
全社会固定资产投资	万元	29716	53382	115404	160248	303007	558460	445464	507985	724494	789693	944182
年末银行存款余额	亿元	6.11	9.69	11.78	20.12	58.52	52.89	76.95	95.24	140.92	175.67	240.98
年末银行贷款余额	亿元	6.60	9.77	13.32	25.11	76.90	94.08	122.29	155.26	208.49	240.96	304.12
财政收入	万元	22896	32439	35557	48375	78399	136904	142103	165087	243951	344575	379274
财政支出	万元	11027	18790	22526	35125	61989	119642	131498	137583	214859	315488	362114
城乡居民储蓄额	亿元	1.69	2.49	3.26	4.86	9.01	13.40	19.61	33.10	49.28	54.32	80.74

特区建立初期，投资环境尚待完善，发展工业主要引进一些投资少、见效快的小型项目，而且很多是对外加工装配项目。从1983年起，随着投资环境逐步创立，外商投资和内联企业在特区兴办工业项目开始增加。到1985年，深圳、珠海、汕头、厦门4个特区工业企业的总数已达到近2000个，工业产值达到55.66亿元，比1980年增长近4倍。在引进先进技术和科学管理方法，增长与国际市场打交道的经验，培养国际竞争意识和锻炼人才队伍等方面，也取得了进展，深圳蛇口工业区和汕头经济特区，工业产品出口率达到70%以上。

从1986年起，特区的工作重点转向"抓生产、上水平、求效益"，发展外向型经济方面。工业生产在扩大出口的带动下呈现大幅度增长的态势。1988年，深圳、珠海、汕头、厦门经济特区工业基建投资为22.2亿元，工业就业人数38.4万人，工业企业数达到4800多个，分别比1985年增长111.4%、93.9%和140%。投入的增加，换来了产出的增长。这四个特区的工业产值，1987年就突破100亿元，1988年达到169亿多元，1989年超过218亿元，1990年达到296亿多元，比1985年增长4.3倍。

在上述四个特区的工业中，深圳占有的比重最大。1990年深圳工业产值167.6亿元，占当年4个特区工业总产值的56.6%，发展规模处于领先地位，其发展经验也具有代表性。

二、主要特点

（一）以出口为导向。经济特区在发展工业中，坚持以出口为导向。特区企业致力于按照国际市场的需要和国际技术标准、质量标准组织生产，并实行现代化的经营管理，增强竞争能力，开拓国际市场，促进了特区工业素质的提高，推动了外贸出口的迅速增长。深圳特区1990年工业产品出口产值达102.6亿元，占工业产值的63.6%。全市33个工业行业中，有28个行业生产出口产品。出口产值占行业产值比重在60%以上的有纺织、服装、电子等11个行业，其中服装业出口产值比重达94.4%，纺织行业达94.3%。珠海特区1986年引进的44个重点工业项目中，产品70%以上外销的有40个。汕头特区无论是外商投资企业，还是内联或自办的工业企业，都把产品的主要市场放在国外，1989年工业产品出口额达到2.71亿美元，占工业产值的72%以上。中国虽然地大物博，但人口众多，人均占有的资源并不丰富，特区按照中央的方针，在充分利用国外资源加工出口方面狠下功夫，逐步形成"进料—加工增值—出口"为主的外向型工业发展模式。这既促进了特区进出口贸易的扩大，也在原材料供应和市场销售两个方面，为内地工业的振兴提供了条件。

（二）产品具有"轻、小、精、新"的特色。经济特区的地域范围相对较小，又都处于能源蕴藏较少的中国南部，重工业的发展受到限制。各特区从这一实际出发，在发展工业中致力于"轻、小、精、新"。轻，即着重发展投资少、耗能低、污染小的轻型工业。1990年轻工业产值占工业产值的比例，深圳为75%，珠海为66%，汕头为91%，厦门为68%。小，即企业规模以小型和中型为主，使之便于根据国际市场变化及时调整产品品种，收到"船小好掉头"之利。精，即讲求质量、品种、花色、包装装潢，使之精良美观，提高外销竞争力。新，即瞄准国际市场需求，把引进国外先进技术和国内科研成果结合起来，开发新产品，改造传统产品，使其增加新品种、改换新款式、增添新功能。特区在电子、纺织、服装、食品、塑料、医药、小型机电设备和仪器仪表等行业中，已涌现一批饮誉国内外的产品。

（三）从劳动密集型逐步向技术密集型过渡。在过去十年多的时间里，特区的工业基本上以劳动密集型为主，同时又展现出逐步向技术密集型过渡的趋势。从1986年起，特区加强了对工业投资项目的宏观管理，对引进项目进行严格筛选，引进了一批技术水平先进，能够提高特区工业技术结构水平，填补国内产品和技术空白的项目。例如深圳与荷兰菲利浦公司合营的先科公司，引进激光电视放送机的整套生产设备和技术；蛇口南方玻璃有限公司，从美国引进LB宽流槽浮法玻璃工艺设备和生产技术；汕头经济特区与哈尔滨有关科研机构合办的鮀滨制药厂，引进抗癌药物生产线；厦门引进的卫星导航设备生产技术等，都具有较高技术水平。特区还充分依托内地的科技实力，发展适应特区环境条件的高技术产业。1985年，深圳特区与中国科学院合作，设立了旨在促进高技术产品开发的科技工业园。到1989年年底，国内已成立各种类型科研生产企业69家，有天然红曲色素、高分子功能记忆部件、铝合金熔炼添加剂等一批高技术产品问世。1989年，深圳蛇口安科公司研制成功的"APS-015核磁共振成像系统"，经国家科委、国家医药局和中国科学院联合主持鉴定，认为这一产品属于中国电子医疗设备在高技术领域内的一项重要突破。

第三节　欣欣向荣的第三产业

第三产业的相对发达，是特区经济的一个显著特点。1988年，第三产业在国民生产总值中的比重，深圳特区已达46.9%，珠海特区为41%，高于或接近于国内第三产业比重较大的广州市46.7%的水平；厦门、海南特区和汕头市（包括非特区部分）分别为33%、29.3%和27%。经济特区的第三产业，是特区国民经济的重要组成部分，也是特区投资环境的一个重要组成部分。它的主要行业有房地产业、商业、金融业、旅游业、咨询服务业等。

一、房地产业

特区的房地产业，是与基础设施和市政建设一同发展起来的，在特区经济发展中发挥着重要的作用。

在改革开放以前的传统经济体制下，建筑产品不被看作商品，建筑业作为施工单位附属于基本建设。从1980年起，根据发展涉外房地产的需要，深圳特区首先成立了经营房地产业的市属国营企业——市房地产开发公司，负责涉外房地产的建造、经营和销售。从此，建筑产品作为商品进入特区市场，特区的房地产业由此诞生。

深圳、珠海特区进行大规模土地开发和基础设施建设，加上受到毗邻的香港、澳门的影响，促进了房地产业的迅速发展。到1984年，深圳特区各类房地产公司已对国外和国内的客户出售和出租了商品住宅94万平方米，写字楼4万多平方米，商场5万余平方米，干货仓、冷库2.5万平方米，工业厂房36万平方米。随着多家房地产公司的成立，特区房地产业形成了在竞争中发展的格局。1990年深圳市有房地产开发公司103家,其建造和经营的范围从商品住宅扩展到厂房、仓库、商场、办公楼和港口码头、公路、隧道等方面。

从1988年1月3日颁布《深圳经济特区土地管理条例》起,特区在全国率先建立了以土地使用权有偿转让为主要内容的土地租赁市场。土地使用权作为商品进入流通领域,根本改变了以往土地无代价、无限期使用、由行政分配和划拨的办法。从1988年9月到1990年年底,深圳特区政府采用协议、招标、拍卖三种方式有偿出让土地使用权320幅,面积共664.12万平方米,其中,以协议出让618.8万平方米,占出让总面积的96%;以招标出让23.6万平方米,占出让总面积的3.7%;以拍卖出让1.75万平方米,占出让总面积的0.26%。收取的土地出让金,相当于1980年到1987年土地使用费收入的十多倍,有力地支持了特区建设。

同时,各特区还实施住房制度改革,实行住宅商品化。1987年深圳市成立房屋交易所,为各用房单位和个人提供房屋的转让、出租服务。

对于特区房地产业和房地产市场发展中出现的问题,特区政府及时进行了治理整顿。如1988年,深圳市政府先后就房地产市场管理、土地房屋登记发证、协议出让土地使用权办理程序等方面,制定了有关的管理条例;公布了当年出让土地使用权情况,审查、清理了房地产公司的经营资格和数目;对垄断和浪费土地的企业进行了惩处。这对保证房地产业和房地产市场的健康发展,产生了积极的作用。现在,房地产业,包括与之紧密相关的建筑业,在特区经济发展中已成为支柱产业。以深圳特区为例,到1990年年底,累计完成商品房投资95.5亿元,商品房累计竣工面积1380.6万平方米,占全市房屋竣工总面积的64.15%,已出售的商品房885.1万平方米,销售收入69.8亿元,利润总额为15.1亿元,销售利润率为21.61%,深圳已成为全国建筑产品商品化程度最高的地区。

二、商业和饮食服务业

特区从建立起,基建、生产和生活所需物资、商品的供销和储运,大部分都要通过市场过程来实现。因此,活跃市场,促进市场的发育,发展各种类型和各个层次的商业流通组织，显得格外重要。特区首先改革了物资系统对基建材料的长期独家经营，继而在行政管理监督之下，鼓励物资、商业、饮食服务行业多层次发展，多家竞争。同时向外地商品、物资敞开市场大门，鼓励外省市商业部门到特区开"窗口"、办企业和展销名优商品。并在国家政策的统一指导下，发挥特区的优势，大力发展进出口业务，使国内商业和进出口贸易互相促进，发挥特区作为联接国内外市场的枢纽功能。

在商业体制方面，特区建立后，大力改革商品流通体制，坚持以国营商业为主体，多种经济成分并存的方针。在壮大国营商业方面，各特区先后组建了一批商业集团公司，这些公司都是经济实体，下设各种独立核算的分公司、商场（店），实行自主经营，全面推行承包责任制。在坚持国营商业为主的同时，大力发展集体商业和个体零售商业。在特区商业、饮食服务业中，有许多是街道办事处、居委会等单位创办的集体企业。这些集体企业努力吸取先进的管理方法，提高服务质量，不断扩大经营范围，发展新的服务项目，增强了在同行业中的竞争力。还以中外合资、合作经营形式，陆续建起了一大批中型的装饰新颖、设备一流、服务水平高的宾馆、酒店。特区还吸引了内地的专业贩运户到特区销售农副产品，农贸市场十分活跃。各特区通过集资、贷款和政府投资等形式，逐步兴建新的商业网点和批发、零售市场，不仅方便了特区居民的生活，而且还吸引了大批港澳同胞过境购物。

经过十年多的努力，特区的商业得到了迅速的发展。1990年，深圳、珠海、汕头、厦门四个特区社会商品零售总额比1980年增长16倍半，达到122.8亿元。其中深圳商业和饮食服务业的发展，最具有典型性。（详见表8）

深圳特区1989年国民收入总额72.2亿元，为1980年2.2亿元的32倍多，同期人口增长为5倍多。从表8中可以看到，商业活动的各项指标增长倍数，都大大超过人口增长倍数；商品购销总额增长倍数明显超出国民收入增长倍数；直接进出口总额又超出商品购销总额的增长倍数，这显示了深圳商业的繁荣及其在沟通国内外市场中的作用。

深圳特区商业发展概况

表8

项 目	单 位	1980年	1989年	1989年为1980年倍数
1. 社会商品零售总额	亿元	2.1	54.5	25.9
2. 商品购进总额	亿元	2.2	168.2	76.4
其中直接进口总额	亿元	0.2	32.0	160
3. 商品销售总额	亿元	2.5	159.4	63.7
其中直接出口总额	亿元	0.2	27.9	139.5
4. 全市商业机构数	个	1212	14150	11.67
5. 全市商业从业人员	人	3798	67176	17.7
6. 全市饮食业机构数	个	95	1745	18.3
7. 全市饮食业从业人员	人	997	19938	20
8. 全市服务业机构	个	49	3010	61.4
9. 全市服务业从业人员	人	709	15985	22.5

注：表中第2、3两项统计范围为全民所有制企业的数字。

三、金融业

适应经济发展的需要，特区的金融业过去10多年来获得了迅速的发展。从1982年起，特区的国家专业银行设在特区的分行实行企业化，打破条块分割，实行业务交叉和展开竞争。银行随着业务的发展，贷款规模的不断扩大，普遍增加了分支机构和营业网点，逐步形成了一个以中国人民银行分行为领导，国营专业银行分行为主体，多层次、多种类金融机构并存的特区金融体系。深圳1985年金融营业机构已达200多处，从业人员3100多人。此外，加入金融业竞争领域的，还包括非银行金融机构。到1989年，金融网点增加到530个，从业人数达8400多人，主要金融机构包括国家专业银行分支机构7家，区域性商业银行3家，非银行金融机构15家，外资银行分行和办事处24家，外资保险公司和中外合资财务公司各1家。珠海市有专业银行6家，外资银行分支机构4家，金融业从业人员3300多人。

特区金融在管理现代化和业务活动国际化方面也取得进展。特区银行部门除了传统的存贷、汇兑和外汇结算之外，还开办了贴现、信托、抵押、保管箱等新的业务种类，增加了企业财务咨询等综合性服务项目。股票发行、证券交易、租赁、外汇调剂、保险等新的金融性交易活动，也在逐步扩大。在经营手段上，先进的电脑化业务日渐普及。通过引进先进的传视系统和自动交易系统，特区的银行每天接收世界数千家银行的各种货币汇率、存贷款利率升降、期货交易行情及国际经济动态等信息，为特区的工商企业和国内外客户提供可靠、便捷的服务。

四、旅游业

旅游业在中国属于年轻的产业。处于对外开放前沿的特区旅游业率先得到发展。

特区的游客来源非常广泛，有观光旅游的海外人士；有商贸旅游的客户，即旅游搭台，商贸唱戏；有在假日离开闹市到特区作休假旅游的港澳人士；也有探亲旅游的海外侨胞。特区一建立，深圳、珠海、厦门就利用当地的山林、水库、海滩、温泉、岛屿等旅游资源，办起了吸引港澳和其他中外游客的旅游服务业。以后随着投资的扩大和外资的参与，特区的旅游设施迅速增加。到1985年，深圳特区先后建成东湖、西丽湖、银湖、香蜜湖、石岩湖和小梅沙、深圳湾、蛇口、溪涌等旅游点和一批旅游宾馆。珠海针对澳门地狭、人密的情况，发挥本区内海湾、山林多，环境优美的优势，积极发展旅游业，集中资金，采取中外合资、合作经营的办法，建造了一批中、高档水平的国际旅游接待设施，除宾馆之外，还有国际高尔夫球场、九洲城购物村等。厦门历来是风景美丽的海上花园，特区建立后，又新建了一批旅游设施。许多宾馆、酒店，不仅能接待旅游度假的游人，还能为国际政治、商贸活动、文化科技交流等提供多种综合性服务。与此同时，特区还开放旅游市场，鼓励多层次、多渠道发展旅游业，综合配套能力有了很快的发展和加强。到1986年，深圳特区的专业旅游机构就发展到29家，拥有中、高档客房8700间，床位2.2万个，开辟了至北京、西安、桂林、厦门、海南、香港、澳门等70多条旅游路线，旅游业从业人员2万多人。

特区的旅游业在弘扬民族风格和中华文化特色方面大力开拓。1988年深圳建造了长安大厦兵马俑展览馆，设立了汇集中国自然、历史、文化、艺术和古建筑精华于一园的"锦绣中华"缩微风景区，人们在这里可以一睹秦朝兵马俑军阵雄伟的遗迹，浏览多姿多彩的中华山川名胜的仿真写照和民族文化的集粹，从而吸引了众多中外游客。

厦门、汕头都是中国重要的旅游风景胜地，也扩大了旅游业方面的投资和建设，跻身于国内旅游热点。1990年，深圳、珠海、汕头、厦门四个特区，接待境外过夜游客210万人次，收入外汇人民币17.6亿元，分别比1980年增长20倍和623倍。海南特区旅游资源更为丰富，建立特区以来，旅游业迅速兴旺起来，1990年的旅游外汇收入比1987年增长2倍多，今后发展潜力巨大。

在特区的第三产业中，信息、技术、劳务、公证、律师、会计等服务行业，适应外向型经济的需要，也正在蓬勃发展。

第四节 向现代化发展的农业

现代化农业是特区经济的一个重要组成部分。特区农业既要满足特区人民生活的需要，又要扩大鲜活农副产品出口。同时，特区农业的现代化，对中国这样一个传统农业大国来说，也是一个有益的试验。特区处于中国南部的亚热带沿海地带，具有发展农业的有利条件。所以，各特区创办初期就着手抓农业，经过十年多的努力，取得了可喜的成绩。

一、从传统农业走向现代化农业

各特区的农业，除海南之外都具有城郊型农业的特点，10多年来的基本走势是：调整生产布局，提高耕作种养技术，改善生产手段，向现代化、集约化、工厂化生产过渡。

在特区成立之初，深圳、珠海、厦门和汕头就从对外开放、建设特区的需要出发，有计划地对农业生产布局和结构进行调整，支持农民发展满足城市生活需要和向港澳市场出口的鲜活农副产品。深圳到1988年已将过去用于种植粮食、油料的耕地面积压缩了20多万亩，增加了近7万亩的蔬菜，近9万亩的鱼塘，4万多亩的水果。厦门市也将100万亩粮食播种面积压缩30%，用以发展蔬菜、水果生产和水产养殖。这些调整，使特区农业由种植业为主、以粮为主，过渡到以养殖业为主、生产鲜活农副产品为主。

在农业内部结构调整的同时，各特区通过吸收外资，扩大内联，增加农业信贷资金等多种方式，加强农业投入。鼓励生产者从国内外引进先进的养殖、栽培技术，引进优良品种和先进的农艺技术装备，按现代农业的要求实行集约化经营。如深圳光明华侨畜牧场，与香港一家公司合作，以"补偿贸易"方式吸收外资3600万港元，并向中国银行贷款350万美元，先后从新西兰、丹麦引进了1600多头良种奶牛，从瑞典引进先进的自动化鱼骨式挤奶器，以及从消毒到包装全封闭式自动化鲜奶加工设备。生产条件大为改善，鲜奶产量大幅度增加，质量达到国际标准，产品在香港深受消费者的喜爱。1982年起，该畜牧场销往香港的瓶装鲜牛奶就占香港同类产品市场销售量的一半以上。

10多年来，各特区通过增加资金投入，在农业集约化、工厂化生产方面进行了不懈的努力。仅深圳市累计投入农业基本建设资金达2.8亿元，通过引进良种良畜、先进种养技术和工艺设备，建设规模较大的畜禽养殖场763个，其中包括万头以上的猪场33个，万只以上的鸡场408个，鸽场17个，500头以上的奶牛场5个；最大的猪场和鸽场饲养量分别达到11.6万头和120万只，还形成了配套的饲料生产能力60万吨。1989年，全市畜牧业产值占农业产值的50.4%。珠海由于农业现代化水平和农业劳动生产率的提高，虽然全市农业人口大批转入工业，但1990年的农业产值仍比1980年成倍增长。

二、出口创汇持续增长

特区在发展外向型经济中，果蔬、禽畜、水产、花卉等农副产品出口创汇持续增长。

汕头特区创办以来，农业的发展即以出口创汇为导向。首先通过引进国外农作物优良品种，进行小面积种植后再推广，1984年首次出口甜玉米等农产品。1985年，又把农业发展联合公司分为农业、水产、土畜产三个公司，推动创汇农业全方位发展。同时，通过引进外资，大力兴办外商投资的农业企业。还实行内外联合,建立以特区专业公司为核心层,以汕头市属县(区)生产企业为外围层,在潮汕广大腹地建立生产基地,形成了种植、养殖、加工、出口"一条龙"的创汇农业体系。这样既扩大了特区创汇农业的实力,又发挥了特区的"窗口"和辐射作用,促进了内地资源的利用开发和农业的发展。1989年汕头特区的农副产品出口创汇达5000万美元,约占全区当年出口创汇总额的17%。其他几个特区的创汇农业也有很大发展。1989年,深圳特区的农副产品出口创汇达11亿多港元,其中仅家禽出口创汇就达3.5亿多港元。珠海的农副产品出口创汇,1989年比1979年增长9.8倍,达6221万美元。

三、深度开发大有希望

各特区在提高现有农田产出效率的同时,根据各自的条件,非常重视农业资源的深度开发,包括农业土地的垦殖、新品种的培育推广、新农艺的应用和新生产领域的开发。

在农业土地的垦殖方面,位于珠江出海口西岸的珠海,利用广阔的海域、滩涂、山地,大力进行了围垦滩涂和开发山坡地的农业开发建设。十年来,在大搞城市建设的同时,共围垦滩涂25万亩,开发荒山坡9.14万亩,两项共增加土地34万多亩,是特区城市建设征用耕地面积的8.5倍。在新开发的土地上,建立起外向型农业商品生产基地188个,扩大了种养业面积,增强了农业发展的后劲。

在农业技术开发方面,发展比较快的是引进国外现代化水产品养殖技术,在沿海滩涂、浅湾发展鱼、虾、蚝、贝等珍稀水产养殖。1979年至1988年,深圳市的淡水池塘养殖面积从4632亩增加到7.53万亩,产量从729.8吨增加到6859.56吨。同期,海水养殖从3.31万亩发展到13.29万亩,产量从2212.7吨增加到2.1万吨。珠海市积极发展海水网箱养鱼,饲养优质鱼种。对这项新技术的推广,市政府给予提供技术和资金方面的帮助支持,从而使网箱的数量从1985年的1000多个,发展到1988年的5000多个。

在新品种开发方面,汕头特区引种的甜玉米,深圳、珠海特区引种的国外花卉，都收到了很好的效益。

特区农业的发展是大有可为的，特别是1988年建立的海南特区，地域广阔，是中国面积最大的湿热带宝地，无论是种植、养殖，还是南药生产，都具有大的潜力。从1990年年初开始，兴建22个总面积达80万亩的农业综合开发试验区，发展具有海南特色的外向型农业。

第五节　几点思考

回顾过去10多年来特区经济和社会迅速发展的丰硕实绩，有几点很值得思考。

一、以工业为主，综合发展

中共中央、国务院为经济特区规定的发展战略，是建立以工业为主，工贸结合，兼营商、农、牧、房地产、旅游等业的外向型的综合性经济。10多年来，各经济特区坚持执行这一方针，取得了社会生产力迅速发展，经济实力持续增强，社会全面进步，人民生活不断改善的显著成就。贯彻落实这一方针的过程，也是认识不断深化的过程。在特区举办之初，有的主张深圳应当以贸为主，着重发展对外贸易、商业、金融、房地产以及旅游业；有的主张珠海应当以旅游业为主。实践证明，上述主张是偏颇的。中国举办经济特区的基本目的，是吸收国外资金、引进先进技术和科学的管理经验，促进全国的社会主义现代化。建立先进的发达的工业，作为国民经济现代化的先导，对发展中国家来说是不能回避的历史任务。实现工业现代化是中国社会主义现代化建设的一项大事。作为全国国民经济有机组成部分的特区经济，当然也必须把发展现代化工业放在经济建设的主导位置上。特别是各经济特区原来的经济技术基础都十分薄弱，如果不发展壮大自己的经济实力，就不能承担向内向外进行经济辐射的任务。要把经济搞上去，必须致力于使工业有个较大的发展。而且，如果特区不以工业为主，吸收外资、引进先进技术就缺少强有力的载体，从而也就难以充分发挥国家赋予的功能和作用。因此，以工业为主，是中国经济特区建设的重大课题。

但是，以工业为主，并不意味着不需要认真抓好第三产业，而且也不意味着所有的特区都要一开始就把发展工业摆在很突出的位置。从深圳、珠海、汕头、厦门四个特区发展进程总体来看，大致上从 1980 年到 1985 年主要是进行基础设施建设，创造举办工业项目的投资环境和生产经营的条件。集中力量发展工业，是在 1986 年以后。从这四个特区的个别情况来看，汕头和厦门两个特区由于有老城市可为依托，一开始就着手上工业项目；在边境小镇和海滨渔村基础上举办的深圳、珠海两个特区，开初几年里对发展商业、饮食服务业、房地产业和旅游业等第三产业，也都很重视。实践证明，这些行业发展了，有利于创造投资环境，改善职工的生活条件，积累建设资金，为以后工业的发展打下必要的基础。

工农业生产力的发展，需要第三产业的相应发展，密切配合，并且贯穿于特区发展的全过程。进入 90 年代，要求特区的工业及现代化的创汇农业进一步发展壮大，也要求特区把第三产业推上更高的发展层次。除了商业、饮食服务业、房地产业、旅游业要在巩固提高的基础上，相应扩大规模以外，也要下大功夫发展为外向型经济服务的外贸、金融、运输等业，发展为科技进步创造条件的信息咨询、技术服务行业。

二、外引内联，优化生产要素组合

"外引得活水，内联增活力"，这是特区对过去十年多来经济迅速发展经验的一个形象化概括，经济特区在其发展中，充分运用国家给予的政策，发挥处于对外开放第一线的优势，通过外引内联，实现了资金、技术、劳动力、原材料、管理经验、市场、信息等生产要素的优化组合，推动了社会生产力的持续大幅度增长和经济的繁荣兴旺。特区的成功实践，就在于把利用国内国外两种资源，开拓国内国际两个市场，学会组织国内建设和开展对外经济活动两套本领这一加速现代化进程的宏观构思，变成了有说服力的生动实绩。这种成功实践，证明了实行对外开放，在自力更生基础上取天下之长为我所用，是建设现代化的富强的社会主义国家的有效途径。这是特区建设的一条基本经验，应当继续运用，不断发展。今后在外引方面，应当适应外向型经济的需要，深化改革，提高干部水平，学会国际化经营，把握参加国际交换和竞争的主动权；在内联方面，要把依托全国和服务全国更紧密地结合起来，发展自身，带动内地，走向世界。

三、推动科技进步，优化产业结构和技术结构

到 80 年代末，特区虽然已经有了些先进技术项目，但是劳动密集型项目仍占较大比重。这是因为发达国家正在转移这类项目是当代世界经济发展的大势，中国劳动力资源丰富、素质较高、劳务费用低廉，而且这类项目投资少、收效快，接纳这类项目可以取得比较利益。特区也是通过这类项目而迅速发展了工业，并带动了整个经济兴旺的。在今后一个时期里，仍不能忽视这类项目的积极作用。但是，不应满足于这个水平，停留在这个发展阶段。在特区工业及农业已经有了一定规模，并且出现了一批先进技术项目的基础上，应当不失时机地由劳动密集型向劳动、技术双密型以至技术、知识密集型转变，由粗加工、低增值向精加工、高增值转变。大力推动科技进步是其中的关键。科学技术是第一生产力，当代国际经济竞争在很大程度上是科技竞争。依靠科技进步，攀登经济发展的新台阶，应当提到特区工作日程的突出位置上。要围绕这个至关紧要的课题，不断深化科技管理体制改革，增加投入，加强外引内联，从三个不同层次作坚持不懈的努力。一是对现在普遍使用的生产工艺，开展群众性的技术革新，收到增产节约的效果；二是对当代的应用技术进行新的开发，使传统产品增加新的品种、花色、款式，提高功能效用；三是有计划地发展高新技术，以牵动经济的更好发展。

四、从全国着眼，突出自身特色

在肯定特区经济发展成就的同时，也要看到存在着产业结构和产品结构大致雷同的缺陷。这种现象存在于特区与全国其他一些地区之间，也存在于各个特区之间。当然，在过去 10 多年的时间里，出现这种现象也难以避免，但是应当加以正视和克服。特区经济是全国社会主义商品经济的组成部分。各特区搞不了"大而全"，也不能搞"小而全"。应当着眼于全国宏观经济全

局，从各自实际出发，形成不同的特色。比如主导产业应当各有侧重，在同一行业里产品结构亦应有所区别，开拓国际市场要有重点分工。在全国对外开放总体布局上，特区与其他开放重点城市之间、各特区之间，都要形成各自发挥不同优势、相辅相成的经济协作关系。这样，可以避免不必要的重复建设和盲目竞争，既有利于各特区的自身的成长壮大，也有利于整个国民经济的协调发展。

第八章
精神文明建设喜见成效

10年来，经济特区在大力建设物质文明的进程中，重视社会主义精神文明建设，坚持"两个文明"一齐抓。把建设社会主义精神文明的基本要求与特区的具体实际密切结合起来，在实践中对若干新课题进行了深入探索。在经济发展取得卓著成就的同时，社会主义精神文明建设也取得了可喜的成果，保证特区沿着社会主义方向前进。

第一节 十分重要的课题

中共中央、国务院在作出举办经济特区的决策时就预见到，经济特区邻近国际市场，经济、技术、商贸、文化、旅游等对外交往活动频繁，现代化建设需要的先进技术、科学管理经验与境外的腐朽价值观念及生活方式将同时俱来，真、善、美与假、恶、丑将同时产生。因此，1979年中共中央、国务院在批准广东、福建两省举办深圳、珠海、汕头、厦门特区的文件中就明确指出：随着对外经济活动的开展，势必带来资本主义思想和资产阶级生活作风的影响，要把工作做到前头，加强思想政治工作，坚持四项基本原则，防止和抵制非无产阶级思想的侵蚀和影响。这就把在政治、思想领域巩固和发展社会主义阵地，作为一个十分重要的课题提到举办特区的日程上。此后，中共中央、国务院在发出的关于特区建设的一系列指示文件中，都反复强调抓好社会主义精神文明建设的特殊重要性。中共中央、国务院的许多领导人在视察特区工作时，都对精神文明建设给以殷切关注，作了许多重要指示。

按照中共中央、国务院的要求，特区的社会主义精神文明建设的重要内容是：

——坚持四项基本原则，保证特区的正确政治方向。举办经济特区，是探索建设有中国特色的社会主义的重要部署。特区在发展外向型经济过程中，要接受新事物，研究新问题，勇于改革创新。但是，中国举办的特区是经济特区，不是政治特区，必须坚持中国共产党的领导，坚持社会主义的政治方向。以经济建设为中心，更要加强思想政治工作。改革开放要以完善社会主义制度为大前提。更新观念必须以马克思列宁主义、毛泽东思想为指导。特区处于对外开放前沿，对西方敌对势力施行和平演变的阴谋必须保持高度警惕，要在扩大国际经济合作和技术交流中，开展反腐蚀斗争，做到"有所引进，有所抵制"，"排污不排外"，使特区沿着健康正确的政治轨道前进。

——深入进行思想政治教育，树立社会主义道德风尚。中华民族一向以勤劳勇敢著称于世，有优良的道德传统。中国共产党倡导的"为人民服务"，是对这种优良传统在新的历史条件下批判地继承和高层次的发展。特区要按照这一要求，采取各种有效形式，进行爱国主义、社会主义的思想政治教育，进行社会主义民主、法制、纪律和职业道德教育，开展"五讲、四美、三热爱"①活动，制订社会性的"守则""公约"，共同遵守，互相监督，树立社会主义的道德风尚。

——发展科学文教事业，提高人民文化素质。科学文教事业，对提高人民的认识能力和思想道德水平具有重要作用，是"两个文明"建设的一项基础工程。特区发展外向型经济，对此提出了更高的要求。要大力发展科学、文化、教育、卫生、体育事业，培养和造就一代具有高度政治觉悟、掌握现代科技知识和专业技能、勇于改革创新的社会主义事业接班人。

——从严治党，搞好党风、党纪。中共中央、国务院一再强调，特区社会主义精神文明建设的关键在于中国共产党组织的党风，党风的关键又在党的各级领导干部。要从严治党，端正党风，严肃党纪。实行特殊经济政策和

---

① 讲文明、讲礼貌、讲卫生、讲秩序、讲道德；心灵美，语言美，行为美，环境美；热爱祖国，热爱社会主义，热爱中国共产党。

特殊经济管理体制的特区，要求干部必须有特别高的觉悟，特别好的作风，特别严的纪律，特别高的工作效率。要管理更严，纪律更严，执法更严。领导干部要身体力行，勤奋工作，廉洁奉公，当好表率。

在中共中央、国务院一系列重要指示的指引下，经济特区从创办伊始，就把社会主义精神文明建设摆到十分重要的位置上。广东、福建两省领导认真督促检查。深圳特区1985年在总结经验的基础上，制定出《社会主义精神文明建设大纲》。这个《大纲》被中共广东省委批转全省。此后，厦门、珠海、汕头、海南特区也都分别制订规划，并精心组织落实。

第二节　喜见成效的实践

一、坚持深入进行四项基本原则的思想政治教育

从特区开始创办，各特区就把进行四项基本原则的教育作为建设社会主义精神文明的根本环节。引导干部认识特区的"特"，主要表现在作为全国对外开放的窗口和基地，实行若干有别于内地的经济政策和经济管理体制；但是，在思想上、政治上坚持四项基本原则，学习马克思列宁主义、毛泽东思想和坚持党的路线、方针和政策，对特区和非特区的要求是完全一致的。对这个严肃的大前提，丝毫不能"特"。在明确树立这一思想的基础上，各特区建立了党校培训、短期离职读书、日常理论学习等多方式、多层次的干部学习理论制度，并把讲课、研讨、总结、考核结合起来，使之经常化、制度化。

理论联系实际，根据不同时期人们思想上的实际问题，进行思想教育是政治工作的重点。在举办特区之初，针对人们对举办经济特区存在着程度不同的各种疑虑，就组织干部深入学习中共中央和国务院关于对外开放和举办特区的政策，分清新的历史条件下实行对外开放和近代历史上帝国主义强加于旧中国的"门户开放"的本质区别，分清经济特区与旧中国的"租界"的本质区别，以及在社会主义制度下办的经济特区与资本主义世界的"自由贸易区""出口加工区""自由港"的差异。从而使干部提高了认识，明确了方向，树立了信心。

在特区建设过程中，注意引导干部认识建设良好的投资环境和发扬艰苦

奋斗优良传统的统一。深圳在共产党员、共青团员、干部中倡导当建设特区的"开荒牛"。汕头特区初建时,针对一些人在困难面前产生的畏缩情绪,引导干部群众学习革命前辈的创业精神。

适应特区发展的要求,以党的基本路线为指针,倡导观念更新。80年代初,深圳蛇口工业区将社会主义现代化建设中需要的开拓意识、竞争意识和效益意识具体化为"时间就是金钱,效率就是生命"的口号,在全工业区响亮提了出来。随即传遍各特区,并在全国引起积极反响,产生了巨大的物质力量。

1986年年底至1987年年初,国内资产阶级自由化思潮曾泛滥一时,有几个"精英"在深圳两家报刊上鼓吹他们的谬论。中共深圳市委态度坚决,旗帜鲜明,当即勒令这两家报刊关闭,严肃处理了有关主要责任者,接着为此专门召开政治工作会议,在共产党员和干部中深入进行了一次反对资产阶级自由化、坚持四项基本原则的教育。

1989年春夏之交北京发生政治风波期间,在各特区党委领导下,广大干部和共产党员,在思想上和行动上同中央保持一致,经受住了严峻考验,使局势稳定,社会秩序良好,工作和生产正常进行。

在随后发生的东欧和苏联的急剧演变中,各特区进一步加强了坚持四项基本原则,坚持改革开放,建设有中国特色的社会主义的教育。强调共产党员和干部保持高度政治警惕,迎接执政的考验、改革开放的考验、发展商品经济的考验和反对和平演变的考验,运用马克思列宁主义、毛泽东思想的强大思想武器,抵制资产阶级腐朽的意识形态和生活方式,建设有中国特色的社会主义。中共深圳市委特地组织拍摄了宣传四项基本原则的政论电视片《世纪行》,生动形象地向人民群众进行政治教育。不但在深圳收到良好效果,而且由中央电视台向全国播放。

二、加强和改进企业的思想政治工作

特区的企业是特区社会的重要细胞,是物质文明建设的阵地,也是进行思想教育,建设社会主义精神文明的阵地。加强和改进企业的思想政治工作,既是提高生产经营水平的需要,也是培养有理想、有道德、有文化、有纪律的一代新人(简称"四有新人"),树立良好厂(店)风,建设精神文明的需要。因而,对此各特区都十分重视。

深圳特区为了加强对企业思想政治工作的领导,设立了专门机构,在企业实行中共党组织领导思想政治工作的制度。以市委宣传部为中心,发挥理论工作者和工会、共青团、妇联等群众团体和新闻传媒的作用,组成全市性的企业思想政治工作的理论研究、工作指导、经验推广的工作网络,使各企业的思想政治工作由分散的状态形成有机的整体,以利于提高水平。为了保证企业工作"两手硬",在国营、集体企业推行经济任务与思想政治工作要求双承包制度,布置任务"双下达",对成果实绩"双检查""双考评",从而使"两个文明"建设都得到了落实。为了提高党员干部的理论水平和思想政治工作能力,除市委党校抽调轮训一部分之外,并组织有条件的单位自办业余党校和政治夜校。

特区的外商投资企业较多,如何在这类企业的中方职工中开展思想政治工作,是特区建设社会主义精神文明中的一个重要问题。1987年8月,中共中央宣传部、组织部、中华全国总工会、共青团中央、国家经委联合发出《中外合资、合作经营企业中方职工思想政治工作暂行规定》,改变了这方面工作一度滞后的状况。主要做法是:首先,加强企业的思想政治工作队伍,选派一批党性强、懂业务、政策水平高,善于做思想政治工作的中共党员干部到这些企业担任中方行政领导,兼任中共党组织的负责人。在企业中建立共产党、共青团支部和工会组织。在外商独资企业中,以工会为阵地,建立党、工、团一体化的政治工作机构。其次,针对外商投资企业里中方职工的思想实际,引导其克服"为洋老板打工"的模糊认识,明确外商投资企业(包括外商独资企业)中的中方职工仍然是国家主人翁,仍然担负着工人阶级的历史使命,仍然要努力成为"四有新人"。第三,保障企业依法生产经营,发挥思想政治工作优势,促进国家有关方针、政策的实施,倡导中方职工学习先进技术和管理经验,与外方人员合作共事,完成生产任务,并监督外商的违法行为。第四,依法和按照合同,推动职工生活福利等实际问题的合理解决。总起来看，外商投资企业的思想政治工作已经抓起来了，但还有些问题需要进一步探索。

在加强企业思想政治工作中，倡导建立社会主义的企业文化是一种有成效的新探索。企业文化是现代企业管理理论的一个重要内容。特区在继承传统思想政治工作经验的基础上，结合特区实际，对其加以借鉴改造，赋予社会主义的内容。社会主义的企业文化，大体包括高尚的企业精神要求，统一的群体意识，先进的技术装备和工艺操作，完善的规章制度，系统的教育设施，健康活泼的文化生活，整洁美丽的厂（店）容厂（店）貌等等内容。通过建设企业文化，激发职工办好企业、献身社会的精神，并把这种精神落实到生产、经营、技术、管理等各个具体岗位的实际行动中去，协调企业内人与人的关系，推动企业的发展。对外商投资企业来说，这还是协调中外双方关系，以办好企业为中心形成共同努力目标和共同行动规范的有效途径。深圳成立了企业文化研究会，出版了《企业文化》杂志，对广泛深入开展企业文化建设起了重要的推进作用。

三、开展生动活泼的职业道德教育

广大职工的职业道德水平，不但反映特区的社会主义精神文明程度，也是特区投资环境水平的一个标志。深圳早在1982年就提出"顾客至上，服务第一"。珠海倡导"敬业乐群"精神，在70%以上的单位进行职业道德教育，开展"微笑在珠海"的活动。汕头在党政机关和服务行业倡导"文明服务"。厦门特区则努力做好台胞探亲、旅游、投资的接待服务工作，为沟通两岸关系做出贡献。针对青年职工比重大的特点，还采取举办演讲比赛、知识比赛、技术表演、岗位练兵等活动，把进行职业道德教育、增长专业知识和开展文化娱乐活动结合起来，从而提高了思想，鼓舞了进取精神，还激发了求知欲望。据深圳总工会抽样调查，在工人中要求读书的占91%，经常参加业余文化技术学习的占55.8%。各特区把进行职业道德教育与开展学雷锋活动结合起来，深化了前者的思想内涵。文明礼貌待人，高效优质服务蔚然成风。从1983年开始，有些特区几乎年年举办国际性和全国性的大型商务、旅游、文化、体育活动,都以良好的设施和优质服务,赢得了国内外人士的赞誉。仅1988年、1989年两年,珠海和汕头特区就表彰了先进集体130多个,先进个人280多人,其中还有一批人获得劳动模范等光荣称号。

四、发展教育科技事业

特区创办以来,坚持"以教育科技促经济建设、促精神文明建设"的方针,通过多种办法推动教育科技事业的发展。

除厦门以外,其他特区原有教育基础十分薄弱,需要增加投入。10年来深圳振兴教育的投资已达12.8亿元。珠海市10年来的教育投资也达2.86亿元。汕头、厦门、海南经济特区,也都在增加教育投资上作了很大努力。五个经济特区已办起深圳大学、海南大学、汕头大学、厦门鹭江职业大学等一批综合性大学。同时,还办起了一批广播电视大学、教育学院及各类成人、中专学校。1990年年底,深圳各类在学人数已增至20万人,珠海为11万人,中小学普及教育已居广东省的前列。1990年厦门特区具有大学文化程度人数占总人口的比例为9.6%,高于全国水平。

为了加强教育工作,特区全面评定教师职称,提高教师待遇,筹募教师奖励基金,稳定了特区的教师队伍。政府吸收有关部门负责人参加市教委任兼职委员,调动各方面的力量办教育事业。深圳试行校长和教师聘任制、校长负责制、教师岗位责任制。深圳大学全面实行教师聘任制,学生不包分配,改革专业和课程设置。海南强化了热带作物人才的培养,以适应发展热带农业的需要。珠海、汕头重视成人教育和职业培训,加快专业人才培养。在学校中加强思想政治教育,得到普遍重视,此外,还开设了美学教育、理想教育等多种课程,从多方面培养学生热爱中国共产党、热爱社会主义祖国,热爱特区的思想情操。

根据"科技面向经济、经济依靠科技"的方针,特区在发展教育事业的基础上,花了大力气发展科技事业。首先是增加科技经费的投入。同时,大力引进和培养科技人员,发展科研机构。到1989年,深圳的科研机构已发展到177个,高级科技人员有1600多人。厦门各类科研机构从1980年的7家发展到1990年的90家,有职称的各类科技人员增至4万多人。深圳大学技术研究中心,先科技开发公司等一批科技产业,在科研攻关和新产品开发上发挥了骨干作用。特区还利用自身的优势,通过科技协会和各种专业学会,与海外和国内科技界开展各种学术交流活动,使大批科技成果进入特区,推动了技术进步。

经过10年的发展,各特区已具有相当的科研实力。仅1989年深圳就有72项科技成果通过科技主管部门鉴定,其中达到国际同类产品水平以上的有12项,达到国内先进水平的28项,属国内首创的6项。有的被列入国家高科技产品试产计划。厦门从1981年至1990年,累计全市通过技术鉴定的科技成果850项,其中111项获国家和省级科技成果奖,540项获市科技进步奖。各特区密切注视世界高新科技的发展动向,积极提高生产技术水平,发挥科技进步在经济增长中的作用。1989年深圳特区微电子、计算机、通信、仪器仪表等高新技术产品产值,约占全市工业总产值的10%。

五、完善文化市场管理

在特区建设中,文化设施的建设得到相应的重视。各特区拨出专款,建成了电视台、图书馆、博物馆、科学馆、影剧院、体育馆等一批大型文娱设施。同时,通过国家、集体、外商、个人多方面筹资建设社会娱乐场所,一批音乐茶座、卡拉OK歌舞厅、游乐场、高尔夫球场等相继运营,使文化生活多样化,适应多层次的需要。深圳的电影院,由办特区时的6家增加到1989年的31家,另有电影放映单位121家,珠海各种文化娱乐场所也发展到654处。这不仅适应了人民文化生活的需求,而且推动了社会的繁荣兴旺。

由于特区商品经济比较发达,人们的文化消费需求旺盛,使精神文化产品转化为商品进入流通领域,逐步形成包括文艺演出、体育表演、影视播映、文化产品销售等在内的文化市场。又因处于对外开放前沿,外来文化的糟粕不可避免地渗入特区文化市场。文化市场除表现为一般的经济活动外,又对人们思想言行产生直接影响,因而,加强文化市场的管理,就尖锐地提到特区建设社会主义精神文明的日程上。

为了引导文化市场的健康发展，各特区都花了很大力量，清扫黄色和反动的书刊、画报、音像制品，整顿图书市场、音像市场、卡拉OK歌厅等娱乐场所。并在此基础上成立专门的文化市场管理机构，组建文化市场稽查队，动员社会力量，建立群众与专门队伍相结合的举报、检查、执法网络。同时根据国家有关文化市场的管理法规，结合特区实际，制定专项管理规章。深圳就先后制定和公布《图书市场管理条例》、《音乐茶座、歌舞厅管理规定》、《成人教育办学暂行规定》等44个行政管理规章，从内容到形式、从场地定点到收费标准都有明确的管理规范，使文化市场的管理法制化。一手抓整顿，一手抓繁荣，在压邪的同时大力扶正。用健康有益、丰富多彩、人民大众喜闻乐见的社会主义文化占领阵地，抵制资产阶级的腐朽文化。深圳电视台面对香港电视台的竞争，从1986年7月1日开始自办节目，每天播出15小时，据抽样调查，深圳经常收看深圳台节目的占调查总户数的55%，经常收看"深圳新闻"的占76.05%。厦门电视台1989年以来自制电视剧68部，举办的"观察镜""鹭江潮""党的生活"等专题电视节目，受到观众欢迎。深圳拍摄的《你好！太平洋》《特区打工妹》《深圳人》等影视故事片得到好评。《深圳特区报》《深圳商报》《特区文学》等报刊也拥有众多的读者。特区还经常约请内地著名文化团体前往演出。1989年夏，举办了深圳、珠海国际艺术节。考虑到文化市场上经济效益与社会效益往往背反的情况，为了扶植突出主旋律、格调高尚的文化产品，深圳还利用价格等经济杠杆予以调节，约束文化生产急功近利的倾向。

六、严厉打击违法犯罪活动

特区在发展中，走私贩私活动、海外黑势力的渗透、卖淫、吸毒、抢劫、强奸等丑恶现象和刑事犯罪活动时起时伏。为了维护社会治安，净化特区环境，深圳政、警、军、民通力合作，持续开展扫除"六害"[①]和反对境外黑社会渗入的斗争，使各类犯罪行为受到控制。珠海、汕头经济特区设立了举报

---

① 指嫖娼、卖淫、赌博、贩卖黄色物品、拐卖妇女儿童、吸毒贩毒。

机关，分化瓦解犯罪团伙。海南仅1989年7月至1990年1月，就收缴一批淫秽录像带和黄色书刊，查获许多卖淫嫖娼、赌博案件。厦门经济特区在除"六害""反黑"中，实行严惩与宽大相结合，打击与教育相结合，瓦解犯罪团伙。由于各经济特区坚持以法律为准绳，持久不懈地开展斗争，使刑事犯罪发生率逐步下降。总的看来，尽管经济特区受外界影响较大，违法犯罪的滋生机会较多，但在特区各级政府的努力下，社会治安是比较好的。

七、狠抓廉政建设

对特区来说，厉行廉政是党风建设中的一个突出问题。深入地进行思想教育是普遍采取的基本措施。深圳为此专门定期进行党规党纪的教育。要求干部党员严格遵守法纪，强化监督，坚决执纪。在此基础上，着重建立倡廉肃贪的内部制约和监督体系。深圳率先在全国建立行政监察局、经济罪案举报中心，综合运用党纪、法律、政纪、司法、经济机关、社会舆论等手段，强化廉政建设。在1988年、1989年两年，经济罪案举报中心就收到举报3000多件，由此立案查处，共追赃款和挽回经济损失6500万元人民币和1500万港元。与此相应，中共深圳市委、深圳市人民政府制定了《关于防止和清除党政机关及公职人员腐败现象的若干规定》；其他特区也先后制定了《在对外交往中赠送和接受礼品规定》《廉洁规定》《办事公开制度》等。同时实行政务公开（即政策依据公开，职责范围公开，办事程序公开，办事时限公开，办事结果公开）和领导干部收入、财产、住房公开，提高透明度，利于群众监督。对于犯罪腐化分子则坚决查处，严惩不贷。从特区成立到1989年，深圳先后惩处经济违法乱纪的党员457人，其中贪污受贿者251人，包括一个原市委常委和中信银行深圳分行行长等一批大案要案。

对先进典型则大力进行表彰。共产党员、原深圳市政府副秘书长舒成友在革命战争年代，三次光荣负伤，两次获得战斗英雄称号，他协助市长管基建，勤奋奉公，一身正气，两袖清风，被中共深圳市委树为模范党员和学习榜样，大大激励了广大党员和干部。先进事迹和先进人物，大量涌现。1987年以来，深圳的共产党员中有1474名被评为先进工作者，144名被评为市劳动模范，27 名被评为省劳动模范，6 名荣获全国五一劳动奖章。1989 年，全市人民以无记名投票方式，评选出 20 名文明市民，其中 12 人是共产党员。

八、树立和弘扬特区精神

为了在总体上推进社会主义精神文明建设，深圳特区在 1987 年 7 月政治工作会议上，提出"开拓、创新、献身"作为特区倡导弘扬的精神，后来又修订为"开拓、创新、团结、奉献"。厦门特区也提出了"开明、守信、竞争、开拓、奉献"的特区精神。这种做法，把党的基本路线与特区实际结合起来，体现了时代特色，反映了特区人民的共同愿望。他们把培育和发扬上述的特区精神作为思想政治工作的重要内容来抓，使之家喻户晓，成为广大人民群众共同的行动指南。这对振奋革命精神，激发劳动热情，发挥积极性和创造性，团结一致建设特区的"两个文明"，起了很大促进作用。

第三节 对特区精神文明建设的再认识

特区的社会主义精神文明建设，已经历了 10 多年的实践。它保证了特区沿着社会主义的正确政治方向发展，培育出一大批具有高度政治觉悟和改革开放意识、锐意进取的新人，大大发展了科学教育事业，使特区保持健康的社会风貌和安定的社会秩序。特区的社会主义精神文明建设与物质文明建设一样，取得了明显成绩。当然，这只是良好的开端。为了把特区的精神文明建设提高到一个新的水平，结合过去的实践，对这个十分重要的课题进一步深化认识是十分重要的。

一、特区的精神文明建设任重道远

过去 10 年的实践已经证明，特区作为对外开放的窗口和基地，一方面引进先进技术、科学的思想文化成果、适应社会化大生产需要的组织管理经验，更新了人们头脑中某些陈旧观念，促进了经济的发展；另一方面，也首当其冲地面对着资本主义世界腐朽意识形态和生活方式的直接侵蚀。特区作为改革开放的"排头兵"，市场机制发挥作用比较充分，促进了商品经济的繁荣；

同时也不可避免地助长了"一切向钱看"的错误思想、各种不正之风和经济犯罪活动的滋生。特区处于国内和国外两个市场的联接点，境外客商云集，为利用国外的资金、技术、信息、销售网络发展外向型经济提供了良好契机；而国外的敌对势力也必然利用这个机会，采取各种手段，通过各种渠道，同国内的敌对分子和不法之徒联手兴风作浪。对特区来说，建设社会主义精神文明的任务，不但与物质文明建设相比更为艰巨，而且与内地非特区相比，更加迫切、更为复杂。

从这种认识出发，必须把特区的社会主义精神文明建设提到抵御和平演变的高度，贯彻于一切工作领域和全过程。要使广大干部和群众明确认识，学习资本主义世界的先进科学技术和优秀文化成果，绝非引进资产阶级的思想体系；借鉴西方组织社会化大生产的管理方式和经营机制，绝非照搬资本主义社会制度；在国际经济合作和技术交流中实现平等互利，要经过艰苦斗争，绝非轻而易举；同国际资本打交道，是为了优化生产要素组合，发展社会生产力，建设社会主义现代化，绝不能沦为他们的经济附庸。因此，特区在政治上必须坚持四项基本原则，思想文化上必须坚持社会主义占领阵地，长期不懈地开展反腐蚀的斗争，大力加强社会主义精神文明建设。

二、"两个文明"建设要同时抓紧，同步进行

社会主义物质文明建设和精神文明建设，是互为条件、互为因果、密切联系的有机统一体。对精神文明建设来说，物质文明建设是它的基础，在特区建设中，要始终以经济建设为中心。特区十年巨变，经济兴旺繁荣，人民安居乐业，举办特区前一度发生的人员外流现象，一扫而空。这说明生产发展了，经济实力增强了，人民生活改善了，社会主义优越性进一步显示了，建设社会主义精神文明就有了坚实的基础。

但是，经济发展了，物质文明建设搞上去了，精神文明并不能自然而然地搞上去。物质文明建设和精神文明建设是密切联系、互相促进的。物质文明建设为精神文明建设提供基础，精神文明建设为物质文明建设提供政治导向、精神动力和智力支柱。但是，两者不能互相代替。人们常说："衣食足然

后知荣辱",又常说:"饱暖思淫欲"。这两种现象在实际生活中都存在。它说明这样的道理:物质文明上去后,精神文明能不能上去,关键在于引导,在于工作,而不是自发的过程。

社会主义精神文明建设,与物质文明建设一样,是有着特定内容的社会建设工程,有着固有的发展规律,因而需要花极大的气力认真去抓。精神文明建设,归根结底是做人的工作,造就宏大的具有社会主义政治觉悟,掌握现代科技和专业才能的干部队伍,培养一代有理想、有道德、有文化、有纪律的新人。如果不抓好精神文明建设,就难以实现物质文明建设的持续兴旺发达。而在实际工作中,物质文明建设往往表现为"硬任务",精神文明建设往往被看成"软任务",出现"一手硬、一手软"的失误。鉴于特区这几年有过这种教训,在指导思想上必须坚持"两个文明"建设一起抓,两者同时安排、检查、总结,使之同步进行,保证"两个文明"相互促进,共同搞好,才能真正体现有中国特色的社会主义,才能充分发挥社会主义的优越性。

三、思想政治教育是精神文明建设的核心

坚持马克思列宁主义、毛泽东思想为指导方针,以充分的说服力、强烈的感染力、坚强的战斗力,长期不懈地在广大干部和群众中进行思想政治教育,是特区建设社会主义精神文明的核心内容。从特区人员构成实际出发,需要多层次、多形式地开展工作。

对特区所有社会成员,要普及社会主义法纪、社会公德和职业道德的教育。要求他们服务特区,遵纪守法,履行《宪法》规定的公民义务。对广大工农群众和知识分子基本群众,要加强爱国主义教育,使他们懂得一百多年来帝国主义侵略中国、中国人民英勇奋斗争取民族解放和人民解放的历史,树立热爱中国共产党,热爱社会主义祖国,积极投身社会主义现代化建设,自尊、自信、自强。对各级干部、共产党员和共青团员,要求认真学习马列著作、毛泽东著作、邓小平著作和党的路线、方针、政策,树立共产主义的远大理想,做建设具有中国特色社会主义的骨干和改革开

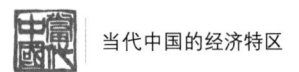

放的促进派。

思想政治教育,要与劳动、工作、生活实际密切结合,采取多种方式。行之有效的经常理论学习、离职轮训、表彰先进典型,巡回报告讲演、创建文明单位、开展奉献活动等等,应进一步总结推广。特别要加强党对新闻传媒机构的领导,发挥新闻传播的战斗作用。这种按照不同的群众层次,确定不同的重点内容,采取生动活泼的方式,改变一般化、简单化、说教式的做法,是扩大思想政治教育覆盖面,提高思想政治教育效果,使精神文明建设落实到基层、深入到千家万户的有效途径。

四、各级领导身体力行是精神文明建设的关键环节

要把社会主义精神文明建设落到实处,不断提高水平,重要的关键在于各级领导干部以身作则,率先笃行。从特区的实践看,哪个单位的领导干部模范带头,言传身教,哪个单位的社会主义精神面貌就好;哪个单位的领导干部身体力行差,哪个单位的风气就逊色。这就充分证明,各级领导干部和共产党员的榜样力量是无穷的,民风的关键要看党风。

尤其重要的是,特区党政领导机关作为改革开放的发展商品经济的指挥部,各级领导干部和工作人员首先要在改革开放、发展商品经济和反对资产阶级腐蚀的考验中岿然屹立,砥柱中流。绝不容许以权谋私,奢侈浪费,贪污受贿,为政腐败,破坏党和群众的血肉联系。

倡廉肃贪、拒腐防变,是特区社会主义建设中的关键课题,也是反对和平演变的迫切需要,根据以往的经验,要把反腐蚀的思想教育与健全完善有关法制规定结合起来,把启发自觉与建立党纪的、政纪的和群众性的监督网络结合起来,把表彰树立大公无私、廉洁自守之风与严惩腐败现象结合起来,采取坚决有力的措施,从严治党,从严执行纪律,对一切腐败现象进行毫不留情的斗争。

特区的党政领导机关和领导干部要以身作则,转变作风,勤政为民,认真解决群众需要解决而又能够解决的问题,进一步密切同人民群众的联系。要坚持人民的利益高于一切,正确处理局部利益与整体利益,眼前利益与长远利益的关系，坚决反对个人主义、本位主义和官僚主义。要以自身的模范作用带领广大群众，克服前进道路上的困难，战胜国内外敌对势力的干扰破坏，开创特区社会主义物质文明和精神文明建设的新局面，为建设有中国特色的社会主义的伟大事业做出更大贡献。

第九章
依托全国，服务全国

特区是全国的特区。举办经济特区是全国的大事。过去的10年中，特区在全国的支援下不断发展壮大，同时又对全国的现代化建设逐步发挥了重要作用。依托全国，服务全国，是特区发展的活力所在，也是中国社会主义制度优越性的体现。

第一节　全国支援特区建设

为了扶植经济特区的建设和发展，中共中央、国务院制定了一整套方针、政策和相应的措施，并强调指出，这是在新的历史时期实行改革开放的重大措施，要求国务院各部门和广东、福建两省加强对特区工作的指导，及时帮助解决前进中的问题。有关部门和地区积极拥护中央关于举办经济特区的决策，对特区的开发建设提供了巨大的支持。

一、国家政策的扶植

国家在政策上对特区的扶植，是全国支援特区的主要方面。国家制定和实施的有关政策，基本内容大致有三项。

一是关于增强特区财力的政策。国家规定，特区的财政收入在一定期限内（原规定5年，后又延长5年）不上缴；外汇收入在一定期限内（原规定五年，后又延长五年）除按举办特区前一年的实际核定上缴基数以外，新增部分全部留给特区；特区所在口岸由海关代征的进口工商税，在一定期限内（原规定5年，后又延长5年）除按核定的基数上缴以外，其余留给特区。在深圳、珠海、汕头、厦门特区举办的最初几年中,广东、福建两省还曾分别给予一些财政补贴。中央财政对海南特区在一定期限内每年也给予一定数额的财政补贴。国家银行对特区实行信贷政策倾斜,实行信贷计划单列或多存多贷、差额包干。国家银行特区分行吸收的存款全部留作特区的信贷资金。国家还规定,内地国营企业在特区开办的生产性企业,减按15%的税率缴纳企业所得税(国营企业的所得税率原为55%);税后利润留在特区扩大再生产的,5年内免除在内地补缴其余40%的所得税,5年后只补缴20%。国家虽对特区建设直接拨款投资较少,但给了许多具有含金量的政策,即在中央、省、特区三级利益分配上照顾了特区的需要,特区新增收益中属于应上缴的部分,中央和省在一定期限内基本不要或少要。有关这方面的政策,增强了特区自我滚动发展的财力,保证了特区建设所需的投资。

二是关于发挥特区开展外经贸活动优势的政策。为了增加特区对外商投资的吸引力,国家规定了特别优惠的税率。根据国家税法,外商投资企业的所得税率为30%,特区则减按15%征收。为了便于特区在国际金融市场上筹措资金,国家对特区借用国外贷款实行了总量控制与具体管理搞活相结合的办法。为了支持特区发展进出口贸易,国家对特区的外贸管理采取灵活变通的政策性措施,包括经国家外贸主管部门批准的特区外贸专业公司,可以经营或代理内地的某些进出口业务。这些政策,都使特区开展对外经贸活动的潜在优势,得到现实的发挥。地理、人文的特有条件,再加上政策倾斜,形成了特区开展对外经贸活动的区位优势。

三是关于扩大特区经济管理权限的政策。按照国家规定,各特区大体上都被赋予相当省一级的经济管理权限,在制定经济发展规划、审批建设项目、市场管理、宏观经济调控等方面有较多的机动余地。总的原则是,凡属不触动国家宏观全局的经济事务,特区政府都可以从实际出发进行处置。深圳、厦门两个特区在全国计划中与各省、自治区、直辖市一样,单列户头。国家还规定,特区内属于中央统一管理的外事、公安、边防、税务、海关、金融、邮电、民用航空、港口事务,由国家各有关主管部门制定专项管理办法,报经国务院核准后实施。根据这项规定,在许多方面实行照顾特区实际需要、不同于内地的办法。这些政策，使特区在统筹安排和调节区内经济发展，灵活应对国际市场变化等方面，具有了必要的自主权。

二、生产要素的提供

特区开发建设所需的财力、物力和人力，得到了中共中央、国务院及其所属有关部门和各省、自治区、直辖市的积极支持。根据概略匡算，10年多来，在特区的建设中，来自内地各种渠道的投资，约占其全部建设投资的30%上下；来自内地的钢材、水泥、木材等物资，约占其全部建设物资的1/3到1/2。迄今为止，特区人民生活必需的粮食、食油、肉类、蔬菜、日用品，除自产部分以外，相当大的部分来自内地。这些支持大体上是通过三条渠道来实现的。一是特区的某些建设项目在国家计划或主管部门的安排上给以支持；二是特区政府（管委会）与有关地区、单位开展经济协作；三是特区的企业、事业单位与内地有关企业、事业单位发展经济联合（将在本章第三节详述）。

在产品销售上，特区的许多工业品，是经过在国内市场销售的过渡，逐步进入国际市场的。内地的广阔市场，对特区外贸出口的迅速发展起了支持作用；同时在国际市场发生某些变化的情况下，也为特区产品的销售提供了回旋的余地。

特别值得提出的是内地对特区人力的支援。作为生产力中最活跃的要素——劳动力，特区主要依靠内地。十年来，各特区进行了大规模的基本建设，规划和设计任务主要是内地的工程技术员承担的，施工大军是内地精良的建筑队伍，20多万工人和技术人员迎战酷暑、台风、暴雨，夺取了丰硕的建设成果。智力和科技是特区开发建设必不可少的重要条件，内地也提供了重要的支援。以深圳特区为例，经国家批准曾从全国招聘人才。这个特区的党政干部中有92.6%、企业管理人员中有88%、科技人员86%是从内地调入、招收和聘用的。珠海特区1989年年底有各类技术人员1.4万人，是举办特区前1979年的20倍，他们绝大部分来自内地。汕头特区和厦门特区也得到了内地人才的支援。这些人员和进入特区的大批技术工人，带来了知识、经验、技能，与当地人员团结在一起，对特区的发展起了很重要的作用。

三、理论研究的推动

在社会主义条件下举办经济特区，引起了国内理论界的密切注视，得到了他们的积极支持。尤其是北京、广东、福建的许多经济学者和专家，在特区10年的发展过程中，经常作实地调查，依据马克思主义的基本原理和中共十一届三中全会以来的基本路线，就特区建设实践中提出的问题深入进行研究，多次举行理论讨论会。这种研究是在经典著作中找不到现成公式的开拓性工作。关于社会主义中国实行改革开放的必要性，关于改革开放和举办经济特区的关系，关于社会主义国家经济特区的性质和经济模式，关于经济特区在社会主义现代化事业中的功能和作用，关于特区的经济发展战略，关于特区的经济体制改革，关于特区的社会主义精神文明建设等重要问题，都进行了深入探索。有些学者、专家参加了特区经济发展规划和单行法规的制定。有些学者、专家积极介绍国外经济性特区的成功经验。全国有18所高等院校开设了《特区经济》课程。暨南大学、中山大学、深圳大学、厦门大学、福建社会科学院和广东港澳经济研究中心，设立了特区经济研究机构。编辑出版的书刊如《中国特区经济学》《深圳特区发展战略研究》《特区经济》等有100多种。这对于中央关于特区方针政策的宣传普及、特区重要决策的正确做出和特区实践经验的及时总结，都起到了有力的推动作用，是全国支援特区的一个不可忽视的方面。经济特区的理论研究也得到了港澳和海外其他地区专家、学者的协助。

总之，特区过去10年的卓著成果，是在全国支援下取得的，特区是全国各方面在80年代共同建设的宏大社会经济工程。全国的支援，是特区建设和迅速发展的巨大动力，也是特区参与国际交换和竞争的强大后盾。不论是过去、现在和将来，特区都离不开全国的支援。

第二节　特区为全国服务

全国支援了特区，特区也在成长壮大的过程中逐步显示出它为全国社会主义现代化建设服务的重要功能。

一、传递国际经济信息

特区利用处于对外开放前沿、毗邻国际市场和对外交往频繁的社会环境，借助先进的科技手段，大量收集国际商情、金融和科技信息，经过整理，提供给内地有关部门和企业参考。深圳特区建立了全市的经济信息库，并开通了与国外信息资料单位的联系，每月举行经济信息发布会。厦门、汕头、珠海也成立了专门的信息咨询业务机构。内地派驻在特区的办事机构、经贸机构和开办的企业，很重要的一项任务就是收集、整理和发回信息。黑龙江、四川、湖南、浙江等省驻深圳的办事机构，已成为本省获得经济信息的重要渠道，几乎每年都发回相当数量的国际经济信息，很受派出地区有关单位的欢迎。

二、沟通内地与国际市场的联系

内地以特区为对外招商的一个场所，特区积极牵线搭桥提供服务，通过这种办法在内地办起来的外商投资项目不断增多。黑龙江省1987年、1988年两年通过深圳与外商谈成了22个项目，协议外商投资额达1300万美元。内地有些省、自治区常在深圳、厦门、珠海举办商品展销会，拓展外贸出口。据深圳材料，1987年到1989年内地在深圳成交的出口合同金额达6亿多美元。江西省在厦门举办的商品展销会上，使本省的土特产进入了北美市场。各特区还按照国家规定，与内地一些单位采取合营或代理方式，组织内地非配额、非许可证管理的商品出口。据不完全统计，仅深圳一地就累计达20多亿美元。

三、转让先进技术

仅据深圳统计，向内地转让的先进技术、工艺和配方就有250多项。西北、西南地区的一些重点企业，在深圳设立分厂，引进关键技术进行消化吸收，促进总厂的设备革新和产品换代，它们在特区办的分厂被称作"信息站"、"技术开发站"和"产品推销站"。这种推动技术进步的作用不仅反映在工业生产上，而且在农业上也已经显现。汕头特区与其腹地的一些农业生产单位合作，引进先进种养技术和加工技术，办起了 8 个种养示范场和研究开发中心，8 个食品加工厂，实行种养、加工、出口"一条龙"，所生产的烤鳗制成品、梭子蟹罐头和速冻蔬菜，远销日本、加拿大和中东地区，不但扩大了出口，也推动了潮汕地区精耕细作的传统农业技术向现代化进发的步伐。

四、协助内地进口紧缺生产资料

特区在国家规定的政策范围内，为内地生产企业和科研单位进口一批关键设备和部件、仪器仪表、钢材、化肥、农药等，支持了内地的工农业生产。对国家进口主渠道也起了重要的补充作用，一是适应了内地一些地区对某些进口物资小批量、多品种、时间急的需要；二是帮助某些地区克服了外汇短缺的困难，十年来深圳为内地进口生产物资提供自有外汇达 10 亿美元。

五、培训人才

在这一方面，深圳特区发挥明显的作用。据初步统计，内地有关地区和部门在深圳举办"对外经贸""企业管理""专项技术"等培训班、研讨班、讲习会达 2000 多期，参加学习者达 10 多万人次。内地有关部门和企业采取派人到深圳有关单位轮换工作的办法，培训了 5 万多管理人员和熟练技工。纺织部曾先后组织 17 个省、市 57 个印染企业的 400 多名干部，到深圳学习中外合资企业中冠印染厂的管理经验，收效很好。江苏常州东风印染厂在这里学习之后，将管理机构作了精简，由 19 个科室减为 10 个。四川省从 1985 年到 1988 年接连在深圳办了 40 期"对外经贸""金融""经济管理""农业经营"等学习班，参加者达 1400 人次。既请深圳的行家讲课，也请香港、台湾的专家施教，并且把学习知识和洽谈业务结合起来。在一期开发性农业讲习班上，经讲课的台湾农业专家介绍，引进了一些瓜、果、蔬菜良种，在乐山、内江、自贡建立了种子基地。

六、为国家和内地生财

过去 10 年中，总的说来特区还处于大量投入的建设时期，但随着特区经济的发展，为国家和内地生财的作用已经初露端倪。以深圳为例，从举办特区到 1989 年年底止，内联企业净利润 20 多亿元，内地驻深圳建筑单位劳务收入 50 亿元，特区财政上缴 6 亿多元。

应当说，过去 10 年中，特区还只是初步显示了它为全国服务的作用，今后特区随着经济建设的发展和各项工作水平的提高，在为全国服务方面将做出更大的成绩。

第三节 方兴未艾的特区与内地的经济联合

全国支援特区，特区服务全国，实际上是有机联系在一起的两个方面，并在其实践中促进着特区与内地开展多层次、多渠道、多方式的横向经济联合。这种经济联合被简称为内联，其发展态势呈现以下四个重要特点：

一、随着特区的发展而逐步扩大

这大体上经历了三个阶段。从举办特区到 1982 年，是初始起步的阶段。这个期间，特区建设刚刚开始，投资环境较差，人们对特区的认识还比较陌生。特区开展内联的着眼点，主要在于获得进行大规模基本建设所需要的劳务、技术和建筑材料。除了电子、航空、船舶制造等工业主管部门在深圳开始举办企业、事业单位外，内地一些地方在特区主要是设立办事机构，兴办的一些项目也多属于推销本地产品的商贸企业和具有地方风味的饮食业，而且比较集中在深圳特区。

从 1983 年到 1986 年，是内联随着特区经济的初步发展迅速扩大广度的阶段。与前一阶段相比，发生了如下一些积极变化：1. 内联由主要在深圳扩展到珠海、汕头、厦门特区；2. 由主要是同本省的联合，扩展到同全国各省、自治区、直辖市有关部门和企业的联合；3. 联合的项目也从商贸、饮食服务业为主扩展到工、农、交通运输各业，生产性项目大为增多；4. 由地区、企业自找对象联合,发展到由国务院有关产业主管部门牵头,组织内地有关企业和科研单位与特区联合。由纺织部、中国信托投资公司组织 18 个省、市纺织工业部门与深圳合资组建的华联纺织品有限公司,就是在 1983 年成立的。

1987 年以来,随着特区进入发展外向型经济的轨道,内联在继续扩大广度的同时又在深度上拓展。其标志是:1. 向着跨行业、跨地区、工农贸技相结合的综合性方向发展。如深圳参加了中南六省三市经济协作区和珠江三角洲经济协作区。2. 向科技进发,合作开发新工艺、新产品的科技联合,被提到突出位置。深圳与全国 40 多所大专院校和科研单位联合建立中国高校科研联合开发中心。厦门与航天部合作,在厦门设立工贸中心,从内地调进 100 名技术人员,办起机械、仪表、建材等 16 个工厂,促进厦门同行业有关工厂的技术进步。3. 向上游工业开拓。特区与内地合作,在内地开办企业,开发资源。深圳在内地 26 个省、市、自治区开办了 198 家企业。珠海在大连开办了油脂厂,在湖南桂阳开办了有色金属冶炼厂。

特区的发展,扩大了内联的广度和深度,内联的发展又促进了特区成长壮大,二者互为因果。到 1989 年年底止,深圳、珠海、汕头、厦门 4 个特区与国务院 40 多个部委、全国 30 个省、自治区、直辖市建立了横向经济联合关系,实际吸收内联投资 55.7 亿元。办起了 6187 家内联企业。这些内联企业成为特区经济的支柱、外贸出口的劲旅和科技开发的主力。1988 年 4 月设立的海南特区,一起步就把开展内联作为重要课题。到 1990 年年底已开办内联企业 4000 多家,科技实体 260 多个,内联工业企业产值占海南工业产值的 13.3%。

二、以平等互利、优势互补为基础

内联把特区开展对外经贸活动的区位优势和内地有关部门、企业的资金、技术、人才、管理经验的优势结合起来,发挥了双方的长处,弥补了双方的缺陷,既为特区的经济发展提供了可靠的依托,又为内地的经济振兴增添了活力。双方携手合作,共同受益,都表现出很大的积极性。随着内联实践的发展,各特区领导机关不断总结经验,积极做好东道主的工作。特别是 1986

年 3 月国务院《关于进一步推动横向经济联合若干问题的规定》发布以来，认识更加明确，工作更加主动。深圳、珠海、汕头、厦门先后作出开展内联的规划，就内联企业的设立、变更和终止，内联企业的税收、银行信贷、外汇留成、出口报关等具体问题，制定了具体规定，建立和健全了专门工作机构，强调按照"平等协商，互利互惠，推动联合，共同发展"的原则办事，在具体权益分配上多照顾内联企业。这些规定的主要内容有：

——内联企业的各项税赋，除执行国家的减免规定以外，对出口创汇型企业、先进技术型企业，经特区税务部门核准，还可在一定期限内再进一步减免。

——供应内联企业生产经营所需的水、电、运输，按特区所属国营企业的收费标准计收。

——内联企业所需流动资金，与特区所属国营企业一样，在特区银行申请贷款，实行同等标准的利率。

——内联企业外贸出口收汇，除上缴小部分额度由特区财政统筹使用以外，大部分留给企业，内地投资一方分得外汇可以汇回原单位。

——内联企业用银行贷款购置或建造的固定资产，所提取的折旧基金用于归还银行贷款部分，免缴能源交通基金。

——内联企业的留利，用于归还银行发放的固定资产贷款部分，免缴能源交通基金。

——内联企业产品出口占其产值 70% 以上的，经过批准给予出口自产产品报关权，等等。

三、以进入国际市场为目标

特区与内地的经济联合，旨在发挥各自的优势，形成参与国际交换和竞争的合力。因此，加强生产协作，开发新产品，发展同外商的合作，成为特区内联企业的主攻课题，并取得良好成果，积累了初步经验。在生产合作上，较普遍采取了将内地的半成品拿到特区进行深加工、精加工，"梳妆打扮"增值出口的办法。深圳蛇口工业区与浙江合办的华丝有限公司，将浙江的坯绸进行漂、染、精整以至加工成时装出口，创汇率达到40%。在开发新产品方面，注重在新花色、新品种、新功能、高质量上做文章，使产品升级换代。如珠海内联企业金海电子联合公司的金星牌彩色电视机、华声集团的HCD系列校准带、丽珠制药厂的乙型肝炎免疫检验试剂、海宁科技实业公司的高氧化焊锡丝、上海时装公司的海利牌高级衬衣等，都是适销对路的出口产品或替代进口的产品。在与外商合作方面，"中—中—外"的形式得到垂青，即在特区和内地联合的基础上再与资信好、实力强的外商共同举办中外合资企业。这种形式，有利于增加投资，引进技术，尤其是可以利用外商销售渠道拓展国际市场。深圳10年来共举办这类生产企业1800多家，累计开发新产品220多种，研制科技成果55项，其产品销至55个国家和地区。全市年创汇100万美元以上的企业中，64%是这类"中—中—外"企业。

四、催育着一批企业集团

在内联的基础上，经过生产经营实践的锻炼，涌现一批企业集团。它们大多是工（农）、贸、技紧密结合，供、产、销形成网络，内地—特区—国际市场紧相衔接，有的是中—中—外共同经营。这种生产规模较大、经济实力较强、产品质量较好的企业集团，深圳、珠海、汕头、厦门四个特区已有70家。其中，深圳有50家，其工业产值占全市工业产值的60%。如深圳电子工业的主体赛格集团，拥有158家企业，实行"立足深圳、依托内地、面向世界"的方针。它联合内地61个有关单位的技术力量，先后开发出321种新产品，其中15种被国家有关部门批准替代进口，6种获美国UL检验机构安全认证，同时，逐步同30多个国家和地区的100多家公司建立了多方式的合作关系，发展国际商情、销售和维修服务网，使大批产品进入国际市场。赛格集团还发挥对内辐射作用，帮助内地一些同行业企业改善管理，引进技术，扭亏为盈。深圳莱英达轻工集团公司，拥有76家企业，集中力量引进先进技术从事轻工产品的更新，有105项产品获得国家和省级奖励，中华自行车、幸福牌搪瓷制品、DIC油墨，成为国内外知名度较高的产品，1989年出口创汇达4200多万美元。前述纺织部牵头组织有关省市纺织企业与深圳合办的华联纺织品有限公司，与外商合作举办 29 家棉纺、麻纺、印染、针织、服装、化纤工厂，固定资产已达 7 亿多元，70% 的产品外销。这类企业的进一步巩固和壮大，是特区发展外向型经济的后劲所在。

方兴未艾的特区与内地之间多层次、多渠道、多形式的横向经济联合，是特区发展中出现的新事物。它体现了社会主义制度的优越性，反映了全国人民建设特区的共同意愿。它是特区经济迅速发展的强大动力。它把全国支援特区和特区服务全国这两个方面结合起来，形成特区经济向外向内发挥辐射作用的载体。它为社会主义商品经济内部各个实体之间建立相互依托、相互促进的关系探索了实践经验。它为特区依托内地、内地以特区为窗口和基地，大力协同，走向世界，创造了成功的范例。这种经济联合体很有生命力，今后将会更加蓬勃地发展。

第四节 经济特区十年发展的总体考察

10 多年来，经济特区坚持贯彻执行中共中央、国务院规定的一系列方针政策，依托全国，服务全国，成为吸收利用外资的热点、拓展外贸的新基地，经济迅速发展、社会面貌一新的城市。这些生动的实绩引起了国内外的瞩目，从而增强了人们建设有中国特色社会主义的信心，扩大了中国的国际影响。从其实践来看，作为改革开放"排头兵"的经济特区，在中国的社会主义现代化事业中有着重要的作用。

一、特区是观察研究当代世界经济的窗口

中国基于对历史经验的深入总结和对国内外形势的科学分析，在新的历史时期郑重确立了实行对外开放的方针和政策，把国内经济建设和国际经济发展联系起来，加速现代化的进程。由于各种历史因素主要是国际环境的制约，新中国曾经长期处于与世界经济相隔离的封闭半封闭状态，对于第二次世界大战后资本主义世界的经济发展知之不多。因此，如同新中国成立初期需要刻苦学习国内经济建设一样，必须刻苦观察研究国际经济、贸易、金融发展变化的规律，学习同有 100 多年历史经验的国际资本打交道的本领。特

区所处的毗邻国际市场的地理位置和实行特殊经济政策、特殊经济体制造成的社会环境，为这种观察、研究和学习，提供了密切结合实践进行动态追踪的场所。10年来，特区的发展对中国如何利用国际交换、优化生产要素组合来发展经济，如何借鉴国外组织社会化大生产的经验和方法来完善经济管理，如何在对外交往频繁的情况下，坚持正确的政治方向，建设社会主义精神文明等重要课题，作出了初步回答，锻炼培养了一批人才。这对于建设具有中国特色的社会主义是有重要意义的。

二、特区是对外开放的先行

根据中共中央和国务院的决策，中国的对外开放是在全国范围内，面向全世界实行的，同时又从幅员辽阔、地区经济发展不平衡的国情出发，采取了多层次、有重点、梯度推进的部署。10多年来，经历了从南到北、从沿海到内地逐步展开的过程。先是1979年确定举办深圳、珠海、汕头、厦门四个特区和广东、福建两省在对外经济活动中实行特殊政策、灵活措施，建立了对外开放的前沿。1984年年初，总结了举办特区的经验，开放了天津、上海等十四个沿海港口城市，在一些有条件的城市举办经济技术开发区，形成了中国沿海对外开放的主干。1985年年初，又将长江、珠江三角洲和闽南三角地区开辟为沿海经济开放区，加强腹地的纵深部署。1988年，随着特区外向型经济的发展，又将沿海经济开放区扩展到北方的辽东、山东半岛和沿海大部分地区。1990年，根据特区初步建成外向型经济框架的经验，决定开发和开放上海浦东新区，充分发挥长江沿岸的资源优势和科技优势。随后，又决定加强同内陆周边国家经贸关系的发展。在这一逐步推进的过程中，特区的发展起了先行探索的作用，它的政策和经验被结合各地具体情况加以推广运用。按照国家的经济发展战略，由特区——沿海开放港口城市——沿海经济开放区组成的沿海开放地区，担负着发展外向型经济的任务，要在全国最先建成内外交流、工农结合、城乡渗透、现代化、开放式的富庶文明地区，并带动内地的经济振兴。在这一格局中，处于对外开放前沿，发展外向型经济起步早、发展快、要求也高的经济特区，继续担负先行一步的历史使命。

三、特区是开展对外经济贸易的新基地

发展国际经济贸易关系和技术交流,需要多种渠道。举办经济特区,是参考国际上设立自由贸易区、出口加工区和自由港的做法,结合中国国情实际,发挥某些地区优势的重要布局。10多年来,特区经济迅速发展,吸收外资成果卓著,外贸出口大幅度增长的生动实绩,证明了这一决策是正确的和必要的。经济特区的建立和发展,使中国南方沿海地带增加了新的经济中心城市和对外口岸,改善了沿海经济发展布局。特区与内地以进入国际市场为目标的横向经济联合,使特区成为发展全国对外经济贸易的新基地。它与国家的对外经贸活动主渠道互为补充,相得益彰。这对于利用国际市场,优化生产要素组合,推进社会主义现代化建设,无疑具有重要的作用。

四、特区是改革的试验场

在中国这样一个人口众多,经济底子薄的大国里,进行旨在完善社会主义制度的改革,既没有可以援引的现成模式,也不可能做出一个完美无缺的方案,在一天早上一声号令全国同步实行,只能是通过试验逐步实施。这种试验,需要在一个企业、一个行业中单项进行,更需要在一个地区综合进行。实行特殊经济政策和特殊经济管理体制的特区,具有相对独立的经济和社会环境,是在改革方面进行综合性试验的场所。同时,特区的发展也强烈地呼唤改革。从过去十年的实践来看,它的某些成功的改革经验,如建筑工程实行招标承包制,劳动用工实行合同制,干部实行聘用制,设立外汇调剂中心,引进外资银行和中外合资银行等,已在内地或内地部分地区推行。它的某些改革做法,虽然主要适用于特区,但在思路上也为内地提供了有益的启迪和借鉴。它在改革中某些不成功之处,其负面影响也可限制在一个特定范围之内,不致牵动整个内地。今后,随着特区改革和全国改革的继续深化,这种试验场的作用将会愈益明显。

五、特区是中国现行改革开放政策的集中展示

国内通过特区观察外部世界,外部世界也通过特区观察社会主义中国。

过去十年多来，到深圳参观的外宾从国家元首到工、商、学界人士，就有来自120个国家和地区的3万多人。特区的建立和发展，展示了中国政府和人民集中精力进行社会主义现代化经济建设的巨大成就；展示了中国实行改革开放政策的稳定性和连续性；展示了中国实行独立自主的外交政策，推动建立国际政治、经济新秩序所作的努力，扩大了国际影响。特区经济建设的成就，对于保持香港、澳门的稳定和繁荣，促进大陆与台湾海峡两岸的交往，实现"一国两制"下的祖国统一大业，产生了积极影响。特区，已成为海外各界人士来华参观考察的热点，国际社会观察当代中国的"窗口"。

在中国进一步深化改革，扩大开放，在20世纪内实现社会主义现代化建设的第二步战略目标，以至在21世纪中期实现第三步战略目标的进程中，特区有着重要的战略地位。按照中共十四大的精神和邓小平视察南方谈话中提出的要求，中国各经济特区将进一步提高水平，增进效益，更加显著地发挥它的特殊作用。

下 编
各具特色的五个经济特区

本编对深圳、珠海、汕头、厦门和海南 5 个经济特区，分别作较详细的具体介绍。

第十章
深圳经济特区（上）

在中国的5个经济特区中，深圳特区开发建设起步最早。广大干部和人民群众，认真贯彻执行中共中央、国务院有关举办经济特区的方针政策，依托全国的支持，发扬"开荒牛"的精神，在过去10多年间取得了改天换地的重大成果，充分发挥了改革开放"排头兵"的作用。

第一节 深圳市的概况

一、地域概貌

深圳市地处北回归线以南，东经113°46′—114°37′，北纬22°27′—22°52′，东连大亚湾，西临珠江口伶仃洋，北与东莞、惠阳接壤，南邻香港，总面积2020平方公里。土地平坦开阔，沿海地带是平原，多为花岗岩风化土层，有利于工商、住宅等建设用地的开发。

深圳市属亚热带海洋性气候，年平均温度为22.4摄氏度，最高36.6摄氏度，最低为1.4摄氏度。每年5月至9月为雨季，年平均降雨量1948毫米。常年主导风向为东南风。因山峦阻挡，夏秋季台风的直接袭击平均每年不到一次。

深圳市有耕地（包括水田、旱地和菜地）42.99万亩，园地（包括果园、茶园和花圃）9.75万亩，林地14.62万亩。盛产饮誉海外的鲜活农副产品，如龙岗三黄鸡、沙井蚝、南头荔枝、南山桃、石岩沙梨、金龟桔、龙华方柿、大鹏鲍鱼、沙田基围虾等等。广阔的海域可发展养殖业和捕捞业。

深圳市海岸线长达229.96公里，多处具备建设港口的良好条件。妈湾、蛇口、赤湾、大梅沙、上围、溪涌、大鹏湾和盐田等处可以建设大型深水港。

深圳背山面海,风光秀丽,著名的自然景观很多。深圳湾畔1000多亩的红树林,是候鸟迁徙的中途站。梧桐山雄伟险峻,溪流潺潺。在蜿蜒曲折的大鹏湾上,除小梅沙和溪涌外,还分布着大梅沙、迭福、水头沙等水清沙白的海滨浴场。人文古迹近百处,如咸头岭新石器时代文化遗址,铁子山汉晋古墓群,沙井龙津南宋古塔,南头明代古城遗址,赤湾古炮台和天妃庙等。龙田世居是一处较典型的古堡式的客家村寨,对研究客家居民迁住深圳的历史及其风俗习惯很有价值。沙头角是一个特殊小镇。镇内的中英街长250米、宽3米,小街的一边是深圳、另一边为香港所辖,街中线的8块石碑的两面,分别用中英两种文字写着"光绪二十四年中英地界"字样,是近代中国遭受帝国主义侵略的历史见证。

二、历史沿革

深圳市的前身是宝安县。据历史记载,秦汉时期宝安受南海郡管辖。东晋咸和六年(公元331年),在南海郡东南地带设置东官郡,领辖宝安、兴宁等六县,郡治设在宝安县。当时宝安县辖地包括现在的深圳市、香港及东莞市的一部分。隋朝开皇十年(公元590年),东官郡废置,宝安县改属广州。唐朝至德二年(公元757年)废宝安县,全境划归东莞县。宋代的深圳不但是中国南方海上贸易港口,而且是重要产盐区。明朝洪武二十七年(公元1394年),在深圳分设了东莞千户所和大鹏千户所,成为军事要地。万历元年(公元1573年),为防备倭寇海盗入侵,划现在深圳市辖地和香港岛设立新安县。清朝道光二十二年(公元1842年),中英不平等条约《南京条约》使新安县的香港岛被英国占领。咸丰十年(公元1860年),中英不平等条约《北京条约》又使新安县的九龙半岛被英国占领。光绪二十四年(公元1898年),清政府又与英国签订《展拓香港界址专条》,英强租现在香港的新界99年。辛亥革命后的1913年,因新安县与河南省的新安县同名,将新安县复称宝安县,县治设在南头。1937年抗战爆发,国民党不战而溃,将宝安县政府迁往东莞的石马。抗日战争胜利后,宝安县政府又迁回南头。1953 年,因深圳联接广九铁路,交通便利,又将宝安县政府从南头迁至深圳。

深圳有光荣的革命斗争历史。明朝正德十六年(公元 1521 年),在深圳发生了中国历史上第一次反击欧洲殖民主义侵略之战,歼灭了来犯的葡萄牙舰队,保卫了中国领土完整。鸦片战争时期,深圳人民为抗击英帝国主义的侵略,在蛇口赤湾设立了左炮台。第一次国内革命战争时期,省港大罢工委员会在深圳张氏宗祠(现罗湖区南庆街 22 号)设立接待站。抗日战争时期,中共广东临时省委机关和东江纵队司令部驻宝安县土洋村。

中华人民共和国成立后,深圳人民改革封建土地制度,积极发展生产,生活逐步得到改善。但是,因多种因素制约,在改革开放以前,经济发展比较缓慢,群众生活不稳定,很多人外流香港,或远涉重洋到海外谋生。1979年 7 月,中共中央、国务院决定在深圳举办特区,从此揭开了历史发展的新篇章。

第二节 深圳特区的建立

1978 年 12 月,中国共产党十一届三中全会作出了把全国工作重点转移到经济建设上,实行改革开放,加速实现社会主义现代化的历史性重大决策。在酝酿选点举办特区时,首先考虑到深圳。

一、在深圳举办特区的有利条件

毗邻香港的地理位置。深圳是内地与香港联系最为方便的一个地方,历史上,深圳和香港原属一县。新中国成立后,作为边境口岸的深圳仍然与香港保持着密切的往来。深圳在香港新界还有几千亩耕地,有 28 个过境耕作口,许多深圳农民过界前去耕作、种植,其农副产品直接在香港市场销售。

中国南方的重要口岸。内地从深圳通往香港有 9 个出入口,其中陆路 4 个,即罗湖、文锦渡、皇岗和沙头角;水路 5 个,即蛇口、东角头、赤湾、盐田和小梅沙。每天有火车、汽车和航船相通,深港两地人员往来、商品进出、信息交流都很方便。

重要的侨乡之一。早在18世纪以前，深圳就有人移居海外。祖籍深圳的香港、澳门同胞现约28万人，海外华侨、外籍华裔约15万人。全市归侨6000多人，侨眷、侨属2万多人。这为深圳开展对外交往提供了有利的条件。

二、深圳经济特区的建立

1979年2月，国务院发出文件，要求宝安县在若干年内建设成为具有相当水平的工农业相结合的出口商品基地，吸引港澳游客的游览区，新型的边境城镇。1979年3月，中央和广东省决定将宝安县改为受广东省和惠阳地区双重领导的深圳市。1979年7月，中共中央和国务院批转广东、福建两省的报告，同意两省在对外经济活动中实行特殊政策和灵活措施，并批准在深圳等地举办特区。随后，广东省经济特区管理委员会成立，驻于深圳，具体策划和组织特区的筹建工作。

1980年8月，在全国人民代表大会常务委员会通过和颁布《广东省经济特区条例》之后，国务院正式批准了深圳经济特区的范围：北以梧桐山脉走向为界，东和西均迄于海，南以深圳河与香港为邻，总面积327.5平方公里。并明确提出要把深圳建成兼营工、商、农、牧、住宅、旅游等多种行业的综合性特区。1981年7月，广东省经济特区管理委员会移驻广州市，作为省人民政府的职能部门管理深圳、珠海、汕头3个特区的工作。深圳特区的开发建设由深圳市人民政府直接管理。

三、深圳经济特区的区划

深圳特区归深圳市政府直接管辖，特区与市属宝安县由一条长84.6公里的管理线为界，沿线设有6个检查站，进出方便。特区内原划为5个管理区，1990年经国务院批准改设为罗湖、福田、南山3区。1990年常住人口39.53万，暂住人口61.45万，共101万人。

罗湖区。东至沙头角中英街，南与香港新界接壤，北靠梧桐山、笔架山，西侧以红岭路与福田区为界，总面积139.2平方公里。区人民政府驻在湖贝。该区辖9个街道办事处，74个居民委员会，27个行政村。有10个经济功能区：1. 罗湖城区；2. 华城区；3. 水贝工业区；4. 莲塘工业区；5. 深圳水库区；6. 笋岗清水河仓库区；7. 红岭区；8. 沙头角工业区；9. 盐田港区；10. 大小梅沙旅游区。

福田区。西起小沙河，东至红岭路，南临深圳河，北至笔架山，面积68.8平方公里。辖7个街道办事处，15个行政村，34个居民委员会。区人民政府驻在福田。有5个经济功能区：1. 上步综合区；2. 福田新市区；3. 车公庙工业区；4. 农科中心区；5. 香蜜湖旅游区。

南山区。南面临海，西起南头安乐村，东至小沙河，北与宝安县石岩镇相邻，面积119.5平方公里。区人民政府驻在南头。有10个经济功能区；1. 南头生活区；2. 南头工业区；3. 西丽水库区；4. 华侨城综合区；5. 沙河工业区；6. 后海湾工业区；7. 妈湾港口仓库区；8. 招商局蛇口工业区；9. 赤湾港区；10. 蛇口渔工贸区。

深圳市管辖的宝安县面积1692.5平方公里，辖18个镇，15个居委会，1990年人口101万人，其中常住人口29.13万人，暂住人口71.84万人。

第三节　深圳特区的发展

深圳经济特区头十年的发展，经历了1980年至1985年的草创奠基阶段和1986年至1989年的发展成型阶段。从1990年开始，深圳经济特区进入了提高成熟阶段。

一、草创奠基阶段

举办特区起始的时候，深圳与一河之隔的香港相比，经济水平反差很大，百废待举。深圳的干部和群众以"在游泳中学习游泳"的精神，遵循中央关于把深圳特区建设成为一个以工业为主兼营商业、农牧业、住宅、旅游等多种行业的综合性经济特区的方针，重点做了以下几个方面的工作：

（一）在全面规划的基础上，大规模展开以市政基础设施为中心的基本建设。为创造良好的投资环境，深圳首先搬掉罗湖山，填平罗湖洼地，进行道路、供水、供电、电信、排污、排洪、供煤气和平整场地等"七通一平"的基础工程建设。在开发新城区过程中，特区采取了一系列有效的措施：第一，坚持规划一片、开发建设一片，投产获益一片的方针，分期分批安排建设，集中力量，先开发罗湖综合功能区、蛇口工业区，接着又先后开发了上步、南头、沙头角和沙河等功能区。第二，按照"先地下后地上"的原则，来组织市政工程建设，使"七通一平"的基础工程建设走在楼宇、厂房及公共设施建设的前面。第三，积极利用银行贷款，以钱生钱，不断"滚雪球"。主要是成立开发公司，实行工程总承包，并使土地商品化，在出售或出租地面建筑物时，将土地使用费一并收回。第一批工程得到的资金，又作为第二批工程的投资，如此循环下去，"雪球"就越滚越大，开发工程也就从小到大，不断发展。如特区房地产公司，从1980年开始开发罗湖小区，最初用3000万元的贷款"滚雪球"，仅四年时间就完成了8.8亿港元的工程量，竣工面积44万平方米，获得售房收入12.8亿港元。第四，注重城市规划的科学性、严肃性。特区一建立，广东省经济特区管理委员会、深圳市人民政府就十分重视制定城市总体规划，并把它作为一件大事来抓，多次召开会议，研究修改规划。同时，还广泛征询国内外专家的意见。先后邀请了100多位国内外专家学者讨论规划，进行评议，吸收专家们的意见。1984年，深圳市政府又对总体规划作了全面系统的修订。1986年成立了以市长为主任委员的规划委员会，组织实施。

深圳特区从1980年到1985年，基本建设累计投资62.3亿元，开发了罗湖、上步、蛇口、沙河各功能区，总面积为47.6平方公里。大片高层建筑拔地而起，建设速度日新月异，被人们誉为"一夜城"。中国建筑工程公司三局一公司承建的国际贸易中心大厦，在当时是国内兴建的最高大厦，楼高160米，地面建筑50层，地下结构3层，总面积近10万平方米。他们采用新工艺，只用18个月就优质高速地完成了53层楼主体工程的施工任务，曾经在30天内连上10层，工程质量很好，成为"深圳速度"的象征。这家公司在施工过程中涌现出了许多动人的事迹。职工们建的是高楼大厦，住的是油毡竹棚。深圳夏季气候炎热，建筑平台气温往往达到40度以上。工人们头顶烈日，汗水满身，坚持施工，从未退缩。在一次强台风中，多数竹棚揭顶倒塌，大家积极投入抢险，台风过后仅用一天时间就恢复正常施工。1983年年初，深圳一连下了两个多月雨，职工们冒雨苦干，钢筋工嫌穿雨衣干活不方便就干脆不穿，全身淋得湿透。2000多吨钢筋硬是这样让100多名钢筋工抬到工地上，扎成基础钢架。这只是深圳特区建设的一个剪影，在那如火如荼的大干建设的岁月里，似此感人事迹不胜列举。所以，人们说深圳这座新城，是工人的汗水浇出来的。

（二）大力开展外引内联工作，迅速发展特区生产力。深圳特区创办之初，就引进了几个较大项目。1979年7月开始兴建的由国家交通部驻香港机构——香港招商局负责投资开发建设和经营的蛇口工业区，是深圳最早利用境外资金进行开发建设的。1980年5月，经广东省经济特区管理委员会批准，在深圳特区开办了第一家独资企业新南新印染厂。1981年1月，深圳市畜牧局与泰国正大康地有限公司签约，开办了由客商独资经营的正大康地有限公司（协议投资2100万港元，经营期限30年）。但总的来说，在1979年至1983年，引进的外资项目主要是来料加工、来件装配、来种种养和补偿贸易项目，劳动密集型的生产项目，以及房地产业、旅游业项目。投资客商多来自香港。从1984年起，随着深圳特区投资环境的不断完善，产业政策的进一步明确，开始引进了一批先进技术和设备，外商投资逐渐转向生产规模较大的工业项目。

开展与内地广泛的经济联合，是深圳特区增强引进能力和加快经济发展步伐的一条重要途径。通过内联，为特区提供了一定的建设资金和一批科技人员和熟练工人，促进了特区各项事业的发展。通过内联，还可以把特区引进的先进技术、设备和科学管理经验加以消化、吸收。内联工作从同广东省属市、县及一些社队联合举办种养、饮食、服务业起步，很快发展到与中央一些产业主管部门实行经济联合。一是有关部、委、办、局、总公司直接在深圳投资办企业。二是由中央主管部门牵头，组织内地的部属企业到深圳办企业。如由航空工业部组建的中国航空技术进出口公司深圳工贸中心、电子工业部组建的中国振华电子工业公司、纺织工业部组建的华联纺织有限公司等。深圳特区在总结内联工作经验的基础上，于1983年制定了鼓励内联的若干政策措施，使内联工作出现了新的局面。一些"头"在内地"尾"在深圳，即将国内的原材料、半成品拿到深圳来精加工、深加工后增值出口的生产企业，开始建立。

（三）通过多种渠道为特区建设延揽人才。深圳特区是在资金、人才、经验不足的情况下开始举办的，起初面对大规模的基本建设任务，深圳本身只有一个500人的建筑公司和一个10人的设计室。为此，通过招聘、商调、协作等方式，从全国调进了数以千计的建筑工程技术人员，组织了90多个建筑施工企业和40家设计单位进入深圳，总人数约12万人，较好地满足了特区初期建设的需要。随着建设的发展，外商投资办厂增多，需要大批的劳动力。在此情况下，建立了以市、区（县）劳动服务公司和街道（镇）劳动管理站为中心，以广东省各市（县）驻深劳动站为网点，形成纵横交错、城乡沟通的劳务市场服务网络，既有效地解决了特区、内地剩余劳动力的就业问题，又满足了特区建设的需要。为了解决各级领导骨干和各类专业技术干部十分缺乏的问题，采用多种形式延揽人才。对高级专业技术人员，采取招聘、短期聘用和借调的办法；对中级或一般专业技术人员，采用招聘的办法；对建设大型项目和技术性较高项目所需的技术骨干，请外地对口单位支援。仅1979年至1982年年底，深圳就调入干部6072名，其中各类专业技术干部2597名。从1982年起，深圳特区每年都要派出招聘工作组，到中央组织部和广东省委组织部指定的城市和地区公开招聘干部和技术人员，使急需的各类专业技术人才，不断得到充实。

（四）对经济管理体制进行改革探索。在社会主义制度下举办经济特区，是一项崭新的事业。根据建设发展的要求，深圳特区举办伊始就进行有关改革的探索。一是改革行政领导机构，简政放权，使领导机关精干高效。同时根据特区经济发展的需要，加强与引进工作有关的机构，为特区引进工作服务。二是改革企业管理，让特区企业拥有必要的人、财、物、产、供、销自主权。三是改革基建管理体制，适应特区大规模进行基本建设的需要，实行设计搞评选，施工搞投标，承包单位内部层层包的办法。采取多渠道的集资办法，解决开发阶段建设的资金问题。四是改革流通体制，把经济搞活。打破地区封锁、独家经营等旧的管理体制,发展多渠道、少环节、产供销结合、批发零售结合的多样化的商业流通形式。在外贸体制上,改变过去独家经营和工贸分割的状况,实行既统一管理又分工经营的方法,把经营权下放到各专业公司和大的生产企业。在价格管理上,逐步放开部分商品的价格,发挥价值规律的作用。五是改革人事制度,将单一的干部调配制度,改为调配方式多样化,以解决特区人才不足问题;将单一的干部委任制度,改为实行领导干部任期制和选举聘用合同制。六是改革劳动用工制度,实行劳动合同制,使企业有用工的自主权。七是改革工资制度,企业的工资实行多种形式的浮动工资制,把职工的收入与企业的经营效益和劳动生产率挂钩,更好地调动职工的积极性和创造性。

1984年1月,邓小平视察深圳特区。深圳领导干部向他详细汇报了工作进展情况和初步获得的成就:1983年的工农业总产值比建立特区前的1979年增长近4倍,外贸出口增长5倍多,实际吸收外资累计3.64亿美元,经过四年建设,特区已初具雏形。邓小平在视察结束时题词:"深圳的发展和经验证明,我们建立经济特区的政策是正确的"。深圳的干部和群众深深为这一题词所鼓舞,以更大的信心和更大的努力投入开发建设。1985年,工农业总产值达到28.6亿元,比1983年增长2.3倍,外贸出口达到5.6亿美元,比1983年增长8倍,累计吸收外资达到9.23亿美元,比1983年累计数增长1.5倍。财政收入也比1983年增长3倍。从而走过了它的草创阶段,为进一步发展打下了基础。

二、发展成型阶段

1986年至1990年,是深圳特区致力于建立以工业为主、工贸结合的外向型经济,初步成型的阶段。

1986年元旦前后,国务院在深圳召开特区工作会议,总结了1980年以来四个特区特别是深圳特区的创办经验,提出特区的工作重点要从前几年的"搞基建、打基础"转到"抓生产、上水平、求效益"上来,着力发展外向型经济。这就给深圳特区在全国对外开放工作不断发展的情况下如何继续前进，指出了明确的方向，也为解决当时基建摊子过大、经济失衡问题，提出了明确的方针。接着从1988年起全国进行治理经济环境、整顿经济秩序，国内市场出现疲软，促使深圳特区的生产和经营更加注重国际市场。而在这个时期，国际经济发展中出现了发达国家和地区产业结构调整的情况，也为深圳的发展提供了机遇。正是这些多方面的因素，推动深圳朝着建立外向型经济的目标奋力爬坡。

（一）积极发展外向型工业生产。按照迅速发展社会生产力，使产品更多进入国际市场的要求，调整基本建设。1986年至1988年共停建、缓建非生产项目和非急需项目300多个，压缩投资31亿元，集中力量确保生产项目的建设。在生产项目的外引内联上，切实加强筛选工作，严格审核新上项目的产品外销比例（一般要求达60%以上）和外汇平衡条件。在信贷资金发放、电力供应等生产经营条件的提供上，重点扶持出口创汇和技术先进的企业。强调树立"立足深圳，加强联合，面向海外"的开拓意识和经营思想，引导采取"两头在外"和"三点一线"的办法，扩大生产和出口。"两头在外"是把原材料供应和产品销售市场主要放在国际市场。"三点一线"是将内地的原材料、零配件、元器件和初级产品，在特区进行深度加工增值后，输往国际市场。特别注重联合内地科研力量，开发新产品。经过努力，工业生产迅速增长，1990年全市工业产值达到167.55亿元，比1985年增长5倍多。

（二）整顿经济秩序。为了保护和鼓励合法竞争，促进外向型经济的发展，按照国家治理整顿的指示，对经济秩序特别是流通领域的秩序，着力进行了整顿。1987年，对商贸企业的违法违章经营进行了清理和整顿。1988年，对特区的企业以出资情况为重点进行了全面的核查。1988年年底，特区列入清理整顿的公司共3222家，到1989年年底，撤并公司730家，查处和取缔非法经营和无证经营企业267家。清理整顿后，公司素质得到提高，流通领域中的各种违法违纪现象明显减少。另外，还开展了增产节约、增收节支、开源节流、扭亏增盈的活动，大力提倡艰苦奋斗，反对讲排场、比阔气、挥霍国家资财的不良倾向。严格控制社会集团购买力，抑制消费基金增长，加强对工资基金和税收的监督、检查。

针对特区人口膨胀，供给压力过大的情况，对进入特区人口的数量和质量严格把关，并加强对暂住人口的管理和控制，严格清理"三无"（无证件、无单位、无住所）人员，认真落实计划生育工作。

在加强整顿的同时，千方百计加强基础管理，引导企业从速度经营型转向效益经营型。狠抓质量、物料消耗、能源消耗、生产成本、技术标准和经济效益等项基础指标的改善，以目标管理为手段，层层分解落实，促进了管理水平的全面提高。1990年，深圳的全员劳动生产率达7.15万元，比1985年提高143.2%，商业流通费用率由1985年的7.01%下降到4.93%。有54家工业企业（其产值占深圳工业产值的22.4%）成为国家二级企业或省级先进企业。

（三）开拓国际市场。为了拓展外贸出口，使更多的产品进入国际市场，从1986年起，深圳采取了许多有效的措施：

1. 努力扩大自产工业制成品的出口，建立出口工业生产系列，培植拳头出口商品和出口创汇大户。据1989年统计，在深圳33个工业行业中，电子、纺织、轻工、化工、机械等28个行业有产品出口。其中传统工业纺织、服装业出口产值比重达94%，新兴的电子工业产品出口产值比重也达60%左右。出口的产品有900多种，其中年出口1000万美元以上的有彩色电视机、自行车、收录机、色布、饮料等40多种。工业制成品在全部出口额中的比重，由1985年的53.9%上升到73.4%。年创汇100万美元以上的企业有300多家。

2. 与内地有关地区和企业加强横向经济联合。采取合作生产、产销挂钩、联营出口、代理出口等方式共同携手走向国际市场。既增强了深圳外贸的经营实力，又带动了内地某些产品的出口。1989年深圳自产产品出口占全部出口额的63%，经营内地产品出口占全部出口额的32%，其余为来料加工产品。

3. 拓展远洋贸易。1986年到1989年，先后在香港、北美、西欧设立125个贸易机构或企业实体，大力开拓远洋市场，改变先前过多依托香港转口的状况。与1985年相比，1989年产品输往的国家和地区由13个增加到45个，远洋出口贸易额的比重增长4.58倍。

4. 在税收、外汇管理、信贷资金、供应原材料和能源等方面，扶植出口潜力大的重点企业，鼓励其多出口、多创汇。

　　经过各方面的努力，深圳的外贸出口在1985年5.6亿美元的基础上连年大幅度增长，1987年达到14.1亿美元，1989年达到21.7亿美元，1990年接近30亿美元。

　　（四）深化经济体制改革。适应发展外向型经济的需要，从1986年起深圳加快了改革的步伐。与前述草创奠基阶段相比，这个阶段的改革，具有由单项突破向整体配套、由浅层次向深层次发展的特点。为了培育生产要素市场体系，全面放开生活资料市场，广泛实行市场调节；逐步放开生产资料市场，实行以国营物资公司为主渠道多元化经营，允许竞争，扩大供应；银行实行商业化经营，建立有控制的资金借贷市场、证券市场和外汇调剂市场；在政府控制一级土地市场前提下，放开二、三级房地产市场；进一步扩大劳动用工合同制，相应建立社会保障制度；鼓励兴办民间科技企业，促进科技成果商品化；同时积极发展信息业，建立起覆盖25个省、市，延伸到30多个国家和地区的信息网络，从兼营向专营、从无偿服务到有偿服务、从短期松散的联系向长期稳定的联系发展，逐步开辟信息市场。为了搞活国营企业，增强其自我发展的活力，全面推广承包经营制和经理（厂长）任期目标制，在200家国营企业进行股份制试验，其中有5家试行股票公开上市。市政府为了完善宏观经济调控体系，将经营管理和资产管理分开，由直接管理转向间接管理，建立20多个行业协会，加强审议、咨询机构。这些改革，使深圳逐步建立起国家宏观计划指导下主要采取市场调节手段，充分发挥企业活力和劳动者个人积极性的经济运行机制。这是1986年到1990年深圳外向型经济取得卓著发展的重要动力。

　　（五）进一步加强社会主义精神文明建设。深圳特区从开始举办，就鉴于地处对外开放的前沿，多种经济成分并存，来自四面八方的人员觉悟程度和文化素质参差不齐等问题，注意在大力进行经济建设的同时，认真建设社会主义精神文明。随着外向型经济的发展，与资本主义世界联系、交往更加频繁，深圳市委针对这种情况进一步把精神文明建设提到重要日程上，抓紧以下几个方面的工作：

一是根据深圳的实际进一步修订了《深圳经济特区精神文明建设大纲》，对创文明城市，建文明单位，做文明市民提出了规范性的标准，使这项"软"任务"硬"起来，保证两个文明建设同步发展。

二是把加强思想政治工作作为精神文明建设的中心内容来抓。从党政机关到企事业单位，运用各种形式对广大干部和群众加强四项基本原则教育，强调在举办特区实践中既要解放思想、更新观念，又要坚持社会主义方向。尤其注意做好青少年和外商投资企业职工的思想政治工作。在中央宣传部支持下，中共深圳市委宣传部组织摄制了四集电视政论片《世纪行》。该片以生动的形象、鲜明的画面展现了一百多年来国际共运的历史。放映后，公众舆论认为是进行社会主义教育的好教材，得到中央领导人的鼓励。

三是提出"开拓、创新、团结、奉献"作为特区人民的行动准则和共同发扬的精神，开展当文明市民、创文明单位、建设文明深圳的活动。

四是积极扶持思想内容好和格调健康的文化娱乐活动。与此同时，开展整顿社会治安，深入开展除"七害"、① 反走私、打击各种刑事犯罪活动的斗争，净化特区环境，维护和促进特区的安定和繁荣。

在加强社会主义精神文明建设中，特别强调干部带头，制订了《特区干部守则》，要求干部自觉遵守，对违法违纪干部严肃惩处。

90年代的深圳特区，步入了提高成熟的新发展阶段。1990年年底相继召开的中共深圳市第一次代表大会、深圳市第一届人民代表大会第一次会议，提出了在创造"深圳速度"的基础上再创"深圳效益"，在建设有中国特色的社会主义中当好"排头兵"，对全国改革开放发挥更大作用的奋斗目标。

第四节 卓著的成果

经过1980年到1990年的开发建设，深圳特区成果卓著。昔日疏落寂寥的边境小镇，一变而为基础设施比较齐全的现代化城市，呈现经济昌盛、市场繁荣、内外交流活跃的新貌，引起了中外的注目。

---

① 指嫖娼、卖淫、赌博、贩卖黄色物品、拐卖妇女儿童、吸毒贩毒，再加海外黑社会势力。

一、初步建成具有良好投资环境的新兴城市

深圳举办特区以来,进行了大规模的基本建设,到1990年年底,累计完成基本建设投资231亿元。在市政公用设施方面,建成总计800公里市内公路,500公里地下管网,包括涵洞、干渠在内的160项排洪工程。在对外交通、通讯方面,建设了广深铁路复线,建成11个港口72个泊位,增开了5个出入境口岸,市内电话交换机总容量达到15.27万门,开通了与国内外706个城市的直拨电话、用户电报、传真线路。在城区建设方面,建成了包括写字楼、商业服务用房、图书馆、科技馆、体育馆、宾馆、酒楼等大小楼宇3000多幢。在工业建设方面,建成10个工业区、1个科学工业园,增加了年产值200多亿元的工业生产能力,还建成了一大批学校、医院和50多个居住小区。往昔破旧狭窄的市貌,已为布局合理、设施齐全、建筑新颖的新市容所代替。

二、工农业生产迅速发展

1990年,深圳工农业总产值达到170.3亿元,比建立特区之初的1980年增长了86倍多。

外向型工业生产系列初步建立。深圳全市在1979年仅有224家工业企业,6000多万元的工业产值。这些企业大部分为集体所有制和社办小企业,产品主要是小农具、日用小商品、小化肥等。举办特区以来,坚持工业为主,外引内联,发展"轻、小、精、新"的产品,促进了工业生产迅速发展。到1990年年底,全市已拥有工业企业2700家,基本上形成包括电子、化工、机械、轻工、纺织、食品饮料、家具、服装等30多个行业,生产1000多种工业产品,适应能力比较强的外向型工业体系。1990年,工业产值达167.55亿元,出口工业产值(含来料加工工缴费折人民币)占全部工业产值的63.6%。1985年以来,有几十种产品在省、国家和国际名牌产品评比中分别荣获优质产品奖、新产品开发奖,并成功地开发出一批新产品打进国际市场。其中彩色电视机、收录机、自行车、机械零件、色布、饮料、玩具等900多种产品销往港澳、欧美、日本等40多个国家和地

区,并开始涌现了印刷线路板、数码电话机、模具、纺织后加工产品、仪器仪表等一批重点出口产品。

建立起了规模经营的现代化创汇农业。办特区前深圳农业经济结构单一,技术落后。举办特区以来,农业按照贸工农综合发展的方针调整布局,实行集约化经营,朝外向型发展。全市已有创汇农业生产基地 780 多个,其中较大的有 350 多个,年生产生猪 60 万头,鸡、鸭、鹅 3000 万只,水产品 3 万多吨,水果 2 万多吨,鲜奶 2 万多吨,蔬菜 20 多万吨。1990 年农副产品外贸出口额比 1979 年增长 22 倍。在发展创汇农业中,注重规模经营,逐步建成一批规模大、商品率高、收益好的生产基地。比较典型的有光明华侨畜牧场和广三保畜产有限公司的工厂化养猪,这两个单位的万头活猪生产线已经发展到 20 多套,饲养量约占全市的一半。按照生产"稀、优、偏、鲜"产品的要求,引进技术,改良品种,提高出口产品档次。国外的巨峰葡萄、红江橙、鹧鸪、西芹菜、西生菜等高档农副产品已在深圳"安家落户"。

三、吸收外资和引进先进技术成就突出

深圳创办特区以来,与港澳台及国外客商共签订直接投资和其他各种经济技术合作协议 5000 余项,协议外商投资约 60 亿美元,已投入使用资金 32.37 亿美元。外商投资企业 3000 多家。前来投资的境外客商,已经从举办特区初期主要是来自港澳地区,扩展到日本、美国、新加坡、南朝鲜等 30 多个国家和台湾地区。

外商投资的行业遍及农林牧渔、工业、交通、邮电通信、旅游、商业、仓储、饮食、房地产、卫生、体育、金融保险业等,其中工业投资比重占 72%,其次是房地产业和公用事业。在工业项目中先进技术项目的比重不断上升。产品外销比例多数企业在 70% 以上。

通过吸收外商投资和其他渠道,10 多年来,深圳共引进价值 5 万美元以上的技术设备 11700 台(套),包括印刷线路板生产线、电脑检测彩电生产线、彩色显像管生产线、激光电视唱片放映机生产线等,其中达到国际水平的约占 20%。引进的技术与设备,有些填补了国内生产的空白,有些增加了

产品品种，有些则提高了产品的质量或外销比例。在引进技术设备的同时，重视软件技术的引进。电镀添加剂的配方专利、温室无土栽培果菜技术、多层线路板专利技术、油墨配方技术、浮法玻璃技术专利等软件技术的引进，提高了技术开发的起点。

为了更好的优化投资环境，经国家批准，香港的南洋商业银行、上海汇丰银行、标准渣打银行和法国巴黎银行、日本富士银行、美国花旗银行、加拿大皇家银行、新加坡华联银行在深圳设立了分行或代表处。

四、一个新的外贸商埠在中国南方崛起

经过10多年的发展，深圳已经成为万商云集的新型商埠和对外贸易的基地。1990年，平均每天由口岸和特区管理线进出深圳经济特区的有40万人次，6.9万多车辆次。当年进出口货物总值54.7亿美元，其中出口29.96亿美元，比1980年增长271倍。全市出口额在全国大中城市中位列第二，仅次于上海。深圳发展对外贸易的特点是：1. 出口货物由农副产品为主转为工矿产品为主。1990年工矿产品比重上升到73%。2. 进口商品结构，以生产设备和原材料等生产资料为主。3. 出口生产体系逐步形成，深圳已经拥有一批生产规模较大、技术水平较高、竞争能力较强的电子、轻工、纺织、服装、化工、机械、金属加工等生产出口产品的企业。4. 与内地企业建立横向联合，以合作生产、产销挂钩、联营出口、代购包销、代理出口等方式建立了各种形式的工贸、农贸、商贸、技贸公司，有力地带动内地产品走向海外。5. 积极开拓海外市场。特区利用驻在港澳和海外的机构，建立起国际市场经济信息网络，同时还派出经贸团到西欧、美国、日本、澳大利亚、泰国、中东等国家和地区举办展销会、洽谈会，组织促销，逐步扩大远洋贸易。

五、第三产业蓬勃兴旺

在过去十年中，深圳的商业、金融、旅游、信息咨询等行业也获得了很大的发展。1990年深圳市国民生产总值中，第一产业占5.8%，第二产业占49.5%，第三产业占44.74%，产业结构类似中等发达国家和地区。

随着经济的蓬勃发展，联结国内外经济"桥梁"作用的发挥和社会购买力的提高，商业迅速繁荣。1990年，全市商业企业增加到1.9万多家，从业人员增加到8.6万多人。1989年全民所有制商业商品购进总额达168.2亿元，商品销售总额159.4亿元，分别比1980年增长75.5倍和62.8倍。

金融市场日益活跃。金融机构已经发展到530多家，初步形成了短期资金市场、证券市场和外汇调剂市场组成的金融市场，同内地20多个省、市、自治区，上百家金融机构建立了融资关系。

旅游业相当兴旺。深圳旅游资源比较丰富，加之毗邻香港，发展旅游事业有着广阔的前景。举办特区后，市政府把发展旅游业作为经济建设和改善投资环境的重要内容来抓。到1990年止，全市旅游业投资总额达40亿元，有专营或兼营的旅游机构、旅行社37家，大中型综合旅游点、度假村10多个，高、中档宾馆、酒楼123家，旅店及招待所数百家，风景优美的市区花园5个，形成以"五湖"（石岩湖、银湖、西丽湖、香蜜湖、东湖）"四海"（小梅沙、溪涌、深圳湾和蛇口）"一中心"（深圳旅游中心大厦）为主体的旅游总体布局。旅游部门还利用自然、人文资源特点，建设了华侨城"锦绣中华"，香蜜湖中国娱乐城的"蒙古民族城"等有民族特色的项目。此外，随着在深圳举办的各种全国性、国际性研讨会、洽谈会、展销会、技术交流会等，到深圳进行商务旅游的客商越来越多，为特区带来众多的客源，1989年、1990年，宾馆、酒楼的住房率平均在70%左右。1990年，深圳市旅游系统接待旅客500万人，其中接待境外住夜游客148万人，营业收入9.96亿元外汇人民币。

房地产业成为经济支柱。深圳特区在开发建设中，对房地产业进行改革，建立房地产市场，实行商品化、企业化经营，边建设、边出售和出租、边回收这种"滚雪球"的办法积累资金，扩大建设。在近几年的社会总产值和国民收入的累计增长中，约有43%和31%是由房地产的增长带来的。

六、科学、教育、文化、卫生事业欣欣向荣

深圳的科、教、文、卫事业与经济建设得到了同步发展。特区建立之前，

只有一些中小学校，成人教育仅限于扫盲，高等教育是空白。特区建立之后，教育事业得到空前发展。十年累计全市教育投资总额达12.8亿元，占财政总支出的18%左右。全市已拥有幼儿园228所，中小学校312所，中等专业学校8所，成人中学和成人中专16所，普通大学及成人大学5所，培训中心87个，形成普通教育、职工教育与成人教育并行的教育体系，为特区培养了大量人才。全市还成立了教育研究机构，并组织研讨会、交流会等，开展教学改革研究。为了改善教师的生活。除按照国家规定给教师增加10%的工资外，又从地方财政给教师增加10%的津贴，还在住房、入户等方面对教师给予照顾。

深圳原先只有4个县属的科研机构，27名初级科技人员，主要任务是推广农业技术。特区建立以来，积极发展科研事业。到1989年，全市各类科研机构、检测机构、设计单位、科研生产联合体达300多个，拥有自然科学和社会科学研究人员6万多人，逐步形成市、行业集团及企业三级组成的科研开发网。在引进和消化技术的基础上，全市开发了2600多项新产品，其中达到国际同类产品先进水平的27项，达到国内产品先进水平的120项，同时在特区内建成一批包括集成电路、计算机软件、数控机床、光纤光缆、新型材料、生物工程技术、传感技术、激光技术、同位素辐射、太阳能电池等高科技科研机构和生产企业，为特区发展高科技创造了条件。

特区建设之前，深圳市内只有一间戏院、一间电影院和一个展览馆。特区兴办之后，先后兴建了特区报社、电视台、图书馆、博物馆、大剧院、体育馆、科学馆、新闻文化中心等八大重点文化设施，还投资兴建了青少年活动中心，扩建了工人文化宫，组建了特区乐团、深圳市粤剧团等10多个文艺表演团体，创办了《深圳特区报》《深圳商报》《特区经济》等10多种报刊，形成较为完整的文化服务体系。此外，还接待过美国、苏联、加拿大、朝鲜、墨西哥等几十个国家和地区的文化考察团或文艺表演团体。特区也有不少文艺团体和艺术家应邀出访国外，为开展海内外文化交流，促进特区文化事业的发展，起到了良好的作用。

深圳市的前身宝安县，平均每千人只有1.16名医生，每万人仅有病床19张。1990年，深圳全市平均每千人有医生3.38名，每万人有病床32张。其中最大的人民医院，下属30多个科室，650张病床，1300多名医务人员，能处置脑血管瘤、严重脑挫伤、高位食道癌和断指再植等高难度手术。全市急性传染病发病率从1979年的15.2‰下降为1989年的4‰，病死率从0.079‰下降为0.011‰。

经过10年多的艰苦创业，随着经济实力大大增强，人民生活水平显著提高。1990年，深圳市人均国内生产总值达6896元，人均国民收入4785元，人均住宅面积10.18平方米，被列为全国率先进入小康水平的地区之一。

深圳特区在头10年的开发建设中能够取得举世闻名的"深圳速度"，是与内地的有力支援分不开的。

深圳着力发展同内地的横向经济联合，促进了经济建设和各项事业的蓬勃发展。到1990年年底，特区已与中央40多个部、委、总公司，30个省市自治区建立了经济技术协作关系，在深圳合作兴办内联企业3000多家。内联带来了建设资金，过去10年内，内地在深圳的建设资金占特区同期基本建设投资总额的10%以上。内联提供了大量人才，深圳有92.6%的党政干部、88%的企业干部、90%的工人、86%的专业人才来自内地。内联提供了建设所需要的物资，尤其是钢材、水泥、木材等建筑材料。人民日常生活所需要的粮、油、煤和煤气等，大部分来自内地。这对深圳的建设和发展，人民生活的稳定。起到了积极的作用。可以说，深圳特区是依托内地这个强大后盾建设起来的。

深圳特区随着自身的发展成长，也在全国的现代化建设中日益显著地发挥着重要作用。

一是作为联接国内外市场的桥梁，为内地经济发展服务。过去10多年时间里，深圳向内地传送了大量的国际经济信息，转让了250多项先进技术和59项科技开发成果；为内地代理进口关键技术装备、短缺生产物资价值10亿多美元，培训了2万多名技术和经营管理骨干；举办各种对外经济贸易业务洽谈会、展销会，参加的达36万人次，加强了内地与国际经济发展的联系；内地在深圳办的企业获得了20亿元的收益；在深圳的内地建筑单位获得了50亿元的劳务收入；在深圳劳动工作的100万内地人员汇往内地工资收入约60

亿元。

二是作为改革开放的"排头兵",为内地提供了有益的借鉴。过去 10 多年间,深圳在计划体制、价格体制、流通体制、外贸体制、金融体制、基建管理体制、土地使用管理、物资管理、劳动、工资、人事制度等方面进行了一系列的改革,无论是成功的经验还是在改革过程中遇到的问题,都为全国的改革提供了有益的借鉴。劳动用工合同制、基建招标制等经验,已经在内地得到推广应用。深圳发展外向型经济的经验,更为全国沿海地区的对外开放提供了重要的参考。

三是作为对外的"窗口",增进了中外的相互了解。深圳是内地在对外交往实践中,集中地观察研究当代国际经济发展变化的一个"窗口"。同时,也是外部世界了解当代中国的一个重要"窗口"。从 1980 年到 1990 年,先后到深圳参观考察的外宾,有来自 120 多个国家和地区的政府首脑、专家学者、企业界人士,约 3500 多批、3 万多人。深圳的巨变,使他们增加了对中国内外政策和发展现实的了解,产生了良好的政治影响。深圳吸收外商投资的成功实绩,也增强了海外企业家来华投资的信心。

第十一章
深圳经济特区（下）

前章介绍了深圳经济特区第一个 10 年艰苦奋斗、开拓创业的发展历程和取得的丰硕成果；本章再对它的基本实践进行综合性思考，并展望它在九十年代的新进展。

第一节 坚持外引内联，以工业为主，工贸结合，发展外向型经济

在一个落后的边境小镇的基础上，又面临着资金、人才、技术都十分缺乏的困难，深圳特区是通过什么途径发展外向型经济的？实践的回答是：利用毗邻港澳国际市场的优势，充分运用中央赋予的特殊政策，依托广阔的内地，坚持外引内联，优化生产要素组合，以参与国际交换和竞争为目标，努力发展社会生产力和各项经济事业。

一、积极筹措资金，建设比较完善的基础设施

深圳特区的建设是从大规模的基础设施建设起步的。这是创造投资环境不可缺少的重要方面，是特区发展的前提条件。各项工程上马，急需大量的建设资金，但举办特区之初，深圳地方财政收入每年仅有 1000 多万元，国家除了减税让利又不可能直接拨给更多的资金。在这种情况下，深圳充分运用中央给予特区的政策，广开集资渠道，利用外资、联合内资、向银行贷款和吸纳社会的闲散资金等，解决了资金困难。投资环境的不断改善，又进一步吸引了各方面的资金投入，到 1990 年年底，深圳累计投入基本建设资金 231.2 亿元，其中属国家直接投资的 3.37 亿元，占 1.45%；利用外资 57.65

亿元，占 24.22%；本市财政投入 30.28 亿元，占 13.09%；本市企业自筹 60.55 亿元，占 26.2%；国内贷款 44.7 亿元，占 19.33%；中央各部和各省市内联投资 22.62 亿元，占 9.78%；其他投入 12.3 亿元，占 5.32%。经过 10 年建设，一个布局合理、设施配套、建筑新颖、环境优美、初具规模的现代化城市在祖国的南疆迅速崛起。

二、外引内联，发展以"轻、小、精、新"产品为特色的新型工业

深圳外向型工业的发展，走过了一条从无到有、从小到大的路子。特区成立之初，主要是运用国家的优惠政策和毗邻香港的地理优势，通过开展对外加工装配业务和对国内初级产品进行加工出口来积累资金。随着投资环境的改善，大力发展外引内联，努力实现境外和内地的资金、技术、人才在深圳优化组合，兴办外商投资企业和内联企业。到 1990 年年底，办起外商投资企业 3000 多家，工业产值达 106.9 亿元，占全市工业产值的 63.8%，成为深圳工业生产和出口的主要力量；国营企业的工业产值 49.5 亿元，占全市工业产值的 29.5%。同时，实行"立足深圳、加强联合、面向海外、扩大出口"的方针，努力实现产业结构的调整和经营策略的转变，采取有效措施重点扶持一批出口创汇企业，举办出口商品基地，努力发展远洋贸易。为了发挥特区的地理优势，深圳积极探索境内外生产要素组合的新路子，建立了内地—深圳—海外的"中中外"合营企业模式和进料—加工增值—出口的新形式。1990 年，深圳有"中中外"企业达 1800 多家，投资总规模达 21 亿美元，推动了内地对外贸易的发展，增强了特区参与国际竞争和国际交换的能力，外向型经济得到了迅速发展。生产要素的优化组合，使一批出口骨干企业脱颖而出，涌现了年出口创汇 100 万美元以上的企业 300 多家，其中 1000 万美元以上的 40 多家；年创汇 100 万美元以上的产品 280 多种，其中 1000 万美元以上的 30 多种。

三、以工业生产力的发展带动其他产业的振兴

深圳坚持工贸结合，在建特区前原有边境小额贸易的基础上，逐步建立

起具有一定规模、多功能、多层次的对外贸易体系。主要做法是：第一，以国际市场为导向，建立贸工农、产供销、内外贸紧密衔接的新经营体制，以230多家进出口贸易企业为骨干形成特区外贸经营新格局。第二，充分发挥特区"窗口"作用，以内地作为特区外贸的强大后盾，围绕出口创汇，与内地实行广泛的经济联合。这种联合有工贸、农贸、商贸、技贸等方面的结合，又有合作生产、产销挂钩、联营出口、代购包销，代理出口等多种形式。广泛的内联使外贸出口规模得以不断扩大。第三，随着工业的发展，建立出口产品基地，开发拳头产品。同时积极调整出口产品结构，变农副产品为主为工业制成品为主，不断增强国际竞争能力。

在发展外向型工业的同时，发展创汇农业。深圳自1979年开始就根据香港市场的需要，有计划有步骤地调整了农业生产结构，积极发展鲜活农副产品的生产。实行适度规模经营和集约化经营，逐步建成一批产量较大、商品率较高和经济效益较好的农副鲜活商品生产基地。在"稀、优、偏、鲜"的产品上下功夫，努力提高产品档次。先后与美国、日本、澳大利亚、联邦德国、新加坡、泰国等国家和香港等地区的商户，以及中央有关部门和各地区的科研单位，签订了一批合作协议，引进了一批畜禽、水产、蔬菜、水果等优良品种和栽培技术、资金与设备，取得了多方面的科研成果，提高了产品的质量，使全市自产鲜活产品在香港市场的销量逐步扩大。1990年，深圳农副产品出口达3.47亿美元。

与外向型工业、创汇农业和对外贸易的发展相适应，深圳积极发展金融业，形成了以中国人民银行为领导、国家专业银行为主体、外资银行和区域性金融机构并存、多层次、多功能、开放型的金融体系。通过打破银行专业分工、实行业务交叉、开展业务竞争，通过开拓金融市场、搞活资金融通和推行银行企业化等一系列改革，使金融业不断向国际化方向发展，对外向型经济发挥了促进作用。

与此同时，深圳十分注重商业、旅游、房地产等各行业的按比例发展，保证了经济的协调、稳定增长和全面繁荣。

四、逐步实行国际化经营

发展外向型经济，对特区来说，就是积极参与国际交换和竞争，实行国际化经营，在国际经济大舞台上锻炼提高，增强自己的经济实力，提高经济素质，培养大批人才。不少发展中国家和地区，已经积极利用这一经营方式，通过生产要素的优化组合，发挥区域优势，促进本国或本地区的外向型经济发展。深圳建立特区以来，经批准到港澳及海外投资的企业、公司、贸易机构已上百个，其中有近 80 家在港澳地区，有 20 多家分布在美国、英国、澳大利亚、泰国、菲律宾等国家，经营电子、食品、土产、服装、地产、贸易、饮食等行业。这些境外企业、机构以境内企业为后盾，更直接地收集国际经济、技术信息，更好地生产适应国际市场需要的产品，逐步建立销售网络，促进了产品直接进入国际市场，发展了远洋贸易。

开展国际化经营的主要做法是：以企业集团为基础，形成集团经营和规模经营，发挥骨干企业和拳头产品的龙头作用，鼓励企业相互联合，形成合力，进入国际市场。对具备一定经济实力和经营条件走出去进行国际化经营的企业，市政府给予必要的支持。

实行国际化经营，扩大与世界各国的经济技术合作和贸易往来，就要学会按照国际惯例办事。即按照国际社会在长期实践中形成的一些通行的习惯和作法办事。深圳特区早在 1985 年就提出，必须使深圳成为"按国际规则打篮球的场所"，并采取了许多措施，包括完善投资环境的硬件建设，加快立法进程，增强服务功能，教育和培训干部掌握国际经贸知识，研究国际上的有关法规，了解香港及国外的一些办事通则，借鉴香港经济法规等。一方面，保证外商投资企业在深圳能按照特区法规和国际惯例经营；另一方面，要求特区企业和办事人员懂得按国际惯例来运作，促进特区国际化经营水平的不断提高。

第二节　坚持以社会主义公有制为主导，多种所有制并存，发挥联结内外的枢纽作用

对于经济特区来说，所有制结构对自身经济的发展和在全国经济生活中

充分发挥作用关系重大。深圳特区建立10年多来，由于大量吸收外商直接投资，积极开展对内经济联合，扶植个体和私营经济的适当发展，形成了社会主义全民所有制、社会主义集体所有制、个体私有制和外商投资企业多种经济成分并存的所有制结构。

一、社会主义全民所有制

据1990年年底统计，深圳有市属国营企业6960多家，内联国营企业3000多家，两者占企业总数的58.4%。在当年的工业产值中，上述两类国营工业企业的产值约占30%。在过去10年中，为了发展社会主义全民所有制经济，深圳积极吸收内地投资，发展内联企业。这种内联企业是社会主义全民所有制经济在地区、部门、行业之间的联合。深圳目前实行内联的形式主要有：1. 深圳与内地企业间的联合，即"双边联合"。这种形式的联合，包括：内地的企业与深圳的企业联合在特区投资办厂；深圳的企业到内地去联合各省、市的企业在当地投资设厂，建立出口基地；内地的一个或几个企业联合起来，在深圳开办企业等。2. 在深圳的国营企业之间的联合，这种联合主要是为了提高特区国营企业对国际市场的适应能力，集中多方力量，建立生产、科研、销售相结合的有机群体，逐步形成规模经营。3. 内地的科技力量与深圳生产企业的联合，走科研与生产相结合的路子，使科技成果转化为生产力，研究新技术，开发新产品。内联企业的发展和壮大，起到了既促进特区外向型经济发展、又服务内地的双重作用。

二、社会主义集体所有制

1990年，深圳的集体企业共4480家，占工商企业总数的24%，主要有三种类型：1. 镇、村办企业，这类企业数量大、分布广，是特区集体企业的主要部分。2. 街道办的企业，这类企业起步晚，但发展迅速，其发展潜力还很大。3. 市属集体企业，这类企业主要是原宝安县的手工业集体企业、生活服务企业、搬运装卸公司的基础上发展起来的。深圳的集体企业在第二、第三产业中分别占了总户数的20%和60%，在第二产业中比较集中在轻纺、电子等工业，在第三产业中多从事商业、服务业。集体经济在深圳具有重要的地位和作用。首先，它兼容性大，具有灵活多样的形式。其次，它竞争力强，能够灵活地对市场做出反应。再次，它发展了第三产业，适应人民生活需要，安排了大批待业青年就业，同时也为大工业配套服务，促进整个经济发展。今后集体经济比重将逐步上升。

三、个体和私营经济

1990年，深圳共有个体工商业户1.56万多个，从业人员3.3万多人；私营企业480多家，从业人员8000多人；民间科技企业145家，从业科技人员2500多人。另外，还有近百个集贸市场，直接参与市场交易和服务活动的个体劳动者近6万人。全市个体和私营经济已涉及服装、运输、建筑、电子、机械等广泛的行业领域。它在繁荣市场、方便人民生活方面显示了不可缺少的作用。深圳特别对民间科技企业、开发性个体农业，在政策上给以鼓励和支持，引导它们为新产品开发、科技进步和农业振兴服务。

四、外商投资企业

10年来，深圳实际吸收利用外商投资达32亿多美元，主要在工业领域，基础设施建设、房地产业、交通运输业、金融业、旅游服务业和农牧业等领域也都吸收了外商投资。吸收外商投资的方式：一是中外合资经营，这种形式占实际利用外资总额的21.84%。二是中外合作经营，这种形式占实际利用外资总额的36.37%。三是外商独资经营，这种形式占实际利用外资总额的10.51%。四是中外股份制经营，它与外商投资企业一样，也是外商直接投资的形式，主要是通过发行股票筹集资金办企业，这种形式还是在试验和起步阶段。在深圳的外商投资企业中，有一些是深圳的企业、内地的企业和外商联合投资兴办的"中中外"企业，可以把内地、特区和外商三方面的优势结合起来，便于形成内地—特区—海外"三点一线"的供、产、销渠道，开拓国际市场。1990年外商投资企业的出口额占当年全部出口额的55%。通过吸收外商投资举办企业，增加了建设资金，引进了先进技术和管理经验，还带来了国际经济信息和产品外销渠道，促进了外向型经济的发展。在今后深圳的经济建设中，外商投资企业将向更高的层次发展。

尽管深圳在所有制结构上多种经济成分并存，而且外商投资企业和其他非社会主义公有制，经济成分占的比重较大，但是社会主义公有制经济仍在经济发展中居于主导地位，发挥着主导作用。这种主导地位，是从以下几方面体现的：一是社会主义全民所有制、社会主义集体所有制和中外合资、合作经营企业中的社会主义经济成分加在一起，仍占相当大的比重。二是深圳的交通运输、水电供应、金融等经济命脉掌握在国家手中，土地等重要资源属于国家所有。三是深圳经济是全国社会主义商品经济的有机组成部分，宏观上受国家计划的调控指导。四是深圳的所有企业，不论所有制性质如何，都要遵守国家法律、法规，都要接受市政府的宏观管理。

在特区采取以社会主义公有制经济为主导，积极吸收利用外资，举办外商投资企业，鼓励其他经济成分的适当发展，不同于内地非特区以社会主义公有制为主体。这是中共中央、国务院关于经济特区政策规定中的一个重要之点，是特区发展外向型经济，特别是发挥对外开放"窗口"作用所必需的。

为了巩固发展社会主义公有制，充分发挥公有制经济对整个经济的主导作用，深圳近几年来在完善国有资产管理的基础上，对国营企业有计划、有步骤地进行股份制改造。从实践看，股份制企业体现了所有权和经营权的分离，有利于经营管理科学化；实现了社会资金的集中和投资风险的分散，有利于多渠道筹集资金；可以促进投资结构和产业结构的调整优化，发展规模经济。股份制企业，允许企业之间相互参股和个人参股，构成了国家控股下的多种资金来源和多种股权形式相融合的新的经济集合体，这是以社会主义公有制为主导，多种经济成分并存的一种具体形式。它既可以搞活国有资产的存量，保证其安全和增殖，又为整个经济的发展注入活力。

第三节　在国家宏观调控下，充分发挥市场的调节作用

深圳特区的经济，是全国社会主义商品经济的有机组成部分。但是，深圳特区的商品经济与内地相比又有一定的特殊性，主要是商品以外销为主，

受国际市场的影响较大,市场调节的范围要更大一些,方式要更灵活一些,作用要发挥的更充分一些。这就要求特区必须对应国际市场,对经济管理体制进行改革。10年来,深圳打破了原来那种以指令性计划为基本特征、行政干预为主要手段的管理模式,对指令性计划、指导性计划和市场调节的范围、比例进行了合理调整,初步建立了在宏观计划指导下主要采取市场调节手段的经济管理体制和运行机制,增强了特区经济的活力。

一、改革计划体制

在宏观管理上,特区既重视改善与加强计划指导和宏观调控,又注意充分发挥市场的调节作用。政府主要通过政策法律、经济杠杆、计划指导、行政管理、监督制衡等综合手段进行调控。在微观上,坚持放开搞活,除投资规模、人口、财政、外汇、进口货物等实行指令性计划管理外,其余均改为实行指导性计划或市场调节。在计划职能上,逐步从过去的直接定产品产量、分配指标等事务中摆脱出来,集中力量抓社会总供给与总需求、积累与消费、速度与效益等一系列比例关系的协调平衡,以增加企业活力。在计划管理方式上,从过去重速度和绝对量转向重效益和相对量,逐步减少实物指标,增加价值指标和效益指标,并通过制定产业政策,引导特区经济协调发展。

二、改革价格体制

深圳彻底打破了旧的价格管理体系,物价已全面放开,完全实行市场调节的商品已占社会零售额97%以上。价格随行就市,自觉运用价值规律调节供求关系,形成了指令性价格幅度内价格浮动和市场调节价格并存、以市场调节价格为主的价格体系。为了有效地抑制物价上涨,保障人民基本生活需要的稳定,特区在强化市场秩序监督的基础上,对计算物价指数中的18种商品和集贸市场上的18种商品的批发价和零售价的差额率,实行严格管理。

三、改革财政金融体制

深圳实行了"以收控支、自求平衡"的财政包干体制。政府与市属国营企业按照"税后分利、合理留成"的原则进行税利分管。并在金融体制方面，打破了银行固有的专业分工，实行业务交叉，开展竞争，批准外资银行进入特区，发展区域性商业银行和非银行金融机构。实行浮动利率，扩大资金拆借范围，建立外汇调剂中心和证券交易市场，初步形成了以国家银行为主体的多元化金融体系。

四、改革流通体制

深圳为适应商品经济的发展，在流通领域内允许不同部门和不同所有制企业的交叉经营，开展合理竞争，以补偿贸易、双边合作、协作串换等方式同国内外厂商建立直接的业务联系。与生产需求相适应，先后开设了电子元器件、农牧生产资料、机电产品、建筑材料和商业购物中心等生产资料市场和生活资料市场，使零星分散的交易趋向集中，方便了交易进程，加快了周转速度，形成了少环节、多渠道的流通体系。与此同时，特区建立了房地产、劳务、技术、信息、资金、证券和外汇等各类生产要素市场，并积极培育和发展市场中介组织，建立起信息网络、咨询服务机构和公证、律师、会计、审计等组织，协助政府规范市场运作。

五、改革企业管理体制

深圳企业在人、财、物和产、供、销方面拥有较大的自主权。企业的权、责、利相统一，实行独立核算，自负盈亏，自主经营。企业的生产经营根据市场的供求情况自主决定和调整。政府通过政策、法令和经济手段来引导、规范企业的发展方向，给企业创造公平竞争的条件。在企业的内部运行机制方面，较早地实行了厂长(经理)任期目标责任制，并实行了董事会领导下的总经理负责制。在经营管理方式上，采取了指标承包、金额承包、部分承包、租赁承包等做法，还积极推进股份制，不断探索完善企业管理体制的新办法。

六、改革外贸、外汇管理体制

深圳实行内外贸结合、工贸结合、农贸结合、技贸结合和产供销"一条龙"的一体化管理体制,既统一管理,又分散经营。部分企业具有直接进出口业务权,可同外商直接洽谈进出口业务。没有进出口权的企业,可委托办理进出口业务,从而调动了广大企业发展对外贸易的积极性。深圳还利用其优越的地理条件,打破条块分割,与内地联合,建立起了一批内地名优产品出口基地和销售网络,形成了内地与深圳有机结合的通向海外的出口渠道。

在外汇管理方面,1988年起特区的外汇调剂全部放开,外商投资企业可以与国家、集体单位之间互相调剂,并将外汇调剂对象扩大到个人,对地方财政收入的外汇,由政府统一管理,统筹安排,自求平衡。

七、改革房地产管理体制

深圳建立了以土地使用权有偿转让为内容的土地市场。在土地所有权与使用权分离的原则下,实行土地由政府统一管理,引入竞争机制,通过协议、招标和公开拍卖的方法,有偿出让国有土地的使用权,并把获得的土地使用权出让金投入到交通、能源等基础建设之中,形成了土地资源开发的良性循环。在此基础上,特区又推出了土地国有化改革方案,依法将农村集体所有的土地转为国有,加强政府对土地使用的宏观调控。在住房制度方面,打破过去由国家一包到底的做法,逐步实现住房商品化,建立起住房供求的"双轨三类"模式。"双轨"即两条建房轨道:一是房管部门代表市政府组织建房;二是房地产开发单位投资建房。"三类"是指按住房对象不同区分的三种类型商品房:福利商品房、微利商品房、市场商品房。鼓励职工购买住房,从而推动住房改革取得了明显进展。

八、改革劳动用工制度

深圳自1980年开始,进行了以搞活固定工制度,实行合同用工制为主,工资和保险制度为配套措施的综合改革。建立了以劳动合同用工为主的多种用工形式并存的劳动用工制度,开办了劳务市场,实行了双向选择的就业制度。特区的合同制工人得到迅速发展,1990年原有的固定工,已有50%实行了合同化管理,临时工和劳务工全部实行了劳动合同和劳务合同管理。随着改革的深入，特区又实行了外来劳动力按照劳动手册管理的规定，规范了企业用工行为，提高了劳动力素质。

九、改革分配制度

与特区多种经济成分并存的实际相适应，深圳根据按劳分配为主，多种分配形式并存的原则，对分配制度进行了改革，在坚持个人收入与经济效益挂钩、与贡献大小相联系的原则下，允许效益不同的企业和贡献不同的个人在分配上有所差别。对不同所有制形式的单位和经济实体采取不同的工资分配政策和形式。全民所有制企业主要实行企业工资总额与经济效益挂钩的浮动工资制为主；外商投资企业、股份制企业以及集体企业，实行"企业自主分配，国家征税调节"的办法；国家机关事业单位，主要实行以职务工资为主的结构工资制，一职数级，上下交叉，并建立正常晋级增资制度，以及实行部分工资与物价挂钩的形式。与此同时，在养老保险、待业保险实行社会统筹的基础上，从1989年起试行了养老、医疗、住房相互联系的新的社会保险制度，主要是通过公积金的形式，由过去国家负担为主的"企业自保"式的办法，向国家、企业、个人共同负担的社会共济与个人自我保障相结合的社会保障体系过渡。

十、改革干部人事制度

根据经济发展对干部人事管理逐步实现法制化、科学化的要求，深圳积极稳妥地进行了干部人事制度的改革。在干部调配方面，改革了单一的调配方式，采取了公开招聘、招考为主，自荐、推荐为辅的多样化调配方式。在干部任用方面，率先在国营企业推行了聘请制和选聘制，职工直接选举或通过职代会选举厂长、经理，经批准后聘任。同时，在政府机关中实行了干部任期制，建立起了规范化的干部考察制度、调入人员考核制度、干部培训制度、领导干部回避制度等。实行了公开招考领导干部的试验，先后三次在审计局、劳动局、标准计量局、司法局、工商局等单位公开招考领导干部，从上千名应试者中选聘了20多名局级领导干部，实行择优汰劣，能上能下。此外,还制定了深圳特区公务员制度的方案,并于1988年开始试点。

十一、改革行政管理体制

针对旧体制权力过分集中、机构臃肿、政企不分、条块分割的弊端,深圳撤销了一部分行政主管局,使政府对企业的管理由直接管理转向间接管理。成立了投资管理公司,将国有资产的管理从政府部门中分离出来,在实行国有资产管理权与经营权的改革方面进行了大胆的尝试。加强了财政、工商、税务、银行等部门的管理职能,形成了较完善的宏观调控体系。为了加强对公务人员的监督,较早成立了行政监察局、经济罪案举报中心,以严惩违法违纪的行为。此外,还建立了一批行业协会,承担了部分行业管理的职能,成为连接政府与企业之间的桥梁和纽带。为了保证决策的正确性,特区加强了决策咨询部门的建设,建立了以市政务咨询委员会为中心的咨询体系,组建了市政府法律顾问室,形成了"决策咨询会"制度,对市委、市政府决策进行事前研究和追踪反馈,以推进决策的民主化和科学化进程。

综合来看,深圳特区所进行的这些改革,是在坚持社会主义制度自我完善和发展的前提下,从四个层次上展开和进行的。

一是充分调动劳动者个人的积极性。直接的生产者、经营者和管理者是经济活动中的主要因素,能否调动人的积极性和创造性是经济能否发展的前提条件。深圳通过改革劳动用工、人事管理、工资奖金等制度,打破了"大锅饭"、"铁饭碗"的用工制度,并以此为突破口,改革分配制度,建立合同工制度、社会保障制度,把竞争机制与劳动者的才能结合起来,使社会主义按劳分配的原则得到更好的体现,调动了劳动者的积极性。与此同时,为了防止出现新的分配不公,较早地建立了工资调节税和个人收入所得税制度,1990年全市征收工资调节税、个人收入调节税和个人收入所得税共1.34亿元,居全国计划单列城市之首。

二是增强企业活力。企业的经济活动直接关系到经济发展的速度、效益和运行机制。深圳对企业的改革起步早,比较配套,针对企业种类的不同,实行了多种管理模式,无论哪种企业在聘用职工、任免干部、管理生产、开展经营等方面都拥有自主权，使企业真正成为独立的商品生产者和经营者，直接参与国内和国际市场的竞争。

三是创造良好的生产经营环境。良好的生产经营环境是企业发展的外部条件。深圳以培育市场体系作为创造良好生产经营环境的重要内容，对价格、流通、金融、外贸、外汇、房地产制度进行了改革，建立起了各种生产要素市场。企业对生产要素的需求通过市场加以解决，使企业的应变能力和承受能力大大增强，外向型经济的基础日趋牢固。

四是增强宏观调控能力。市政府的宏观调控，因所面对的特殊经济结构和发展外向型经济任务而显得特别的重要。深圳改革了政府机构，改变了调控经济的方式和手段，通过政策法律、经济杠杆、计划指导、行政管理、监督制衡等综合手段进行宏观调控，尽量减少直接干预，既促进了政府管理经济职能的转变，又适应了特区经济发展的需要。在以往的10年中，在宏观调控中，坚持计划经济与市场调节相结合，对关系到特区经济命脉的活动坚持指令性计划调控。但调控的方式也不尽相同。运用信贷、利率调控企业的资金占有量，引导企业建设项目投资和产品更新；运用价格调节企业的生产性成本，促进产品结构、产业结构、企业组织结构的优化；利用市场差价调控企业使用国产原材料的比例；利用税率吸引外商投资；运用产业政策引导企业向高科技方向发展等等。政府对经济的调控，以依靠经济手段、尊重经济规律为基础。同时，深圳强化政府的政纪、法纪监督，加强廉政建设，使政府的宏观调控更加有力。

深圳特区在所有制结构、企业经营机制、市场体系和宏观调控体系的改革上都有新的突破，努力使特区市场与国际市场更好地衔接，特区企业能更直接地参与国际交换和竞争，推动特区外向型经济的发展。同时，经济的发展又促进了特区改革的不断深化和配套完善。深圳的改革对其他特区、沿海开放地带、乃至全国都提供了重要的启示。

第四节　建立自我积累、自我发展机制，增强经济建设后劲

过去10多年来，深圳特区的建设资金，在中央的政策支持下，多渠道、

多方式自行筹集。为了更好地生财、聚财、用财,他们着意建立一种自我积累、自我发展的机制,"苦练内功,发挥内力",增强自身的"造血"功能,使特区的经济实力不断壮大。

一、用好银行贷款,以钱生钱,"滚动"发展

使用银行贷款是当代经济开发活动的基本方式。深圳特区使用贷款进行开发,十分强调要考虑国家的整个信贷规模和自身的还贷能力。把有限的资金投放到最需要的项目上去,不断滚动发展,是深圳始终注重之点。一是投放在土地的成片开发项目。通过成立开发公司,给予相应的权限,使土地商品化,边开发,边收回资金,又再投入,再发展,从小到大。二是投放在商品房和标准工业厂房项目,通过给予一点启动资金,可以边建厂房楼宇边预售,使资金循环使用,不断增值。三是用于交通、能源、港口、机场等大型基础设施建设。四是用于外向程度高、经济效益好的工业项目。实践说明,利用信贷资金搞建设,建立滚动发展的机制,是解决特区建设资金来源的一条路子。

二、积极发展第三产业,广辟财源

中国实行对外开放后,为发展旅游业提供了广阔前景。深圳紧邻港澳,是中国最大的陆地旅客进出口岸,发展旅游事业有"近水楼台"的优势;同时,对外开放必然会带动商业、贸易、交通运输、邮电通讯、住宅、金融、咨询业的发展。根据这个优势和条件,深圳先是就地取材,因陋就简,办起了旅游服务业,然后逐步发展带动整个第三产业。1990年旅游业的收入近10亿元外汇人民币。第三产业已成为深圳的重要经济支柱,对增加财政收入起了重要作用。

三、开源节流,增加有效积累,提高经济效益

建立自我积累、自我发展这样一种良性循环的机制,需要作许多艰苦的努力。在开源方面,深圳提出要"苦练内功,发挥内力",增强自身的"造

血"功能。在努力建立投入产出的良性循环时，狠抓效益这个关键，千方百计提高投入产出率、资金利税率、人均创利和创汇率；强调注重内涵式扩大再生产，通过挖掘生产潜力，进行技术更新改造，提高管理水平和完善企业机制，使现有的生产潜力更充分地释放出来。通过优化经济结构，提高投资效益；通过加强管理，降低物耗，堵塞效益流失；通过科技进步和发展规模经济，提高劳动生产率。在节流方面，深圳注重处理好积累与消费的关系，防止和避免消费基金的膨胀。一条是坚持艰苦奋斗，勤俭办一切事业；一条是广辟财源，节约开支。有了这两条，就能有效地增加积累。10 年来，深圳不但注重把有限的资金重点用于支持交通、能源、电讯、外向型工业的建设，而且在全市开展增产节约、增收节支，开源节流、扭亏增盈的活动，大力提倡奋发有为，多作贡献的"开荒牛"精神，反对讲排场，比阔气，挥霍浪费的倾向。严格控制消费基金增长，加强对分配基金、税收的监督、检查，千方百计增加有效积累。1990 年，深圳经济特区的国有资产总值已达 270 多亿元，工业生产能力超过了 200 亿元。可以说，深圳特区经济已步入了自我积累，自我发展的良性循环，经济实力不断壮大，发展后劲日益增强。

第五节　坚持"两手抓"，实现"两个文明"建设同步发展

深圳特区的社会主义精神文明建设是在特殊的环境下进行的。它毗邻香港，是两种社会制度的临界处，各种思想意识在这里碰撞。同时，特区事业的发展又要求人们解放思想，大胆创新和试验，使得特区的思想领域比较活跃。特区作为中国对外开放的第一线和改革的"试验场"，在经济运行和肩负的任务等方面都与内地有所不同，许多工作都带有很大的探索性。深圳特区的商品经济比较发达，经济以外向型为主，多种所有制并存，多种分配方式并用。人口又来自四面八方，其思想、作风、习惯、文化素养、道德意识各有不同，形成了较为复杂的社会生活背景。多种文化现象在这里汇集交融，国外特别是香港文化对特区直接影响，既提供了借鉴世界进步文化的方便，又带来了许多腐朽没落的东西。这种特殊的环境，要求深圳的精神文明建设必须立足特区实际，充分发挥积极因素，抵制消极因素，坚持社会主义方向，

保证马克思主义、毛泽东思想在意识形态领域的指导地位，党对特区建设事业的核心领导地位，社会主义、爱国主义思想在人们道德观念中的主体地位。

一、坚持物质文明与精神文明同时抓

在特区建设过程中，大力发展商品经济，推进外向型经济是题中应有之义。与此同时，建立起与特区实际相适应的社会主义精神文明，也是深圳特区建设的内在要求。特区的物质文明与精神文明并不会自然地协调一致，同步发展，必须坚持"两手抓"的方针，花大的气力促进精神文明的发展。中共深圳市委、市政府不断教育广大干部群众懂得，深圳是经济特区，不是政治特区，在实行特殊政策和灵活措施的同时，必须坚持四项基本原则，在大力发展物质文明的同时，必须把精神文明建设作为战略任务贯彻于一切领域。1985年，制定了《深圳经济特区社会主义精神文明建设大纲》，并于1990年重新进行了修订，对精神文明建设的总任务、目标模式和实施措施提出了规范性的要求，强化了目标管理，增强了可操作性，使精神文明建设纳入到深圳整体发展战略之中。为保证精神文明建设具有广泛的群众性，深圳制定了做文明市民，创文明单位，建文明城市的规划，把个人行为准则，单位文明规范的标准和建设现代化的社会主义文明城市结合起来，促进了精神文明建设与物质文明建设的相互支持、相互促进。

二、坚持深入开展政治思想工作，加强党的建设

举办特区以来，深圳市各级党组织围绕着如何适应改革开放和特区建设的需要，努力做好思想政治工作。1983年，深圳召开了全市第一次思想政治工作会议，以后每隔一两年就召开一次专门会议，研究思想政治工作。

加强特区党的建设和干部队伍建设，是特区精神文明建设顺利开展的根本保证。10年来，特区共发展新党员1万多名，使特区的党员人数达到6.7万多人，成为特区建设的中坚力量。为了保证党的方针政策更好地贯彻执行，特区党组织采取多层次、分期分批集中轮训和经常性教育相结合的方法，开展了理想道德、形势任务、政策纪律和党的基本路线教育。1982年以来，各

单位举办党员干部学习班共 2000 多期，参加学习的党员干部达 14.2 万人次。1989 年全市进一步健全了党组织活动日制度。市委确定每星期五晚上为党支部活动时间，使党员教育经常化、制度化。党的教育和深入的思想政治工作，使深圳特区坚持了正确的政治方向。即使在 1989 年春夏之交的政治风波期间，广大干部和群众处于境外错误舆论的严重影响下，仍然经受住了严峻的政治考验，保持了社会秩序的稳定和各项工作的进行。

为了使企业思想政治工作取得更好的效果，深圳结合实际，在企业中普遍推广企业文化建设，强调特区要建设的是社会主义企业文化，不能照搬国外企业文化那一套，必须突出社会主义教育内容，培养符合社会主义道德观和价值取向的企业精神。深圳康佳电子公司经过几年的努力，已形成"我为你，你为他，大家为康佳，康佳为国家"的企业精神，促进了企业经济效益和社会效益的双丰收，公司党委被中共中央组织部授予先进基层党组织的称号。经过努力，全市已涌现了一大批加强企业文化建设的先进单位，不但大大加强和改善了企业的经营管理，而且有效地引导干部职工正确处理个人、企业和国家三者的关系，大大提高了企业经济效益和社会效益，对企业经济工作沿着社会主义方向健康发展起到了积极的作用。

为了加强外商投资企业的党的工作，选派了 900 多名党性观念强且善于和外商打交道的优秀党员干部，到这类企业担任领导。有条件的企业都建立了党组织，对暂不具备条件成立党组织的企业，明确由有关党组织代管那里党的工作。

三、倡导"开拓、创新、团结、奉献"的特区精神

改革开放是时代的潮流，深圳在改革开放中，坚持有所引进、有所抵制的方针，在广大干部群众中加强社会主义、爱国主义、集体主义思想教育，增强特区当好探索有中国特色社会主义排头兵的历史使命感和责任感，增强抵制资产阶级自由化的自觉性。1987 年以来，对个别宣传资产阶级自由化论点突出的报刊，该停办的停办，该整顿的整顿，使特区的主要舆论工具能够坚持正确的立场和方向。为了加强四项基本原则的宣传教育，1990 年深圳特

区拍摄了《世纪行》，在特区及全国引起了强烈反响，被推荐为全国党课教育的教材，表现了特区建设社会主义精神文明的坚强信念和责任感。深入实际的思想教育，使人们更加坚定了社会主义的信念，以极大的热情投入到经济建设之中。

1987年，深圳市委、市政府经过反复讨论研究，提出了"开拓、创新、献身"作为在深圳倡导的特区精神，后又修订为"开拓、创新、团结、奉献"。特区精神的实质，就是要求特区人民具有当好探索有中国特色社会主义道路"排头兵"的历史使命感和责任感，锐意艰苦奋斗，开拓进取，团结一致，胸怀远大目标，为振兴中华，建设特区做出应有贡献。1989年以来，市委、市政府通过发动全市范围内公开投票评选文明单位、文明市民活动，广泛开展"当文明市民、创文明单位、建文明深圳"活动，使特区精神深入人心。1990年在露天广场举行了连续10个小时的百名歌星歌唱雷锋演唱会，反应强烈。"让雷锋精神在特区闪光"的活动在特区普遍开展。全市创立了500个青年文明岗位、200多个共青团岗位和50个共青团号车厢。在特区精神的指导下，特区人逐步树立了与发展外向型经济相适应的现代意识和新观念，主要包括：外向意识、竞争意识、市场意识和信息观念、知识观念、时间观念、效率观念等。还深入持久地开展了"微笑在深圳"的职业道德教育和竞赛，服务质量不断提高。为了创造国家级卫生城市，进行了大规模的城市净化、绿化、美化建设，在全国35个直辖市、计划单列市和省会城市的评比中，以最高得分连夺三个第一。

四、大力发展教育、科学、文化事业

十年来，深圳平均每年教育投资占市财政支出的18%左右，高于全国水平。全市基本普及了九年义务教育，普通教育学校增长了16倍，研究制定了《深圳特区教育发展战略》，建立起了较完整的教育体系。全市有100万人参加文化、专业和技术培训。为了繁荣特区文化教育事业，建立了图书馆、博物馆、体育馆、科技馆、大剧院、新闻文化中心、电视台和深圳大学等具有现代化规模的八大文教设施。兴办了国际艺术节、亚洲乒乓球邀请赛等大型国际文艺体育交流活动,许多国内外著名的文艺、体育团体和人员到深圳献艺表演。积极支持和鼓励思想内容好、格调健康的文化产品的生产和经营。针对特区歌舞厅、"卡拉OK"流行,而唱盘多从香港、国外进口的问题,率先制作具有中华民族特色、内容健康的"卡拉OK"唱片。为了使广大的青年员工有广泛的娱乐场所,深圳创造了"大家乐"的广场文娱活动形式,即群众自荐、自演、自乐和专业文艺团体义演相结合的广场艺术。还初步实施了精神文化生产倾斜政策,从经济、行政和法律上采取了相应措施,为优秀文化产品的生产和经营创造条件,创作出一批反映特区改革开放和建设成就的优秀影视文艺作品,如《你好,太平洋》《大海在呼唤》《深圳人》等。与此同时,对宣传腐朽生活方式和格调不高的文化产品,坚决予以取缔和限制,大力抓好文化市场清理工作,完善文化市场管理法规,成立了文化市场稽查队,使文化市场成为特区精神文明建设的一个重要方面。

五、加强法制建设和廉政建设

为了保证特区事业的顺利发展,深圳特区一直注重加强法制建设,已制定公布30多个单行法规和260多个行政管理规章。自1986年年底开始,开展了借鉴香港有关经济法规的研究工作。为了增强公民的法治意识,采取多种方式开展普法工作,全市86万人参加了普法学习。全市300多个单位聘请了常年法律顾问,10多个单位成立了专门机构,进一步强化了以法治市的工作,逐步形成了有法必依、依法办事的社会风气。深圳市委、市政府发动群众,大力扫除"七害",整顿社会治安,坚决打击一切刑事犯罪分子,社会治安进一步好转。1990年12月,深圳市人大常委会的成立,使特区的法制建设进入了新的阶段,推动特区法制环境的更加完善。

深圳市委、市政府特别把廉政建设作为一项极其重要的工作来抓,先后发出了《关于防止和消除党政机关及公职人员腐败现象的若干规定》等有关文件,建立和完善厉行廉政的内部机制和外部监督体系。全市368个单位制定了保持廉洁的规定。对少数腐败分子、违纪党员进行严肃惩处。特区大多数党员干部能够艰苦奋斗,保持同人民群众的密切联系,在"两个文明"建设中发挥先锋模范作用。十年来，涌现出了优秀共产党员近 2000 名，先进党支部近 500 个。1987 年以来，全市有 3000 多人被评为先进生产（工作）者，60 人被评为省级以上劳动模范，6 人获得全国五一奖章，2 人被评为全国特级劳动模范，展示了特区新一代的风貌。

深圳在实践中认识到，特区的社会主义精神文明建设尽管在作法上有其特殊性，但其根本任务，仍然是以马克思主义、毛泽东思想为指针，不断提高广大干部和群众的政治思想、道德素质和文化科学素质，培育一代"有理想、有道德、有文化、有纪律"的社会主义新人。这一根本任务在深圳的不断深入实践，为改革开放和物质文明建设提供了政治保证、精神动力和智力支持，使深圳沿着正确的方向前进。

第六节　90 年代的发展前景

经过十年多的奋斗，深圳经济特区走过了草创奠基和发展成型阶段，在 90 年代，它进入了提高成熟的新阶段。这个阶段，是深圳的优势和潜力得到更充分发挥，外向型经济在量和质的方面向更高层次发展的阶段；是改革开放不断深化，新体制逐步建立和完善的阶段；是进一步出产品、出信息、出技术、出经验、出人才，更好地服务全国，更多地为国家作贡献的阶段；是在两种社会制度的竞赛中进一步显示社会主义优越性，对保持香港的稳定和繁荣，在"一国两制"下实现祖国统一大业产生更为积极影响的阶段。

按照中共中央、国务院的要求，结合自身的实际，深圳经济特区在这个发展阶段的奋斗目标是：建成以先进工业为基础，第三产业为支柱，农业现代化水平较高，科学技术比较先进的综合性特区和外向型、多功能的国际性城市，成为经济繁荣、社会全面进步的社会主义"窗口"，继续当好改革开放的"排头兵"。具体内容是：

以先进工业为基础，就是要促进特区的工业在国民生产总值中的绝对量和相对量不断增长，在坚持"轻、小、精、新"的前提下，加快某些战略性的行业和骨干拳头产品的发展，以国际市场为导向进行产业结构和产品结构的调整升级，努力实现产品标准国际化，更好地开拓国际市场。

以第三产业为支柱,就是使特区第三产业的比重接近中等发达国家产业结构的比例水平,由1990年的44%上升到2000年的51%左右,使特区逐步成为汇集国内外名优产品,万商云集的国际性商品市场,转口贸易和直接远洋贸易并重的出口创汇基地,多种类、多层次、对内对外辐射力较强的金融体系和信息网络,连接国内外、快捷、便利和发达的现代化交通电讯枢纽,具有民族和时代特色、服务水准较高的旅游胜地。城市功能多样化,并日趋国际化。

科学技术比较先进,就是要把先进适用技术和高科技产业作为深圳国民经济的先导。新技术、新工艺和科学的管理办法将在各行各业中得到普遍采用。科技进步将成为国内生产总值增长、经济效益和劳动生产率提高的主要因素,逐步实现由劳动密集型为主向技术密集型为主的转变,由物质投入主导型向科技进步主导型的转变,由速度型向效益型的转变。要具有迅速吸收、消化、移植当代国际新技术的能力,做到科技与经济紧密结合,科研成果和引进技术能迅速转化为生产力。

社会全面进步,就是在经济繁荣的同时,教育、文化、卫生、体育等各项社会事业有更大的发展,人口控制、环境保护、城市管理水平有更大的提高,社会治安、交通秩序有更明显的好转,民主和法制建设日臻完善,"开拓、创新、团结、奉献"的特区精神进一步发扬光大。

根据新阶段的发展要求,深圳经济特区到20世纪末要实现四个具体奋斗目标:第一,率先实现中国关于经济发展战略的第三步奋斗目标,到2000年人均国民生产总值达到或接近中等发达国家现有的水平。第二,成为中国的重要出口创汇基地,争取2000年成为全国人均出口创汇最高的地区之一。第三,成为经济、政治体制改革的成功试验区,建立起社会主义商品经济的新体制和民主与法制比较完善的政治体制。第四,成为社会主义精神文明建设的先进地区,全面体现社会主义制度的优越性。

为实现上述目标,深圳特区对未来十年经济发展的具体规划是:

到"八五"期末,实现国内生产总值320亿元,国民收入220亿元,工业产值450亿元,农业产值14亿元,出口贸易额达到70亿美元;人均国内生产总值1万元,净产值率由33%提高到36%。

在"九五"期间,实现国内生产总值600亿元,国民收入420亿元,工业总产值800亿元,出口贸易额130亿美元;人均国内生产总值1.5万元,达到中等发达国家现有水平。

在过去的10年中,深圳特区在改革开放的旗帜下迅速崛起,并在经济建设中创造了被人称道的"深圳速度"。未来十年,在党的基本路线指引下,深圳特区要继续高举改革开放的旗帜,在保持"深圳速度"的同时创造一个"深圳效益",成为在全国经济中具有重要位置的经济区域,为全国的改革开放提供更多的借鉴,为国家的现代化建设做出更大的贡献。随着1997年香港回归祖国,深圳特区将进一步加强与香港的经济技术合作,为实现"一国两制",促进香港的繁荣与稳定做出贡献。光荣的历史使命激励着深圳特区人民努力奋斗,开拓进取,迎接更加灿烂的未来。

表9

深圳国民经济发展概况
（1980—1990年）

项　目	单位	1980年	1981年	1982年	1983年	1984年	1985年	1986年	1987年	1988年	1989年	1990年
年末常住人口	万人	32.09	33.39	35.45	40.52	43.52	47.86	51.45	55.60	60.14	64.82	68.65
年末职工总数	万人	4.86	5.31	8.28	12.57	18.27	22.66	25.88	32.29	41.74	48.24	55.41
职工年平均工资	元	979	1132	1366	1545	2179	2418	2448	2676	3388	3858	4308
工农业总产值（1980年价）	亿元	1.95	3.73	5.02	8.73	18.36	28.62	38.15	60.47	92.84	122.18	170.30
农业产值（1980年价）	亿元	0.89	1.06	1.14	1.13	1.15	1.37	1.60	1.79	2.13	2.39	2.75
工业产值（1980年价）	亿元	1.06	2.67	3.88	7.60	17.21	27.25	36.55	58.68	90.71	119.79	167.55
外商直接投资项目数	项	33	70	66	253	334	282	224	310	591	647	757
协议外商直接投资额	亿美元	2.40	8.64	1.75	2.94	5.33	7.93	2.44	5.67	4.30	4.69	6.79
实际利用外资总额	亿美元	0.33	1.13	0.74	1.44	2.30	3.29	4.89	4.04	4.44	4.58	5.19
其中：外商直接投资	亿美元	0.28	0.86	0.58	1.13	1.86	1.80	3.65	2.74	2.87	2.93	3.90
进出口总额	亿美元	—	—	—	7.86	10.72	13.06	18.47	25.58	34.42	37.52	54.71
出口额	亿美元	—	—	—	0.62	2.65	5.63	7.26	14.14	18.49	21.74	29.96
进口额	亿美元	—	—	—	7.24	8.07	7.43	11.21	11.44	15.93	15.78	24.75
社会商品零售总额	亿元	2.07	3.56	5.68	12.85	21.60	27.78	28.63	33.49	51.37	54.54	68.39
货运量	万吨	38.61	47.17	63.22	194.40	214.60	303.50	276.60	301.80	332	1383	1349
港口吞吐量	万吨	29.60	70	91	140.50	210.30	326.80	305.97	485.40	733.80	956.02	1292.49
接待过夜境外游客	万人	0.14	0.48	1.91	42.67	55.79	77.85	73.53	84.65	103.94	100.58	148.24
旅游外汇收入（外汇券）	亿元	0.01	0.03	0.05	1.27	1.61	2.14	3.10	4.05	4.77	4.77	9.96
全社会固定资产投资额	亿元	1.29	2.74	7.38	10.83	19.46	33.32	24.86	28.52	43.62	49.99	57.92
年末银行存款余额	亿元	1.88	3.77	5.05	11	35.62	28.36	44.83	56.86	85.53	110.54	150.72
年末银行贷款余额	亿元	1.04	1.58	4.62	12.20	42.56	50.13	68.36	88.39	121.09	140.43	178.84
财政收入	亿元	0.30	0.88	0.92	1.56	2.94	6.29	7.42	8.75	12.44	18.77	21.70
财政支出	亿元	0.40	0.84	0.88	1.50	2.80	5.87	6.81	6.97	11.10	17.30	19.80
城乡居民储蓄额	亿元	0.47	0.92	1.38	2.40	5.42	7.95	12.11	18.84	30	28.25	42.66

第十二章
珠海经济特区

珠海经济特区，经过10年建设，在原来滨海渔镇的基础上，建立了以工业为主、工贸结合的外向型经济框架。工业几乎是从零开始，获得迅速发展。围海造田，开发创汇农业，补偿工业和城建用地，有独到的经验。加强统一规划和严格管理，建成现代化园林式的海滨城市，更为中外所注目。

第一节　珠海市概况

一、自然环境

珠海市因位于广东省南部珠江注入南海处而得名，地处北纬22°48′，东经113°03′—114°37′之交。全市总人口50.2万多人，总面积7555平方公里，其中陆地面积1266平方公里，海域6289平方公里。有较大的岛屿14个，分别散布在市区的东部、西部和南部的浩瀚海面上。

市区东与香港隔伶仃洋相望，相距36海里，坐飞翼船70分钟可达。南与澳门相连，车辆可直达。市辖的海上诸岛环绕香港、澳门。有的海岛与香港相距仅3海里，有的与澳门相距仅300米。该市与澳门、香港历史上就有贸易来往，关系甚密。市区的东北与深圳特区隔江相望，客货运有轮渡相通。西部与侨乡新会、台山县，北与中山市接壤。珠海市及所辖属的斗门县，处于中国经济较发达的珠江三角洲的西南前沿。

珠海市陆域地势由西北向东南倾斜，总体较为平缓。地貌呈多样性，有海湾、滩涂、台地、丘陵、平原和海拔500米以下的低矮山岭，为珠江水系所分割。依山临海，茂林修竹、奇峰异石，各自成景，海湾延绵，滩涂肥沃，沙滩平展，海域辽阔，岛屿众多，海岸线长达690公里。所辖岛屿生长着热带、亚热带植物和野生动物，千姿百态。

珠海市气候是亚热带海洋性气候，日照充足，热量丰富。年日照时数为1991.8小时。由于受亚热带季风的影响，雨量充沛。每年降雨量平均为2000毫米，集中在5至9月之间，约占全年总降雨量的84%。冬少严寒，夏少酷热，平均气温22.4摄氏度，长年无霜。

风向夏多东南风，冬多东北风，受太平洋高压气流影响，夏秋间有台风经过，平均每年达4.1次。年平均相对湿度为79%。空气清新。

自然资源丰富。河道纵横，水网交错，人均径流量5100立方米，为中国人均水平的1.9倍，为广东全省人均水平的1.4倍。海域底部平坦，著名的国际航道——大西水道，由东而西，横贯域内。海域内多为咸淡水交汇，特殊的水质，成为各种优良水产品的集生地。仅鱼类就达200多种，名贵鱼种有红眼鲈、石斑鱼等。甲壳类有黑吉对虾、近缘新对虾、斑节对虾、日本对虾、龙虾以及锯缘青蟹、梭子蟹等。贝类及短足类有牡蛎、泥蚶、鱿鱼、文蛤、鲍鱼等；藻类有广东紫菜、石花菜、江蓠等。渔民从事海洋捕捞，历史悠久，经验丰富。

珠海土地资源十分丰富，大量山坡丘陵，以及海湾滩涂，可供开发使用。耕地总面积达60.23万亩，占全市陆地总面积的27.1%。主要作物是甘蔗，市辖斗门县的甘蔗产量，在广东省各县位居前列，是中国有名的"甜县"之一。其次是水稻，品种多且质地好。四季蔬菜、水果、花卉都十分丰盛。特别是枸杞、芫荽、西洋菜、韭黄、毛瓜、荔枝、大蕉、西瓜、甜橙、柑桔和各种鲜花、盆景等，在澳门久享盛誉。

珠海的山丘、岩石、湖泊、海湾和岛屿，形成观光、度假、疗养、野营、垂钓、狩猎、旅游的胜地。如由奇石群构成形似各种动物的石景山，林木丛生、清泉涓流的阴井山，古竹参天、怪石嶙峋的竹仙洞，山势威武的将军山和峰峦起伏、白云缥缈的黄杨山。唐家镇的银坑湾、香洲的香炉湾，是优良的天然海滨浴场。岛屿风光，更为迷人，现已开发的有九洲岛，正在开发的有桂山岛、万山岛、高栏岛等。珠海旅游资源丰富，可以说处处为景。

珠海的矿产，陆上非金属矿多，如花岗石、优质玻璃砂、瓷土、高岭土、钾长石等。近海大陆架蕴藏石油、天然气，处于南海油田前沿。

二、历史沿革

珠海市是1979年3月5日经国务院批准设立的。珠海原属广东省香山县（即现中山市）。据史志记载，香山在战国时代楚即设治管理。汉朝隶属番禺县。两晋至陈朝又划归东官郡。隋朝又改划宝安县。唐代隶属东莞县。入宋后，由于沿海盐业日益兴旺，人口骤增，绍兴22年（公元1152年），将原来东莞县的香山寨和南海、番禺、新会三县的海滨地区划出设县，因五桂山出产沉香，故名香山县。元、明、清三代，香山县一直隶属广州府。中国民主革命的伟大先驱孙中山先生即诞生于此。辛亥革命后，香山县隶属广东粤海道。孙中山先生逝世后，香山县改称中山县。1931年至1934年，中山县政府设在现珠海市所辖的唐家镇。

珠海境内的前山镇，是中国人民抵抗外来侵略的军事重镇。明天启元年（公元1621年），为抵御外寇入侵，设置前山寨。清康熙年间，建前山城，加强防守。乾隆时加派文官，升为准府治。

中华人民共和国成立后，1951年1月，以中山县的香洲、唐家、前山、湾仔为基础，加上鸡头角、涌口门、万山群岛、淇澳岛、横琴岛，并从东莞县划出万顷沙、五涌、一涌、龙穴岛；从宝安县划出内伶仃、固戍、蛇口、盐田、外伶仃岛、佳蓬列岛等，组成广东省人民政府海岛管理处，隶属珠江专署。1952年7月，海岛管理处移归中山县属，同年12月中山县将海岛处所属海岛改设渔民区。1953年5月1日经政务院批准，以中山县渔民区为基础成立珠海县。县治设在唐家镇。1956年年底，又将中山县的翠微、康济、连贝、下栅、官唐、东岸六个乡村划归珠海县。1958年年底，珠海县又并入中山县。1961年4月，复设珠海县，县治移驻香洲镇。

1979年3月5日，国务院批准珠海县改为珠海市，同年11月26日，升格为省辖市，直属广东省人民政府领导。

1983年7月1日，经国务院批准，斗门县划归珠海市领导。

珠海境内有新旧石器时代的文化遗址，有宋元交战的古战场，有历史上的海防要塞——铳城、烽火台，有鸦片战争时的抗英斗争遗址。第一次国内革命战争时，著名无产阶级革命家、军事家叶剑英曾在此从事革命活动。这里还抚育了中国共产党早期杰出政治活动家苏兆征、林伟民、杨匏安、邝任生等革命先烈。中国最早的旅美侨领陈芳，清代第一位留美博士生容闳，中国辛亥革命后第一任内阁总理唐绍仪，近代著名文人苏曼殊，中国第一个世界乒乓球冠军容国团，都生于珠海。

珠海还是著名的侨乡。明、清时期，即有珠海人"过洋"打工、做生意。南水岛至今还留有明时"水上丝绸之路"的对外通商港口的遗迹。据统计，当代祖籍珠海而旅居海外的华侨和香港、澳门的同胞及华裔约20多万人。

与珠海紧密相连的葡占澳门，开埠有400多年历史，是有名的国际自由港，与珠海的贸易往来和民间交往，非常密切。连接珠海与澳门的古老拱北口岸，是仅次于深圳罗湖口岸的中国南方第二个陆路出入境口岸。

第二节　珠海特区的建立

1978年年底，中共广东省委、省政府贯彻中共十一届三中全会精神，结合国情和省情，借鉴国外经验，酝酿在广东举办经济特区，就把珠海作为选点对象之一。1979年3月，国务院批准珠海建市后，要求把珠海市建设成为具有相当水平的工农业结合的出口商品生产基地、吸引港澳旅游客的游览区和新型的边境城市。1979年7月15日，中共中央和国务院批准在珠海市设置出口特区。同年9月，中共珠海市委、市府就设置出口特区的构想和规划，向中共广东省委、省政府和国务院作了汇报。1980年8月26日，第五届全国人民代表大会常务委员会第十五次会议批准了《广东省经济特区条例》后，国务院批准珠海经济特区的范围面积为6.81平方公里。广东省经济特区管理委员会设立了珠海办事处，开始筹建工作。1981年5月24日，国务院在北京召开的广东、福建两省和经济特区工作会议，确定珠海特区应建成工业为主，兼营商、农、牧、住宅、旅游等多种行业的综合性特区。

珠海经济特区的范围，根据国务院1988年4月25日的批示，具体划定的范围是：东自金鼎边防检查站对面海边起，沿海岸线向南至拱北海关货检处止，包括淇澳岛和九洲港的九洲岛两座近岸的旅游观光小岛；北自金鼎边防检查站起至官塘村，沿凤凰山南麓20米等高线绕大铳山水库，至东坑沿梅溪河至上涌边防检查站止；西自上涌边防检查站起，向南沿珠海与中山边界经莲塘、造贝、马鞍山过前山河至南屏广昌大旺角止；南自大旺角沿海岸洪湾、湾仔再沿与澳门边界至拱北海关止，包括大小横琴两岛。总面积为121.3平方公里。

珠海经济特区的管理体制，先后作了两次变动。1980年9月，成立广东省经济特区管理委员会珠海办事处，作为省特区管委会的办事机构，负责珠海特区的规划、筹建工作。1980年12月31日，撤销办事处，设立广东省珠海经济特区管理委员会，行使特区政府的职权，对特区实施全面的领导和管理。管理委员会的主任，由中共珠海市委、市政府主要领导兼任，配备专职的副主任处理特区具体日常事务。珠海市委、市政府把特区建设作为全市经济建设中心，组织全市力量参与特区开发建设。

第三节　探索前进的历程

珠海经济特区十年来的创办历程，大致可分为三个阶段。

一、起步初创（1980—1983年）

珠海原来是一个渔农业为主的滨海县，1980年工农业产值2.89亿元，预算内财政收入仅2400万元（含后来划入珠海市的斗门县数，如去除斗门计算，工农业总产值为1.36亿元，预算内财政收入为1500万元）。工业基础很薄弱，商业不发达，交通不方便，人力、物力、财力，极为有限。同时，干部对办特区缺乏经验。基于上述情况，珠海特区在起步、草创阶段，不可能一开始就进行大规模的开发和建设，只能采取积极慎重的方针，坚持量力而行，开发一片，建成一片，投产获益一片。

（一）因地制宜制定规划，进行分片开发。根据当时港澳市场的需求与外商的投资意向，在全市统一规划下，分三片进行开发与建设。东片，自九洲港以南，沿水湾路至拱北宾馆一带海边，建设港口码头、直升机场、加工区、商业区、住宅区、宾馆、公园和游乐度假村等，面积3平方公里。中片，自拱北夏湾村、炮台山以南至与澳门交界处，迎宾大道以西至前山河沿为综合性工业区，面积2.75平方公里。西片，自湾仔石角嘴起沿海边至银坑湾一带，建立工业区、商业区和旅游度假村等，面积1.06平方公里。总面积为6.81平方公里。这些地区靠近澳门，有公路连接，交通方便，且多为丘陵浅滩，少村舍耕地，开发省钱省事；又倚山傍海，风景秀丽，加上低廉的土地使用费和劳务费，对外商具有吸引力。在创办特区后，外商纷至沓来，不到一年时间，就引进工业、商贸、房地产业，特别是旅游业（宾馆、度假村）等30多项，协议投资总额达2亿多美元。

（二）以旅游业先行，积累建设资金。珠海工、农业基础差，经济落后，交通、通讯闭塞。在特区起步阶段，百业待举，但缺乏资金。珠海的自然景色优美，毗邻港澳，中国实行对外开放之后，更引起国内外旅游人士的浓厚兴趣，成为旅游热点。同时，当代世界上被称为"无烟工业"的旅游业，以其投资少、周转快、效益高正越来越引起重视，被许多国家作为发展经济的重要手段。因之珠海特区在起步阶段，扬长避短，以旅游业为先行。

1979年，以特区出土地、劳力，外商出资金为条件，与澳门珠江旅游有限公司合作，创办全国第一家中外合作旅游企业——珠海石景山旅游中心。该中心经营宾馆、别墅、餐厅、商场、车队和游乐场（所），总投资达345.3万美元。1980年1月破土动工，当年8月即开始对外营业，从施工建设至开业经营，概以国际标准要求，进行严格的管理。这座西欧式的园林宾馆，建筑在景物如画的石景山山麓，天然景观与人工建筑巧妙结合。特别是借鉴香港著名的希尔顿酒店的成功经验，以顾客为"皇帝"，开展礼貌服务，做到宾来笑容迎，客走笑声送，员工服务殷勤周到，顿时宾客盈门，声名鹊起，使国内旅店服务行业耳目为之一新。开业4个月，至1980年年底，即有盈利，实现当年建设，当年开业，当年收益，多次被国家和广东省有关部门评为旅游业的先进企业，多次向全省、全国介绍经验。

此后，又相继兴办了其他几个中外合资的旅游企业，如占地5万平方米、总投资716万美元的苏州园林式的现代化珠海宾馆,占地3.4万平方米、总投资393.8万美元的中西合璧式的拱北宾馆,占地6万多平方米、富有山庄田野情趣的西班牙式珠海度假村,外表模仿天安门城楼、故宫、颐和园的建筑特色的九洲城旅游观光购物村,并开辟了海滨公园、珠海游乐场等。从1980年到1983年,旅游业实际利用外资占全市实际利用外资总额的71.86%。

同时,统一建设规划,植树造林,美化街景,办起一批中低档的酒店、旅社和招待所,形成各种服务配套的旅游系列,既创造了投资环境,吸引更多的境外客商,提高了特区的知名度,增加特区社会效益;又创收外汇,增加财政收入,为特区的建设积累了资金。据统计,1983年游客达127万人。

(三)建设基础设施,创造投资环境。首先为改善特区的内外交通环境,自筹资金,新建九洲港客货码头,港区范围20多万平方米,客运泊位3个,5000吨以下货船泊位4个,全部工程总投资4500万元,工程自1981年8月8日开工,于1982年8月基本建成。经国务院批准,与香港LANGON船务有限公司和港澳大中船务有限公司联合,投资1074万美元,经营珠海至香港客货运业务。

同时,开通湾仔与澳门的客货通道,恢复已经停止40多年的轮渡业务。还与深圳蛇口开通客运和汽车轮渡业务,密切与深圳的联系。1983年,特区与广州民航直升飞机公司合作,投资650万元,于同年11月建成直升机场,与广州通航,并为南海油田钻探工程提供后勤供给和抢险救灾等服务。

供水、供电、通信、排水和排污的各种管道,随着道路的施工全面铺设。全市供电总枢纽莲塘22万伏和黄金坳11万伏变电站、相继开工建成提供使用。第一期电讯改造工程,引进美国先进设备,建成6000门程控自动电话。日供水量2万立方米的拱北水厂也建成了。此外,在对拱北、香洲两个旧市区实行改造的同时,吉大新村、拱北银海新村先后投入建设。据统计,1980年至1983年4年中,基建投资共达3.13亿元。

(四)开始建设工业,带动经济发展。现代化工业,是国民经济发展的支柱。工业化的程度,决定经济发展的水平。所以,珠海在起步阶段,一面进行"七通一平"基础设施建设,一面又不失时机,吸收外资,发展一些轻纺、电子、饮料等加工工业。第一个工业项目是以补偿贸易方式,与澳门纺织品有限公司合作,引进西欧先进设备,投资132.38万美元,创办的香洲毛纺厂。原协议5年内以产品补偿外商的设备投资,结果在1982年年底就提前两年全部还清。1981年11月,与香港紫心集团合作,举办了狮山电子厂,引进日本80年代设备工艺,装配狮山牌收录音机,生产印刷线路板、机芯等元器件,总投资300万港元。全厂500名职工,全部采用合同制,招聘30岁以下具有中等以上文化程度的青年人,并经过严格的培训后才准上岗,生产效率较高,当年投产,第二年即盈利200多万元,为特区的企业管理创造了经验。湾仔华声磁带厂,由渔业公司自筹资金,由澳门乡亲帮助,引进日本、联邦德国80年代设备,聘请内地的工程技术人员,从组装空白录音磁带开始,发展到自己生产嘎林牌录音磁带、原声磁带和空白录像带,以后又开发出CHD工业测试带,填补了国内技术空白,成为国内有名的音像磁带生产厂。这个阶段,还与澳门美昌洋行共同投资490万美元,创办湾仔冷冻厂。

1983年,工业产值2.84亿元,比建立特区前的1979年增长1.1倍;农业产值2.13亿元,比1979年增长37.4%;外贸出口比1979年增加1.5倍;预算内财政收入比1979年增加2.7倍。昔日的滨海渔镇,经过建设者汗水的浇灌,现代化经济特区的雏形逐步显露出来。

二、建立以工业为主的经济格局(1984—1986年)

1984年1月26至29日,邓小平继视察深圳特区之后到珠海视察。他在珠海市领导人陪同下,视察了香洲毛纺厂、狮山电子厂、珠海宾馆、九洲港、直升机场、石景山旅游中心和拱北海关,对珠海取得的成就很高兴,29日在珠海宾馆题词:"珠海经济特区好"。这是对珠海经济特区起步初创阶段取得成就的鼓励,也是对以后的发展提出的要求。

根据邓小平的指示,中共珠海市委和市政府讨论了进一步发展的方针和任务,即以经济建设为中心,工业为主导,抓改革,促开放,努力搞好基础工程建设,创造良好投资环境,积极引进知识密集、技术密集型的工业项目,为今后进行大规模经济建设打好基础;并调动全市的人力、财力、物力,参加特区开发建设；把特区建设重点由旅游业转向工业，大力吸收外资，引进工业项目，一批以出口为主的生产项目陆续开工。

（一）展开全面开发建设。1984年，重新审定了全市建设总体规划，实行设计、建设投标承包责任制，加强工程质量管理监督，使基本建设进入新阶段。

1984年至1986年3年，完成基建投资19.05亿元，相当前四年的6倍多。建筑竣工面积443.94万平方米，是前四年的2.9倍。新建的九洲大道、迎宾大道等总长51公里的交通干道贯通特区内外。同时完成了在道路两侧铺设供水、排污、排洪、电缆，通讯管网的工程。与香港的货运也正式通航。引进外资6400多万美元，兴建了包括生产服务设施在内的可停靠万吨级货轮的九洲港深水码头。全区电力供电网全面开工并基本完成。为增加供电，新上的10万千瓦火力发电厂也开始施工。在电信设施方面，又增加6000门程控电话，开通了与国内20多个城市和世界28个国家和地区的自动直拨电话和电传服务，开办了国际特快邮件专递业务。

这个阶段，珠海经济特区在大规模展开基础工程建设的同时，进行了功能小区的综合开发，几个以工业建筑为主体，有厂房、住宅、商业服务网点、学校、幼儿园、娱乐活动场和邮政、银行等的综合工业区，相继规划、设计和施工。占地23万平方米的南山工业区，于1984年4月征地，5月设计，6月平整土地，7月兴建。仅半年时间就建成了18幢工业厂房、10幢仓库、25幢住宅和一批商业、邮政、银行及一批福利设施，总建筑面积达14万平方米。与南山工业区同时开发的还有吉大、北岭、夏湾、湾仔、前山、香洲等功能小区，为吸收外商投资举办工业项目进一步创造条件。

（二）努力举办以出口为主的工业项目。为了加速工业建设，珠海制定了在建设用地、项目审批以及信贷、外汇和税收等管理方面重点扶植的规定，积极鼓励兴办产品出口型和技术先进的工业项目。

1984年引进了一批外商投资的工业项目，其中有一些比较先进的技术设备。如检测汽车运行情况的电脑设备、电视机组装半自动生产线等。1985和1986年，珠海克服资金不足的困难，狠抓45个骨干工业项目的上马。这批工业骨干企业有如下特点：企业规模较大，总投资为5459万美元和7695万元人民币，设计生产能力年产值8亿多元；设备先进，产品档次和质量较高，绝大部分具有80年代初期的先进技术水平，如美达磁碟厂引进的美国高速磁碟生产线；产品的外销比例大，创汇能力强。这45家工厂中，产品全部出口的有9家，70%以上出口的有21家，部分出口的有15家。这批企业在基建施工中，锐意改革，加强管理，因而节约了资金、缩短了工期、保证了质量，一部分实现了当年筹建，当年投产。

（三）围垦造地，举办创汇农业。珠海市境内有滩涂面积70多万亩，其中一半以上可供开发利用。珠江水网每年带来约8800万吨泥沙和大量冲积物，使滩涂每年平均以120米至150米的速度向大海延伸。1984年，珠海贯彻中共中央关于振兴农业的指示，结合珠海实际，制订了农业"为城市服务、为特区服务、为出口服务"的方针，完善农业联产承包责任制，调整农业生产布局，配合特区生产性项目的开发，举办创汇农业。全市引进先进的农业技术、设备和优良品种，着手建立农副业商品生产出口基地，推动传统农业向现代化农业转化。并根据珠海市滩涂多的特点，积极开展围垦造地，扩大土地面积。当年与香港光大（集团）公司合作，投资2.6亿元，在磨刀门围海造田，至1986年即造地6万亩。在磨刀门工程的带动下，下栅湾、洪滨岛、三灶岛、南水、雷蜘、南虎等处都先后进行围垦，总面积25万多亩。

1985年，在金鼎镇凤凰山北麓的20平方公里丘陵地带，按照生态农业的要求进行全面规划，投资1.83亿元，试办了出口创汇农业示范区，建立了鱼、禽、畜、果、菜、花的生产、良种繁育、产品加工基地。至1986年，农业示范区便初具规模，形成海水养殖面4万亩，年产2万头瘦肉型猪场2个，家禽良种场1个（年上市良种鸡、鸭苗150万只），牛奶场1个，乳鸽场1个，水果生产基地1万亩，花卉生产基地100亩，花卉工厂1座（其中温室5000平方米）。还有引进良种繁育基地、生姜加工厂、冷冻厂、瓜菜加工厂、奶品加工厂、饲料厂和蛋品厂等，并与10多个国家和地区建立了经济技术联系。1986年，农业示范区的职工人均出口创汇，为当年全市农业人口平均创汇的12倍。在示范区的推动下，珠海以出口为目标的开发性农业得到较快的发展，走上了外向型农业的道路。

经过 1984 年到 1986 年 3 年的奋力爬坡，珠海特区经济建设跃上一个新的台阶。基础设施大部完成，6 个工业区也初步建成，3 年累计实际利用外资 2.94 亿美元，为前四年的 1.6 倍。工业产值 1986 年达到 7.15 亿元，比 1983 年增长 1.5 倍。工业在工农业总产值所占的比重，由 1983 年的 57% 上升到 1986 年的 75.6%。工业产品从 20 多个发展到 120 多个，其中录音磁带、录像带、镀金表壳、特种电线、漆包线、塑料制品、碳化饮料，以及家具、药品等进入港澳市场，有的还远销欧美各国。

三、向外向型经济发展（1987—1990 年）

1986 年年初，国务院召开特区工作会议，要求各特区致力发展外向型经济。1988 年 4 月，国务院又召开了沿海对外开放工作会议，进一步明确沿海地区发展外向型经济的战略，要求特区走在前面。

珠海市委和市政府，为了贯彻国务院的指示，在已有的基础上，以勇于开拓进取的精神，着力建立工业为主、工贸结合的外向型经济，开创珠海发展的新局面。

（一）确立全市经济建设的新布局。为了充分发挥珠海全市的地理优势，以特区为中心，东、西部相配套，全面规划，逐步开发。

珠海经济特区，作为珠海全市的经济发展中心，继续保持园林式海滨城市的特色，致力发展高科技、无污染、无噪音的现代化工业，相适应发展商贸、金融、住宅、旅游等业。

东区，包括散布在珠江出海口处的 100 多个毗邻香港、澳门的岛屿，建成海上补给基地，同时发展渔业、养殖业、旅游业和房地产，形成特区的左翼。

西区，包括斗门县和平沙、红旗两个农场以及 30 多个岛屿，利用河网交叉、滩涂广阔和深水港湾等丰富的自然资源，将建设成深水良港、国际机场、铁路运输等现代化立体交通总枢纽和重化工工业区，成为特区强大的经济依托。

（二）在实践上坚持"五个转变"。进入 1988 年，国务院为了控制全国性的经济发展过热，整顿经济秩序，治理经济环境，压缩了基建投资和银行贷款。珠海市委和市政府，为了正确处理改革与开放、整顿与发展的关系，及时地提出"实现五个转变"：1. 从依靠国家的优惠政策，转变到依靠自身积累和潜在优势；2. 从发展劳动密集型的加工业，转变到发展技术知识密集型的加工业、原材料工业以及高创汇的工业；3. 从注重外延扩大再生产，转变为注重内涵扩大再生产，或者内涵与外延相结合的扩大再生产，深化企业改革，提高管理水平，增加效益；4. 从偏重国内市场销售转变为积极开拓国际市场，面向海外；5. 从利用国内资金多转变为多利用外资，大力发展资金、原材料、市场在外的项目，集中力量，发展外向型经济。

（三）按发展外向型经济的要求调整产业结构。通过调整结构，强化管理，提高经济效益，使工业生产在前两个阶段的基础上实现了新的飞跃。在这阶段，香洲、南山、吉大、北岭、前山、湾仔、夏湾等工业小区已初具规模，形成了以电子、轻纺、建材、机械、塑料、食品、医药等行业为骨干、门类齐全、结构合理、技术先进的外向型工业体系。到1989年年底，电子工业企业达130家，电子产品有彩色电视机、电脑磁碟、印刷线路板等30多种，有的填补国内空白，跻进国际市场，其产值占全市工业产值的27.4%，居第一位。食品工业企业50家，其产值占全市工业产值的10%。纺织制衣业，从纺织、漂染、定型到制衣，初步形成了配套的生产体系，其产值占全市工业产值的7.6%。机械工业和建材工业，分别占全市工业产值的6.3%和4.3%。工业产品的出口值，占全市工业产值的62.5%。在发展工业中注重新产品的开发，仅1989和1990年两年就开发了产品20多种。一些企业发挥龙头产品的优势，实行集团式经营，取得了较好的效益。全市已有9家企业年产值超亿元。

在农业发展上，实行传统农业与开发性、创汇型农业并举，促进乡镇企业和农村商品经济迅速发展。农业生产继续坚持"为城市服务，为特区服务，为出口创汇服务"的方针，建立了以稳定粮食生产为基础、渔牧果菜花为主的、多品种、多层次、高效益的创汇农业生产体系。充分利用和开发自然资源，大力兴办乡镇企业，使农村商品经济得到迅速发展，农业商品率达到76.1%。从1987年到1990年，农业的基建投资占全市基建投资总额的

12%—15%，加上县、区、乡和农民的投入，每年平均对农业基建的投资约 1 亿元。同时，每年从财政收入中拨出 5% 作为农业开发的周转金，市渔农委以这笔资金用于开发性农业贷款的贴息，从而调动了各方面开发农业的积极性。全市创办海水养殖、畜牧、蔬菜、水产、花卉等农业出口商品基地，增加到 196 个。

金鼎出口创汇农业示范区更趋完善，建成 29 个大型专业出口商品生产企业，农业、水产、水果、畜牧、园艺、园林等科研所 6 个；实行科研与生产相结合，对 140 多种动植物的优良品种进行试验、繁殖，经筛选后推广，使全市农业商品生产基地实现了良种化。1990 年，示范区上市的农副产品，有猪 4.4 万头，家禽 174.6 万只，鸡鸭苗 536.5 万只，鲜蛋 564 吨，牛奶 245 吨，优质水产品 113 吨，水果 480 吨，总收入 1.08 亿元，全员劳动生产率达 2.86 万元，年创汇 3882 万港元。

乡镇企业成为农村经济的重要支柱和生力军。1990 年珠海全市共有乡镇企业 6309 家，比 1986 年增长了 1.5 倍，产值占全市工农业总产值的 27.7%，出口额占全市出口额的 15.9%，安排劳动力 8 万多人，上缴国家税金 2881 万元，企业纯利 9183 万元，乡镇企业支援农业和乡镇建设资金 2300 万元。全市渔、农民人均收入 1230 元。市区近郊的农业已转向适度规模的经营，走向专业化、集约化和商品化。

旅游、金融信贷和商业贸易在这个阶段也有了较快的发展。

（四）扩大基础设施建设。为适应经济发展的需要，珠海特区进一步扩大能源、交通、通讯等基础设施建设规模。这个阶段，基础设施累计投资 50 多亿元，完成了包括香洲城区在内的 52.44 平方公里的土地开发。其中建成城区面积 38 平方公里，新建成了板樟山隧道、港湾大道、南湾大道、斗门大桥和市区部分马路等一大批交通设施和市政设施。西区重大基础工程也陆续开工兴建，八车道高速公路的土方基础工程已全面动工，1991 年年底通车。南水岛与高栏港的连岛海堤已合龙，初步建成并试行通车。能容纳 30 多架直升机的新机场建成，并开通多条航线。三灶旧机场，经民间集资，已修复并通航，可供小型飞机和直升机的升降。1990 年全市货物吞吐量达 269 万吨，其中九洲港达 115 万吨。供电方面，除铺设郊外新开发区的供电线路外，前山发电厂增添发电能力 2.8 万千瓦，10 万千瓦的洪湾电厂也正在积极筹建中。邮电通信日趋现代化，开通了与 138 个国家和地区以及国内 600 多个市、县直接程控电话，还增加了移动电话、无线传呼等先进通讯手段。在加强"硬环境"建设的同时，还强调按国际惯例办事，改革涉外经济行政办事机构，设立了引进外资办公室，外商投资管理服务中心，转变职能，加强服务，完善法规，培训人才，提高办事效率，为投资的客商和企业排难解忧，积极创造良好的投资"软"环境。

第四节 对发展实践的思考

珠海经济特区，经过十年多的开发建设，实现了"旧貌换新颜"的蓝图。昔日的破旧渔镇，变成了现代化的园林式城市，原来以渔农为主的内供式经济，为以工业为主的外向型经济所代替。

一、社会生产力大发展

以 1990 年与 1980 年对比，工农业总产值增加到 48.63 亿元，增长 15.8 倍，其中工业产值增加到 45.39 亿元，增长 32.8 倍，农业产值增加到 3.27 亿元，增长 1.1 倍。①

在工业方面，国营工业企业、乡镇工业企业和外商投资的工业企业，都得到了显著发展。工业结构和技术水平，与特区举办初期仅能生产农具、小型渔船、低标号水泥的情况相比，发生了巨大变化。主要行业有电子、轻纺、食品、机械化工等 30 多个。电子业有 140 多家工厂，能够生产彩色电视机、组合音响、电脑软盘等高档产品。纺织业有 120 家工厂，主要产品有涤纶长丝、高级羊毛衫等，其中 16 家针织厂实现了针织、成衣、印染配套成龙的生产系列。机械制造业已有 50 家工厂，具有模具设计、制造、表面处理的能力。1990 年统计，有 110 种产品进入国际市场。HCD 系列音频盒式标准带、

---

① 为便于同口径对比，这里列举的数字，包括了从 1983 年起划入珠海市管辖的斗门县。

氩弧焊不锈钢管、800双卡立体声电脑选曲收录机、一次性使用无菌注射器等35种产品，被评为部优产品，赢得用户好评。

在农业方面，10年多来基本上实现了从自给半自给式传统农业向集约化外向型创汇农业的过渡。多种经营大发展，水果种植面积由1.05万亩扩大到13.4万亩，水产养殖面积由4.4万亩扩大到13.9万亩。粮食单位面积产量显著增长，粮食亩产由209公斤增加到343公斤。农艺技术不断改进，引进了100多个优良种苗和100多台（套）农业技术装备。农业资源的深度开发很有成效，通过围垦滩涂和开发荒地，增加可供农业使用的土地34万多亩，使农业全面发展，提高了商品率和外向度。

二、以旅游业为重点的第三产业繁荣兴旺

到1990年止，珠海特区的旅游业已成为独具特色的重要行业，全市拥有宾馆、酒店、旅社、招待所等共175家，居住床位达2万多张，其中被评为四星级的有2家，三星级的有2家，同时还办了27家旅行社，具备了月接待50万游客和举行国际性的大型投资、贸易洽谈会的服务能力。港滨游艇垂钓活动、白藤湖水乡游、金沙滩和九洲岛的野营及天然海浴等新项目的开辟，吸引了众多游客。1990年一年就接待境外过夜游客37.7万人次，旅游业带动了商业、金融等业的发展。市场繁荣，购销两旺。1990年社会商品零售总额21.76亿元，比1980年增长10多倍。金融业很活跃，已有6家国营银行分行、4家外资银行分行，以及其他一些非银行金融机构，它们设立了375处服务网点。经营的业务范围，从简单的存贷向多样化、电脑化、国际化方向发展，开辟了信托投资、设备租赁、抵押贷款、房地产贷款、对外担保、电脑自动取款、电脑联网存取款、境外同业外汇拆借以及多种进出口结算业务等。

三、经济实力和人民生活水平显著提高

1990年与1980年比较，社会总产值由5.98亿元增加到84.05亿元，国民收入由1.91亿元增加到27.9亿元，都增长了13倍多。城镇职工平均年工资收入3633元，农民人均年收入1230元，都增加34.7倍以上。珠海的城乡

居民储蓄存款的变化，更能说明社会经济情况的变化，1990年达到18.92亿元，为1980年的200多倍。

珠海经济特区的科技、文化、教育、卫生、体育，以及社会法制和道德观念等精神文明建设，与特区的经济建设同步进行，相辅相成，都取得了显著的成果。珠海经济特区人民的社会意识、道德观念、文化修养，以及科技素质，都发生了深刻的变化，已从贫乏封闭状态中解脱出来，逐步形成具有中国特色的社会主义文明新风。

四、建成独具特色的园林式商埠城市

珠海特区开始举办时，人们曾戏称这里是"一个码头、一条小街、一个百货店、一个交通岗"，虽然有些夸张，但市容大致如此。10多年的时间过去了，完全换成另一番景象。如果你去珠海，映入眼帘的第一感觉，就是一座现代化园林式城市已在这里落成。看到的是，宽坦的道路伸向四面八方，鳞次栉比、高低错落、色彩调和的建筑群，掩映在蓝海、青山、绿树之间，清幽秀丽的旅游度假村，熙熙攘攘的购物城，豪华富丽的饭店，野趣盎然的海滨沙滩，组合得如此和谐，给人以整洁、静雅、舒适的享受。但是，珠海并不只是个旅游城市，还是新兴的商埠。以1990年来说，有16万多职工在这里进行劳动生产，当年货物吞吐量有269万吨，进出口贸易总额达6.49亿美元，其中出口额4.89亿美元。

珠海经济特区在经济建设与社会发展方面，也有许多具有特色的经验。

第一，经济建设与保护环境、美化城市并重。

在大规模进行建设，大批人口涌入城市，经济高速发展的情况下，注重环境保护、城市美化，是珠海与其他特区相比独具的特色。

举办经济特区，不仅要为投资的客商提供一个符合当代经贸要求的场所，而且还必须创造一个清新、舒适、优美引人乐于在这里工作和生活的环境，这是珠海特区在建设一开始就十分注重的。他们提出，要利用珠海的自然景色优美的条件，把珠海经济特区建设成为现代化园林式的海滨城市。

他们改变"用一块建一块"的传统建设模式，以高标准、严要求，首先做出统一规划,并且精心设计和施工,制定了多项法规。这就是在实践中不断总结和完善的行之有效的市政建设"八个统一"和土地管理的"五个统一"。即市政建设由市府直接管理,作出全市统一规划,统一征地,统一基础工程建设,统一划分功能区,统一划定建筑红线,统一审定设计方案和图纸,统一街景要求和统一绿化标准;对全市土地使用由市政府集中管理,严格实行规划、征用、管理、开发、经营等"五个统一"。回收的土地使用费,除了用于补偿征用农民土地的费用外,大部分用来进行基础工程的建设,为开发更多的土地提供资金,"投入—回收—再投入",使基础设施的建设走上良性循环轨道,既统一了市政建设的管理,又解决了市政建设的资金来源。

在城市建筑上,要求充分体现现代化园林式海滨城市的特色,人工与自然相结合,以中低层为主,适当点缀若干高层建筑,形成高低错落、疏密相间、建筑物各具特色,古今中外,格调各异,多姿多彩又协调一致。尤其是在引进工业项目中,努力保护自然环境,美化城市,严格控制兴办污染项目,防止污染源的产生。在工业项目的具体工程设计施工中,都注意对自然环境的整治和保护,力求保存自然山水景色。在现代化的建筑群体中,要求园林绿化地带必须占用地的30%以上。全市的公共建筑和私人住宅周边与阳台、大型广场、马路以及大街小巷,都有严格的绿化规划和要求。全市绿化覆盖率达40%,人均绿化面积20平方米,使特区的环境保护处于良好的状态,大气环境主要指标在国家规定的一级标准以上。

第二,靠外引内联发展工业,带动经济发展。

珠海原来工业基础落后,缺乏发展工业的条件,更缺少人才和资金。所以,特区在起步阶段就注意吸收外资,引进技术设备和人才,为工业发展创造条件。在创造投资环境的同时,因势利导,把旅游作为先行行业,同时也办了一些"短、平、快"的家用电器、毛纺、制衣的合作加工项目。至1985年,特区建设初具规模,内外环境对发展工业较为有利,市委、市府及时抓住有利时机,奋力爬坡,制定了以工业为主的特区建设方针,同时采取"四个结合、四个为主"的办法兴办工业,即引进与自办相结合,以引进为主;外向型与内向型相结合,以外向型为主;大型与中小型相结合,以中小型为主；市办与县区乡镇办相结合，以市办为主。并在资金投放、外汇支出、土地使用、项目审批以及人才调配上，制定了一系列鼓励发展工业政策。这样，虽起步较晚，但发展很快，到1990年终于使工业成为主导产业，全市形成了以工业为主的外向型经济格局。

第三，围海造地，补偿城市建设和发展工业用地，发展现代化农业。

在现代城市发展中普遍碰到的一个难题，就是工业和市政建设与农业争地问题。这种矛盾发展的结果，一面造成城市地价昂贵；另一面是耕地锐减，农业减产。珠海市委和市政府在特区建设的初期，就明确提出"占地一亩，造地十亩"的要求，发挥珠海地处珠江入海口，滩涂辽阔的自然资源优势，把有计划地进行围海造地，作为土地消长平衡和发展外向型农业的主要措施。十年多来，从市到县、镇、村，各自因地制宜，采取市、县、农场联合、中外合资、内联合作、部门与县镇之间合作，土地管理部门直接围垦，以及群众集资围垦等多种形式，集资3亿多元，围海造地25万亩，开荒造地9万多亩，两者相当于同期城市建设占用耕地的8.5倍。这不仅大大缓和了珠海市城市建设用地的矛盾，还维护了生态平衡，改善了水系和水质，提高水道通航能力，特别是对新围垦的土地和滩涂进行综合开发利用，既扩大耕地取得经济效益，又增强农业后劲，促进外向型创汇农业的发展。

第四，旅游业先行，成为珠海特区的重要经济支柱。

被称为"无烟工业"的旅游业，是当代的重要行业，由于其投资少、周转快、风险不大，不仅经济效益高，而且综合社会效益也很大，为各国所重视。珠海自然景色优美，气候宜人，又毗邻港澳，以其独特的自然地理条件，在实行对外开放中，逐渐成为国际旅游的热点。

珠海市委和市府在建设特区的进程中，扬长避短，在特区起步草创阶段，把旅游业作为先行行业，既为特区建设积累资金，又为特区创造投资环境。即使在以工业为主发展外向型的经济中，一直把旅游业作为特区经济的重要支柱。近几年还广泛地开拓国际市场，把旅游业务由港澳地区拓展到台湾及日本、东南亚和欧美各地。1988年，在珠海举行了国际旅游商品展览会以及多项国际经济、科技交流活动，标志着珠海旅游业的发展，迈出了新的步伐。

珠海的旅游业还坚持"一业为主，多种经营"方针，注重了旅、工、贸综合经营。如迅速发展的白藤湖度假村，原是一个偏僻的围垦新湖区，1984年建立全国第一家农民度假村以来，坚持以旅游为先导，"住水边、吃水鲜、玩水面"，农、工、贸综合发展，逐渐形成一座占地4万多亩，富有田园意趣，又显示都市华美的现代化新型的旅游经济区。

80年代，珠海特区奠定了坚实的基础。进入90年代，将进入一个更好的发展时期。特别是随着不久澳门将在"一国两制"下回归祖国的实现，珠海与澳门在互利的基础上，必然会进一步加强经济合作，互相促进，共同繁荣。同时，随着全国改革开放的不断扩大和深化，与国际经济交往也将日增，将给珠海特区创造新的发展契机。珠海规划，到2000年，社会总产值将达到300亿元，年递增率为14.6%；国民收入达到100亿元，年递增率为15%；工农业总产值达到165亿元，年递增率为14.8%，其中工业产值为160亿元，年递增率为15%；外贸出口额达到17亿美元，年递增率为16.6%；人均国民收入达1万元。珠海特区正与遥遥相望的深圳特区一道，为中国的社会主义现代化建设发挥更为重要的作用。

表10 珠海国民经济发展概况
（1980—1990年）

项目	单位	1980年	1981年	1982年	1983年	1984年	1985年	1986年	1987年	1988年	1989年	1990年
年末常住人口	万人	12.70	13.01	13.39	38.55	39.52	41.17	42.59	44.17	46.60	48.63	50.25
年末职工总数	万人	2.41	2.57	3.13	8.16	8.65	9.62	10.61	11.97	13.44	14.71	16.20
职工年平均工资	元	927	1146	1311	1219	1463	1727	1832	2093	2764	3266	3633
工农业总产值（1980年价）	亿元	1.36	1.51	1.71	4.97	7.24	8.26	9.45	15.51	28.25	36.07	48.63
农业产值（1980年价）	亿元	0.61	0.58	0.66	2.13	2.26	2.15	2.30	2.47	2.84	3.06	3.27
工业产值（1980年价）	亿元	0.75	0.93	1.05	2.84	4.98	6.11	7.15	13.04	25.41	33.01	45.36
外商直接投资项目数	项	9	24	14	22	127	137	76	95	252	225	385
协议外商直接投资总额	亿美元	0.56	1.13	10.35	0.52	1.11	1.28	0.48	0.42	1.40	1.28	2.56
实际吸收外资总额	亿美元	0.16	0.14	0.56	0.29	1.27	0.91	0.76	0.70	2.18	1.69	1.08
其中：外商直接投资	亿美元	0.11	0.13	0.55	0.26	1.25	0.53	0.45	0.34	0.47	0.53	0.69
进出口总额	亿美元	0.16	0.27	0.32	0.67	0.70	1.45	2.14	4.38	6.36	5.30	6.49
出口额	亿美元	0.10	0.14	0.15	0.24	0.23	0.33	0.71	2.74	4.21	3.65	4.89
进口额	亿美元	0.06	0.13	0.17	0.43	0.47	1.12	1.43	1.64	2.15	1.65	1.60
社会商品零售总额	亿元	1.28	1.53	1.93	3.72	7.85	10.46	9.35	11.39	17.07	19.25	21.76
货运量	万吨	27	23	17	133	169	1568	936	1241	1674	1431	1719
港口吞吐量	万吨	22	25	25	93	94	178	161	162	217	232	269
接待过夜境外游客	万人	9.60	14.80	20.20	27.10	47.90	29.80	34.30	40.30	38.30	24.50	37.70
旅游外汇收入（外汇券）	亿元	0.01	0.06	0.14	0.52	2.54	1.35	2.20	2.35	3.23	2.33	4.31
全社会固定资产投资额	亿元	0.47	0.79	1.68	2.17	4.78	9.70	8.53	9.65	12.34	9.76	12.12
年末银行存款余额	亿元	1.39	2.04	2.37	4.42	12.24	10.50	14.42	17.90	28.72	31.30	40.44
年末银行贷款余额	亿元	0.79	2.15	2.28	6.32	20.58	22.69	27.12	33.76	46.12	49.66	60.59
财政收入	亿元	0.15	0.38	0.50	0.89	1.73	3.03	1.72	2.17	4.38	5.45	4.44
财政支出	亿元	0.20	0.39	0.50	0.78	1.70	2.73	1.84	2.34	4.19	5.17	5.54
城乡居民储蓄额	亿元	0.08	0.12	0.16	0.41	0.82	1.54	2.26	7.09	10.76	13.75	18.92

注：上表所列1980至1982年数，不包括1983年划入珠海市管辖的斗门县。

第十三章
汕头经济特区

位于广东潮汕地区海滨的汕头经济特区,坚持从实际出发,量力而行,尽力而为,力创大业。这个特区从举办出口加工区起步,艰苦奋进,向综合性经济特区发展,获得了投入少、产出多、效益好的显著业绩。

第一节 潮汕地区概况和汕头特区的创建

一、潮汕概况

汕头经济特区在汕头市区的东南郊。它所依托的汕头市及粤东潮汕平原,有着优越的自然条件和社会环境。

(一)古老的对外港口。汕头市面临南海,邻近港澳,韩江、榕江、练江在此汇合入海,历史上水运发达,素有"粤东门户,华南要冲"之称。19世纪中期,汕头便成为在世界上小有名气的中国对外通商口岸之一。恩格斯在《俄国在远东的成功》一文中提到,汕头是当时中国"有一点商业意义的口岸"。① 史籍记载,20世纪初,汕头商业之盛,于全国中居第七位。30年代,汕头港的吞吐量仅次于上海、广州、天津而排列第四。后因战争影响,一度衰落。中华人民共和国成立后,汕头的外贸逐步恢复和发展,1949年出口额仅212万美元,1976年发展至1亿美元,1980年突破2亿美元。

(二)著名的侨乡。早在唐宋时期,潮汕地区便有人从澄海县樟林港乘"红头船",漂洋过海,出国谋生。到1858年,侨居泰国的潮籍华人就有150

---
① 《马克思恩格斯全集》第12卷,人民出版社,1962年8月第1版,第663页。

万之众。抗日战争前后，又有大批潮汕人出国。据不完全统计，当今旅居于泰国、新加坡、马来西亚以及欧、美、澳等 30 多个国家和地区的潮籍华侨和华人有 600 多万。此外，在港、澳、台地区还有 150 多万潮籍同胞。上述这些人中，不少在金融界、商业界、工业界及科技界享有盛誉，有的还是名气颇大的金融巨子和实业家，他们一向关心祖居地的建设，20 年代泰国潮籍华侨曾集资兴建潮州至汕头的铁路。

（三）颇具名气的工业产品。新中国成立后，汕头由原来的商业城市，变为一个生产感光材料、超声仪器、电子、塑料、食品、医药、陶瓷、抽纱等轻工产品和工艺品的工业城市。感光材料的产量和质量，居于国内同行业的前列。超声电子产品的研制、应用，在国内也居于领先地位，汕头超声电子工业公司，是国内生产超声波检测仪器历史最长、品种最多、质量最佳、产销量最大的一个重点单位。陶瓷产品历来在国内外享有盛名，被视为"国宝"而陈列于北京人民大会堂的"春色大花篮"，就产自被称为"南国瓷乡"的潮州枫溪。行销世界五大洲的潮汕抽纱，构图严谨、疏密有致、针法多变。色彩丰富的潮绣，具有独特艺术风格，其代表作——《双凤朝牡丹》，荣获第三十三届慕尼黑国际博览会金质奖。潮州金漆木雕，经纬清晰，紧凑饱满，多层次镂通，髹漆贴金，金碧辉煌。此外，还有巧夺天工的"瓶内画"，色彩鲜艳的贝雕、麦秆画等，璀璨夺目，美不胜收。

（四）精耕细作的潮汕农业。潮汕地区人多地少，农民辛勤劳动，"种田如绣花"，积累了一套精耕细作、间种套种的传统农业技术。60 年代以来，经过大规模的平整土地，使潮汕平原基本实现田园格子化、灌溉自流化、作物区域化。加以雨量充沛、土地肥沃等优越自然条件，使这里不仅成为全国第一个水稻亩产千斤县、水稻亩产千斤专区和水稻亩产吨粮县的诞生地，而且还是"柑桔皇后"——潮州椪柑、贵重果品乌叶荔枝的故乡。总之，四时果蔬兼备，海鲜海味俱全，向来是蔬菜、佳果、山货、水产品的著名出口商品基地。

（五）独具特色的文化。唐代大学者韩愈被贬潮州，授业传道，兴学育人，自此薪传火接，宋、明、清等朝代便出现不少著名的文人。他们留下的大量著作和影响,成为潮汕的精神财富,并逐步形成独具特色的文化单元。其中有被誉为"南国鲜花"的潮剧;有多次获得国内外奖牌风格独特的潮州音乐;还有鼓乐喧天,气势雄伟,曾轰动国外的潮州大锣鼓等。

(六)前赴后继的革命传统。潮汕地区的人民富有革命传统。清光绪33年(公元1907年)同盟会在这里发动武装起义,于5月22日攻入潮州黄冈(现饶平),缴获清军大批枪支,张贴中华国民军布告,史称"黄冈起义"。1922年,著名共产党人彭湃在海丰组织农民运动,开展减租斗争。1925年,广州革命政府国民革命军于3月和9月两次组织东征。东征军由伟大的无产阶级革命家周恩来任政治部主任。11月第二次东征胜利后,设东江各属行政委员公署于汕头,辖潮(州)、梅(州)、惠(州)、海陆丰25县,周恩来兼任主任。1927年夏秋之季,海陆丰人民先后三次爆发革命起义。9月下旬,南昌起义的革命军南下进占潮安、汕头,主力部队经揭阳西进,一部分与海陆丰起义军结合,一度建立工农革命民主政权。在抗日战争和人民解放战争中,潮汕地区工人、农民、知识分子纷纷参加中国共产党领导的武装斗争,培养锻炼了大批干部。

综上所述,物产丰富,潮汕华侨众多,轻工业基础较好,对外经济交往历史悠久,文化根基深厚,具有设置经济特区的良好条件。

二、汕头特区的创立

1979年7月,中共中央、国务院决定在汕头划出一定区域,举办特区。汕头市便成立汕头特区筹备工作组,负责选址和规划工作。在选址中,就当时提出的三个方案中,按照中央关于汕头要发挥老工业基地作用,充分挖掘现有潜力,兴办出口加工区的要求和节省投资的原则,选择了汕头市东郊龙湖村西北角的沙丘地带,面积1.6平方公里。这里靠近市区,可依靠汕头市工业基地和公共设施进行建设,便于解决水、电的供给;靠近海岸和机场,能提供便利的交通;地势较高,利于排洪泄水;此外,这里还有一条天然界河与市区分开,利于加强管理。这个选址方案在广东省报经国务院批准之后,广东省经济特区管理委员会汕头市办事处于1980年8月29日宣告成立,1981

年 11 月 14 日改为汕头经济特区管理委员会，组织开发施工，揭开了汕头经济特区建设的序幕。

第二节 艰苦奋进的历程

一、从建设龙湖工业区扎实起步

从 1981 年起步建设至 1984 年年底，是汕头特区艰苦创业，建设龙湖工业区的阶段。

龙湖工业区的建设，是在艰难的条件下开始的。首先，在广东省三个经济特区中，它起步最晚，面积最小，也没有其他两个特区毗邻港澳的优越地理条件；其次，划进汕头特区的范围，几乎都是荒芜的沙滩，距离汕头市区还有 3 公里，当时车路不通，水、电、电信设施全无；再次，作为汕头特区依托的汕头老市区，交通、能源、电信均远不能适应办特区的需要。更为困难的是资金紧缺，按当时龙湖工业区的总体规划，1.6 平方公里的开发费就要 2 亿元，若加上大环境的改善，那就需要更多的资金，而汕头特区除广东省每年从汕头市上缴财政中回拨 626 万元外，别无它有。面对上述困难，汕头特区管委会根据中共中央、国务院有关改革开放、举办特区的方针政策，并借鉴国内外特区的经验，制订和实行了切合汕头实际的发展规划。

（一）从小片开始，集中力量抓基础设施建设。汕头特区从所处环境、条件和资金承受能力出发，坚持依托老市区进行建设，1981 年 3 月，修通了特区至市区内的金砂路，1982 年 2 月，市区通往特区的临时供电线路完成开始供电，110 千伏的输变电站也加紧建设；9 月，汕头市东墩水厂至特区供水管道安装完成开始供水；1983 年 6 月，通讯电缆铺设工程完工。在做好工业区整体规划的基础上，把 1.6 平方公里分为五小片，并决定首期开发规模为 0.2 平方公里。1982 年 3 月，第一根桩打进这荒芜的沙滩，宣告龙湖工业区建设正式动工。汕头特区的建设者发扬艰苦奋斗，勤俭节约的精神，提倡"一个铜钱分成两半用"，把资金用在刀刃上。搞基建，平整土地，开始没有推土机和汽车，就靠一群群手拿锄头、肩挑畚箕的男女老少；他们舍不得先花钱铺路，就搬来一块块垫路石，拼成临时性的施工道路，移动使用。1983 年 8 月

12 日,龙湖工业区第一幢通用厂房竣工。从 1982 年 3 月动工至 1983 年 8 月,前后 1 年又 5 个月,汕头经济特区的投资环境便开始形成。1984 年,汕头特区完成首期 0.2 平方公里的"五通一平"工程,建起了 3 座通用厂房以及与生产设施相配套的餐厅、商场、宾馆等设施,接着进行第二小片 0.24 平方公里的开发建设。

(二)吸收外资发展出口加工业。汕头特区开始按中央规定的出口加工区的模式进行建设。他们发挥潮汕华侨、外籍华人众多和劳动力资源丰富的优势,通过多种途径广为招商到汕头特区投资,举办出口加工业。1980 年 11 月,泰国正大集团率先在汕头特区兴办第一家外商投资企业——汕头地毯厂有限公司(在市内先租用厂房试产,1983 年龙湖工业区厂房竣工后再搬进区内)。1982 年 1 月,汕头特区管委会与国际石油化工(集团)有限公司签订兴建广澳石油化工联合企业协议意向书。1983 年,由香港同胞投资的奋成实业公司、溢兴塑料首饰有限公司、华益制品有限公司、锦龙制衣有限公司也相继在汕头特区开业,紧接着,又有家具厂、塑料片材厂、五金铝制品厂等外商投资企业投产。至 1984 年年底,已签约的外商投资企业共 18 个,这些企业投资少,规模小,但用人多,见效快,耗能低,产品外销比例大。

(三)采用优良品种,试办先进农业。在努力吸收外资,兴办出口加工业同时,汕头特区还把眼光盯在潮汕地区的另一优势——农业上。1981 年年底成立了特区农业发展联合公司,以发展创汇农业作为目标,引进优良品种、先进技术,经过试验、筛选,进行推广。农业发展联合公司成立不到 3 年,便创建了花卉场、蔬菜场、养鸡场、水产养殖场、农艺场、蜜柑示范场、养蛇场和农副产品加工厂、饲料厂,并配备了一支精干的科技队伍,开辟 2300 亩水产养殖场和 19.3 平方公里的农业区。在此基础上,与泰国、马来西亚、新加坡、丹麦等国家的客商签订了技术引进和产品购销合同,引进 44 个优良品种,并把试种成功的品种推广种植,获得良好的经济效益和社会效益。1984 年 4 月,在汕头特区龙湖宾馆举行的广东经济特区农业发展战略讨论会上,专家学者都充分肯定汕头特区举办先进农业的做法。新闻传媒报道这不是办一般的农场,更不是单纯的副食品生产基地,而是一件对实现中国农业现代化具有重要意义的事情。

二、致力建设综合性经济特区

1985年至1987年,是汕头经济特区由出口加工区向综合性经济特区发展的重要阶段。其主要标志是:一业变多业,由只办出口加工业变为以工业为主,其他各业同时发展;同时,外资来源趋多,外贸局面拓宽,一批外向型企业开始形成。

1984年,全国对外开放形势有了新的发展。此后不久,国务院要求汕头经济特区坚持改革开放,充分发挥侨乡优势,综合发展,开创新局面。1986年国务院召开的特区工作会议提出特区要朝以工业为主,工贸结合的外向型经济的方向发展。汕头特区由此开阔了视野,进一步明确了前进的方向。1984年年底,国务院同意汕头特区调整范围,从原来的1.6平方公里扩大至52.6平方公里(包括龙湖片区22.6平方公里和市区东南的广澳片区30平方公里),也为汕头特区的综合发展创造了条件。汕头特区结合自己的实际,采取各种措施,向发展外向型经济目标前进。

(一)扩大外引内联,加快工业发展。为了发展工业,汕头特区管委会专门制订了《汕头经济特区内联企事业单位若干问题的规定》,每年召开内联工作会议,研究如何进一步发展内联。同时引导外资的投向,力争既引进资金、技术密集的产业,也引进耗能少、用工多、产品外销的劳动密集型产业,还鼓励外商举办独资经营企业。上述做法的实施,使汕头特区工业出现良好发展势头。工业产值迅速增长,1984年,产值仅555万元,1985年便达到4475万元,1986年则达到1.3亿元,1987年又继续增长,达到3.1亿元。工业重点行业开始形成。1987年,已投产的工业企业达109家,基本上形成以服装、陶瓷、食品、电子、医药、塑料制品等行业为主的局面。

一些规模较大,技术较先进的项目陆续投产。1985年年初,由内地和特区联合兴办的鮀滨化学药业公司,集内地的技术、原材料和特区的销售渠道的优势于一厂,成立不久,便投资1400万元引进具有80年代先进技术水平,年产1500万瓶注射用粉针剂的生产线,产品远销欧美和日本等地。外商独资生产仿古陶瓷的华达宝陶瓷制作厂有限公司,这时也宣告开业,由于其产品古色古香,工艺精湛,备受国外顾客青睐,创建不到两年,便扩大生产规模,职工由原来174人增至800余人,厂房面积由2000平方米扩至3万平方米。华益制品有限公司、溢兴塑料首饰有限公司,产品畅销海外,生产规模连年扩大。此外,开发高技术产品的汕宇科技开发公司、开明电子公司,开发香草糖系列产品的保健食品厂,制作各式服装的锦荣有限公司、业生有限公司以及与新加坡客商合资的华青地砖厂等,也相继投产,从而增强了经济发展的后劲。

(二)依托腹地,办创汇农业。汕头特区经过几年探索,深感特区农业只有与潮汕腹地联合起来,才有广阔的发展前景。所以,通过自办及外引内联,把国外的资金、技术、优良种苗、销售渠道和潮汕腹地丰富的农业、水产资源结合起来,建立起以出口为导向的生产体系。如汕头特区水产养鳗联合公司,针对潮汕地区鳗苗丰富,但资金缺乏,技术落后,养殖亏损,资源没有充分利用的情况,提出"技术在国外、资金在国外、市场在国外"的经营策略,以补偿贸易方式,从日本引进资金、技术建设现代化养鳗场和烤鳗厂,采取自营、联营和发外饲养等方式,在潮汕各地兴办养鳗场,并提供产前、产中、产后服务,使鳗鱼养殖、产品加工、出口销售一体化,贸、工、农相结合,有力地带动潮汕养鳗业的发展。到1987年,汕头特区引进了一批农副产品加工、保鲜生产线,办起烤鳗、冷冻、食品加工、果菜保鲜等工厂,并在区内外分别建起蔬菜基地1万多亩,对虾养殖基地4.5万多亩,鳗池1000多亩,形成农水产品的种养、加工、出口一条龙。从而实现"四个转变":即由出口资源性种苗向出口食用产品转变,由出口原料性产品向加工制品转变,由出口粗加工制品向精加工制品转变,由粗糙大包装向精美小包装转变。1985年,农水产品出口仅500万美元,1987年达到3100万美元。

(三)积极拓展对外贸易。汕头特区以外向型经济为目标,一方面促使外商投资企业的产品返销国际市场,1984年,这类企业产品出口仅286万美元,1987年便达到4595.7万美元,约占特区出口的25%。另一方面,汕头特区的13家国营公司在1984年以港澳为桥梁,通过派员出国考察,举办产品展销会、建立境外企业或办事机构、推销网点等方式,把自产产品或经过加工增值的产品销往国际市场。汕头特区物资公司就是其中的佼佼者,该公司在努力造就一支熟悉政策和业务的骨干队伍的基础上,通过上述途径,积极拓展外贸渠道,在激烈的国际市场竞争中不仅站稳脚跟,而且迅速发展。1984年进出口额仅174万美元,1987年便达4582万美元,合同履约率100%,在国际上赢得了良好信誉。香港日本第一劝业银行的副总经理专程到汕头寻访,给物资公司以很高的评价,主动提出建立合作关系。国际商业信贷银行、日本富士银行等四家银行,派代表到汕头给物资公司赠送锦旗。奥地利肥料公司也将绣着"经营有方、发扬光大"的锦旗赠给物资公司。汕头特区的其他经营外贸的企业如发展总公司、进出口公司、商业公司、企业公司、旅游公司等,也在国际市场竞争中不断壮大,成为汕头特区对外贸易的骨干。

(四)按照综合发展的要求,相应兴办其他各业。汕头特区在努力加快工农业和外贸发展步伐的同时,相应发展交通运输、旅游、商业、金融、房地产、文教卫生等各业。在这段时间,汕头机场扩修工程基本完成,结束了汕头只能起降小型飞机的历史,并迅速与北京、上海、广州等国内主要城市及香港、曼谷、新加坡开通了客货航班。这与1986年竣工的特区3000吨级集装箱和散装货两用码头,以及常年穿梭于汕头与广州、厦门、深圳、香港等地的客货运输车队一起,形成了陆海空运输网络。也就在这段时间,程控电话工程竣工,与美国、英国、法国、德国、日本、泰国、新加坡等10多个国家和港、澳、台地区的重要城市开通了长途直拨电话、电传、图文传真。

在此期间,由香港李嘉诚先生独资兴建的汕头大学落成开学,香港林百欣先生捐建的林百欣中学动工兴建,标志着汕头的教育事业有了新的重要发展。粤东第一个现代化游乐场设施——龙湖乐园也建成开业,一批较高档次的商业设施和高层金融大楼也破土动工。汕头特区各业都呈现出兴旺发达的景象。

三、在治理整顿中更上一层楼

1988年,中共中央、国务院提出了治理经济环境、整顿经济秩序、全面深化改革的方针和政策措施，这给特区的发展提出了新的课题。

汕头特区管委会认识到，汕头特区的进一步发展确实面临着新的困难，但也存在着克服困难的有利条件，首先是前六年的建设已形成了较好的投资环境，积累了一定的经验，并与世界上一些国家和地区建立起正常的经济往来，汕头特区初步有了一批适应外向型经济发展的企业。其次是世界上发达国家进行产业结构调整，国家在整顿治理中也鼓励发展外向型经济，这为吸引外资提供良好的机遇。为此，汕头特区制定了在治理整顿中加快外向型经济发展的战略措施。总体精神是立足现实，眼睛向外，在国际市场上大作文章。

（一）围绕发展外向型经济完善基础设施建设。1988年，随着外商投资猛增，汕头特区的基础设施明显地呈现滞后状况，已投产的企业正常用电只能满足62%，供水也只能满足75%，厂房供应也很紧张。此外，1989年还有一批企业即将投产，有些企业计划扩大生产规模，水、电、厂房缺口更严重。针对上述情况，汕头特区在压缩基建项目时，不是搞一刀切，而是按照发展外向型经济的需要，压中有保，通过利用外资，特区管委会和企业自筹，以及银行贷款等途径，集中力量加强基础设施建设。1988年至1990年年底，3年共完成基本建设投资17亿多元，相当于1987年前6年的3倍多。其中70%以上投向生产性基础设施，如兴建装机5万千瓦的燃油发电厂、污水处理厂、应急水厂各一座，还铺设广澳过海供水管道工程，参与市第三水厂投资，特区码头的扩建和程控电话的扩容等。还积极培育房地产市场，加快房地产开发建设。这三年中，厂房竣工面积相当于过去六年的4.65倍，扭转了长期以来厂房供不应求的局面。

（二）把发展外向型经济的重点放在吸收外资上。首先，简化引进手续，把引进外资的洽谈、立项、签约统归一个机构负责，加强对引进项目的协调和跟踪服务。其次，根据形势的变化，做好外商的工作，帮助解决生产中的具体困难。再次，主动走出去，到新加坡、泰国、香港等地介绍汕头特区的投资环境和优惠政策，增强外商到汕头特区投资的信心。此外，还采取了鼓励外商投资的具体优惠措施。根据台资向外转移，寻找生产场所的情况，管委会制定了《汕头经济特区鼓励台商投资暂行规定》和《奖励引荐外商投资暂行规定》，以吸引台商投资。从而在1989年创造了实际吸收外商投资额相当于前7年总和90%的业绩，1990年又保持了较高的增长比例。

除新投资者纷至沓来之外，已投产的外商投资企业也不断追加投资，扩大生产规模。如锦龙织染制衣有限公司在创办成衣、织染厂的基础上，1990年又办起洗水厂，投资总额超过1亿港元，还投资1.5亿港元，兴办真丝织造厂，与织染厂、洗水厂、制衣厂配套，成为国内规模较大的真丝成衣制造基地。与锦龙织染厂同时进入特区的溢兴塑料首饰有限公司，在连年扩大生产规模基础上，1987年办了台湾宾馆，1989年又购地21亩，兴建溢兴工业城。1988年年底兴办的中日港合资的东京电子元件有限公司，1989年便追加投资，从只生产彩电部件中周变压器，扩大到生产陶瓷电容器、磁粉、机壳等。1987年才进特区的大发钟表有限公司，1989年又筹资1.5亿元，兴办占地20亩的钟表工业村。据1989年不完全统计，已投产的外商投资企业普遍获得较好的经济效益，其中追加投资扩大生产规模的占50%以上。

（三）发展技术密集型产业，提高外向型经济水平。在前六年量的积累的基础上，汕头特区1988年起，采取产业倾斜政策，鼓励技术密集型产业发展。管委会安排的24个科技项目，已陆续完成，一部分已获得国家有关部委和省市奖励。引进项目的技术档次和产品的质量也显著提高。这段时间，鮀滨化学药业公司有重大进展，其属下的鮀滨制药厂创办不到三年，便被评为国家二级企业；同时又与日本合作兴办中日华明医药有限公司，引进具有80年代先进水平的盐酸阿霉素干剂生产线，产品填补国内医药行业空白，投产后每年可为国家节汇1000万美元。水产养鳗联合公司为满足生产基地扩大的需要，引进国内规模最大、技术先进的第二条烤鳗生产线，大大地提高加工能力。技术先进型企业越来越多，如海洋聚脂切片厂、电子器件厂、华亨电子陶瓷厂、永兴新科技电器有限公司、华星科技有限公司等。即使劳动密集型的服装业，也出现明显的变化，不少企业根据国际市场的需求，更新技术设备，改进工艺，由采用普通面料转为采用丝绸等高档衣料制作，使产品不断更新，向高档次发展。

（四）鼓励兴办外向型生产企业。1989年和1990年，在全国治理整顿时期，汕头特区仍然有较高的发展速度，工农业总产值增长在65%以上。主要是由于它们紧紧围绕发展外向型的生产力这一中心，采取有效的调控措施，调动了国营商贸企业投资办生产企业的积极性。首先，规定每家国营企业，每年必须有计划地兴办两至三家生产企业；同时，强调各公司每年核留的发展基金应有70%以上投入生产，否则管委会将统一调用这部分资金。其次是落实鼓励兴办实业的优惠政策，包括允许新办或扩建企业加速折旧，一定期限内减免上缴利润。再次，管委会还从财政拨出专款，用以支持重点项目上马，适当调低地价，奖励引进有功人员等。上述措施，促进了外向型生产企业的兴办，1989年国营直属公司筹集资金1亿元，新办（包括与外商合办）生产企业66家，1990年又有92家工业企业投产，从而使汕头特区的工业企业增至339家。这些企业的产品销售都面向国际市场，原材料如果国内富裕则采用国内的，如果国内紧缺则从国外进口。如华达宝陶瓷制作厂，充分利用国内丰富的瓷土资源，产品又全部进入国际市场，1989年再投资2000万港元办起枫华陶瓷制作有限公司和合资兴办建华陶瓷厂有限公司。又如1990年刚投产的宝丽有机玻璃公司，是国内同行业中生产规模较大、产品较先进的企业，其原材料全部由国外进口，产品全部外销。由于这些企业不与国内争产品市场，所以在1989年、1990年国内市场疲软的情况下仍呈勃勃生机。

（五）努力拼搏，使外贸出口登上新台阶。1988年开始，外贸碰到了资金短缺、贸易渠道不畅、换汇成本上升等困难。对此，汕头特区制定了一系列鼓励出口创汇的办法，使生产性企业产品的出口比例保持在70%以上，尤其是外商投资企业，除按合同规定允许少量产品代替进口外，其余绝大部分都销往国际市场。而具有省内外、区内外进出口权的外贸企业，则采取灵活的战略战术，积极拓展产品出口。如物资进出口总公司（由原物资公司更名）凭借前段树立起来的良好信誉，变等客上门为上门找客，稳住老客户，开辟美国、加拿大、东欧、奥地利等新市场。其他国营直属企业也在迈开大步，涌现一批年出口超千万美元的创汇大户，使外贸出现崭新局面，1990年出口创汇近4.2亿美元，比1987年增长1.35倍，产品远销世界上20多个国家和地区。

由于汕头特区以发展外向型经济为目标，克服重重困难，使投资环境日臻完善，外商投资持续增长，社会生产力迅速发展，产业和技术档次明显提高，对外贸易不断拓展，从而以崭新的面貌跨入90年代。

第三节 获得的成就和显示的作用

经过十个春秋的艰苦奋斗，汕头经济特区经济实力不断增强，外向型经济不断发展。1990年，汕头特区的工业产值接近1980年整个汕头地区（包括11个县市）的工业产值；出口贸易额达到4.19多亿美元，超过1980年汕头地区出口总额的两倍，占1990年汕头全市出口总额的43.7%。10年累计完成基建投资22.5亿元，开发面积8平方公里。随着改革开放政策的实施和投资环境的不断完善，汕头特区对外商、华侨、港澳台同胞投资的吸引力日益增强，对内地尤其是潮汕腹地经济的辐射作用也日见显著。

一、振兴了潮汕地区的传统工业

通过广泛的内联活动。汕头市所属各县、区充分运用汕头特区这个对外开放"窗口"。据1990年统计，在已兴办的内联企业中，90%是潮汕各地的。这些企业，把特区对外联系面广、信息灵、渠道多等优势与本身有一定的技术力量和管理经验的优势结合起来，使汕头特区成为潮汕腹地通往国际市场的"窗口"。这不仅带动了产品的出口，救活了一批停产企业，而且振兴了潮汕的工艺、塑料、食品、服装、抽纱、陶瓷等传统工业，其中，尤以陶瓷业显著。陶瓷业原是潮汕历史悠久、在国内外享有盛名的行业，既有广布于民间的能工巧匠，又有矿质优良、储量丰富的瓷土资源，发展前景广阔。但由于资金短缺，设备陈旧，包装落后，销路也受到限制，出现了滞后的态势。1984年，许多陶瓷厂处于倒闭或半倒闭状态。1985年以后，汕头特区将陶瓷业作为特区重点产业加以扶持。几年来，通过外引内联或自办，建立起近30家陶瓷企业。这些企业采用工贸技结合的形式，以国际市场为导向，以更新技术设备为手段，使潮汕陶瓷业重现生机。华达宝在潮州枫溪便有30多个定点厂为其生产白坯瓷。汕头特区陶瓷公司与内地实行广泛的经济合作，迅速开拓了国际市场。华亨电子陶瓷公司把国内技术和国外资金结合起来，生产中高压陶瓷电容器，填补国内空白，成为国内首家能大批量生产该产品的厂家。汕头陶瓷业由此摆脱传统制作方法和"一等产品、二等包装、三等价格"的状况，形成从瓷矿开采、瓷泥瓷釉加工、瓷坯制作、彩烤到生产花纸、陶瓷机械、塑料包装等门类齐全的工业体系。产品出口也迅速增长，1990年出口陶瓷产品5000万美元，占全国出口总量的12%。更可喜的是，陶瓷业已向高技术的电子陶瓷、精密陶瓷进军。

二、促进了潮汕农业的深度开发

潮汕发展农业有着优越的自然条件，但过去农业结构比例失调，产品日趋单一化。进入80年代初期，农村经济结构虽有很大改变，但仍然处于封闭、半封闭状态，即使有少量出口，也基本是初级产品，这也是潮汕贫困的原因之一。为充分发挥潮汕气候温和，土地肥沃，雨量充沛，传统耕作技术水平较高的优势，汕头特区贯彻贸工农的方针，引进国外资金、优良品种和先进技术设备，组织生产、加工，形成拳头产品，打进国际市场，从而有效地带动潮汕创汇农业的发展。如为了充分开发沿海广阔的滩涂资源，引进外资，并与内地合作办起养虾池近5万亩，同时引进优良品种和技术设备，办起对虾育苗中心、对虾急冻厂、对虾饲料厂，这不仅使对虾的平均亩产从1987年以前的50公斤增至195公斤，而且形成了育苗—养殖—加工销售的对虾出口生产体系，1986年至1989年便出口创汇3709万美元。较为突出的还有养鳗业以及果蔬等，其中1990年烤鳗出口占全国的33.6%。汕头特区已拥有经营农业、水产、土畜品的生产加工企业80家，在潮汕各地建立起农产品、水产品种养基地5.7万亩，办起农产品和水产品加工厂18个。1986年至1990年，农副加工产品出口累计达2亿美元，有力地带动潮汕创汇农业的发展。

三、发挥了通向国际市场的桥梁作用

在促进潮汕经济振兴的同时，汕头特区还在更广的范围、更高的层次与

国内各地开展广泛的经济联合，努力担当内地走向国际市场的桥梁。1990年，特区已与中央8个部和13个省、市、自治区开展了内联，联合形式多样，范围广泛，既有内地在汕头特区独资、合资、合作兴办实业的，也有汕头特区企业到内地投资或参与投资设厂、开辟出口生产基地的。如服装行业，辐射面早已突破潮汕范围，与江苏、浙江、上海、湖北、福建等地在原材料、资金、技术、制作加工、销售渠道等方面广泛合作。锦龙织染制衣厂，在丝绸面料和制衣印染技术上与江浙一带同行业密切合作，生产高级丝绸服装，进入欧美超级市场，重振中国丝绸织锦的声誉。1990年，汕头特区服装出口总值突破1亿美元，不仅扶持了一些不景气的服装厂家，解决了服装原材料的积压，安排大批劳力就业，增加出口创汇，而且促进服装行业设备的更新和款式的改进。汕头特区13家拥有进出口权的企业也积极开展外引内联，发挥对内对外的辐射作用。如物资进出口总公司运用优惠政策，开展优质服务，带动内地经济。汕头特区发展总公司则密切联系产地，扶持生产发展，组织产品出口；深入联系用户，了解需要，组织生产资料进口。广澳开发公司、对外商业总公司等，也主动奔赴全国各地，建立起几十个产品出口生产基地，形成辐射网络，有效地帮助内地产品进入国际市场，充当内地通往国际市场的"窗口"。

四、对提高人民生活水平作出贡献

据1990年年底统计，汕头特区职工人数5万多人，年工资总额达1.65亿元。服装、陶瓷、农产品和水产品等行业多搞外发加工。锦荣制衣有限公司，在特区内仅有200名员工，而在区外则设近60个加工点，有几千人为其加工生产。这为人多地少、劳动力过剩的潮汕地区提供了劳动就业机会，也为繁荣地方经济，提高人民生活水平做出了贡献。

五、增强对港、澳、台同胞和华侨的吸引力

港、澳、台同胞和华侨众多，是汕头特区的一大优势，汕头特区通过认真贯彻国家的对外开放政策和侨务政策，努力做好港、澳、台同胞和华侨华人的工作。如成立以香港知名人士庄世平先生为主任，由海内外知名人士组成的汕头经济特区顾问委员会，作为汕头特区的高级参谋、咨询机构和联系海内外人士的纽带。通过邀请海外乡亲回桑梓联欢、观光、增进乡情故谊。还主动走出去，到海外召开投资洽谈会、产品展销会、情况介绍会、记者招待会等，介绍祖国改革开放的政策，介绍汕头特区的新貌，扩大汕头特区在侨胞、华裔和港、澳、台同胞中的影响，增强汕头特区的吸引力。据不完全统计，1985年以来，每年回汕头探亲、旅游、洽谈的侨胞华人便达15万人次，许多人回来观光后，目睹汕头特区建设蒸蒸日上，感到欢欣鼓舞，有的还特意在海外对记者发表谈话，盛赞中国的改革开放和汕头特区的投资环境，使海外侨胞和港澳台同胞，通过了解汕头特区，进而了解全国。

第四节　思考与展望

"看似寻常最奇崛，成如容易却艰辛"，这概括了汕头经济特区九年的发展历程。它的基本经验概括起来，就是坚决把贯彻中央举办经济特区的方针政策与坚持从实际出发密切结合起来，不攀比，不赶风，实事求是，量力而行，尽力而为，注重效益。

一、大处着眼，小处着手，稳步前进，力创巨业

汕头特区开始时一切都是小的，它的客观环境决定了在开办初期不可能一下子就搞大。在经过"小"的积累过程之后，汕头特区便由小变大，阔步前进。在汕头特区建设的初始，许多同志曾希望把基建规模搞大一些，发展速度放快一些，但特区管委会考虑到汕头基础设施落后，交通不便，能源紧缺，通讯设备陈旧。在投资大环境难以一下子改善的情况下，铺大摊子就会背上包袱而造成浪费。汕头特区起步时，筹措资金也相当困难。所以，他们坚持"量力而行，开发一片、建设一片、投产一片、获益一片"的方针，努力使基建速度、规模、效益三者统一起来。1984年年底调整范围之后，他们仍然坚持统一规划，分期分片开发的原则，在重点开发龙湖工业区的同时，逐步建设与之相配套的港口码头区、金融商业区、农业区、旅游区、住宅区

以及珠池和广澳几个加工区。1987年开始、当汕头投资环境有所改善，而特区财政有一定积累，经济发展提出新的要求时，才逐年扩大基建规模，加快发展速度，1988年一年的基建投资便相当于前六年总和的82%，1989年又比1988年增长56%。这样，因时因地制宜，依托市区，确保重点，由小到大，由慢到快，以较少的投入，较快地形成较好的投资环境，避免经济发展上的失衡，取得了较好的综合效益。1982年开始投入，1983年便有了产出，1984年便开始回收。至1990年年底，在累计完成22.5亿元基建投资中，已回收9.9亿元。

在产业结构发展上也如此。汕头特区起步不久，便接触了一些技术档次较高，规模较大的项目，但因客观环境的制约很难谈成。所以，他们首先发挥潮汕劳动力丰富、素质较高这个现实的优势，选择以出口为导向，从劳动密集型工业起步，逐步向技术密集型过渡，企业规模从小到大，技术档次从低到高的工业发展战略。前期着重发展投资小、用工多、耗能低、污染少、见效快、产品外销比例大的产业，同时有选择地引进一些生产规模较大、技术档次较高的项目。由于这个方针较切合实际，所以，投产的企业均获得较好的效益。1988年以来，出现了两个明显的趋势。一是企业规模不断扩大，年产值在千万元以上的企业1988年才12家，1989年便增至18家，1990年突破30家。1989年以前，每个外商投资项目平均外商投资额60万美元左右，1990年平均项目在100万美元以上。二是技术档次不断提高。至1989年，汕头特区技术档次较高的企业有49家，主要分布在电子、陶瓷、医药等行业。1990年签订的新项目中，技术档次较高的电子工业项目便占总数的30%。

二、扬长避短，以"软"补"硬"

在投资"硬"环境还不如其他特区的情况下，汕头特区并没有怨天尤人，而是在完善基础设施的同时，着力于"软"件建设。

第一，以精简高效的原则设置行政管理机构。汕头特区管委会局一级的机构只有16个，其中不少是综合性行政部门，如从项目的洽谈、立项、签约、批准至开业后的经营活动，统由经济发展局管理，减少办事环节，给外来投资者带来诸多方便。有些甚至在一天之内，便办完签约和企业登记的手续，客商深为赞服。

第二，强化服务观念，建立健全各种办事制度。在机构设置精简的基础上，汕头特区反复对行政机关人员进行思想教育，强化服务观念。同时，通过建立健全制度加以保障，如规定对外商申报的投资项目，从接受项目建议书和可行性报告之日起，应在一周内作出答复；经批准立项的项目，如资料、证件齐备，在特区权限之内的一切手续，应在十天内办完。还组织专门力量，在项目报批、工商登记、厂址选定、厂房装修、供水供电、设备安装引进、招工培训，直至企业投产，产品出口报关等事项，为投资者提供"一条龙"服务。汕头海关特区办事处制订文明服务守则，延长服务时间，对外商投资企业进出口货物做到不论白天黑夜，随到随检，节假日也照常上班；对于已在汕头特区投资的外商，还专为其办理一年内多次往返的出入境签证，方便往来。中国银行龙湖支行规定节假日照常服务，还上门服务。上述一系列做法，增强了汕头特区的吸引力，受到客商赞扬。

第三，下大力气培训人才和劳动力。汕头特区充分运用各种培训方式，对干部和职工进行培训。几年来仅在培训中心和职业中学接受培训的便有近万人次。办学单位在专业和课程设置上，根据企业的需要。举办外向型经济管理干部培训班，开设国际金融、国际贸易、涉外法规、进出口业务等课程；针对企业财会人员素质不高的情况，举办财会班；还配合有关部门或用人单位，举办报关员、消防员、电管员、裁剪技术人员等培训班。由于培训面向实际，为企业培养了一批批合格的经营管理干部和有一技之长的人员，深受企业的欢迎。

为充分体现社会主义制度优越性，解除职工后顾之忧，汕头特区还锐意改革，在机关、企业、事业单位中，实行社会保险制度，建立干部、固定工、合同工、临时工全员的养老、行业等社会化的劳动保障体系，既调动了职工的积极性，又为企业发展提供了良好的社会环境。

三、背靠腹地，瞄准国外，甘心服务，发挥窗口作用

汕头市对汕头经济特区的发展，在基础设施、人力和物力上给予了很大

的支持。汕头特区也充分发挥自己的优势,把为潮汕及内地经济发展服务作为义不容辞的任务。

第一,在加强同国际市场联系上为内地企业服务。一是采取内联与外引相结合的办法,帮助内地企业在特区兴办经济实体,开发新产品,以适应国际市场需求;二是以补偿贸易的方式引进资金和先进设备,开发内地丰富的自然资源;三是帮助内地企业从国外引进先进技术项目,提高产业技术档次;四是牵头组织内联企业引进国外科研成果和国外资金,开拓新产品,推动科学技术进步。

第二,在拓展产品出口上为内地企业服务。汕头特区运用特区政策,对产品以出口为主的,允许其以"龙头"在内地,"龙尾"在特区,或者"龙头"和"龙尾"在特区,"龙躯"在内地,或者"龙头"在特区,"龙尾"在内地等方式,将内地的初级产品拿到特区,按国际市场需要加工、包装增值后出口。优势互补,盈损与共,协力拓展外贸出口。

第三,促进潮汕农业更新换代,向现代化发展。进入80年代,潮汕农业面临着由传统的精耕细作农业向现代化农业转化的新课题,汕头特区通过发展创汇农业,加速其转化的进程。建立起适应国际市场变化的农业商品经济体制,以经济办法而不是按行政的方式与国内外开展多种形式的经济联合。把市场、技术和开发资源有机地结合起来,建立起以国际市场为导向,以先进技术设备为手段,在潮汕开辟种养基地为依托的格局,形成种养—加工—出口"一条龙"的生产体系。在探索农业现代化的发展路子方面,迈出了新步伐。

四、思想政治工作紧密结合经济工作进行

由于经济特区处于对外交往的前沿阵地,多种经济成分并存,各种思想意识在这里交汇。这既为人们提供施展才干的舞台,又使传统的思想观念受到严重的挑战。所以,如何既吸收、消化来自海外的资金、技术、管理经验,又抵制伴之而来的形形色色的腐朽思想,弘扬优良传统,确保特区建设的社会主义方向,加快经济发展步伐,是特区思想政治工作的重要课题。汕头特

区坚决贯彻中共中央、国务院的指示，在坚持社会主义物质文明建设和精神文明建设两手抓的前提下，积极探索适应经济特区特点的思想政治工作方法。

第一，坚持思想教育的针对性。在特区创办初期，他们针对人们受旧体制、旧观念影响较深，对办特区顾虑重重，缺乏开拓进取精神的情况，反复组织大家学习中共十一届三中全会以来的路线、方针和政策，特别是学习中共中央、国务院关于举办经济特区的文件，并分期分批组织干部到兄弟特区参观，明确特区的性质、作用和办特区的目的、意义，逐步解放思想，树立与建设特区相适应的价值观念、竞争意识、开拓意识和服务精神。在特区调整范围后，部分企业出现热衷从商而忽视生产的倾向，他们便引导大家，明确既要正确运用特区政策积累资金，又要把着眼点放在发展社会生产力上，积极兴办生产企业、打基础、增强经济发展后劲，更好地发挥"窗口"和基地作用。1988年，他们又围绕对治理整顿的一些模糊认识，进一步加强思想教育，帮助大家明确治理整顿与改革开放和发展的辩证关系，克服消极畏难情绪，使各项工作获得较快的发展。

第二，区分教育的层次性。对于共产党员，不论是在机关，还是在企业，都要毫无例外地按党章严格要求，进行共产主义教育，不能因为在特区，就可以做"特殊党员"。对于广大职工，进行坚持四项基本原则和爱国主义教育，努力培养一支有理想、有道德、有文化、有纪律的职工队伍。对于外来投资者，只要求他们遵守法律，信守合同，同时尽可能帮助他们理解国家的方针、政策。由于汕头特区坚持了共产党员的先进性，加强了党的教育，广大党员勇于开拓，在各行各业中发挥先锋模范作用。1989年民主评议党员中，被评为合格党员的占总数的98.8%。1990年，有300多位党员受到各级党组织的表彰，讲廉洁、讲效率、守纪律蔚然成风。据1989年统计，全区党员干部拒收贿赂、礼品达202人次，款物折合人民币近10万元。党员干部的模范作用教育了群众，对外来投资者也起到了好的影响。1990年，全区有598人向党组织递交了入党申请书，一些外来投资者也主动支持本企业的党组织开展工作，有的甚至要求员工向党员学习。

第三，注意教育形式的多样性。汕头特区在实践中，摸索出许多有效的教育活动方式，如1985年以来在全区持续开展的"创先进争优良"文明表彰活动，在企业开展的以"创先、创优、创文明单位"为内容的劳动竞赛活动，在青年中开展的以创"三优"（即优质服务、优良秩序、优美环境）为内容的"友爱在特区"活动。有组织有领导地开展演讲会、辩论会、联欢会、同乐会、知识竞赛、参观旅游等等，潜移默化地使社会主义、集体主义、爱国主义思想在广大干部群众中扎根，良好社会风尚逐渐形成，开拓进取成为人们思想的主流，优质、高效服务成为管理部门的实际行动。

跨入90年代，随着计划修建的广梅汕铁路、深汕汽车专用公路、妈屿海湾大桥、珠池和广澳大型码头以及60万千瓦火电站的动工，汕头的基础设施将有突破性进展，投资环境将更加完善。在汕头经济特区取得令人瞩目成就的基础上，中共中央、国务院为推进对外开放，加快外向型经济发展步伐，决定从1991年11月1日起，将汕头经济特区的范围扩大到包括整个汕头市区在内的广阔区域，总面积为234平方公里，人口约80万。在90年代，由于投资环境的完善，区域范围的扩大，管理体制的理顺，汕头特区将在更高的层次、更广泛的区域里发挥对外开放"窗口"和基地作用，以经济繁荣、科技发达、环境优美的新风貌屹立于南海之滨，并向着现代国际化城市的目标前进。

表11 汕头特区国民经济发展概况
（1980—1990年）

项　目	单位	1980年	1981年	1982年	1983年	1984年	1985年	1986年	1987年	1988年	1989年	1990年
年末常住人口	人	—	—	—	—	18253	23765	25408	26537	27106	52787	57305
年末职工总数	人	—	—	—	—	2530	6791	12585	20495	27724	36780	50664
职工年平均工资	元	—	—	—	—	1143	1446	1594	1894	2489	3263	3764
工农业总产值（1980年价）	万元	—	—	46	372	601	5535	14151	32081	55921	91775	152990
农业产值（1980年价）	万元	—	—	6	25	46	1060	1111	1068	1186	1953	2112
工业产值（1980年价）	万元	—	—	40	347	555	4475	13040	31013	54735	89822	150878
外商直接投资项目数	项	—	—	—	11	24	23	16	21	78	140	141
协议外商直接投资额	万美元	—	—	—	526	2061	1306	1202	841	5826	13271	14768
实际吸收外资总额	万美元	—	—	—	153	779	784	1178	2270	3440	6977	8368
其中：外商直接投资	万美元	—	—	—	151	779	731	800	1773	2274	5891	6125
进出口总额	万美元	—	—	—	—	3029	12289	11818	30334	59809	62005	86762
出口额	万美元	—	—	—	—	449	5590	7358	17802	29816	29939	41950
进口额	万美元	—	—	—	—	2580	6699	4460	12532	29993	32066	44812
社会商品零售总额	万元	—	—	—	—	1767	7456	9473	11400	14484	22660	30298
货运量	万吨	—	—	—	—	—	10.77	13.25	25.08	43.64	49	49.80
港口吞吐量	万吨	—	—	—	—	—	2.04	10.77	14.06	19.25	16	27.90
接待过夜境外游客	人	—	—	—	—	—	5348	6755	20258	16380	12588	30201
旅游外汇收入（外汇券）	万元	—	—	—	—	—	536	1308	2953	3482	5405	10573
全社会固定资产投资额	万元	—	291	549	1922	4537	11007	12687	19821	41613	64911	68188
年末银行存款余额	万元	—	—	—	—	—	14026	14487	21582	36901	45530	69258
年末银行贷款余额	万元	—	—	—	—	—	20298	27515	41838	59361	76230	98626
财政收入	万元	—	300	626	641	2986	4562	4043	5430	13117	21260	14895
财政支出	万元	—	299	627	641	2986	4562	4037	5418	13131	21265	14880
城乡居民储蓄额	万元	—	—	—	—	—	83	213	926	2445	5765	12281

第十四章
厦门经济特区

厦门经济特区,是在一个老港口城市基础上发展起来的综合性经济特区。举办经济特区,使厦门重新焕发青春。经过十年多的建设,厦门迅速发展成为各项设施比较齐全,经济实力迅速增强的新港口城市,不但成为对外开放的重要窗口和基地之一,而且对发展台湾海峡两岸的关系,促进祖国统一大业,起着积极作用。

第一节 厦门市概况

厦门市在福建省的东南部,位于东经118°4′04″,北纬24°26′46″,由厦门岛、鼓浪屿和九龙江北岸的滨海陆域组成,辖鼓浪屿区、思明区、开元区、湖里区、集美区、杏林区和同安县。总面积为1516平方公里,其中厦门本岛129平方公里,鼓浪屿1.74平方公里。1956年10月,在高崎、集美海峡之间修筑的长堤,使厦门岛与大陆连接起来。1990年年末人口110万人。

厦门又称"鹭岛",传说古代常有成群的白鹭栖息,又因岛形如一只飞翔的白鹭而得名。考古发现,新石器时代就有闽越人在厦门岛上生活。厦门有文字记载的历史,始于唐代,因在厦门岛上发现过奇大的稻穗,该岛被称为"嘉禾"岛。唐宋时期行政上先后隶属于泉州南安县、同安县管辖。元代在岛上设千户所。明初在岛上建城,命名为"厦门城"。明末清初,厦门是郑成功抗清复明的根据地,改名为思明州。1622年,郑成功率师从厦门出发,驱逐了侵占台湾的荷兰侵略者。清朝康熙年间,福建水师提督衙门移驻厦门,并在厦门设立台厦兵备道,辖境包括台湾。雍正年间,又改置兴泉永兵备道,管辖二府一州。厦门从此成为福建省东南的政治、军事、经济、文化重镇。辛亥革命后,厦门先后成立思明县、思明州。30年代初期,无产阶级革命家陶铸,曾在这里领导反对反动统治的地下斗争。1935年4月1日,改设厦门市。1949年10月7日,中国人民解放军解放厦门岛,成立了厦门市人民政府。

厦门历来是中国东南沿海的重要门户和对外贸易的主要口岸。厦门港是个天然良港,位于九龙江入海口,居于东海与南海交接水域,扼海上交通航道要冲,港湾长达24公里,周围小岛星罗棋布,形成一道自然的防波屏障。港区水域宽阔,终年不冻,浪小少淤,水深多在十米以上,五万吨轮随时进出,十万吨轮也可以随潮进出。厦门港口的发展,对厦门城市的形成和经济社会的发展具有重要的影响。16世纪末期,厦门就成为福建省的主要海港。鸦片战争后,中英《南京条约》使厦门成为中国"五口通商"的口岸之一。1932年,厦门港全年进出船只达2490多艘次,其中国际航轮840艘次,全年货运吞吐量达600多万吨。当时厦门港内樯桅如林,内外商贾云集,鼓浪屿成为外国驻华人员和商人的聚居地。在日本侵华战争中,厦门港萧条。抗日战争结束后,厦门港得到恢复,1946年,根据海关税务署发布的贸易报告,厦门口岸外贸总值居全国第九位。由于港口和外贸发展的影响,使厦门的金融、商业曾经比较发达。

新中国成立后,厦门经济有较大的发展。1950年到1980年,厦门市人口增长1倍,工业产值增长51倍,工农业总产值增长26倍,预算内财政收入增长24倍,拥有公路、铁路、海运交通网络,逐步建立机械、造船、化工、轻纺、食品、造纸、建材、电力等工业行业,成为闽南经济中心。外贸、商业、工业在福建具有举足轻重的地位。厦门的农业主要分布在市郊和同安县,有耕地51.8万亩,山地100多万亩、淡水水面6.4万亩,浅海18万亩。不仅具有发展农林牧副渔业的良好条件,而且有不少的热带、亚热带珍稀物种。但总的来看,由于台湾海峡两岸长期对峙的影响,厦门经济发展受到一定的制约,特别是城市设施比较落后,海港的优势没有得到充分发挥。

厦门是座风光优美的旅游城市,以旖旎秀丽的海港风光,亚热带海洋性季风气候,独具一格的历史文化,以及花木、岩洞、建筑、古迹、民俗等,吸引了络绎不绝的海内外游客。鼓浪屿有郁郁葱葱的草木,嶙峋突兀的礁岩,多国风格的建筑物,天风海涛的自然景色,被称为"海上花园"。岛上居民具有较高音乐艺术修养,享有"音乐之岛"之盛誉,先后出现许多富有才华的音乐家和艺术家。

厦门是中国著名的侨乡,是福建华侨出入祖国最主要的港口。16世纪中叶,就有一些厦门商人到达东南亚及日本的一些地区定居。鸦片战争以后,从厦门启程前往海外的华工、华侨迅速增加。厦门市现有侨眷35万多人,祖居厦门的海外华侨、华人有30多万人。他们在厦门经济社会发展中所起的作用甚为显著。特别是近代以来,华侨大量投资于城市建设、金融业、工业和商业,推动了城市的形成和发展。据有关资料,近代华侨在厦门投资占华侨在福建全省投资的62.9%。在捐资兴学造福乡梓方面,华侨贡献彰著,最著名的当推旅居新加坡的陈嘉庚,他集毕生积蓄,先后捐献巨款,创建了厦门大学和厦门航海学校、集美中学、小学、幼儿园等一批学校,在厦门和中国教育事业的史册上写下永为后人仰佩的篇章。

厦门与台湾省一水之隔,与金门岛最近距离仅有1000米。明朝中叶,已有不少闽南人从厦门过海到台湾谋生。明代万历20年(公元1592年),中央政府决定驻厦门的南路参将兼辖澎湖,发展了厦门与台湾间的经济文化往来。清朝中央政府规定厦门港与台湾鹿儿门单口对渡,大陆与台湾的一切往来,均须经过厦门,更进一步加强了台厦之间的联系。几个世纪以来,闽南人络绎不绝地从厦门等地前往台湾,与高山族人共同开发台湾宝岛。台湾省现有人口百分之八十祖籍在闽南,两地人民语言相通,习俗相同,血缘相亲,交往中倍感亲切。

厦门文化教育事业比较发达。全市有厦门大学、水产学院等8所全日制高等学校,化工、轻工、商业、水产、师范等7所中等专业学校,校友遍布海内外。鲁迅、王亚南、林语堂等国内外知名学者先后在厦门执教。比较发达的教育使厦门人的文化程度高于全国平均水平,在历届全国高考中,厦门市考生升学率位列前茅,并涌现出一批专家、学者。厦门有水产、海洋、亚热带植物、电子等多个科研机构和一批科研人员。

第二节 厦门特区的建立

中共中央、国务院决定举办厦门经济特区，是整个对外开放格局中的一项重要部署，对充分发挥厦门的综合优势，振兴中国东南地区经济和促进台湾回归祖国具有重要意义。

厦门特区从1979年7月15日中央批准举办，到1981年10月正式动工建设，这两年多时间是酝酿筹建时期。福建省、厦门市按照中央部署，做出了在厦门湖里建立经济特区的具体安排，并从思想、组织、规划、物质等方面做了全面准备。以1980年10月国务院批复设立厦门经济特区的方案为标志，前后可分为酝酿和筹建两段。

一、酝酿

这一段主要解决了选址和区域范围问题，制定出实施方案报告中央得到批准。

1979年7月15日，中共中央、国务院决定对广东、福建两省实行特殊政策、灵活措施，其中一项重要内容就是设立深圳、珠海、厦门、汕头四个特区，要求深圳和珠海先行建设，厦门和汕头则进行抓紧筹备和规划。在规划过程当中，对特区是否办在厦门曾有不同意见，有人主张设在福州市闽江口的琅岐岛。因此，厦门市和福州市同时进行了特区的选址调研。经过反复比较和论证，各方面认识逐步趋同于在厦门兴办。1979年下半年，国务院副总理谷牧率工作组到福建进行考察后，与福建省领导商定在厦门湖里地区设立特区。1980年4月中共福建省委、省人民政府向中共中央、国务院提出《关于建设厦门经济特区的报告》。

厦门市为特区的建立进行了积极的准备工作。

（一）积极开展"实践是检验真理的唯一标准"的讨论，平反冤、假、错案，落实各项政策，包括落实华侨房屋政策，为特区的建立和改革开放创造社会条件。

（二）召开中共厦门市委扩大会议，就中央举办厦门特区的意义，以及厦门市如何适应新形势发展进行了充分的讨论，为特区的建立打下思想基础。

（三）确定特区地址和范围。曾提出两个方案，一是设在厦门岛外杏林一带的马銮地区；二是设在岛内，主要考虑湖里地区。两个方案各有优点。考虑到湖里范围内多为坡地，占良田少，拆迁量也不大，距市区仅有5公里，背靠福厦公路，前依东渡深水码头，可以充分依托老市区和原有的基础设施，投资少，起步快，管理也比较方便。经过几番斟酌，在征求中央有关部门的意见后，决定在湖里划出2.5平方公里作为特区范围，兴办出口加工区，并在湖里西南部开辟生活配套区。工业区分期开发，首期开发1平方公里。1980年8月28日，福建省政府批准了这个方案，并委托北京钢铁设计总院进行总体规划设计。

二、筹建

1980年10月7日，国务院批准在厦门湖里地区设立经济特区后。筹建工作主要在以下几方面展开：

（一）组建工作机构。1980年11月，中共福建省委、省人民政府正式组建厦门经济特区管理委员会。管委会为省政府领导下与厦门市政府平行的机构，下设人事劳动处、工程处、财务处、工商处和办公室。在对外经贸方面，管委会被赋予较大的权限。随着特区建设的发展，1984年1月，特区管委会并入厦门市人民政府。

（二）完成两个规划。一是湖里工业发展总体规划；二是全市范围内的配套工程，包括机场、码头、自来水、道路等的综合规划。两个规划先后报经省政府批准实施。

（三）组织和参加国内外考察。一是参加由国家进出口管理委员会副主任江泽民率领的世界出口加工区考察组，对泰国、马来西亚、墨西哥等国家的几个出口加工区进行考察。二是由市政府组团赴新加坡考察投资环境和城市建设。三是接受香港福建同乡会的邀请，管委会组团到香港听取各方面对厦门特区建设的建议和意见。四是对深圳等先行一步的特区进行考察。这几次考察对特区确定以工业为主的指导思想、加强基础设施建设、制定吸收外资政策和措施，以及培养人才方面起了促进作用。

（四）筹备工程开工。总体规划完成后，开始进行筹集资金和施工准备。厦门特区建设启动资金主要来自两个方面，一是福建省安排的3000万元的低息贷款和为了加强厦门市基础设施建设拨付的3000万元建设资金；二是由中国人民银行总行安排的低息开发贷款5000万元。为了抓紧工程项目建设，管委会组建了两个工作班子，一个集中力量抓湖里工业区的"五通一平"；另一个抓周围有关基础设施的配套建设。

（五）吸收外资的准备。一是制订有关管理条例，管委会组织制订了外商投资项目的审批程序、基础设施的收费标准和劳动用工等有关规定。二是从厦门的实际需要出发，制订了包括轻工、电子、精细化工、新型建材、食品等五个行业为主的引进项目表，并进行招商宣传。三是组建对外经贸机构，特区建设发展公司负责特区的招商工作，国际贸易信托公司负责特区的对外贸易，兴厦公司派人去香港开展业务。

同时，还进行了培养和引进人才工作。

厦门特区在筹建过程中，指导思想逐步明确，一是特区建设从全市角度综合考虑，引进项目要加强导向，重点发展出口产品；二是从建设湖里出口加工区起步，注重投入产出的效益。

1981年10月15日，湖里工业区正式动工，揭开厦门特区建设的第一幕。

第三节　持续拓展的十年

厦门特区的建设坚持从实际出发，坚决贯彻改革开放的方针，充分运用国家赋予的政策，由小到大，逐步发展。大致可以分为三个阶段：

一、初创起步

从1981年10月到1983年年底是初创起步阶段。厦门特区在开发湖里出口加工区的同时，在全市范围里进行了卓有成效的基础设施建设，积极培养人才，为以后的发展打下比较扎实的基础。

厦门特区建设的起步是艰难的。厦门资源缺乏，当时交通、通讯手段落后，水、电供应紧张，电灯不明，电话不灵，马路不平，自来水经常停，不能适应当代对外经贸交流活动的要求。要对外开放，首先要建设基础设施，为外商投资和开展对外经贸活动创造必要的物质条件。在这个阶段，厦门特区的指导思想是集中力量抓基础设施建设，打好基础。

（一）完成湖里工业区一期工程。包括一平方公里的"五通一平"和相应配套设施。由于资金、施工力量不足等原因，开始时建设进程受到影响，1983年6月，省政府在厦门召开会议，成立了建设指挥部，调整了施工力量，加快了建设进度。到1983年年底，共完成工程投资5000多万元，基本完成第一期工程的"五通一平"，建成区内7条道路和地下管线工程，以工业厂房为主的建筑面积开工11万平方米，建成了2座厂房、总变电站、综合大楼和外商投资的印华地砖厂。

（二）兴建厦门国际机场。为了开通厦门航空客运，1981年，国家决定把厦门机场建设列为使用科威特阿拉伯基金会优惠贷款的项目。场址几经比较，最后选定利用高崎一个废弃的军用机场。机场建设由闽江水电工程局负责施工，1982年1月动工，1年8个月完工，1983年10月正式通航，创造了国内机场建设上的高速度。厦门国际机场的建成，取得良好的经济和社会效益。通航3年，就达到设计能力。后来又成立厦门航空公司，成为全国首家地方航空公司。

（三）建成东渡港一期工程。这项工程是70年代国家安排的重点项目之一，工程投资1.65亿元，包括4个深水泊位，设计年吞吐量为260万吨，1976年开始动工。厦门特区成立后，决定扩建码头，加快进度，1983年全部建成，成为配套设施比较齐全，现代化水平较高的一个港口，可以停泊远洋货轮，发展远洋运输。

（四）建设万门程控电话总机。程控电话项目1981年开始谈判，引进日本富士公司的设备，项目总投资2000万元。1984年开始设备安装，1985年1月建成，同时引进和建设的还有960路微波通讯，使厦门特区电信达到国际先进水平。

（五）吸收外资开始起步。由于当时条件尚未完全具备，境外客商虽然表现出投资兴趣，但看的多，谈的多，签约的少。到1983年年底，特区批准外商投资企业20家，协议外商投资约8000万美元。这些项目在进程中克服了不少的困难，如新加坡商人投资的厦门首家外商独资企业——印华地砖厂，设备运抵港口后，没有运输机械，只好由人工从几公里外用圆木拖到工地，外国专家来安装设备也缺乏相应食宿条件等。虽然这一时期外商投资项目规模比较小，经营期较短，带有投石问路的性质，但绝大多数是生产性项目。而且这个时期签约的厦门华侨电子有限公司、卷烟加工等项目，后来都逐步发展成为厦门特区具有较强经济实力的企业。

（六）发展旅游业。为了适应特区兴办后旅游业出现的新的局面，也为外商创造一个较为配套的生活环境，陆续改造了鹭江宾馆、华侨旅行社、鼓浪屿宾馆等一批宾馆，建造了档次较高的悦华酒店，还新办了一批酒楼、餐馆，推动了旅游业的发展。1983年全市接待的境外游客达4万多人。

（七）发展职业教育，培养和引进人才。厦门市政府代表团在新加坡考察职业教育得到启发，决定发挥厦门教育优势，有计划地发展职业教育，适应特区建设的需要。一是委托厦门大学开设了外语、国际会计两个班，培训了大专专业人才330名。二是开办外经干部培训班，抽调干部进行对外开放的思想教育和经贸业务教育，先后培训了500多名。三是在原来市里兴办的工业、财会等7个大专班的基础上，用地方财力自办鹭江职业大学，按特区需要设置专业，学生自费、走读、不包分配。1983年春季开始招生，首期学员240人，开设外贸、建筑、外语、财会、统计、机械、文秘等8个专业，师资力量主要依托厦门大学等大专院校，以后逐步通过招聘建立了自己的教师队伍。四是在中学设立职业班，先在5所中等学校试点，以后在市区的中学各设一个职业班，又逐渐将几所中学改成职业中学。同时，还到北京、上海等地招聘了近百名的专业技术干部。

（八）制定单项经济法规。在抓基础设施建设的同时，开始组织特区涉外法规的制定工作，起草了企业登记、土地使用、劳动管理等单项法规草案，并报经福建省人大常委会通过公布实施。广泛进行了改革开放的教育和宣传，

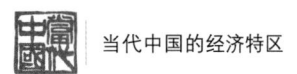

使全市人民认识到创办特区的必要性和重大意义，关心特区建设，支持特区建设，参与特区建设。

这一时期的工作，不仅为以后的发展打下初步的基础，而且开阔了厦门经济社会发展的思路。人们感到，如能将特区范围扩大到全岛，有利于厦门的综合优势得到充分的发挥，有利于加强海峡两岸的接触。因此，厦门市有关方面对厦门特区扩大范围做了些论证工作。

二、基本格局形成

这一阶段的时间是从 1984 年到 1987 年年底。在这个阶段，厦门特区范围从湖里 2.5 平方公里扩大到全岛和鼓浪屿，共 131 平方公里，出现了全市办特区的新局面，加快了特区的建设进程，基本形成了以工业为主的发展格局。

1984 年 2 月 7 日，邓小平到厦门视察工作。在厦期间，邓小平同志听取了福建省、厦门市负责人的汇报。汇报中提出把特区范围扩大到全岛，并逐步实行自由港的某些政策的要求。邓小平肯定了这一意见，并题词："把经济特区办得更快些更好些"。不久，中共中央、国务院召开的沿海部分城市座谈会上，决定厦门特区范围扩大到全岛（含鼓浪屿），实行自由港的某些政策，并指出这是为了发展中国东南部经济，加强对台工作，促进祖国统一大业，作出的重要部署。在福建省委、省政府的领导下，厦门制订了扩大特区的实施方案。1985 年 6 月 29 日，国务院下达《关于厦门经济特区实施方案的批复》，批准了这个方案，并要求厦门特区"建设成为以工业为主，兼营旅游、商业、房地产业的综合性、外向型的经济特区"。这标志着厦门特区由初创起步走向新的发展阶段。

邓小平对厦门特区的题词和厦门特区范围扩大到全岛，提高了厦门特区在中国对外开放格局中的地位，引起了海内外强烈的反响，极大地调动了厦门人民加快特区建设的积极性，也增加了外商投资的信心。随着投资环境完善，1984 年出现了第一次外商投资高潮，当年批准的外商投资项目、中外双方投资总额和外商投资额均超过了前三年的总和。在这样的形势下，厦门特区贯彻1986年和1987年国务院分别召开的两次特区工作会议精神，加强了以下工作：

（一）将全市工作转到办好特区上来。中共厦门市委、市人大、市政府先后召开了几次重要会议，作出了关于更快更好地建设厦门经济特区的决议，向全市人民发出"为更快更好地建设厦门特区而奋斗"，"全面开创厦门特区建设新局面"的号召。一是认真学习和宣传邓小平题词和中央扩大特区范围的重要的战略意义；二是明确发展方向是以建设工业为主综合性外向型的经济特区，加快全市基础设施和旅游设施的建设；三是运用特区扩大的影响，积极引进外资和技术设备，加快企业技术改造；四是增强改革意识，按特区发展要求改革旧的管理体制；五是加强社会主义精神文明建设，大力发展科教文化事业。

（二）加快老企业技术改造。厦门原有的工业企业，设备老化、产品落后。特区范围扩大到全岛以后，如何使这些企业跟上外向型经济发展步伐，成为一项紧迫而繁重的工作任务。1982年以来，厦门特区技改投资逐年增加，特区扩大后，进一步加快老企业技术改造步伐。1984年到1987年4年累计投入的技改资金相当于1980年到1983年4年的4.2倍。4年共引进国外各种先进技术装备2000多台（套），改造了240家老企业。技改中注重做到四个结合：一是与工业结构调整相结合，即以名优产品为龙头，以骨干企业为主体，进行系列改造和配套，逐步形成了以电子、纺织、机械、轻工、化工、建材六大支柱行业结构，并组建了厦华电子、厦门工程机械等一批企业集团。二是与引进外资相结合，每年公布老企业技改目录，鼓励外商以合资、合作、承包、租赁和"三来一补"等形式参与改造，到1987年年底，全市已有20多家嫁接外资。三是与经济体制改革相结合，一方面"松绑"放权，推行厂长（经理）负责制，吸收外商投资企业科学的管理办法，使企业逐步成为自主经营、自负盈亏的经济法人；另一方面实行"放水养鱼"，提高企业留利，增加企业发展后劲，对企业技改贷款实行税前还贷的优惠办法，鼓励企业加快技术进步。四是与提高职工的素质相结合，企业普遍加强岗位技术教育和文化培训，在职职工参加各种文化、技术培训的在70%以上，新进厂工人主要来自职业技术学校。通过技术改造，使国营、集体老企业的实力和竞争能力明显增强，在特区建设中发挥了重要作用。

（三）认真改善"软"环境。在厦门基础设施逐步改善的基础上，1986年《国务院关于鼓励外商投资的规定》公布后，针对吸收外资工作中存在的一些问题，厦门特区把改善投资环境的工作重点转到"软"件上来。为此，制订并公布了《厦门经济特区关于改善外商投资环境的规定》，设置了外商投资企业管理局，建立有关部门联合办公的"一个窗口对外"办事制度。为搞好综合服务，成立了外商投资服务公司、物资供应公司等一批服务机构，帮助外商投资企业解决从投资咨询到建设投产后的诸多问题。按照国家规定，开办外汇调剂市场，允许外商投资企业和国内企业之间相互调剂；协助解决外商投资企业的资金周转问题；清理乱收费，撤销和降低了10多种不合理的收费和收费标准；允许企业自主招聘各类人才和使用工人等等。同时，先后组织两次全市投资环境大检查，由副市长带队逐家走访外商投资企业，协助解决问题。经过努力，这一时期厦门特区的"软"环境有了很大的改善，逐步形成"高效率、高素质、低费用"的投资服务"软件"。

（四）进行基础设施的配套建设。外商投资项目的增多，要求基础设施建设更加配套完善，1985年到1987年，一批重要项目先后建成。1985年3月万门程控电话和960路微波通讯投入使用，与国外几十个国家和地区、国内大部分大中城市开通了直拨通话。国际机场跑道延长了500多米，建成了候机大楼等附属设备，到1987年，机场旅客吞吐量已达32.6万人次，开辟国际航线3条，国内航线12条，每月航班突破100个，创造了国内机场发展史上的高速度；东渡港经过增添设备，扩大堆场，吞吐能力也不断提高。湖里工业区在完成"五通一平"的基础上，建成40万平方米的通用厂房，成为外商投资的集中地。

（五）加强投资引导。根据中央关于把厦门特区办成以工业为主，兼营商业、旅游、房地产业的综合性外向型经济特区的要求，在总结经验的基础上，明确提出引进的重点是生产型、产品出口型和技术先进型企业，使引进与国家需要及厦门的发展紧密地结合起来。在1986年和1987年引进的项目中，生产型项目占80%以上，产品平均出口比达83.7%，项目的技术水平也有较大提高。这个时期，厦门特区每年平均有45家外商投资企业建成投产，彩色感光材料、华纶纺织、涤纶切片等一批新的工业项目和重点技改项目也陆续建成投产。特别是生产彩色电视机的厦华电子有限公司、厦新电子有限公司、生产电话机的宏泰有限公司等项目陆续投产，促进了产业结构的调整，增强了外向型经济实力。外商投资企业产品逐步进入国际市场，在特区经济中发挥了积极作用。1987年外商投资企业工业产值占全市工业生产值的比重已接近30%。随着投资环境的改善，企业经营效益提高，外商投资信心增强，累计已有20多家企业增资2000多万美元，扩大了生产规模。

（六）深化经济体制改革。随着特区建设和开放的不断扩大，这个时期厦门特区的经济体制改革，在外贸、商业、劳动、金融、物资和企业管理等领域全面展开，取得了成果。在外贸体制方面，根据中央对特区的外贸政策，积极扶持地方外贸公司和工贸结合的企业，实行"自负盈亏、工贸挂钩"的新经营体制，逐步形成了包括专业外贸公司、地方外贸公司、工贸企业和外商投资企业的多层次的外贸新体系。一批地方外贸公司已脱颖而出，具有比较强的经营能力，开始向综合经营的方向发展。金融体制改革，在对国营专业银行实行企业化管理的同时，建立同行业拆借的短期融资市场，向社会发行债券。同时，还批准一批外资银行在厦门设立分行，成立了全国第一家中外合资银行——厦门国际银行。商业在改革旧的经营管理体制的同时，重点对国营小型商业企业实行租赁经营，搞活了全市的商贸业。用工制度方面，废除了固定工制度，在全市统一实行合同工制。教育、科技等其他方面的改革也不断深化，推动了特区建设和外向型经济的发展。

在这时期，福建省委、省政府加强了对厦门特区的领导和支持，多次集中研究加快厦门特区的建设，全面落实特区的各项优惠政策和权限，并从资金、施工力量上支持特区基础设施建设，推动了厦门特区的发展。

经过三年多的奋力爬坡，厦门经济特区在抓生产、上水平、求效益中不断呈现上升势头。与1983年相比，1987年工业产值增长1.7倍，外贸出口增长1倍多，1984年到1987年实际吸收外资3.81亿美元，相当于1983年以前总和的 6.9 倍。这一阶段的努力，奠定了厦门经济特区以工业为主的基本发展格局。

三、着力发展外向型经济

这一阶段，是从 1988 年到 1990 年。主要特点是台商投资活跃。80 年代，台湾海峡两岸对峙的关系逐步发生变化，两岸以探亲、旅游、商贸为主的各种民间交往迅速发展，扩大交流已成为两岸人民共同的呼声和不可阻挡的历史潮流。厦门由于人文、地理方面的优势，成为两岸接触交流的重点地带。台湾由于台币迅速升值，劳力不足，费用上升等原因，急于进行产业结构的调整，来大陆投资台商逐渐增加。厦门经过几年建设，投资环境逐步完善，对台商投资有一定的吸引力。1986 年以来，陆续有一些台商通过第三国（地区）来厦门投资，虽然规模不大，但举办的项目以生产性、出口型为主，产品属于技术知识密集和劳动密集相结合的类型。一家硅导电橡胶生产企业，产品全部出口，经 3 年时间固定资产便由 25 万美元发展到 300 万美元。这些先行者的良好效益，增强了后来者的信心。厦门特区从 1987 年年底开始，便开始加强了对台工作，成立了对台工作领导小组，开展吸收台资工作。1988 年又提出了"以港引台，以侨引台，以台引台"的方针，即重视香港、华侨的中介作用，先后在香港召开了几次投资洽谈会，许多台商专程赶来参加，签订了一批合同。因此，台商到厦门投资办厂的大为增多。

1988 年，厦门接待台胞 2 万多人次，是上年的 20 多倍，批准的台商投资项目和台商投资额，分别占当年批准外商投资项目和投资额的 50% 和 90%，居当年境外客商来厦投资的首位，1989 年，台商投资势头更旺，厦门宾馆爆满，有关部门接待不暇，被外电称为"刮台风"。同年 5 月，国务院批准厦门市辖的杏林、海沧地区为台商投资区，客商在区内投资，可以享受现行特区优惠政策，在海峡对岸产生了积极的影响。1989 年 9 月，福建省在厦门召开的投资贸易洽谈会，到会台商近千人，签约合同和金额均创历史最高水平。当年厦门特区批准外商投资项目和实际利用外资都是特区成立以来最多的一年，其中台商投资的项目和投资金额分别占 63.7% 和 78%。

（一）加强基础设施建设。由于台商投资发展迅速，原有的基础设施不能适应新的需要。1988年以来，厦门特区在治理整顿中压缩了一批基建项目，集中力量保证交通、能源、通讯、工业小区等重点基础设施项目。对东渡港一期工程继续进行了完善，开始建设二期四个1.5万至4万吨级的深水泊位，并建成了刘五店等一些中小码头，成立了中外合资的同益码头和装卸公司。加快高崎到集美的厦门跨海大桥的建设，全桥总投资1.2亿元，总长度6.6公里，是中国目前最长的跨海大桥。扩建了机场候机楼，实行国内外的旅客分流。程控电话由一万门扩容到4万门，开通传呼业务和移动通讯。建成了城市管道煤气工程，修建了第二条进岛跨海电缆，筹建60万千瓦火电站，自来水日供量也增加了近一倍。湖里工业区又建成了20多万平方米通用厂房，并开始第二期工程的建设。与国家科委合作举办的高科技工业区也正式动工。

（二）筹备和启动海沧、杏林台商投资区的建设。成立了海沧台商投资区管理委员会，由市长任管委会主任，海沧投资区道路建设和生活区的平整全面展开。在杏林投资区，全面建设杏西工业小区。1990年年底，杏林已签约合同、意向书近50份，合同总投资达3亿多美元，已有一批大中型的橡胶、服装、电子等项目动工建设。

（三）进一步加强投资导向。根据国家产业政策和治理整顿的要求，结合厦门的发展规划，提出了"三个坚持、三个鼓励"，即坚持兴办产品出口型、技术先进型和替代进口型项目为主，力争在技术层次、产品出口和经济效益方面再上新台阶；坚持大中小项目并举，争取大项目的投资；坚持以利用外资为主，欢迎外商兴办独资企业和提高投资比例；鼓励外商兴办原材料工业，投资改造老企业，参与基础设施建设。

（四）在注重引进台资的同时，也继续重视引进港、侨、外商的投资，提出以台促侨、以台促港、以台促外的方针。

上述工作推动了外商投资热潮的持续发展，1990年，批准外商投资项目262项，比上年增长16.4%，其中台商投资项目比重达70.6%，投产开业150家，是厦门特区成立以来批准外商投资项目和投产开业企业最多的一年。

到1990年年底，全市共批准台资项目410项，协议台商投资9.9亿美元，分别占全市外商投资企业累计批准总数的41.8%和46.6%。台商在厦投资的主要特点：一是来厦人数激增，由过去分散零星转为按行业成批组团来，台湾500家大企业中，已有近300家到过厦门，仅1990年就接待各种团组1600多个。二是外商独资企业由于审批快，筹建快，外商自主权大，在1988年到1990年3年批准的项目总数中这类项目占64.7%，在协议外商投资额中占81.9%。三是生产性项目比重超过85%，产品出口比例平均在80%左右，并引进了一批具有当代国际先进水平的生产技术。同时，房地产、旅游等行业也有较大的发展。四是外商投资项目的规模逐步扩大，已批准的投资规模在1000万美元以上的有十几家，最大项目2亿美元，特别是大型原材料工业项目的引进，带动了相关联的中、下游项目。五是台商投资带动了港、侨、外商投资的发展，出现了台、港、侨、外联合投资的趋势，一些国际著名商社和财团，也不断有人前来厦门考察，准备投资。1988年到1990年这3年，外商投资企业新增工业产值占全市同期新增工业产值的73.8%。外商投资企业盈利面已达90%以上，台资企业接近100%盈利。

经过这一阶段，厦门经济特区走上了外向型经济发展的新轨道，1990年与1987年相比，工业产值由32.86亿元增加到68.16亿元，增长1.07倍，外贸出口由2.61亿美元增加到7.81亿美元，增长近两倍。一个以工业为主，工贸结合，第三产业蓬勃发展的综合性外向型的经济特区基本成型。

第四节　老港口城市焕发青春

厦门特区经过十年建设，逐渐成为基础设施比较齐全，具有一定的经济实力，内外经济交流活跃的港口城市。中国东南沿海的这个老港口在新的历史时期重新焕发青春，成为对外贸易交往的重要窗口和基地。

一、创造了较好的投资环境

1980年到1990年累计，全市共完成固定资产投资88.75亿元，其中直接用于基础设施建设达11.6亿元，形成了海、陆、空交通网络、先进的电信设备、充足的水、电供应等城市配套设施，面积2.5平方公里的湖里工业区也初具规模。1990年,港口吞吐量由1980年的190万吨提高到近530万吨,东渡港一期工程经过完善、配套,吞吐能力达到原设计能力的2.5倍。厦门机场航空运输达到年110万人次,是设计能力的3倍多,在全国机场中名列第六。电话交换机总容量由6700门发展到近5万门。市区城建面积由15.5平方公里扩展到41.8平方公里。城市自来水日供能力由9.3万吨提高到30万吨;在供电设施方面建设了进岛跨海电缆和变电站,改造了旧的线路,已能满足特区需要。1990年9月进行的一次问卷调查显示,外商对厦门投资硬环境表示"基本满意"的占80%以上。

到1990年,全市共批准外商直接投资项目980项,已开业投产的外商投资企业620家,通过各种方式实际利用外资8.4亿美元。外资投向以工业为主,占77.4%,分布于电子、纺织、轻工、化工、建材等行业,其次是房地产、旅游、农业等项目。1990年外商投资企业工业产值为7.3亿元,占全市工业产值的54.7%,其出口交货值占全市工业品出口产值的85.8%,各种涉外税收(不包括海关代征工商税),已占全市工商税总额的1/4强。有些企业已成为特区的骨干企业,发挥了重要作用,如厦门华侨电子有限公司,先后取得美国、英国等十几个国家质量检验机构的认证,1990年出口彩电近50万台,工业产值达12亿元,出口产值占70%,在全国同类企业中名列前茅,被评为全国十大最佳中外合资企业之一。

湖里工业区经过十年建设,已完成一期工程,厂房总面积达到100多万平方米,成为一个完整配套的新兴工业小区,该区已兴办外商投资企业110家,利用外资3亿多美元,全区工业产值占全市工业总产值的1/3强,产品出口占全市出口总值的一半以上,上交各种工商税收占全市工商税收总额1/4,全区累计实现税利(包括海关代征工商税)是该区开发总投入的3倍。

二、国民经济迅速发展,经济实力显著增强

与建立特区前的1980年相比,1990年全市国内生产总值达到31.4亿元,增长3.8倍;全市国民收入27.89亿元,增长3.7倍;人均国民收入由639元增长到2522元;全市工农业总产值达71.3亿元,增长5.3倍,地方预算内财

政收入达 10.3 亿元，增长 4.6 倍。在经济实力增强的同时，对国家的贡献也不断增加，1981 年到 1990 年累计通过各种渠道上缴国家和省财政比在此之前的十年增长了两倍多。

产业结构趋于合理。第一、二、三产业的产值比例由 1980 年的 21.6：57.8：20.6，调整为 1990 年的 12.1：51.2：36.8。农业综合商品率由 23.6% 提高到 76.4%。创汇农业发展较快，1990 年提供出口的农产品创汇达 6000 万美元。第二产业在引进和技改的带动下，逐步形成了电子、食品、纺织、化工、机械和建材六大支柱行业，1990 年这六个行业工业产值占全市工业产值比重的 90% 以上，轻重工业产值比例为 72：28。第三产业中，全市社会商品零售总额由 1980 年的 3.65 亿元提高到 29.6 亿元；房地产业发展较快，金融业活跃。厦门特区以工业为主、三种产业协调发展的经济结构，已经初步形成。

工业技术水平明显提高。1981 年至 1990 年全市工业固定资产投资共完成 30.1 亿元。在工业固定资产投资中，设备、技术投资比重占大部分。提高工业技术水平的最重要的工作之一，就是比较成功地进行了老企业的技术改造。1981 年到 1990 年，厦门特区累计投资 12.1 亿元，从国外引进各种先进技术、装备 5000 多台（件），有 300 多家老企业（占全市国营、集体老企业的 80%）得到程度不同的改造。与 1983 年相比，1990 年厦门市七八十年代的技术装备所占比重从 13.2% 提高到 76% 以上。

三、以工业为主的外向型经济格局基本形成

1990 年全市外贸进出口总额 11.5 亿美元，比 1980 年增长 7.2 倍，年均递增 26.3%；其中外贸出口额 7.8 亿美元，比 1980 年增长 4.6 倍，年均递增 18.7%；工业品出口交货值占全市工业产值的比重由 8% 提高到 44%。随着外向型经济的发展，出口产品结构发生了很大的变化，土畜、粮油等初级产品在口岸出口总额中的比重由 80.6% 下降到 33.3%，而轻纺、机电等工业制成品比重由 19.4% 上升到 66.7%；1990 年机电产品出口占当年工业品出口的 61.1%。由于在引进项目和老企业技术改造中强调了出口导向，逐步形成了彩电、收录机、电话机、罐头、轴承、自行车、小家电、鞋类、橡胶制品等

出口生产系列。进口商品结构也发生了变化，机械设备，生产原材料比重逐步上升，适应了特区发展的需要。同时，特区外贸企业还通过各种方式建立了100多个出口生产基地，每年可提供出口商品上百种，创汇1亿美元以上，为出口创汇的发展提供了稳定的货源。与厦门有贸易往来的国家和地区由原来30多个扩大到140多个，出口市场由过去主要是港澳和东南亚地区，逐步发展到包括美国、日本、欧洲等国家和地区，并建立了比较稳定的国际营销网络。特区外向型经济的发展，也培养了一支工贸结合的外贸队伍，增强了参与国际交换与竞争的能力。全市年出口创汇在200万美元以上的企业已有56家，其中1000万美元以上的有23家，建设发展公司、国际贸易信托公司、特区贸易公司等一批企业，已进入1990年全国500家进出口额最大的外贸企业行列。特区有实力的企业纷纷走出国门，通过合资、合作等方式已在美、泰国、菲律宾等7个国家和地区设立18家生产企业。技术出口开始起步，劳务出口和海外工程承包从小到大，技术层次不断提高，发展势头很好。1981年至1990年，累计向日本、新加坡、太平洋群岛和港澳等八个国家和地区，派出劳务人员5000人次，营业额1760万美元，净收汇600万美元，涉及建筑、纺织、机械、飞机维修、航运、渔业、电脑操作和石油工程等10种行业。

四、旅游业蓬勃兴旺

1980年年初，全市只有3家简易的招待所，到1990年年底，厦门的旅游涉外宾馆、酒店已有20多家，客房2850间，床位6000张，还有海景酒店等一批高档酒店即将开业。全市旅行社从1980年的一家发展到20多家，其中包括海外旅游公司等地方旅行社。10年来，在保护和发展名胜、风景、古迹方面投入巨款，逐步形成了鼓浪屿、万石山植物园、集美、南普陀等四个游览区和一条海上游览线，共有12处自然景观和35个人文景观，被国家旅游局定为海港风景旅游城市。随着全市综合接待能力的不断增强，到特区旅游的国内外游客与日俱增，成为中国旅游热点城市。1980年到1990年的10年间，全市共接待境外游客90多万人次，平均每年递增26.8%，旅游创汇6亿多元外汇人民币，年均递增207%，其中1990年接待21万多人次，比1980年增长7.2倍。1987年以来，台胞来厦旅游、探亲、商贸人员迅速增加，到1990年年底，已接待台胞27万人次，台湾成为厦门旅游业最大的客源市场。1990年，厦门被评为全国十大旅游城市之一。旅游业的繁荣带动了商贸、饮食服务等相关行业的发展，不仅取得较好的经济效益，也取得较大的社会效益。旅游收入已成为特区非贸易外汇的最主要来源，全市旅游业直接从业人员达1万多人。

五、教育事业进一步发展

10年来，教育经费年均递增20%，高于市财政增收的幅度。以全日制为骨干、以职业化为特色的多层次的高、中、初等教育和成人教育的教育体系开始形成。仅地方高校每年就为特区输送毕业生1000多人，每年平均有30%以上的职工参加各种职业培训。教育事业的发展，使厦门市的人口文化层次发生了重大变化，与1982年相比，1990年年初中文化程度人数增长了22.3%，高中文化程度人数增长了128.6%。大学文化程度人数已占总人口的9.6%，为全国平均水平的6倍。

六、初步发挥对外开放的窗口和基地作用

这种作用主要是通过横向经济联合来发挥的。到1990年年底，厦门共批准内联企业1090家，注册资金8.2亿元，涉及全国23个省、市、自治区和中央25个部门，外地驻厦办事处也达到100多个。总的来看，厦门特区的横向经济联合具有四个特点：1. 以内地到特区兴办工贸结合的企业为主，其中与中国信托投资公司合营的、引进美国柯达感光技术专利的福达彩色感光有限公司，总投资5.6亿元，用汇1.4亿美元，是国内主要的彩色感光材料生产厂家之一，也是厦门的大工业企业。1990年内联企业出口创汇占全市外贸出口的1/4。2. 创办了100多家"中中外"企业，使内地和特区的优势互补，增强了对外吸引力。仅中国航空技术进出口公司就在厦门兴办了10多家这类企业。3. 科技合作取得丰硕成果。厦门先后与电子部、机电部签订了科技长

期合作协定，机电部有 22 个研究所在厦门设立了分所，大大加强了特区对先进技术的引进、吸收和推广的能力。如机电部第十四研究所与厦华电子有限公司合作成立厦华研究所，加强了厦华彩电、收录机产品的开发能力，使厦华产品在国内外市场上一直保持着较强的竞争力。到 1990 年年底，科研机构由 1980 年的 7 家发展到 90 家，其中内联科研机构 40 多家，专职科研人员由不足 200 人发展至 5.6 万多人，具有中级职称的各类科技人员由 2000 多人增加到 4 万多人。1981 年至 1990 年，累计通过科技鉴定成果 850 项，其中 650 项获国家、省、市的科技进步奖。4. 致力于开展对台经贸合作。由于台商投资热潮的兴起，1988 年以来，全国有十几个省、市及下属的地、市相继在厦门举办各类对台经贸活动，仅 1990 年，就举办了 50 多次，都取得了较好成果。自 1987 年以来，在厦门特区举办的每年一届的福建对外经贸洽谈会，规模和成果一届大于一届，已成为中国东南沿海地区最重要的对外经贸活动之一。

10 年特区建设给群众生活带来较多的实惠。1981 年到 1990 年，共安置城镇就业人员近 10 万人，1990 年年末全市待业率仅 0.7%。城镇居民平均每人的年收入，由 1980 年的 405 元增加至 1990 年的 2345 元，扣除物价上涨因素实际增长一倍。农民人均年收入由 210 元提高到 1035 元，增长 3.9 倍。

第五节　在促进海峡两岸交往中迈出新步伐

厦门经济特区在 80 年代，由创办起步逐步发展成型。90 年代，它将进一步抓住机遇，发挥优势，加快发展，并为促进祖国和平统一大业做出新贡献。

厦门特区按照中共中央十三届七中全会的精神，和邓小平同志视察厦门特区时的题词精神，制定了到 2000 年的十年发展规划和"八五"计划，提出了在前 10 年建设的基础上，努力提高水平、增进效益，争取到 20 世纪末，把厦门建设成经济繁荣、精神文明、环境优美、人民生活比较富裕的社会主义经济特区的奋斗目标。为了实现这个目标，今后一个时期内，将着重抓好以下几个方面的工作：

一、调整特区发展布局

厦门岛自然景色优美，人口少但素质高，以发展高科技、高附加值、无污染的工业项目和金融、房地产、商业、旅游业第三产业为主。同时，要利用外资加快老城市的改造，把厦门市区建设成为真正的"海上花园"。杏林地区依托原有的工业区，以发展耗能不大、污染少的工业项目为主，侧重化工、电子、机械、建材、纺织、轻工等行业。海沧地区由于基础设施薄弱，开发投资大、时间长，要以比较优惠的政策，吸引有实力的外商进行大规模开发，主要发展石油化工、电力等工业，集美地区和同安县则发挥人力和资源、土地的优势，大力发展劳动力密集型的工业和创汇农业项目。

二、进一步发展外向型经济

继续坚持以工业为主，同时要相应发展商贸、旅游、房地产、金融等第三产业，发挥综合优势，使厦门在全国、乃至亚太地区经济中具有相应的地位和影响。吸收外资除坚持以兴办生产型、技术先进型和产品出口创汇型企业为主外，力争在技术层次、产品出口、规模效益上再上新台阶。坚持港、桥、台、外资并举，大、中、小项目都欢迎的方针，优化产业结构，引进外资，培植强有力的参与国际竞争的企业集团。进一步加快现有老企业的改造，加快技术进步，并将以参股、合资、合作、购买、承包等多种形式吸收外资参与这项工作。

三、充分发挥对台工作优势，在扩大海峡两岸交往中起积极推进作用

随着海峡两岸关系的缓和，厦门特区把吸引台商投资放在重要位置，通过发展经贸合作，带动体育、文化等多方面的交流，相应做好"三通"的准备，为统一祖国做出应有的贡献。

四、加强基础设施建设，进一步完善投资环境

基础设施不足仍是制约厦门特区发展的主要因素之一，还需要做出更大的努力。厦门特区决定，在"八五"期间，除了中央支持外、市财力将集中

用于基础设施建设和城市建设，重点建设东渡码头二期工程四个万吨级以上泊位、国际机场二期工程、程控电话扩容、60千瓦火电厂、煤气工程、城市道路和供水工程等重点项目，加快湖里二、三期工程、小东山高科技产业开发区、杏林投资小区等工业小区的建设，并在集美和同安县吸引外商投资区成片开发新的小区，兴建一批通用厂房。同时抓紧海沧台商投资区的配套建设，尽快成为功能较为齐全的投资新区。在"软环境"方面，要继续发挥高效率、高素质、低工资、低费用的优势。

五、增强内外辐射功能，进一步发挥窗口和基地作用

厦门特区地处中国东南沿海，是重要的对外口岸，十年来，特区改革开放的不断发展以及对台经贸交往的发展，使厦门在这一地区的影响日益扩大。经贸部已将厦门每年9月份举行的福建省投资贸易洽谈会升格为口岸洽谈会，由一个省参加扩大到东南地区的几个省参加。厦门特区要进一步发挥窗口和基地作用，在改革开放和扩大对台经贸交往中起到牵头作用。一是要以优惠的政策，吸引内地来厦门办企业；二是要联合内地发挥优势到境外创办企业，更加有效地引进先进技术、管理经验，为发展经济服务；三是要在改革开放中先行一步，大胆进行探索和试验，为内地的改革开放提供有益的经验和借鉴。

六、加大改革的力度

厦门特区将根据特区建设和外向型经济的发展，不失时机地推出各项改革措施，进行企业、价格、住房、社会保障等全方位改革，特别是要尽快探索和建立在国家宏观调控下充分发挥市场调节作用的，适应特区外向型经济发展的经济运行机制。

坚持"两个文明"建设一齐抓。在继续推进经济发展的同时，要进一步加强社会主义和爱国主义教育，继续提高人民群众的思想道德水平和科学文化素质，推动科学技术、教育、文化事业的发展，通过强化法制建设和廉政建设，促进社会主义精神文明水平不断提高。

厦门国民经济发展概况
（1980—1990 年）

表 12

项　目	单　位	1980年	1981年	1982年	1983年	1984年	1985年	1986年	1987年	1988年	1989年	1990年
年末常住人口	万人	93.39	95.08	96.98	98.75	100.56	102.67	104.54	106.10	107.68	109.33	111.86
年末职工总数	万人	20.63	21.16	21.88	22.01	23.22	24.48	25.12	26.45	27.42	28.71	29.97
职工年平均工资	元	718	722	797	870	1023	1337	1556	1734	2236	2771	3155
工农业总产值（1980年价）	亿元	11.34	12.39	13.42	14.08	17.28	24.27	27.11	35.63	51.02	59.55	71.27
农业产值（1980年价）	亿元	1.91	2	2.10	2.06	2.19	2.42	2.42	2.77	2.86	3.01	3.11
工业产值（1980年价）	亿元	9.43	10.39	11.32	12.02	15.09	21.85	24.69	32.86	48.16	56.54	68.16
外商直接投资项目数	项	—	—	—	20	86	105	34	50	198	225	262
协议外商直接投资额	亿美元	—	—	—	0.81	1.5	2.42	0.28	0.57	3.19	7.69	4.86
实际吸收外资总额	亿美元	—	—	—	0.08	0.40	0.93	0.71	0.53	1.64	2.38	1.73
其中：外商直接投资	亿美元	—	—	—	0.08	0.40	0.73	0.34	0.18	0.48	2.10	0.73
进出口总额	亿美元	1.41	1.51	1.47	1.40	3.04	4.44	2.79	4.16	8.74	9.72	11.52
出口额	亿美元	1.40	1.41	1.32	1.28	1.46	1.65	1.64	2.61	5.76	6.47	7.81
进口额	亿美元	0.01	0.10	0.15	0.12	1.58	2.79	1.15	1.55	2.98	3.25	3.71
社会商品零售总额	亿元	3.65	3.69	4.38	5.42	7.06	11.09	12.69	14.32	22.51	25.20	29.62
货运量	万吨	486.32	495.54	535.01	530.22	597.78	643.89	669.37	800.50	825	948.46	957.15
港口吞吐量	万吨	190.08	187.15	215.34	263.45	300.60	335.34	319.62	430.73	468.61	512.60	528.87
接待过夜境外游客	万人	—	—	—	4.25	5.99	8.47	9	10.17	15.22	13.85	21.08
旅游外汇收入（外汇券）	亿美元	—	—	—	0.23	0.29	0.33	0.41	0.49	0.95	1.14	2.29
全社会固定资产投资额	亿元	1.22	1.78	2.43	2.83	5.61	11.72	9.89	10.65	12.33	12.73	17.56
年末银行存款余额	亿元	2.84	3.88	4.36	4.70	10.66	12.63	16.25	18.32	22.98	29.28	42.89
年末银行贷款余额	亿元	4.77	6.04	6.42	6.59	13.76	19.23	24.06	28.93	35.34	43.25	54.83
财政收入	亿元	1.83	1.95	2.08	2.32	2.87	3.91	4.67	5.04	6.27	8.11	10.30
财政支出	亿元	0.50	0.62	0.81	1.17	1.41	2.91	4.10	3.91	4.88	6.95	9.38
城乡居民储蓄额	亿元	1.14	1.45	1.72	2.05	2.77	3.90	5.22	7.08	8.28	11.74	17.93

第十五章
海南经济特区

海南岛是中国仅次于台湾岛的第二大岛，有着优越的地理位置和丰富的自然资源，被誉为"南国明珠"。从80年代初起，中共中央、国务院为了加速海南岛的开发建设，采取了一系列重要措施。1988年4月，第七届全国人民代表大会第一次会议通过了设立海南省和建立海南经济特区的决议，使这个宝岛成为中国面积最大的经济特区。三年来，它奋力开拓，扎实起步，揭示了振兴宝岛大有希望的前景。

第一节 南国明珠

一、优越的地理环境

海南岛位于南海海域的北部，地处北纬18°10′—20°10′，东经108°37′—111°03′，它北隔琼州海峡，与雷州半岛隔海相望，东滨南海，与吕宋岛为邻，西临北部湾，南控中国南海诸岛。海南岛面积3.39万平方公里，与台湾岛一起被战略家称为中国的双目，是中国南部的战略要地。1990年年底人口651万人。

海南岛长夏无冬，属热带季风气候，是中国最大的一块湿热带宝地。年阳光辐射每平方厘米120—135千卡，西部和南部达140千卡。年平均气温23—25摄氏度。年平均降雨量为1500—2000毫米。光热丰富，雨量充沛，全年均可耕种，这对发展热带农业经济十分有利。

海南岛中部是以五指山和鹦哥岭为中心组成的山地，占全岛面积的25%左右，环绕中部山地形成丘陵、台（阶）地、平原、滩涂四个明显的环形围层地带，其中丘陵占全岛总面积的13.3%，台（阶）地占49.55%，平原占11.2%，盐田、水面等占0.6%。海南岛土地资源丰富，据1990年统计，尚有荒地、荒山面积918万亩（包括河滩地12万亩），其中宜农地32万亩，宜橡胶等热带作物地315万亩，宜林地500多万亩，是中国南方荒地资源最多的地区之一。此外，还有草坡草山1030万亩，其中宜牧地占50%以上。

海南岛的河流为辐射状水系，主要有南渡江、昌化江、万泉河等，在这些河流上，已建大型水库5座，加上中、小型水库，总库容可达67亿立方米，水力发电站有160多个，总装机容量39.65万千瓦。

海南岛有海岸线1617.8公里。沿岸滩涂广阔，是发展海水养殖的良好地区，特别是西南部沿海一带是发展盐业的最优岸段。

二、丰富的自然资源

（一）矿产资源。海南岛亘古以来的地质构造运动，造成了丰富的矿产资源。已探明有工业储量的67种，其中列入国家矿产储量的43种；共有矿产地122处，其中大型矿床21处，中型49处，小型52处。重要矿产有：

铁矿。海南的石碌铁矿是全国八大露天铁矿之一，占全国富铁矿储量的71%，平均品位51.15%，最高品位达68%。

天然气。主要分布于南海北部大陆架的北部湾、莺歌海、琼东南等多个张性盆地，油气勘探有利的远景面积达6万平方公里。

钛铁矿和锆英石砂矿。共有28个矿床，钛铁矿探明储量占全国的37.2%，锆英石砂矿占全国的59.7%，均居全国首位，具备质优、量大、易采、好选、运输方便等良好的开发条件。

蓝宝石、红锆宝石。蓝宝石约占全国储量的88%，红锆宝石约占全国储量的52%，均占首位。

石英砂矿。滨海砂岸普遍蕴藏着极其丰富的石英砂矿资源，已探明4个矿床，储量约占全国50%，也居全国首位，且类别、品级齐全，质优、易采、好选。

饮用天然矿泉水、各种建筑石板材矿产、金矿等矿产资源也有较大的开发潜力。

（二）陆地生物资源。海南的热带天然林是一座巨大的资源宝库。已查明的维管束植物262科1350多属（不包括从岛外引进的科、属数目）4200多种，约占全国维管束植物总数的1/7。其中有630多种为海南所特有，被列为国家二级保护的珍稀濒危植物有18种，三级保护植物37种。山地雨林、沟谷雨林每100平方米的物种量高达120多种。不少植物种，如野生稻、小粒稻、疣粒野稻、野荔枝、野生茶、海南粗榧等，在科研和生产上有重要价值。许多专家学者把海南称为中国最大的热带自然博物馆和植物园，最丰富的物种基因库。

在庞大的海南植物家族中，资源植物有2900多种，被国家列为重点保护的特产与珍稀树木20余种；以三大南药槟榔、益智、砂仁为代表的药用植物1700多种；此外还有热带观赏花卉及园林绿化树种200多种，果树资源植物142种，以及芳香植物、纤维植物、糖料饮料植物、油料、染料及产胶植物、竹类等。

海南岛也是中国发展热带林业的宝地，有木本植物1400多种，其中乔木树种800多种，几乎占全国的1/3。80种属热带树种中，近40种为海南所特有。在全国25个一、二类保护树种中，海南占了10种。高级名贵用材树种有200余种，其中一类用材树种34种，二类用材树种48种，三类用材树种119种，还有花梨、坡垒、子京、母生、野荔枝等被列为特类材，属世界优质名木。

海南复杂的地形地貌，多种多样的植物类型，为种类繁多的野生动物提供了理想的生存环境。据文献资料记载和有关方面20多年的调查，海南共有陆栖脊椎动物561种，其中两栖类37种，爬行类104种，鸟类344种，兽类76种，分别为全国的26.8%、18.8%、33%、29.5%和18.6%。从五指山巅至海边的红树林，到处都有数量众多的野生动物。茂密的山地雨林更是多种热带野生动物的乐园。

海南岛因与大陆隔离，有独特的动物，如海南山鹧鸪、海南新毛猬、橙胸绿鸠等，在37种两栖类中，有11种仅见于海南，8种属中国特产。此外，海南还有不少独特的亚种。鸟类有鹰雕、蛇雕、白鹇、孔雀雉等59种；兽类有猕猴、海南黑冠长臂猿、海南坡鹿、海南巨松鼠、水鹿、赤鹿等25种。

海南的珍稀野生动物，属国家重点保护的野生动物共102种，其中一类保护动物15种，二类保护动物87种。被列为国家一类保护动物的海南黑冠长臂猿是世界四大类人猿之一，是动物学、心理学、人类学和社会学的重要实验动物，在中国仅海南岛和西双版纳有为数不多的群体，海南岛为主要产区。被称为"稀世之宝"的海南坡鹿也是国家一类保护动物，它是泽鹿的一个亚种，仅海南岛有分布，主要栖息于海南西部和西南部的灌木丛中，坡鹿浑身是宝，价值比水鹿、梅花鹿高。

为了保护珍稀的动植物资源，国家和省先后建立了54个自然保护区。

（三）海洋资源。海南海域辽阔，从北到南跨亚热带、热带和赤道三个气候地带，各类海洋生物超过3000种，其中鱼类资源就超过1000种，有经济价值的约达40多种；尤以石斑鱼、马鲛鱼和金枪鱼等价值高、产量大。甲壳类有斑节对虾、墨壳对虾、中国龙虾、锯缘青蟹等海珍品。海参类有梅花参、赤瓜参、白尼参、黑尼参和白参等。爬行动物主要是大海龟及玳瑁。海中红树林和岛上麻椎桐等林木，不仅可供观赏，还是保护海洋生态环境的重要资源。南海海域繁若星辰的珊瑚岛礁海区和环礁潟湖中海产丰富，是进行渔业活动的重要场所，200米以内的渔场面积约20万平方公里。北部湾、三亚、清澜和西沙群岛是海南著名的四大渔场。

海南岛的海域矿物资源十分丰富。油气资源很可观；海岸分布着丰富的滨海砂矿资源，主要为钛铁矿、锆英矿以及独居石、镍、铬、钛、金红石和石英砂等；海南岛沿岸滩涂宽阔，可筑盐田之地甚多，特别是西南部一带，海滩平、光照长、风大蒸发量大、盐度高，且降水少、污染少，是发展盐业的最优岸段；南海诸岛的磷酸矿与大陆架海床下的锰结核等金属和非金属矿群，储量可观，有待进一步勘查和开发利用。

海南岛四面环海，有丰富的港口资源，海南岛沿岸现有港湾68处。尤其是北部琼州海峡附近岸段，为建港的极佳地段。现有大小港口近20个，重要的码头泊位51个，其中万吨级的4个，年吞吐能力近千万吨。重要港口形成"四方七港"格局，即东部的清澜港、乌场港，南部的三亚港，西部的洋浦港和八所港，北部的海口港和马村港。重要渔港有海口、清澜、潭门、三亚、新盈、白马井和西沙等25个。

（四）旅游资源。海南岛有丰富又具特色的旅游资源，可供开发的旅游点有241处。其中，具有国际吸引力的有16处以上，初步开发的旅游点有39处，可分为自然风光、人文景观、民族风情三类。

海洋旅游资源优越，海岸线绵长，沙滩宽阔平坦，有些岸段风平浪静，海水清澈见底，游鱼可数，沙质细而洁净，有的地方波浪翻卷，惊涛拍岸，蔚为奇观。由于日照时间长，水温气温宜人，是海水浴、日光浴、沙浴等的理想场所。北部的"龙门激浪"，怪石林立，潮出石洞，发出巨声。东寨港海湾是由1905年琼州大地震陷落而成，水深1—5米，其海底村庄、建筑、石碑等历史遗址隐约可见，它还是中国第一个国家级红树林自然保护区。东部海岸的铜鼓岭，怪石嶙峋，浪花飞溅，景色十分壮观。大花岗的奇山石峰，大洲岛上的名贵金丝燕窝等，都具有较高观赏价值。文昌县到琼海县的珊瑚礁海岸，为珍贵的生物海岸景观区，是海底观光的良好场所。文昌县的东郊万亩椰林，三面环海，遮天蔽日，婀娜多姿，与蓝天碧海相映，别有一番奇韵。南部海岸是海南滨海旅游资源最为丰富的地区。牙龙湾风景区，沙质异常白细，海面风平浪静，海底平坦，海水清澈见底，可观赏各种色彩的珊瑚、游鱼，湾口宽8公里，湾内面积50平方公里，沙滩长约7公里，是优良的海水浴、日光浴、沙浴的场所。此外，还有著名的大东海旅游浴场，驰名中外的"天涯海角"。

海南岛中部五指山、七指岭等，不仅山形奇特，气势雄伟，适宜旅游和探险，并且森林密布，拥有许多珍贵的动植物和奇异的溶洞，具有很高的观赏价值和研究价值。乐东县的尖峰岭，拥有1000公顷原始状态的热带雨林，是世界上少有的。万泉河、百花岭瀑布、兴隆温泉、松涛水库，遍及全岛的热带作物和各种珍禽异兽等，对旅游观光者都有较大的吸收力。

海南岛有丰富的历史遗迹。著名的古遗址有伏波庙和白马井，名人纪念地有五公祠①和东坡书院②，名人陵墓有海瑞墓、丘浚墓，还有著名的琼台书院和一批革命纪念地等。

海南岛现有黎、苗、回等少数民族 111.5 万人，至今仍保留着许多质朴敦厚的民族风俗和生活习惯，使海南岛的社会风貌显得独特而多彩。黎族同胞衣饰独特，以传统方法酿造的"酒蜜"和竹筒制作的香饭，芳香扑鼻，味道甜美。尤其每年"三月三"传统的赛歌节，青年男女盛装聚集，燃起篝火，敲锣打鼓，载歌载舞，通宵达旦，热闹非凡。

三、悠久的历史

据考古，远古时代即有人群陆续从中国大陆渡海到海南岛生息繁衍。他们就是现今黎族的先民。秦始皇统一中国，置 36 郡，海南岛属象郡辖地。西汉元封元年（公元前 110 年），在海南岛设立珠崖、儋耳两郡。隋唐以后，随着中国封建社会的高度发展，海南环岛沿海地区得到相当的开发。汉、苗、回族人民先后迁入。唐代名臣李德裕、宋代名臣苏东坡、李纲、赵鼎等先后被贬谪到海南。他们带去先进的中原文化，对海南开发做出了较大的历史贡献。元代黄道婆到海南学习黎族纺织技术，回到家乡江苏松江加以推广，成为汉黎经济文化交流的历史佳话。明清时期，海南的开发由环岛沿海向中心山地拓展，使经济和社会得到较大发展，出现了海瑞等著名的历史人物。

近代，第二次鸦片战争后，清政府被迫与英、法帝国主义签订不平等条约，辟"琼州为通商口岸，海关雇用洋人"。帝国主义势力进入海南，开办洋行，倾销洋货。1925 年，当年对外贸易入超达 391 万两白银之巨。1939 年日寇侵占海南岛，在此后六年间疯狂掠夺岛上的矿产、森林等重要资源，造成市场凋敝，民不聊生的局面。

海南各族人民从未间断过同国内外敌人的斗争。从 1853 年到 1916 年的

---

① 五公祠，1899 年，为纪念被贬谪到海南的唐朝李德裕、宋朝李纲、李光、赵鼎和胡铨这五位著名的历史人物而建造的。

② 东坡书院，位于儋县中和镇，是为纪念苏东坡修建的。

60多年间,先后爆发了8次农民起义,给反动统治阶级以沉重打击。1921年年底,中国共产党派人到海南传播马列主义,并于1922年成立了琼崖社会主义青年团。从此,海南人民的革命斗争史揭开了新的一页。1926年1月,中共琼崖第一次代表大会召开,农工运动迅速发展,革命力量不断壮大。1927年9月,为了反击蒋介石发动的"四一二"反革命政变,中共琼崖特委成立了革命军事委员会,并组织了由中国共产党领导的琼崖讨逆革命军,举行了全琼武装总暴动,向盘踞全岛各地的反动势力开展了猛烈进攻。1930年,创建了母瑞山革命根据地,成立了琼崖工农红军独立师(中国工农红军第二独立师),进行了艰苦卓绝的斗争,粉碎了国民党反动军队的多次"围剿",不断发展和壮大。抗日战争时期,中共琼崖特委领导琼崖抗日独立纵队,开辟五指山中心根据地,领导各族人民,同日本侵略者进行了殊死的斗争。1947年,琼崖革命武装正式编入中国人民解放军序列,成立中国人民解放军琼崖纵队。琼崖纵队从1948年9月开始,到1949年7月,连续发动了秋、春、夏三大攻势,重创驻岛国民党反动军队。1950年3月,中国人民解放军迫临琼州海峡,在琼崖纵队的密切配合下,四次渡海作战,粉碎了国民党军队严密设置的"伯陵防线",于1950年4月30日解放海南全岛。海南岛解放后,设立了海南行政区和海南黎族苗族自治州,归广东省管辖。

50年代,中央决定在海南创建国营农场,大规模发展橡胶事业,取得重大成果,干胶产量由1952年的426吨发展到1990年的15.67万吨。海南铁矿向全国70多家钢铁企业提供优质富铁矿石,为发展新中国的冶金工业做出了重大贡献。此外,海南还拥有中国最大的热带盐场,也是中国重要的制糖工业基地之一,轻纺、建材、食品等工业和水产捕捞业、森林采伐业等也得到一定的发展。1979年,海南的工农业总产值达19亿多元,比1952年的3亿元增长5倍多,文化和其他各项事业都有了一定的基础。

但是,五六十年代,由于海南地处国防前沿,面临帝国主义的封锁威胁,特别是受美国侵略越南战争等因素的影响,全岛未能充分开发,潜在的优势没有得到应有的发挥。

第二节　举办海南经济特区

中共十一届三中全会以后,改革开放政策的实施使海南的开发建设发生了新的转折。

一、改革开放把海南开发建设提上重要日程

1980年6月30日至7月11日,在北京召开了海南岛问题座谈会,参加会议的有中央有关部委和广东、海南的有关负责人。会后国务院领导听取了座谈会情况的汇报并作了重要指示。随后,国务院于1980年7月24日批转座谈会形成的《海南岛问题座谈会纪要》。《纪要》在充分肯定海南建设成绩,指出存在问题的同时,明确提出发展农业应以加速发展橡胶等热带作物为重点,逐步建立适合海南特点的新的生态平衡和农业结构;对海南要放宽政策,把经济搞活,在进出口贸易上可参照深圳、珠海市的办法,给予较大的自主权。1981年9月广东省政府专门作出《关于加快海南岛开发建设的几个问题的决定》。在经历了30年的艰难迟缓的发展历程之后,海南终于迎来了加快开发建设的历史机遇。1981年海南经济状况逐步好转,扭转了国民经济连年徘徊不前的局面。全区工农业总产值比1980年增长10.5%,农林牧渔业获得全面增长,农业产值比上年增长15.1%,全区粮食总产量比1979年增长10.6%。对外经济工作也开始起步,同外商、侨商和港澳客商签订经济合同和协议书共32项。

二、以对外开放促进岛内开发方针的实施

鉴于海南岛战略地位十分重要,开发建设好这个宝岛,对于实现全国的社会主义现代化、增强民族团结、巩固南海国防都有重要意义,1982年年底和1983年年初,中共中央和国务院的几位领导人先后视察海南,同广东省领导和海南干部研究加快开发建设问题。

1983年二三月间,主管对外开放工作的中共中央书记处书记、国务委员谷牧,受中共中央和国务院的委托,召集国务院有关部门负责同志,对这个

问题集中作了讨论研究，形成了《加快海南岛开发建设问题讨论纪要》。4月1日，中共中央、国务院下发通知，批转这个《纪要》。《纪要》的基本精神是：

（一）海南岛要对外开放，积极稳妥地利用外资，引进先进技术，发展进出口贸易和旅游事业，以对外开放促进内部开发。海南不作为经济特区，但在对外经济合作方面给以较多的自主权，实行经济特区的某些政策。《纪要》在这方面作了若干具体规定。

（二）适应对外开放的要求，在计划体制、财政体制、金融体制、劳动工资体制方面，给海南下放必要的权力，以发挥地方、企业和人民群众的积极性，并强调实行改革，发展经济联合。

中共中央、国务院《关于批转〈加快海南岛开发建设问题讨论纪要〉的通知》下发之后，海南干部和群众受到了巨大鼓舞。国务院有关部门和广东省各有关部门都到海南调查研究，帮助海南制订各项规划和措施，在人、财、物方面给予了很大支持。为了理顺海南行政管理体制，第六届全国人民代表大会第二次会议于1984年5月31日审议并通过了国务院提出的议案，决定设立海南行政区人民政府，作为一级地方国家政权机关。

1983年、1984年海南经济建设显著加快。1984年工农业总产值比上年增长20%以上，全年批准外商投资项目120项，合同约定投资总额1.18亿美元，比上年增长11.6倍，实际利用外资1784万美元，比上年增长3倍。与此同时，还与广东省内外一些兄弟地区签订经济合作、合营合同、协议共201项，投资总额人民币1.64亿元，外汇1.41亿美元。外贸出口也有较大发展，比上年增长25.2%。在经济发展的同时，人民生活也有了改善，文化教育事业也有新的发展。

但是，1984年下半年，发生了波及全国的"海南岛倒卖进口汽车事件"，违反了国家有关规定，也使海南的开发建设偏离了方向。中共中央纪律检查委员会等单位组成的联合调查组，经过两个多月的检查，写出了《关于海南进口和倒卖汽车等物资问题的调查报告》，对这一事件进行了严肃处理。中共中央、国务院明确宣布，对海南岛开发建设的各项基本政策和方针不变。中共海南行政区委和行政区人民政府认真总结了教训，提出认真执行国家的各项政策，踏踏实实地从海南的实际出发，根据海南的资源优势，扬长避短，发展实业，在坚持改革开放方针和遵守国家制定的各项政策法规的前提下，海南的经济建设在纠正错误后又迈开了前进步伐。

为了更好地安排海南岛开发建设，中共海南行政区委和行政区人民政府于1986年4月25日报告中共广东省委、省政府并转中共中央、国务院，请求批准海南行政区在国家计划中单列。1986年8月21日，国家计委受国务院办公厅的委托发出通知，同意海南行政区从1987年起在国家计划中单列户头，赋予海南行政区相当省一级的经济管理权限。这是中共中央和国务院对加快开发建设海南岛的又一重要决策。

到1987年年底，海南以开放促开发取得了明显的进展，工农业总产值达到45.6亿元，比1982年增长54.9%；外贸出口达到1.15亿美元，比1982年增长5.5倍。

三、海南建省办经济特区

根据海南开发建设发展的态势，中共中央和国务院经过充分酝酿，决定进一步采取有力措施。1987年6月12日，邓小平会见外宾说：我们建立经济特区的决定不仅是正确的，而且是成功的，我们正在搞一个更大的特区，这就是海南岛经济特区。

8月28日，国务院向全国人大常委会提出议案，建议撤销海南行政区，将海南行政区所辖区域从广东省划出来，建立海南省。同时划定海南岛建立海南经济特区。9月5日，第六届全国人大常委会第二十二次会议通过决定：将国务院的这一议案提请七届全国人大一次会议审议、批准，并授权国务院成立海南建省筹备组。从此海南建省和建立海南经济特区进入了实际筹备阶段。

按照国家关于筹建海南经济特区的要求，国务院特区办公室和国务院有关部门、海南建省筹备组共同研究，提出了有关各项工作和政策措施的初步意见。12月8日至11日，国务委员谷牧受中共中央和国务院的委托，在海口市召开了有国务院所属16个部门、海南建省筹备组、广东省负责人参加的会议，研究了海南经济特区的基本政策框架，形成了《关于海南岛进一步对外开放加快经济开发建设的座谈会纪要》，上报国务院。

1988年4月13日，第七届全国人民代表大会第一次会议审议通过了国务院提出的议案，作出了《关于设立海南省的决定》和《关于建立海南经济特区的决议》。在《关于建立海南经济特区的决议》中有两项明确的决定：一是"划定海南岛为海南经济特区"；二是"授权海南省人民代表会议及其常务委员会，根据海南经济特区的具体情况和实际需要，遵循国家有关法律、全国人民代表大会及其常务委员会有关决定和国务院有关行政法规的原则制定法规，在海南经济特区实施，并报全国人民代表大会常务委员会和国务院备案"。海南经济特区由此诞生。

四、国家赋予海南特区的主要政策

1988年4月15日，国务院批转《关于海南岛进一步对外开放加快经济开发建设的座谈会纪要》。5月4日，国务院又发布《关于鼓励投资开发海南岛的规定》。这两个文件具体规定了在海南经济特区实行的基本政策。除原有四个经济特区的政策规定以外，从海南实际情况出发，又增加若干新的规定，主要是：

（一）海南岛上的某些重要自然矿产资源，报经国家主管部门批准后，可以与外商实行合资、合作勘探开发。

（二）经海南省人民政府批准，外商投资者可以承包经营海南岛的一些社会主义全民所有制企业和集体所有制企业；可以对招标拍卖的这些企业投标；可以向海南岛实行股份制的全民所有制企业和集体企业参股，参股25%以上的企业，可享受外商投资企业优惠待遇。

（三）海南国有土地实行有偿使用制度，土地使用权可以有偿出让或转让。国有土地使用权出让，一次签约期限最长70年，期满后可申请续约。

（四）外商投资于交通、能源和农业开发项目，所得税的减免可更加放宽，投资者还可同时投资举办与上述项目相关联的效益高、回收快的企业和服务事业，实行综合经营、综合平衡外汇收支。

（五）扩大利用外资项目的审批权限。凡产品出口70%以上，不涉及国家配额的出口型项目，开发能源、交通、通信等基础设施和旅游设施的外商投资项目，建设生产经营条件不需要国家综合平衡的，不限规模，都由海南省自行审批。

（六）国际援助性项目和世界银行优惠贷款项目，凡适合建在海南岛的要尽先安排。

（七）海南省可以按自借自还的原则，从海外直接筹措资金进行开发建设。借款额度由海南省根据偿还能力逐年编制计划，报国家计委核定。经国务院主管部门批准，也可对外发行债券。

（八）在海南的国营、集体企业与外商投资企业实行同样的税收制度，平等竞争。其他省、自治区、直辖市在海南举办的企业获得的利润汇往内地，从获利年度起十年内，不再补征所得税。

（九）允许海南省和国内其他地区的群众，以个人集资或合股经营的方式举办生产企业，从事社会服务业和商品零售业。允许举办以私有资金为主、雇用农业工人的农场。

（十）凡与中国有外交关系或官方贸易往来的国家和地区的外国人，到海南经济特区进行商贸、技术交流、旅游探亲活动，停留时间不超过十五天的，可在海口或三亚市口岸办理入境签证；常住海南经济特区的外籍投资者、企业经营管理人员和从事开发建设的人员及其眷属，可向海南经济特区主管部门申领多次入境签证；港、澳、台同胞和华侨，凡持有国务院主管部门及其授权机关签发的有效护照或其他有效证件，前往海南经济特区及由此转往中国境内其他地区，无须办理签证；台湾同胞还可在海南岛口岸申领台湾同胞旅行证件。

第三节 扎实的起步

海南经济特区的建立，大大鼓舞了海南广大人民群众加速开发建设祖国宝岛的热忱。当全国人民代表大会通过海南建省办特区的消息见报后，人们奔走相告，燃放鞭炮，热烈庆祝。与此同时，也引起了国内其他地区的关注。许多有志支援海南开发建设的人们，纷纷要求到海南工作，求职信函像雪片一样飞向海南人才交流中心。海外反响也很强烈。

为了做好起步阶段的工作，打好扎实的基础，中共海南省委、省人民政府从1988年到1990年，重点抓了以下方面的工作：

一、建立适应特区发展的新体制

根据中共中央、国务院要求，海南实行了"小政府、大社会"新行政体制，致力于转变政府职能，建立和完善政府宏观调控机制。建立的省级机构小于国内其他省和自治区。在实践中陆续作了一些调整，不断加以巩固和完善。

（一）本着党政分开、政企分开、精简高效、法制健全、下放权力的基本精神，确立了"小政府、大社会"的雏形。

——报经上级批准，撤销了海南黎族苗族自治州，成立七个民族自治县，建立省直接领导市、县的地方行政体制，原自治州属的三亚市升格为地级市，三亚、通什两市继续享受少数民族地区的各项优惠政策。

——设置精简、高效的省直机关，按中央批准的方案，中共海南省委设置了办公厅、组织部、宣传部、统战部、体制改革研究室（政策研究室）5个直属工作部门；海南省人民政府机构分为政治保障、行政事务、社会经济监督和调节、经济发展与组织四大系统，共26个工作机构和一个事业单位，省直机关的机构编制，与全国其他省、直辖市自治区相比是小的。

——把原海南行政区的11个经济主管局和8个行政性公司转为企业化经济实体，走向"大社会"，参与市场平等竞争。

——进行事业单位和群众团体的改革。多数事业单位向企业化管理过渡，一批新建立的事业单位没有确定行政级别。新成立的省科协、省文联、省侨联、省台联等群众团体，其编制不再划入行政序列，专职工作人员列入事业编制，部分经费继续由财政拨付，同时给予一定的政策支持其自筹经费。

"小政府、大社会"在运行中也遇到一些困难和问题，主要是同中央有些部门不对口，上下关系不顺，某些方面工作脱节。因此，在坚持"小政府、大社会"方向不变的前提下,针对出现的困难和问题,中共海南省委、省政府已经陆续采取了一些调整措施和解决办法。加强与中央有关部委的联系和沟通,保证这项改革的顺利发展。

(二)不断深化改革,建立有利于商品经济发展的经济运行机制。为促进开发建设,积极发展多种经济成分。据统计,到1990年年底,在工业中外商投资企业产值占全省工业产值12.24%,内联企业占全省工业产值的12.3%。商业领域也出现了多元化格局,1990年年底全民所有制商业占社会商品零售额的34.6%,个体、私营商业占33.5%。

积极培育生产要素市场。至1990年,钢材、水泥、煤炭等19种主要生产资料,市场调节已占总需求量的80%以上。生活资料中,粮食市场调节已占50%,猪肉市场调节已占94.8%,食用植物油则占100%。资金市场,1988年至1990年3年,省外汇调剂中心调剂外汇10.6亿美元(其中1990年为6.2亿美元),相当于办特区前的39.5倍;通过全省短期资金市场同业拆借资金累计达221亿元,发行各种债券等直接融资达10亿多元。劳务市场,1990年通过劳务市场安排的各类就业人员达年计划的103%。推进财税体制改革,实行"划分税种、核定收支、分级包干、一定五年"的财政体制,调动了各市县组织收入的积极性。1990年财政收入比建特区前的1987年增长149.7%。实行金融体制改革,现已建成了多种经济成分并存竞相发展的特区金融体制。1990年全省国家银行存款余额达87.4亿元,为1987年的243.2%,贷款余额119.7亿元,为1987年的211.9%。

在外贸体制改革方面,实行外贸企业自主经营、自负盈亏,缩小指令性计划,扩大市场调节范围。与此同时,对6家外贸专业公司实行了"核定基数、超收分成、亏损分担、一定三年"的承包经营责任制;批准成立了一批地方工贸公司、农贸公司,并授予相应的进出口经营权。由于进行了上述一系列的放权让利改革,使企业有一个比较宽松的经营环境和必要的经营自主权,极大地激励了企业出口创汇的积极性。

在企业改革方面,1990年预算内全民所有制工业企业有70.7%实行了承包经营责任制,同时进行了企业租赁、企业兼并的试点。在农村改革方面,设立以科技型、外向型和创汇型农业为导向的海南农业综合开发试验区,并在琼海县、白沙县进行了县级综合改革试点。

二、加强基础设施建设

海南经济特区是在底子薄、基础差的条件下起步的,因此很注重扎扎实实抓好基础设施建设。1989年9月初,又提出了"用政策、打基础、抓落实"的九字方针,坚持在打基础中扎扎实实前进,办特区三年多来,能源、交通、通信等基础设施建设得到明显加强。1990年完成全社会固定资产投资35.55亿元,为1987年的221.9%。

(一)能源建设。1987年,海南从国外引进两台燃气轮机发电机组,1988年又由海南国际投资有限公司投资,上海外经技术合作公司和上海电器公司承包建设海口马村火力发电厂2台12.5万千瓦火力发电机组,于1990年7月投产发电。1990年海南完成能源建设投资3.5亿元,为办特区前1987年的188.8%。至1990年,海南特区共有500千瓦以上的水电站45座,火电厂10座,列车电站4座,总装机容量达到68.2万千瓦,比1987年增加40万千瓦;年发电量15亿度,比1987年增长了2倍多,极大地改变了海南长期缺电的状况。经国务院批准,大广坝水电枢纽工程也于1990年7月正式开工,这项工程1993年建成后,将增加发电装机容量24万千瓦。

(二)交通建设。在港口建设方面,1987年年底,马村港2万吨级卸煤码头建成。1990年6月,洋浦港建成两个2万吨级的码头,洋浦港务局正式成立。海口秀英港、八所港等的扩建改建工程也陆续开工。1990年,海南特区在用港口14个,共有万吨级以上的泊位6个,1990年货物吞吐量929万吨。在公路建设方面,那大至洋浦全长59.2公里的洋浦港疏港公路于1989年1月建成投入使用,国务院批准修建的全长272.7公里的环岛(东线)高速公路,已于1989年下半年动工兴建,计划1993年完成。至1990年已有公路近1.3万公里,陆地交通条件大为改善。海口机场扩建工程于1985年完成后,1988年又建成一座面积达5000多平方米的庭院式综合候机厅和新的航管楼,改善了通航条件。1990年,海口与国内17个城市开通了航班,并开辟了至泰国、新加坡的国际航线及至香港地区的航线。三亚凤凰机场一期工程，也已于1990年上半年开工兴建。

（三）电信建设。海南办特区后，邮电部门及时加快长途电信建设步伐，对广州至海口的微波电信线路进行扩容，增开十二路和超高十二路载波机，增加电话电报传送，缓解通信供需矛盾。1989年年底，长途电路比办特区前的1987年增长96%。1989年三亚卫星通信地面站建成并投入使用，在三亚这一海滨旅游城市和祖国大陆之间架起了"空中桥梁"。1988年海口市开通350线长途程控，1989年三亚市开通240门小程控，通什市开通2000门改进型纵横制市话交换机，这三个城市的电话可直通世界101个国家和地区。1989年，又安装了512线用户电报交换机。1990年，海口市邮电局还开通了128线自动转报系统，进一步加快了电报的传递速度。市内电话通信有长足进展，办特区3年完成了4项新建、11项扩建市内自动电话工程，新安装自动电话1.71万门。到1990年，19个市、县中除琼中、定安、陵水外，其他16个市县都安装了自动电话，海口市首次使用具有世界先进水平的光纤缆作为市话中继传输手段，改变了过去以明线和普通电缆为主的市话中继方式。"八五"计划期间，海南还将在12个市县增建10.5万门程控电话。

（四）市政建设。海南特区城镇建设突飞猛进，1990年海南用于市政建设、房地产开发和城镇其他方面建设的资金达6.7亿元。海口市作为重点发展城市，新开辟了五个开发区，新建扩建道路10余条，新建人行天桥5座，新建日产15万吨自来水厂一座，城市基础设施日趋完善。海口市的总体规划已经国务院批准，将建成海南经济特区的政治、经济、文化中心。三亚、通什等市县的市政建设也有较大进展。

三、狠抓投资软环境建设

（一）加快经济法制建设。海南特区建立后，于1988年8月召开了海南省人民代表会议，产生了海南省人代会常务委员会，加强地方立法工作，为吸引外资发展对外经济技术交流合作，提供法律依据和保障。根据全国人民代表大会授予海南的立法权，海南按照"一手抓改革和建设，一手抓法制"

的方针，遵循国家法律、法规的原则，从办经济特区发展生产力的需要出发，以经济立法为重点加快立法工作。从1988年8月起至1990年年底，海南经济特区先后颁布一批地方性法规。经过省人代会正式立法的有12项，其中有《海南经济特区土地使用权有偿出让转让规定》《海南省环境保护条例》《海口市经济合同管理办法》等经济法规，对促进海南开发建设，保护投资者的合法权益，起到重要的作用。《海南经济特区外商投资条例》《海南省天然橡胶保护管理条例》《海口市劳动力管理暂行办法》等三项经济法规草案，省人代会正在审议。《海南经济特区公司条例》《海南经济特区股票、证券发行管理规定》《海南省反不正当竞争条例》等九项法规已列入近期立法计划。《海南经济特区条例》《海南省经济开发区条例》等正准备着手起草。由于突出经济立法这个重点。围绕改善投资环境为中心，一个具有海南经济特区特点的法规体系正在形成。

（二）强化社会治安综合治理。1987年下半年到1988年下半年这一年中，海南流动人口大幅度增加，其中海口市流动人口达11万多人，相当于常住人员的31％，商品经济迅速发展，社会经济生活空前活跃，各种矛盾也比较突出，给社会治安带来了一些问题，刑事案件上升幅度较大。海南特区及时采取措施，从1988年9月至1989年春节前后，开展了三次严厉打击刑事犯罪活动的统一行动，并连续开展了五次专项斗争，保证了社会秩序的稳定。1989年至1990年，海南特区又开展了声势浩大的打击各种经济犯罪活动和除"六害"的斗争，加强了综合治理工作，收到了明显的效果。海南特区始终把强化社会治安，当作促进特区发展、改善投资环境的一个重要方面，加强治安管理的法规制订和治安管理队伍的组织建设，建立健全了各种治安防范网络，加强了法制宣传教育，使海南特区社会风貌发生了显著变化。

（三）提高政府办事效率，加强廉政建设。1989年7月，为了加强党政机关的廉政建设，中共海南省委、省政府连续公布了三项规定：《中共海南省委关于加强廉政建设的若干意见》《中共海南省委、海南省人民政府关于改进领导作风的规定》《中共海南省委、省人民政府关于廉洁从政的规定》。到1990年，海南省政府已有42个厅局建立了廉政制度，占厅局总数的95.4％，并于1990年建立了省反贪污贿赂局,采取有力措施,严厉打击处理了一批经济犯罪分子,纯洁了国家机关,密切了政府和人民群众的关系。为了更好地为境内外投资者服务,提高政府办事效率,海南办特区之初,就设立了省经济合作厅,统一审批外引内联项目,提供综合性服务,简化办事手续,以提高服务质量和办事效率。随着对外经济合作的发展,1990年6月建立了海南省投资促进委员会,由省长担任主任,省经济合作厅为其办事机构。省投资促进委员会实行统一归口领导,一个窗口对外,除了制定有关外商投资的政策方针外,把主要精力放在全省利用外资大中型项目的审批和协调落实上,提倡主动意识、协作意识、服务意识和高效意识,把外引内联工作纳入程序化、标准化、公开化轨道。同时成立了省台湾投资协调小组,由常务副省长任组长,以适应台商来琼投资者日益增多的需要。协调全省的引进台资工作。

（四）加强社会主义精神文明建设。1988年9月,中共海南省第一次代表大会上明确提出:"放手发展生产力,必须加强社会主义精神文明建设","要一手抓经济建设,一手抓精神文明建设"。随后成立了由省委直接领导的"海南省精神文明建设领导小组",1990年1月,召开了海南省精神文明建设的经验交流会,调查研究,总结经验,培养典型,大力推进精神文明建设工作。

海南特区的精神文明建设,以中央有关精神为依据,从海南实际出发,强调抓根本,抓基层,抓重点,办实事,着重抓了五个方面的工作:一是坚持正确的政治方向,把坚持社会主义方向同放手发展生产力统一起来;二是发扬开拓进取,艰苦奋斗的精神;三是一切从实际出发,坚持实事求是的科学态度;四是积极改善服务态度,努力提高办事效率;五是树立社会主义时代风尚,扫除各种丑恶现象,打击犯罪活动。

海南特区的精神文明建设取得了多方面的进展,重视精神文明建设的舆论环境开始形成。到1990年,各市、县、自治县都成立了精神文明建设领导小组。经过广泛深入进行"一个中心、两个基本点"的基本路线教育和建省办经济特区的有关政策教育,更新了观念,为海南的改革开放提供了思想保证和舆论先导。在创建文明单位、文明乡村活动中,仅1989年就涌现出各类文明乡镇 695 个。在以富岛强兵为主题的军民共建文明活动中，开展扶贫致富，进行思想和法制教育，培养军地两用人材。通过开展"扫黄"和"除六害"斗争，社会丑恶现象得到有效的遏制。党政机关廉政建设也见成效。1989 年 3 月成立海南省职工思想工作研究会，加强了企业的思想政治工作，涌现出一大批献身特区建设、热爱集体、助人为乐、无私奉献、敢于和坏人坏事作斗争的优秀分子。科教文卫事业在改革开放中也有新的进步。城乡人民文化生活空前活跃。

第四节　迈向发展外向型经济的轨道

海南经济特区在起步建设中，加强对外经济合作，注重抓好外引内联和成片开发工作，使外向型经济建设有了良好开端。

一、蓬勃兴起的横向经济联合

海南的横向经济联合，在办特区前就已开始，建经济特区之后，得到蓬勃发展。1990 年年底，内联企业达 4889 家，全国其他地区在海南设立办事机构 580 家。

内地投资企业已成为海南开发建设中一支不可忽视的重要力量。1990 年全省内联企业的工业产值达 4.2 亿元，已占全省工业产值的 14.5%。横向经济联合搞得较好的部分市、县，所占的比重更大，定安县当年内联企业的工业产值占该县当年工业产值的 39.85%，海口市则占 30%，澄迈占 22.15%。1990 年化纤行业内联企业的工业产值，占该行业产值的 68.57%。内联企业促进了海南科技事业的发展，至 1990 年年底，全国各地在海南举办的科技实体已达 267 家，科技人员 4891 人，其中高中级科技人员 2710 人，大大增强了海南科学技术力量。内联企业也增强了海南的出口创汇能力，据不完全统计，内地投资的出口创汇企业 17 家，创汇额达 4000 多万美元。1989 年省府通报表扬的全特区出口创汇超过 300 万美元的企业共 39 家，其中内地投资企业 9 家。内地投资企业还填补了海南生产上的许多空白，增加了海南的经济实力和工业发展后劲，扭转了一些企业的亏损。

二、发展中的利用外资工作

海南在 1980 年创办第一家外商投资企业，1983 年开始利用第一批国外贷款。海南举办经济特区后，运用中央给予的优惠政策，促进了利用外资工作。1988 年至 1990 年共审批外商投资企业 1093 家，协议外商投资额达 7.91 亿美元，外商实际投资 3.2 亿美元。分别比 1980 年至 1987 年八年总和增长 2.7 倍、2.3 倍和 3.2 倍。三来一补、出口信贷、外国银行商业贷款等方式利用外资也获得了发展。

通过利用外资，带来了大量的资金、技术、人才和先进的管理经验，在工业、农业、交通、旅游等领域建设了一批骨干项目。利用的外资占全社会建设投资的 15.6%。许多技术、设备及产品都弥补了海南空白，增强了海南经济实力。1990 年外商投资企业的工业产值达 3.2 亿元（按 1980 年不变价格计算），占当年海南工业产值 11.14%，出口创汇 3300 万美元，占出口创汇总额的 7%。

能源、交通和通信，是海南优先发展的项目。如海南国际投资有限公司和海南省电力公司，合作投资建设海南马村电厂二期工程，利用外资建设的大广坝水利电力枢纽工程、东干线高速公里、通信工程等项目，对改变海南基础设施薄弱的状况，发挥了重要作用。

在外商投资企业中，从事工业生产和农业开发的项目占 70% 以上，对发展海南工农业生产起到了积极作用。外商投资也促进了海南旅游业的发展。

三、日益活跃的对外贸易

海南建特区后，在坚持依法经营的前提下，扩大了企业的进出口经营权及商品进出口经营范围，同时在外汇留成、外汇调剂、税收上政策更加优惠。优惠的政策，调动了岛内企业的积极性，也吸引了境外投资和众多的国内兄弟省、市的资金，为充分发挥海南的外贸潜力，开辟了广阔的前景。为了便于对全省贸易的宏观管理，在实施"小政府、大社会"的政治体制改革中，撤销了外贸局和外经委，成立了海南省贸易厅，结束长期以来外贸局管理外贸专业公司，外经委管理地方工贸公司的脱节状况，理顺了全省对外贸易的管理关系。同时，全面推行了外贸经营责任制，实施责、权、利统一，调动了企业的积极性。

（一）对外贸易有较快的进展。1988年海南进出口总额6.6亿美元，1990年达9.37亿美元，其中，出口创汇继1987年突破1亿美元大关后，1988年出口达2.9亿美元；1989年达到3.6亿美元，1990年出口4.7亿美元，三年上了三个台阶。

（二）在出口贸易额大幅度增长的同时，出口商品结构日趋合理。建特区前农副产品及农副产品加工品的比重占44.33%，1988年，农副产品及加工品的比重降至39%，轻纺产品、五矿产品、医药产品的比重增长至54.2%。1989年，农副土特产品的比重再降为35.1%，五矿产品、轻纺产品的比重升至59.3%。1990年，农副土特产品的比重为27.78%，五矿产品等的比重升至72.22%。出口商品结构显著改善。

（三）大宗出口商品增加。1987年出口额超过100万美元的商品仅10种；1989年超过100万美元的有90种，其中有12种商品出口额逾300万美元，1990年出口商品619种，超过100万美元的有104种，其中20种超过了300万美元。贸易伙伴由37个国家和地区增至48个。

（四）地方外汇支付能力显著增强。办特区后，随着出口贸易的不断发展，地方外汇支付能力加强，加快了引进先进技术设备的步伐，进口贸易以前所未有的速度发展。1987年进口额1.77亿美元，1990年达到4.66亿美元，进口商品结构也趋好转。

（五）外贸企业素质提高。建特区三年间，海南的外贸企业先后从内地招聘了相当数量的外贸、外语人才，提高企业的整体素质，增强经营能力，扩大业务量，涌现了一批出口创汇大户。1990年创汇上千万美元的就有海南省对外经济发展总公司、海南省联合贸易公司等11家。

四、成片开发与开发区建设起步

海南经济特区面积较大，基础又差，底子薄，全面开发需要巨额资金，刚刚建省和办特区的海南是不具备这种条件的。因此，国务院强调结合海南实际，探索自己的发展路数，不要盲目照搬其他地区的模式，要作好通盘的长期规划和分步骤的实施计划，先从沿海开始，搞两、三块地方，一块一块地分片开发，开发一片收益一片，切忌急于全面铺开。据此，中共海南省委、省政府对海南的开发建设作了通盘的长期规划和分步骤的实施计划，决定先建设洋浦经济开发区和农业综合开发试验区，作为工业和农业成片开发的突破口，进行大胆试验，利用外资搞成片开发，同时注重抓好海口地区几个经济开发区和澄迈县老城工业开发区等若干市、县小开发区的开发建设。

洋浦开发区位于海南西北部的洋浦半岛，距海口市约180公里，距那大镇（儋县县城）约60公里，南面隔新英湾与岛内最大的渔业加工区白马井遥遥相望，西、北面濒临北部湾。区内地势平缓、土地贫瘠，大多为旱地、坡地与荒地，常年干旱，不宜耕作。大部分地区的地基为玄武岩，承载力良好，适合作工业或城建用地。附近资源丰富，据国内外专家分析，南部和西北部海域藏有相当丰富的天然气和开采潜力很大的石油。半岛内还有丰富的原盐和钛矿资源，发展石油化学工业、盐化工、钛工业有广阔前景。开发区附近的儋县、临高县境内还有褐煤与油母页岩，丰富优质的石英砂，高质量石灰石矿等。洋浦开发区海岸线长约100公里，港湾深阔，濒临北部湾且三面环海。洋浦港内风平浪静，是良好的避风港。港区可建26个泊位码头，绝大多数为2万吨级以上，最大泊位可达10万吨。加之洋浦港近连东南亚各国及台湾、香港，远连日本与朝鲜，具有发展台、港贸易和对外贸易的开发价值。

从1986年年初港区第一期工程动工兴建至1990年，洋浦港已建成两个2万吨级的泊位码头和一个3000吨级的工作码头，年吞吐量达100万吨，全长59.2公里的疏港公路已建成通车，一条3.5万伏的输电线路已经架通。海南特区于1988年8月正式提出开发洋浦，并成立了洋浦开发协调机构。1989年12月海南正式成立洋浦开发区办公室，负责洋浦开发前期工作。1990年5月4日，李鹏总理明确表示国务院支持洋浦开发。同年，江泽民总书记也实地考察了洋浦，认为洋浦这个地方港口条件好，有发展前途，应该采用引进外资成片开发的形式很好开发。在中共中央、国务院的支持下，洋浦开发区迈开了坚实的步伐。按国务院要求，洋浦经济开发区最终要建设成为以技术先进的工业为主导，第三产业相应发展的外向型工业区。

农业综合开发试验区是海南开发建设又一个重点。建立农业综合开发试验区，就是要充分利用海南特区丰富的土地和光热资源，大力发展热带种植业、养殖业和加工业，以外向型和创汇型农业为导向，建立高投入、高科技、高效益的，农工贸一体化，产供销一条龙的综合型现代化农业。这将从根本上改变传统农业的面貌，使之向着商品型、外向型和创汇型方面发展，把海南农业的地理优势和资源优势转变为经济优势，把海南的农业大大向前推进一步。1990年2月，经过调研、选择，初步把东方县南片、北片，乐东县西北片，儋县西北片、琼山县狮子岭片和澄迈县美亭片的80多万亩地作为农业综合开发试验区。从1990年5月开始，抓紧制订《海南省人民政府关于鼓励投资农业综合开发试验区的若干规定》和《海南省人民政府关于农业综合开发试验区土地使用的若干规定》等有关政策，其他方面的准备工作也在抓紧进行。至1990年年底，已有20多批国内外投资者到开发区洽谈农业综合配套开发项目，已立项9个，总投资约9.4亿元人民币。

海南省建经济特区以后，部分市县也开辟了一些开发区，主要有：海口市的金盘工业开发区、滨海大道金融贸易开发区、海甸岛东部综合开发区、永万工业开发区和新埠岛开发区，澄迈县的老城工业开发区，文昌县的清澜经济开发区，临高县的金牌经济开发区，等等。这些开发区面积小、建设快、见效快，其中大部分开发区已初具规模，前期准备工作已经就绪，一大批项目正在施工，一些项目已建成投产。海口永万工业开发区是由港资企业海南国际投资有限公司负责投资成片开发经营的，位于海口西郊，交通十分便利，自1988年4月动工兴建，已完成"五通一平"土地1300亩，兴建投产项目29个，产品大部分外销，海口金盘工业开发区位于海口市区西部，已投入3亿元资金进行基础设施建设，征地1784亩，全部完成"五通一平"工作，已引进项目73个，1990年产值1.99亿元。海口海甸岛东部综合开发区地处海口市北部，已开发土地1333亩，六条市政干线已完成一半工作量，投资3000

万元的和平大桥已建成通车，其他配套设施也正加紧兴建，海口滨海大道金融贸易区是海口市规划的市中心区，将建为海口市经济活动中心，已开发土地 1968 亩，一批高层商品办公楼和商品住宅区正在兴建，部分已经建成。澄迈老城工业开发区，距海口市 20 公里，已投入建设资金 1.89 亿元，平整土地 1.5 万亩，新开道路三条，共批准项目 74 个，已开工 22 个，多为内联企业。清澜开发区以文昌县清澜港为依托，是东部经济区的中心，交通便利、环境优美，已平整土地 190 亩。这些开发区在吸引境内外资金、促进海南特区建设方面，起到了十分重要的作用，显示了旺盛的生命力。

第五节 大有希望的发展前景

一、办经济特区以来的初步总结

海南办经济特区以来，积极推进各项改革，初步建立了国家宏观计划指导下、有利于商品经济发展，充分发挥市场调节作用的新体制；国民经济持续稳定增长，并且创造历史最好水平；产业结构得到进一步调整，形成了一批新的生产能力，经济实力有所增强；基础建设得到很大加强，投资环境有了较大改善；外经、外贸和旅游业打开新局面；科技、教育、文化等各项社会事业有较大发展；人民生活有所改善，全省多数地区解决了温饱问题，开始向小康水平过渡。三年来的初步实践证明：只有把中共中央、国务院给予海南的各项优惠政策同海南的实际结合起来，坚持改革开放促开发的方针，才能克服各种困难，开拓前进。

（一）必须以开放促开发。海南解放以来，由于多种历史因素造成经济发展大大落后于全国平均水平，丰富的自然资源未得到很好开发，基础设施十分薄弱。1988 年海南办经济特区后，中共海南省委、省政府围绕对外开放，加快经济建设这一中心，克服了各种困难，落实中央给予的优惠政策。通过外引内联，吸引了 50 亿元的国内外资金投入海南的开发建设，基础设施建设取得了明显的成效，外引内联工业产值和出口创汇分别占海南工业产值和出口创汇的 1/4。到 1990 年，海南经济特区社会总产值达 156 亿元，工农业总产值达到 58.83 亿元，比 1987 年有较大增长。在人均国民生产总值、人均农业生产总值、人均利用外资和出口创汇等方面的指标已基本达到全国平均水平，海南的人均国民收入也从1978年位居全国第19位跃升到1989年的第10位。实践证明，中央关于海南特区扩大开放，以开放促开发的方针是正确的，是符合海南实际的。

海南与内地或其他经济特区相比有许多特殊的优势，如自然资源的优势、土地资源的优势、劳动力资源的优势等等，充分发挥这些优势的关键在于对外开放。海南有中央赋予的一系列特殊优惠政策，有地处太平洋西岸环形带中段，便于发展国际交往的地理位置，有200多万海外华侨、华人，还有四面环海，便于实行"一线放开、二线管住"管理的条件。建省办经济特区3年来，在扩大对外开放方面作了大量的工作，各个地区、各个部门都从特区建设的角度，从对外开放的全局来观察和研究问题，把各项工作逐步纳入了对外开放的轨道。

（二）必须从海南的实际出发，积极探索发展的新路子。办经济特区以来，海南根据中央的指示精神，在改革开放方面做了大量的工作。海南在省一级率先实现了"小政府、大社会"的新体制，初步建立了以间接管理为主的宏观调控体系，转变了政府的职能；初步形成了各种经济成分平等竞争、竞相发展的基本格局，外商投资企业、内联企业、私营企业都有了较大的发展，国营企业产值增长显著；积极慎重地扩大了市场调节的范围，市场机制正在逐步形成，各类生产要素市场加速发育。此外，在外贸、外汇管理体制、货物、人员与资金进出管理体制、计划管理体制和财税体制等方面也进行了一系列改革，推进了海南外向型经济的发展。

海南是在原来经济基础落后的条件下兴办经济特区的，通过改革开放加速了经济发展，开创了海南开发建设史上空前的最快最好的时期。三年实践证明，在经济落后的条件下，靠改革开放创造一个比其他特区更特一些、更优惠一些的政策环境，是有可能实现高于平均速度发展的。

海南与国内其他几个特区不一样，它面临着双重任务。一方面，全岛都是经济特区，都有一个如何搞好对外开放的问题；另一方面，又面临着一个省所需要解决的常规性发展问题和几十万人口的脱贫问题。海南作为全国面积最大的经济特区,有沿海城市、农村和少数民族山区,还有各类开发区和农垦系统。因此,在学习和借鉴其他特区经济发展的经验时,绝不能生搬硬套,必须考虑自己的实际情况,既要按照办经济特区的要求,在全岛范围以开放为工作的主题,同时又要对不同发展层次的地区进行分类指导,走出一条适合自己发展的新路。

(三)必须把改善投资环境当作海南经济特区的一项重要工作来抓。海南办特区伊始,就面临电力严重不足,通讯落后,交通很不方便的困难。为解决投资"硬"环境中的问题,3 年来,海南在能源建设中累计投资 8.27 亿元,改变了缺电面貌;港口新增万吨级泊位 3 个,年吞吐能力达到 1100 万吨,船舶运力增长 4 倍,民航线路由 3 条增至 21 条,并有东干线高速公路,三亚凤凰国际机场等一批重点项目在建;长途通讯线路成倍增长,城市电话仅海口地区就新装程控电话 4.62 万门;此外,还采取成片开发的方式,开发了一批市内开发区,城市建设呈现一派兴旺景象。这就使"硬"环境建设适应了经济发展的需要。

海南创建特区时,就明确提出要"软""硬"环境建设两手抓。几年来,海南经济特区在软环境建设重点抓了以下几个方面的工作:第一是加强科技、教育、文化事业建设,把提高干部、群众的素质,积极培养适应特区发展需要的各种人才,当成一项长远的战略任务来抓。第二是大力加强精神文明建设,提高人的思想,转变人的观念,增强特区意识。第三是根据中央给予海南省的各项优惠政策,继续制订和完善地方法规,做到对外开放有法可依,投资者有章可循;同时逐步深化改革,尽快建立起一个比照国际惯例运行,能够适应海南特区经济发展需要的社会主义商品经济新体制。第四是进一步抓好社会治安综合治理,普及法律教育,严厉打击刑事犯罪分子,健全基层治安组织,确保社会秩序安定,治安环境良好。

二、90 年代发展展望

海南建省办经济特区 3 年来,社会经济建设已取得了较大成绩,展望 20 世纪的最后 10 年,是海南特区经济发展的关键时期,海南省将从目前打基础的阶段进入大规模开发建设的阶段。中共海南省委和海南省人民政府总结三年来的实践，制定了《海南国民经济和社会发展"八五"计划和十年规划纲要》，提出了今后10年全省经济和社会发展的指导思想，这就是：坚定不移地坚持四项基本原则，进一步贯彻执行以改革开放促开发的方针，大力发展生产力，以外引内联、成片开发为重点，巩固农业基础地位，强化工业主导作用，加快旅游、贸易和社会各项事业的发展，基本建成以外向型经济为主、产业结构协调发展、市场机制比较健全、人民生活达到国内富裕水平的新型经济特区，为21世纪经济社会的进一步发展奠定坚实的物质技术基础。

从这一指导思想出发，海南今后十年的主要社会经济发展目标是：

（一）社会生产总值，"八五"期间年平均增长16%；国内生产总值1995年要比1990年翻一番，年平均增长15.5%，2000年力争进入全国先进行列；国民收入"八五"期间年平均增长15%。

（二）发展外向型经济，成为出口创汇基地。到2000年，争取成为全国人均出口创汇较多的省份之一，若干个利用外资成片开发区形成一定规模。

（三）充分发挥有中国特色的社会主义改革试验区的作用，在经济、政治体制改革方面取得更大的成效。

（四）加快贫困地区脱贫致富步伐，"八五"期间全面实现脱贫，"九五"期间全省各族人民共同走上比较富裕的道路。

（五）成为教育文化事业比较发达，科学技术比较先进，社会主义民主和法制比较健全，社会主义精神文明建设具有较高水平的地区。

（六）提高全省人民的素质，促进经济和社会的协调发展，为下世纪初叶海南经济特区的腾飞奠定物质和技术基础。

这一社会经济发展指标，具体展现出一幅这样美丽的蓝图：

——农业。进一步完善农村经济体制改革，逐步形成完整的农业生产和流通服务体系，做到农产品生产布局合理，产前、产中、产后各个环节相衔接，保鲜、加工、运输、储藏、销售相配套；初步建立起合理的特区农业生产结构，大力发展经济作物，着重搞好"菜篮子"工程。在保持种植业稳定增长的同时，加快林、牧、副、渔业的发展；继续建设农业商品（出口）生产基地,大力发展外向型农业;加强农业基础设施建设,建立健全农业科技服务体系,搞好农业综合开发试验区的建设,不断提高农业综合生产能力。搞好这些工作,将使农业产值年平均增长9.6%,其中种植业年均增长5.2%;林牧副渔业年均增长11.5%。

——工业。今后10年,工业将充分运用经济特区的优惠政策,积极开展外引内联,加快工业发展进程。以国内外市场为导向,切实抓好包括莺歌海天然气利用在内的一批大中型重点工业项目建设,逐步建立起以加工本地资源为主的工业结构;加速工业开发区特别是高科技工业开发区的建设。同时积极发展外向型的加工业,在沿海港口地区创办一批技术先进、效益较高、外销能力强、具有一定规模的出口加工区。"八五"期间工业产值年平均增长20.7%;"九五"期间年平均增长13.2%。

——交通运输和邮电通信。今后10年,岛内运输以发展公路运输为主,积极发展铁路运输和环岛水运;岛外运输以海上船运和由火车海上轮渡衔接的铁路运输互补发展,同时积极发展航空客运,逐步建成岛内外联系密切,海运、公路、铁路、民航等各种运输方式协调发展,机动灵活,四通八达的综合运输系统。其中,公路在"八五"期间续建环岛东线半幅高速公路272.2公里;新建海口市环线出口公路。"九五"期间主要抓海榆西线那大至三亚段改造、三亚市绕行线新建等项目。铁路在"八五"期间将建设湛江至海口的火车海上轮渡工程,与全国铁路联网,同时做好建设岛内西环铁路叉河——海口段工程179.3公里的前期工作。"八五"期间计划建设那大——洋浦支线58公里。港口在"八五"期间计划建设27个泊位,其中20万吨级一个,1—5万吨级13个,共新增吞吐能力1616万吨,1995年港口吞吐能力达2537万吨,2000年达到4037万吨。航空运输"八五"期间将完成三亚凤凰机场建设,建立地方航空公司,增加国际、国内航线和航班。

邮电通信的建设将进一步发展,积极采用先进的微波、光缆、卫星接送等现代化传输手段,建成优质高效、方便快捷的现代化邮电通讯网络。"八五"期间,全部实现县城、经济开发区的长途电话自动接话。

——公用设施建设。今后10年,大力促进建筑业和房地产业的发展,建筑业将逐步成为海南省国民经济发展的支柱产业之一,"八五"期间建筑业产值年平均增长15.7%。城市建设和市政公用设施配套建设要大为改观,1995年城市自来水普及率达到90%。城乡住宅建设和有关生活设施建设也将有较大的发展,人民的居住和生活条件将进一步得到改善。

——对外经济活动。在对外贸易方面,"八五"和"九五"期间,出口总值占国内生产总值比重要分别达到25.4%和38.5%。在利用外资方面,投资环境将进一步改善,今后十年将更多地吸收外商直接投资,更好地使用国外政府贷款、国际金融组织贷款和商业贷款,进行开发建设。

——旅游。今后10年,海南省将逐步建成初具规模的国际避寒、冬泳、观光、度假和购物的旅游胜地。到1995年计划接待国际游客30万人次;2000年计划接待国际游客50万人次。

海南国民经济发展概况
（1980—1990年）

表13

项目	单位	1980年	1981年	1982年	1983年	1984年	1985年	1986年	1987年	1988年	1989年	1990年
年末常住人口	万人	552.53	560.77	571.38	580.66	589.31	597.51	605.63	615.08	627.49	638.79	651.23
年末职工总数	万人	84.13	91.13	94.05	94.63	94.45	97.99	100.03	100.20	102.64	103.99	105.64
职工年平均工资	元	692	728	790	812	929	1020	1168	1233	1399	1640	1980
工农业总产值（1980年价）	亿元	18.65	20.61	25.06	27.37	32.95	36.79	40.07	45.61	50.75	52.58	58.83
农业产值（1980年价）	亿元	11.45	13.64	17.54	18.76	21.85	22.22	24.58	26.38	26.69	27.34	29.94
工业产值（1980年价）	亿元	6.86	6.97	7.52	8.60	11.11	13.54	14.23	17.26	24.06	25.23	28.89
外商直接投资项目数	项	4	5	9	22	120	85	24	25	463	378	252
协议外商直接投资额	万美元	50	3087	310	930	11803	5560	713	1361	38189	28060	12882
实际吸收外资总额	万美元	28	109	83	438	1784	2643	3259	911	12771	16097	18982
其中：外商直接投资	万美元	10	109	83	192	1162	2095	3073	893	11421	10707	10055
进出口总额	万美元	—	—	—	—	—	—	—	29241	66462	109620	93697
出口额	万美元	—	—	—	—	—	—	—	11545	29496	36082	47138
进口额	万美元	—	—	—	—	—	—	—	17696	36966	73538	46559
社会商品零售总额	亿元	10.94	12.07	14.61	16.21	19.95	23.46	25.09	28.26	37.47	40.27	40
货运量	万吨	1992	2180	2548	2848	3193	3486	3601	3722	4224	4530	4765
港口吞吐量	万吨	483	483	557	628	686	724	722	770	827	895	929
接待境外过夜游客	万人	—	—	—	—	—	—	—	17.31	20.47	11.05	18.87
旅游外汇收入（外汇券）	万元	—	—	—	—	—	—	—	4109	5759	7543	13001
全社会固定资产投资额	亿元	3.50	3.58	4.53	4.96	9.83	15.31	16	16.02	20.14	28.81	35.55
年末银行存款余额	亿元	6.08	7.37	9.56	10.92	32.48	28.27	32.10	35.94	56.33	64.09	87.40
年末银行贷款余额	亿元	7.43	8.37	13.28	14.51	52.19	40.78	44.95	56.38	86.64	97.90	119.71
财政收入	亿元	1.19	1.14	1.28	1.62	3.05	3.16	2.59	2.96	4.82	6.25	7.39
财政支出	亿元	2.10	2.42	2.59	3.18	4.53	5.90	6.63	6.72	9.25	13.81	17.42
城乡居民储蓄额	亿元	2.76	3.83	5.19	6.35	9.06	12.42	16.33	21.84	29.98	37.59	52.25

附录一

沿海开放城市的经济技术开发区

经国务院批准,在沿海若干开放城市举办的经济技术开发区,是中国实施对外开放总体部署中的有机组成部分,是沿海对外开放的重要布局,是沿海开放城市发展外向型经济的新基地。在它的建立和发展中,参照了经济特区的成功经验,故在本书附录中加以介绍。

一、指导方针和主要政策

1984年4月,中共中央、国务院根据中国改革开放总设计师邓小平的倡议,决定开放天津、上海、大连、秦皇岛、烟台、青岛、连云港、南通、宁波、温州、福州、广州、湛江、北海十四个沿海港口城市,从南到北形成了沿海对外开放的主线。中共中央、国务院还提出,作为这些城市实行对外开放的重要措施之一,有些城市可以划定一个有明确地域界限的区域,兴办经济技术开发区。

在有关省、市人民政府组织研究论证的基础上,国务院于1984年9月至1985年1月,先后批准大连、秦皇岛、宁波、青岛、烟台、湛江、广州、天津、南通、连云港、福州市举办开发区;1986年8月和1988年6月,先后批准上海举办闵行、虹桥和漕河泾开发区。①

举办以上开发区的目的,是充分发挥这些城市的优势,争取较快地在一定区域内形成吸收外商投资的良好环境,引进本市需要的生产项目,促进产业结构调整,推动科技进步,发展对外经济合作和技术交流。国家对举办开

---

① 1992年3月至10月,国务院又先后批准浙江温州市、江苏昆山市、山东威海市、辽宁营口市、福建福清市举办经济技术开发区。

发区规定的指导方针是：

（一）要积极吸收外商投资，举办中外合资、合作企业及外商独资企业和中外合作的科研机构，长远发展应着眼于开发新技术，研制高、精、尖产品，向本市和内地提供新型材料、关键零部件，传播新工艺和科学的管理经验。起始阶段要注重增加出口创汇，努力增强自我滚动发展能力。

（二）要以发展工业生产为主，相应发展为本身服务的第三产业。上海虹桥开发区，经国务院批准，主要举办商贸服务业。

（三）要结合本市实际需要，引进新技术、新工艺、新设备，举办轻型的、能耗低、不污染环境、知识和技术比较密集的项目，对全市工业发展能起先导作用，产品能弥补国内紧缺空白的项目，能充分利用本地和国内资源，扩大出口创汇的项目。

（四）要十分讲究经济效益，建设要全面规划，分期实施，从小到大，逐步发展，坚持开发一片，建成一片，收效一片。

（五）加强基础设施建设，逐步健全涉外经济法规，改革经济管理体制，不断完善服务功能，为吸引外商投资创造比较配套的条件，提供优质服务。

（六）开发区是所在城市的有机组成部分，区内各项建设要与本市经济和社会发展规划相衔接，依托本市已有条件，不搞"小而全"。要为本市的经济振兴服务。

（七）要划定明确的区域界限，健全监管机构，实施有效管理。

为了支持开发区的建设，国家从两个方面采取了特殊的政策。一个方面是对外商投资企业比照经济特区给以优惠待遇；另一方面是给开发区一些具有"含金量"的政策，并扩大其管理权限。主要内容是：

（一）中外合资、中外合作、外商独资经营的生产性企业及科技企业，从事生产、经营及其他所得，减按15%的税率征收企业所得税。其中经营期在十年以上的，从开始获利年度起，头两年免征所得税，此后3年减半征收所得税。地方所得税的减免，由开发区所在地的市人民政府决定。凡属于"先进技术企业"或"产品出口企业"的，还可以按国务院有关规定增加优惠。

（二）境外客商从开发区内所投资的企业分得的利润汇出境外，免征汇出额所得税。

（三）境外客商在中国境内没有设立机构而有来源于开发区的股息、利息、租金、特许权使用费和其他所得，除依法免征所得税的以外，都减按10%的税率征收所得税。

（四）开发区本身设立的单位、企业及区内外商投资企业进口自用的建筑材料、生产设备、原材料、零部件、元器件、交通工具、办公用品、管理设备及境外客商携带进口的安家物品和交通工具（在合理数量内），均可免征进口关税和工商统一税。

（五）开发区内企业生产的出口产品，除国家另有规定的以外，均免征出口关税和工商统一税，但用免税进口的原材料、零部件生产的产品内销时，应照章补税。

（六）开发区范围内新增加的财政收入在一定期限内免除上缴任务，留给开发区作为发展之用。这一政策原定自批准之日起五年内实行，后又决定延长到1993年。

（七）对开发区建设基础设施所需进口的机器、设备和其他基建物资，免征进口关税和产品税（增值税）。此项措施原规定执行到1990年为止，后又决定延至1993年。

（八）对开发区建设所需投资，国家给予信贷资金的支持，并对部分开发性贷款给予贴息。

开发区是参照经济特区经验举办的，又与经济特区有区别：

第一，在管理体制上，经济特区是地方行政区域，享有相当于省一级经济管理权限。有的就是省级单位，有的在国家计划中单列。经济技术开发区是在所在市的领导和管辖下，实行某些特殊经济政策的区域。

第二，在产业结构上，经济特区是以工业为主，工贸结合，包括农业、旅游、商贸、金融、房地产、其他第三产业全面发展的综合性经济区域；经济技术开发区则以发展工业生产和科技项目为主，设立外贸、金融、储运、物资、商业及生活服务设施，主要为本身的生产、经营、生活提供服务。

第三，经济特区内不论是生产性的还是非生产性的外商投资企业，都享受15%的企业所得税优惠税率；开发区只有生产和科技性的外商投资企业才能享受这一所得税优惠。

第四，经济特区进口的生产资料和部分生活消费品及市场物资，分别实行免税或者减半征税优惠；开发区对进口生产资料，科研用品和外籍人员安家物品等实行免征关税和工商统一税优惠，进口生活资料及市场物资不减免税。

二、稳健起步，奋力开拓

（一）认真选择区址，作好全面规划。开发区既是本市总体发展规划中的组成部分，又有相对的独立性。因此，区址选择事关重要。每个开发区的区址，都是先由所在城市提出若干方案比较论证，经省人民政府审核，国务院组织有关部门共同研究，然后经国务院正式批准。几乎所有开发区的选址，国务院领导同志都亲自踏勘过。开发区的选址，大体遵循以下原则：1. 服从城市的总体规划，设置在城市的长远工业发展规划地带上；2. 优先考虑对外运输、供水、供电等条件；3. 以老城市为依托，尽量接近原有市区或城镇；4. 尽可能少占用耕地良田，减少居民拆迁工作量；5. 地质承载能力较好。当然上述所有条件难以完全具备，只能在综合权衡中选优。比如天津开发区的选址，是从四个方案比较中确定的，虽不完全理想，但是它靠近塘沽新港，不占良田，这两条是很大的优点，符合天津实际。

选址确定之后，进行全面规划，包括总体发展目标、产业结构安排，区内建设布局、开发规模和分期实施步骤等等。

（二）分期分批建设。国家在审定各开发区总体开发建设规模的同时，就明确提出坚持量力而行，分期分批展开的原则，并对各开发区首期开发面积做了具体规定。1985年年初，确定的各开发区首期开发面积为23.7平方公里，相当于规划开发面积的1/5。当年国务院提出压缩基本建设规模后。国务院特区办公室于10月初专门在天津召开第一次开发区工作会议，遵照国务院指示精神，在各开发区的首期开发面积中又规定了一个起步工程面积，总计15平方公里，要求首先建成建好，防止铺大摊子。由于贯彻了全面规划，分期实施，从小到大，逐步发展，开发一片，建成一片，收效一片的方针，使开发区的建设立足于扎实可行的基础上,得到健康的发展。

(三)努力建设比较配套的基础设施。1984年10月15日,大连开发区首先开工建设,随后天津、广州开发区于同年12月奠基,其他各开发区都在1985年上半年或下半年陆续施工。建设基础设施,是开发区创业的头一个硬仗。在中央有关部门和地方各级政府支持下,大体上经过三年多的艰苦奋斗,基本上拿下了"七通一平"工程(平整土地和供排水、排污、电力、电信、道路、供热,有的还通了煤气)及部分标准工业厂房的建造和其他配套设施。上万建设大军在市郊的田野、荒地甚至盐滩里冒酷暑、斗严寒、抗台风、战雨雪,艰苦奋斗,为开发区做出了应当铭记的奉献。

到1990年年底,开发区投入基础设施建设的资金约30亿元,开发了20多平方公里的工业用地,完成了上千万立方米的土方工程,铺设了数百公里的地下管道,建成了200多公里区内外道路。大连市的跨海公路,福州市的快速公路隧道,青岛市的过海汽车轮渡,以及天津、广州、宁波等市的快速公路等一大批交通设施,使开发区通往市区的时间大为缩短。各开发区除与当地电网联通供电外,广州、天津、大连、宁波还先后建立了自备发电厂,有的开发区已实现了双回路供电。各开发区共设置了3万多门程控自动电话,都可以与国内外主要城市直拨通话。建造生产、仓储、管理、生活、服务设施的用房近千万平方米,已竣工的建筑面积达400多万平方米。

(四)狠抓项目引进。随着基础设施建设的进展和投资环境的逐步形成,1987年2月,国务院特区办公室在广州召开开发区第二次工作会议。会上肯定了天津开发区提出的"项目是开发区的生命线"的意见,明确要求在继续建设和完善基础设施的同时,应把工作重点转向"抓项目、抓投产、抓效益"上。经过会议讨论,对如何抓好项目的引进,取得了以下共识:

1. 把引进和举办工业生产项目作为办好开发区(上海虹桥开发区担负外贸中心的功能除外)的主题。

2. 从需要与可能出发,把经济开发与技术开发结合起来。在开发区举办初期,以经济开发为主,保障技术开发的起步,在积累一定经济实力后,着重技术开发,始终要坚持努力兴办一些技术水平高的好项目。

3. 着力发展外向型经济,结合各开发区自身的特点,合理安排项目结构,把创汇与创收结合起来,谋求良好的经济效益。

4. 依托母城,服务母城。引进项目要围绕母城调整产业结构、产品结构和技术结构及扩大外贸出口的需要来进行,要争取市内各部门的积极支持。

实践结果,1987年、1988年两年比1985年、1986年两年,引进的项目增长1.21倍,投产的企业增加2.32倍。

(五)在改善投资环境的"软件"上用气力。开发区的投资环境,除了基础设施这类"硬件"以外,尤其重要的还在于"软件"。各开发区在这方面进行了大量的探索性工作。

1. 逐步建立健全开发区的经济法规。国务院于1984年11月14日发布了有关沿海开放的税收规定。1984年元旦和1988年4月,海关总署先后就经济技术开发区的关税和监管工作作出规定。有关省、市的人大常委会或人民政府根据国家有关法律、法规和政策,结合当地实际,就劳动工资、土地使用、企业登记、经济合同、税收优惠、管理体制等方面,分别制定了一批适用于本地开发区的单行法规或管理规章。开发区从一开始就强调"以法治区",根据国家和地方政府的有关规定和授权,制定区内行政管理细则,总共300多项。主要包括:开发区的规划建设管理、外商投资项目的审批程序、人员聘用和招工制度、房产管理、技术引进和保护、进出口管理及水、电、通讯、物资供应办法,还有社会治安管理等。

2. 以提高办事效率和提供优质服务为中心,不断改进开发区自身的经营管理。为了提高开发区的工作效率,国家和地方政府授予开发区较大的自主权,有的开发区在审批外商投资项目等方面的权限,几乎相当于所在市的权限。开发区的领导机构,作为市政府的派出单位,行使管理职能。普遍设立了海关、工商、税务、统计、公证、公安、法院等管理和执法部门。强调树立管理就是服务的观念,倡导通过对企业的优质服务来实施管理。还建立起投资咨询、项目引进、金融外汇、保险、律师事务、协调仲裁、会计事务、劳务招聘、区内保安、物资供应、货物储运等服务机构。大多数开发区将管理和服务机构集中于一个楼内,方便客商办理各种业务。有的开发区还为外商和外籍员工建立了居住和生活娱乐服务设施。为了帮助外商了解开发区的投资环境，上海闵行等开发区依照国外客商的意愿，编印了内容详尽的投资指南，全面介绍投资政策和程序以及各种费用明码标价。这种做法普遍推广后，提高了开发区投资环境的透明度。同时，加大改革的份量，积极探索在开发区范围内充分发挥市场机制的作用，实现公平合理的竞争，制裁违法牟利活动，为企业的生产经营创造宽松的条件。

3. 努力建设一支秉公办事，勤政励廉的干部队伍。这些年来，开发区多方招贤纳士，广聘各种人才，提倡能者为师，组织业务轮训，进行岗位练兵，从工作中锻炼本领，"在游泳中学会游泳"；提倡"开拓、求实、高效、文明"的风尚，进行"爱企业、爱开发区、爱社会主义祖国"的教育，开展"我为开发区献一计"活动，号召人人都成为良好投资环境的体现。发挥共产党员和共青团员的模范带头作用，努力创造一个好的区风。

三、初见成效，作用日显

开发区自1984年年底前后相继开工建设，到1990年年底，经历了6年时间。总起来看，这6年是开发区的初创阶段。在这个阶段，开发区克服了人力、物力、财力上的许多困难，为长远发展打下了坚实的基础，在全国的经济生活中开始显示了它的作用。

（一）10多个外向型工业新区崛起。在国家信贷政策支持下自筹资金，负债开发经营，建设了10多个总面积约40平方公里，有几十亿元固定资产、基础设备比较完备、兴办了上千家企业的工业新区。1990年工业产值总计82.4亿元，产品大部外销。大连开发区企业产品出口比例达70%以上，烟台开发区的产品出口企业占企业总数的80%。各开发区1986年外贸出口不足5000万美元，1988年就超过4亿美元；1990年达到6.85亿美元。生产和出口都呈现旺盛的活力和方兴未艾的势头。

（二）外商投资踊跃。开发区举办的上千家外商投资企业，协议外商投资总额超过20亿美元，实际投入的外资已有10亿美元。尤其可喜的是，近两年来开发区内投资规模较大、技术较先进、出口能力较强的外商投资项目日益增多。每个项目的平均投资接近 400 万美元，比全国平均水平高一倍。总投资在 1000 万美元以上的项目，仅大连、广州、天津 3 个开发区就有 30 多家。大连开发区日商独资的佳能办公设备公司，总投资 93 亿日元；日商独资万宝至微型马达公司，投资 6000 多万美元；广州开发区由中日美三方合资的聚脂切片项目扩建后投资规模达 6000 万美元；青岛开发区与香港合资的锦纶丝项目总投资 3000 多万美元。一批知名的跨国公司，如美国的施乐、摩托罗拉、杜邦等公司，日本的精工、三菱、雅马哈、东芝等公司，荷兰的飞利浦，泰国的正大集团都已到开发区投资办厂。

（三）已引进一批先进技术项目。各开发区本着推动科技进步的办区宗旨，在引进技术项目上不遗余力地开拓进取，获得初步实绩。如上海漕河泾的集成电路、半导体项目，闵行的分子筛、复印机，广州的集团式程控电话、激光器件、体外横膈肌起搏器，天津的酶标免疫试剂、高级航空润滑油、高清晰度工业显像管，大连的无引线电子电容、食用油精炼，宁波的微波放大器和强磁材料，烟台的氨纶丝、碳素纤维、厌氧密封胶，青岛的激光全息模压图片和数控机床，福州的蛇毒酶，湛江的桉树综合利用开发研究等等。这些新技术、新产品有的已在国内居领先地位，有的被列入国家"火炬计划"，填补了国内的空白，有的在国内或国际博览会上获奖。

（四）社会经济效益看好。开发区在其起始的两三年间主要是集中力量搞基础建设。随着投产项目的增多，逐步把提高效益放在重要位置。1990 年 11 月，国务院特区办公室分南北两片召开座谈会，交流了这方面的成果和经验。以 1990 年与 1986 年相比，工业产值增长 26 倍，出口增长 14.2 倍，税收增长 23.8 倍，企业实现利润增长 11 倍。财政收入增长 3.2 倍，多数开发区经济自立，有些初步具有自我滚动发展能力。为开发建设借用银行的信贷资金，除了都能按期付息以外，天津、大连、广州、烟台等开发区已开始归还本金。开发区企业的平均全员劳动生产率达到 7 万多元，高出全国平均水平。广州开发区的美特容器公司，人均产值已达 80 万元，这个公司以其良好的管理和经济效益，已连续四年被评为全国外商投资企业"十佳"之一。开发区就业人员达 14 万多人，其中在工业企业就业的约 11 万人，增加了劳动就业，促进了周围城乡经济的繁荣和人民生活的提高。

虽然，开发区历史不长，建设过程还在继续，许多投产企业还未达到设计规模，但是从实践中可以看出，它将在以下几方面发挥明显的作用。

一是对本市改善外商投资环境起着示范作用。开发区在本市率先形成了"硬件"比较配套、"软件"基本可比照国际惯例运作的投资环境，成为本市吸引外商投资的热点。

二是对本市发展外向型经济起着强化作用。开发区外向型工业项目较多，产品的竞争力较强，发展出口的潜力大。

三是对本市引进和发展先进技术，起先行作用。开发区通过外引内联，开始成为国内外科技、人才合作交流的结合点，促进引进技术的国产化，推动国内科技成果商品化。

四是对本市体制改革起试验场作用。一些城市已把所办的开发区列为改革试验区。

五是对本市培训外向型经济干部，育新人、树新风，它是一个课堂。

四、几点思考和今后展望

开发区的实践和成果，有以下四点启人思考。

（一）开发区试验了发展工业的新方式。它突破以往按项目列计划，"厂自为战""自成体系"的工业建设模式，采取成片开发，综合规划，一次性开发可供几十家、上百家企业选用的场地。这一做法既可节约财力、物力、更可节约建设用地。尤其是对外商投资企业集中提供服务，实行管理，比分散单个建厂的办法优越。这种办法早已见之国外，在经济特区也行之有效，现从经济技术开发区又得到广泛验证。可以说，这是中国工业发展（除大项目需单独建厂外）的一个新途径。

（二）开发区离不开国家和各级政府的有力支持。开发区是中央、国务院决定举办的，有关部门和所在省、市给予了积极扶植。每当开发区遇到困难和需要帮助的时候，国家有关部门和当地政府都积极协调，帮助解决。否则，开发区的建设发展是不能想象的。今后，要坚持有关开发区政策的连续性，进一步支持开发区的发展壮大。开发区要正确对待和处理局部与全局的关系，做好工作，更好地为全国、全市服务。

（三）开发区的发展，要坚持从实际出发，勇于实践，大胆探索。开发区举办伊始，社会上一度议论甚多。值不值得办？会不会影响对老企业的改造？投入的大量资金如何回收？借用大量贷款有无能力偿还？土地开发出来有没有人来投资？搞技术开发是不是要求过高？如此等等。开发区坚信实践是检验真理的唯一标准，实事求是地制定实施目标和步骤，以扎实笃行的步伐，刻苦探索。既防止知难而退、无所作为的思想，又防止盲目追求大规模、高标准、急于求成的倾向，从而解决了一个个难题，获得了能够自立于国家经济生活之中的成果。人总是要有一点精神的。开发区应当把这种精神进一步发扬，运用于今后更大的发展之中。

（四）领导班子是关键。开发区既不像经济特区是个行政区域，有较大经济管理自主权，又没有产业主管部门按"条条"进行系统管理的便利条件，还要在国际国内竞争条件下求发展。因而，一个团结、精明、实干、开拓和相对稳定的领导班子，就显得特别必要。这是许多开发区的实践一再证明的。有了这样的一个好的领导班子和高素质的职工队伍，那里的工作就生机勃勃，事业就发达兴旺。而坚强领导班子的组建和培养提高，关键在于开发区所在市的领导。举办开发区的市，支持开发区的首要一环是建设这样的班子，支持其放手工作。

当然，开发区还存在着不足之处。例如新技术、高技术项目还须大力增加，管理水平亟待提高，在经济效益上尚有大文章要做，为本市和腹地经济发展服务的功能要进一步发挥等等。为了实现国家今后十年的宏伟发展蓝图，开发区在90年代要遵照国家关于建设开发区的指导方针，坚持从实际出发，首先办好已开发的区域，根据实际需要与可能逐步拓展新区；要进一步完善投资环境，以提高技术水平，提高经济效益为中心，引进外资项目；要着力于技术开发，争取在高技术产业方面有新突破；要在提高出口产品质量档次的基础上扩大出口创汇；要突出抓管理，向管理要效率、要效益；各开发区都要结合本市的经济发展规划，建立各有侧重的产业结构，充分发挥服务功能。

国家批准的经济技术开发区土地开发面积

附录表1

开发区名称	批准时间	规划面积（平方公里）	首期开发面积（平方公里）	开工建设时间
大连经济技术开发区	1984.9.25	20	3	1984.10.15
秦皇岛经济技术开发区	1984.9.26	1.9	0.62	1985.4.5
天津经济技术开发区	1984.12.6	33	3	1984.12
烟台经济技术开发区	1984.10.27	10	2	1985.3.20
青岛经济技术开发区	1984.10.27	15	2	1985.3.28
连云港经济技术开发区	1984.12.19	3	1.3	1985.7
南通经济技术开发区	1984.12.19	4.62	1.24	1985.9
上海闵行经济技术开发区	1986.8.29	2.13	2.13	1983
上海虹桥经济技术开发区	1986.8.29	0.65	0.65	1985.5
上海漕河泾新兴技术开发区	1988.6.7	5	*0.57	1988.2
宁波经济技术开发区	1984.10.18	3.9	1.5	1985.3
福州经济技术开发区	1985.1.23	4.4	1.9	1984.9
广州经济技术开发区	1984.12.5	9.6	*2.6	1984.12
湛江经济技术开发区	1984.11.29	9.2	1.2	1985.4.2
合计		122.4	*23.71	

注：未含广州开发区内港口及漕河泾开发区内原有企业已使用的面积。

1986年邓小平给天津开发区题词："开发区大有希望"。展望未来十年，开发区的经济实力将持续壮大，技术水平将有质的提高，经济外向程度将显著增大，经济效益将充分发挥。到2000年，开发区将随同沿海开放城市一道，以崭新的面貌屹立于亚洲的东方，出产品、出技术、出人才、出发展外向型经济的经验，为国家和本市做出重要贡献。

开发区批准的外商投资项目

附录表2

年 指 标	1985年	1986年	1987年	1988年	1989年	1990年	累计
批准外商投资项目（个）	84	85	127	248	222	305	1071
项目总投资（亿美元）	*6.61	2.25	5.18	8.20	9.26	10.32	41.82
外资合同金额（亿美元）	*3.05	0.78	2.03	2.82	4.99	6.89	20.56
实际利用外资（亿美元）	0.42	0.44	0.95	1.55	3.49	3.75	10.6
投产运营企业（个）	20	42	87	119	117	181	566

注：1985年上海虹桥开发区签订了几个投资额大的第三产业项目合同，1986年后这类合同减少。

经济技术开发区的经济效果

附录表3

指标 \ 年	1985年	1986年	1987年	1988年	1989年	1990年	累计
1. 工业产值（亿元）	0.91	3.02	10.27	42.02	56.99	82.48	195.69
2. 出口额（亿美元）	0.39	0.45	1.12	4.12	5.14	6.85	18.07
3. 税收（亿元）	0.16	0.30	0.72	3.35	7.21	7.44	19.18
4. 财政收入（亿元）	1.25	1.22	2.06	4.67	6.49	5.13	20.82
5. 企业实现利润（亿元）	0.17	0.42	1.21	6.42	7.18	9.33	24.73

注：1. 除财政收入外，各项指标1988年以后均已包括漕河泾开发区原有企业数。

2. 财政收入缺漕河泾数字，1989年包括广州开发区的海关代征工商税留用部分，1990年全部改为上交，故收入数减少。

大连经济技术开发区

大连经济技术开发区于1984年9月经国务院批准建立，1984年10月动工兴建，是全国最早建立的经济技术开发区。规划面积20平方公里，首期开发3平方公里。开发区位于大连市金州区大孤山半岛，东濒正在建设中的年吞吐能力为6000万吨的大窑湾新港，距大连市区27公里，距沈大高速公路12公里，距大连周水子国际机场21公里。

几年来，在首期开发区域内，已建成了比较完善的基础设施。总长50多公里的区内道路和跨海公路、日供水5万吨的净水厂、6.3万千伏安的中心变电所、年供5200吨的液化气站、4000门程控电话交换机，均已投入使用，日处理能力1.5万吨的污水处理厂即将竣工。这些设施的建成使用，为区内企业提供了良好的生产经营条件。开发区内还相应建设了医院、学校、商店、宾馆、文化娱乐等设施，为中外客商提供良好的生活服务。

在软环境方面，本着"精简、高效"的原则，建立了精干的行政管理机构，实行"一个口子"对外，提供一揽子服务，并已制订和颁布了70余项单项法规和管理规定，为中外客商依法经营和行政机关依法管理提供了法律依据和保证。

良好的投资环境，增强了开发区的吸引力。到1990年年底，共批准外引内联项目260个，其中外商投资企业197个，占项目总数的75%。合同外资金额 4.8 亿美元，实际利用外资 2.3 亿美元。一些外国大企业和跨国公司已进入本区，办起了一批投资额较大、技术水平较高的项目。1990 年建成和在建的投资额超千万美元的项目，已有近 20 个；超过 1 亿元人民币的有 5 个。计算机、线路板、医疗器械等一批技术先进、弥补国内产品短缺的生产项目，占项目总数的近 40%。日本工商界对在大连开发区投资很感兴趣，继总投资上千万美元的日清制油，总投资 90 多亿日元的佳能复印机和万宝至马达等项目之后，原田、奥巴克等日资企业也开始前来投资。在各国投资项目中，日商投资企业已占相当比例。截至 1990 年年底，已有 137 个项目投入运营，累计实现工业产值 18.4 亿元，出口创汇 2.4 亿美元，实现利税 3.5 亿元。

秦皇岛经济技术开发区

秦皇岛经济技术开发区于 1984 年 9 月经国务院批准建立。它位于秦皇岛市海港区西侧，与市区仅一河之隔，距秦皇岛港码头 1.5 公里，距旅游胜地北戴河 13 公里，距历史重镇山海关 15 公里，紧靠京哈、京秦铁路，交通运输方便。规划面积 1.9 平方公里。

几年来，先在 0.62 平方公里的范围内，建成了较完备的基础设施。日供水 2 万吨的水厂、2 万千伏安的变电站、日排污水 1.4 万吨的污水处理厂、1000 门程控电话、纵横区内的 6.2 公里交通干道以及蒸汽热力中心均已投入使用；并已建成了 11 万平方米的工业标准厂房、近万平方米的仓储设施及相应的生活配套设施，为区内生产企业提供了良好的生产和生活条件。

开发区实行一个"窗口"对外，简化了办事程序，提高了办事效率。近年来，制定、颁布了多项鼓励外商投资的政策、规定，制定了二十几项行政管理条例，使开发区管理工作效率不断提高。

到 1990 年年底，共批准生产性企业 62 家，其中外商投资企业 33 家，总投资 9510 万美元，外商实际投资 1220 万美元。总投资在 500 万美元以上的外商投资企业有 5 家。在项目引进工作中，开发区注重以科研带开发，充分利用邻近京、津的科技优势，吸引技术先进的外商投资项目。如中国与澳大利亚合资的华燕邦迪管有限公司，引进邦迪管生产的专有技术，其产品填补了国内空白，为国家节约了大量外汇，企业了也获得了良好的经济效益，年人均创利润 10 万元以上，现已收回全部投资，正在进行二期增资扩建。日本坂口线材公司独资举办的不锈钢丝项目，总投资 2000 多万美元，产品全部出口。据统计，开发区生产的 50 种产品中，有 22 种产品填补了国家和地区工业产品的空白，有些已接近或达到国际先进水平。到 1990 年年底，累计实现工业产值 3.9 亿元，实现利税 7620 万元，出口创汇 517 万美元，财政收入 3298 万元，为进一步发展积累了实力。

天津经济技术开发区

天津经济技术开发区于 1984 年 12 月经国务院批准兴建。它位于渤海之滨，坐落在天津市塘沽区，紧靠北方大港天津港。规划面积 33 平方公里。

几年来，开发区坚持开发一片、收益一片、滚动发展的方针，把有限的资金用到完善工业投资环境中去。在 3 平方公里的起步工业区和 1.2 平方公里的生活区共投入 3.93 亿元，建设开发基础设施。已建成道路 37 公里；给水管网 65.6 公里，每日可供原水 13 万吨，净水 3 万吨；排水管网 51.8 公里；2×9500 千瓦自备发电厂一座，110 千伏变电站一座及 35 千伏和 10 千伏变电站数座，架设和铺设输电线 34.8 公里；2 公里铁路专用线和集装箱、散货货场；集中供热锅炉房 3 座，每小时可供蒸汽 104 吨；2250 门程控电话通讯系统已开通使用；开发区内的燃料中心，可以保证部分生产企业使用液化石油气的需要；可以对企业不间断地供电、供水、供汽，通讯设施畅通无阻，货物运输及时方便，投资设厂的硬环境基本完善。

开发区还十分重视投资软环境的建设。为提高行政工作效率，在机构的设置、部门之间的责任分工、协调配合，以及服务的改善方面，不断总结经验，采取措施，努力适应区内企业高效率、快节奏的要求。如在项目审批方面，实行集中会审，就近办理手续的办法，使 2000 万美元以下项目的审批时间，从 3 个月缩短到 1 个月以内。同时，注重各项法规、规定的制定和完善，努力摸索一条依法行政、以法治区的管理新路子。已制定各类单项法规、规章和规定 40 多个，其内容涉及土地、项目、人事、劳资、税收、工商及公共事业服务、城市管理等方面，成为投资者、企业及政府管理部门处理事务的行为准则。同时，这些法规，又成为吸引外资的重要措施和手段，有效地促进了开发区内社会经济的发展。开发区内的公安司法机构，如法院、公安局、律师事务所、公证处及各种调解、仲裁机构等已建立，为及时处理和解决各种争端，加强区内的治安管理进行了有效的工作。

在项目引进工作中，坚持了以工业为主，以利用外资为主，以出口创汇为主的建区方针。截至1990年年底，共有16个国家和地区的外商在开发区投资，共批准外商投资企业217家，合同总投资额4.16亿美元，有126家企业开工生产，基本形成了建筑材料、轻工纺织、机械电子、医疗药品、精细化工等工业门类。一些产品，如丽明化妆品工业公司生产威娜宝护发系列产品、天富软管有限公司生产的不锈钢软管、利华裘皮有限公司生产的高档裘皮制品、万乐毛衫有限公司生产的高档羊毛衫等，已跻身于国际市场畅销产品的行列。一些高科技产品，如天芝通讯有限公司生产的集团式程控电话、利科生物科技有限公司生产的诊断试剂等，也已日益成熟，推向国际市场。同时，一些投资额较大、技术较先进、产品高档化的企业，如雅马哈电子乐器有限公司、豫泰实业有限公司、摩托罗拉中国控股有限公司、环美家具有限公司、志达油脂有限公司等，也已在开发区内投资建厂，有的已经建成投产。中美合资的双轮摩托拖拉机公司，除发动机外，其余零部件均由市内十几家老企业生产配套，带动了老企业技术改造。

到1990年年底，累计实现工业总值18.4亿元（外商投资企业占90%），平均每年递增30%；产品出口额1.97亿美元，实现税收1.85亿元。按1989年统计，开发区人均工业劳动生产率7.5万元，人均国民生产总值2.3万元，人均利税1.82万元，企业人均出口创汇5000美元。

烟台经济技术开发区

烟台经济技术开发区于1984年10月经国务院批准建立。它地处胶东半岛的烟台市区西部，北濒黄海之滨，东靠年吞吐能力2000万吨的烟台港，与老市区仅一河之隔。开发区交通便利，烟台境内铁路与全国铁路网相联接，烟台机场有通往北京、上海、广州等城市的航班。开发区1985年3月开工建设，规划面积10平方公里，首期开发面积2平方公里。

经过几年的开发建设，开发区的投资环境日趋完善。在2平方公里的起步区内，基本上实现了"七通一平"。已建成3.5万千伏安、11万千伏安变电站和日供水3万吨的自来水厂，开通了2000门程控电话，修建了每小时能力为70吨蒸汽的供热系统。污水处理厂和热电站正在建设之中。与此同时，还建设了办公楼、宾馆、公寓、医院、学校、文化中心、职工住宅等设施，为投资客商创造了良好的生产、生活条件。

在软环境方面，为适应外向型经济的发展，对管理工作的改革进行了一系列探索。一是机构、人员力求精减，努力提高行政管理效率。二是改革了劳动人事制度，在"公开、平等、竞争、择优"的八字原则下，人员录用实行公开招聘制，干部任免实行聘任制加民主评议，对直属部门、公司的工作实行立体交叉考核办法，增强了干部职工的责任感。三是实行政企分开，保障企业自主经营。四是推行建筑产品商品化、工程招标承包制和划片开发，加快建设速度，保证质量。

几年来，根据国家和省、市颁布的法律、法规，本着先急后缓、先易后难的原则，先后制定了外商投资企业管理、涉外经济合同管理等60多个管理办法；健全了公、检、法和监察、审计、税务、工商、公证、律师事务等执法监督机构。对企业之间的经济纠纷，由有关部门依法协调处理。由此，创造了一个良好的生产、工作秩序和社会环境。

在项目的引进工作中，借助中央部门和国内大企业、科研院所的力量来吸引外资，提高了项目的技术档次。截至1990年年底，共引进项目126个，合同总金额2.87亿美元，其中外商投资企业60个。这些项目涉及电子、机械、轻纺、食品、精细化工、建材等行业。投资超千万元（人民币）的项目有20多个，其中有3个达1亿元；出口创汇型项目已占全部项目的80%；技术先进型项目逐年增加，其中与美国合资生产的厌氧密封胶、与日本合资生产的氨纶丝等产品，填补了国内空白。

通过几年的建设，烟台开发区已由主要是投入，向边投入、边产出阶段转变。1990 年年底，投产企业已达 63 家，累计实现工业产值 5.3 亿元，利税 8600 万元，出口创汇 1.13 亿美元。已归还国家开发性贷款本息 1800 多万元，行将步入自我积累，自我发展阶段。

青岛经济技术开发区

青岛经济技术开发区于 1984 年 10 月经国务院批准建立，1985 年 3 月开工建设。它位于胶州湾西岸，北靠即将建成年吞吐量 1700 万吨的前湾新港，与青岛市区隔海相望，相距 2.26 海里，有老市区比较雄厚的工业基础作依托，水电资源充足，发展前景广阔。

经过几年的开发建设，已在 2 平方公里的区域内建成了初具规模的基础设施和社会服务设施。日供水能力为 8 万吨的供水工程、日排污能力为 2 万吨的污水泵站和每小时能力为 60 吨的集中供热系统、青岛电厂至开发区 110 千伏输电线路和 2×31.5 万千伏安的变电站，均已建成运行；修建了总长 24 公里的区内外交通干道，铺设了总长 51 公里的地下市政管网，开通了 2000 门程控电话。同时，还建成了一批工业厂房和仓库，以及职工住宅、商业网点、医院、学校、文化娱乐中心和宾馆、别墅等社会配套设施。这些设施的建成使用，为中外投资者提供了良好的生产、生活条件。

在建设好基础设施的同时，青岛开发区积极推进改革，强化法制建设，努力创造良好的投资"软环境"。开发区建立了政企分开的管理体制，着力提高行政管理的效能和效率。在项目的审批上实行"一个窗口"对外。对企业的管理变单一的行政指挥为引导、协调、服务综合性的管理，努力探索适应外向型经济发展的管理模式。与此同时，着力强化法制建设，先后制订了开发区行政管理法规 48 项，为开发区各项工作的顺利进行提供了法律保障。

投资环境的不断改善，使开发区项目的引进出现良好的发展势头。截至 1990 年年底，累计批准各类项目 117 个，合同总金额 1.65 亿美元，其中外商投资企业 37 个，合同外资金额 8000 万美元。引进的项目有三个特点：一是大中型骨干项目逐年增多，1990 年投资额在 1000 万元以上的项目 18 个；二是项目的技术档次明显提高，如银斯达高速传真机、数控机床、海洋药物、电脑磁盘、光导纤维等都具有80年代国际水平；三是一些国际财团开始进区投资，如南朝鲜的统一株式会社、香港联合水产发展有限公司、泰国正大集团等。

到1990年年底，累计完成工业产值6.45亿元，实现利税1.64亿元，创汇6000多万美元。随着经济技术实力的增强，将在青岛市以及齐鲁腹地的对外开放和经济发展中，起到积极的促进作用。

连云港经济技术开发区

连云港经济技术开发区于1984年12月经国务院批准设立。连云港市位于江苏省北部，是中国北方重要港口之一，东西铁路大动脉——陇海线的起点。亚欧大陆桥的全线贯通，使连云港市成为东方"桥头堡"。

1985年以来，连云港开发区先在0.65平方公里的范围内实现了"五通一平"。1990年，日供水1万吨的净水厂已投入使用，2000门程控电话已开通，11万伏变电站正在建设中。同时还相应建成了设施完善的外商服务中心、宾馆、公寓、商贸、金融、出口商品展销和行政办公综合服务等设施。

开发区根据所在城市的地理优势，坚持走"内联打基础，外引上水平"的路子，在积极吸引外资的同时，注重与陇海路沿线腹地的经济技术合作，有重点地发展一批技术先进、能出口创汇、又有吸收外资前途的内联企业，既增强了开发区建设初期的经济技术实力，又为进一步吸收外资打下了基础。截至1990年年底，全区共批准外引内联项目70项，总投资2.8亿元，其中利用外资项目7个，协议外商投资457万美元。与意大利厂家合资的乾式水表项目，填补了国内空白。

1990年正在建设的重点项目，有英国人民集团提供1882万美元设备、国内配套4000万元合作生产集装箱的补偿贸易项目；总投资9000多万元的氨纶丝项目，预计1992年可以建成投产。

通过同内地企业、科研单位联合，加强新产品开发，已研制成功热导仪，获得国家专利，还有皮革自动喷涂机、多用测试电笔等，也将得到推广。到1990年，已经开业投产的企业33家，其中外商投资企业3家，累计实现工业产值 2.9 亿元，出口创汇 1212 万美元，实现税利 2336 万元。

连云港开发区注重法制建设，坚持依法治区。先后制定了有关鼓励外商投资的优惠政策、鼓励内联企业的优惠办法及经济合同管理办法等 60 多个法规、条例。并正在努力提高办事效率，不断改善投资环境，以新的面貌迎接国内外客商。

南通经济技术开发区

南通经济技术开发区于 1984 年 12 月经国务院批准建立，1985 年 9 月动工兴建。南通市地处中国沿海中部，长江入海口的北岸，与上海仅一水之隔。开发区位于南通市的东南部，规划面积 4.62 平方公里，首期开发 1.24 平方公里。

6 年来，开发区相继建成了日产 4500 吨的水厂、6.3 万千伏安总变电站、一座供热中心和一座污水提升泵站，程控电话已经开通，区内道路和各种管线已形成网络，一批生产厂房、工业仓库、宾馆、商场等设施均已交付使用。功能较齐全的外商服务中心已开业运营。

开发区注重软环境的改善，在认真落实国家、省、市制定的优惠政策的同时，结合开发区的实际，努力简化办事程序，提高工作效率，按照国际惯例，为投资者提供服务。开发区逐步制定并不断完善有关法规、规章。在区内设立了银行、工商、税务、海关、律师事务所、会计师事务所等分支机构，为投资者提供"一条龙"服务。这些措施有效地促进了开发区生产建设的发展。

截至 1990 年年底，在开发区登记注册的各类企业有 98 家，注册资金 4.05 亿元，其中外商投资企业 21 家，已有 50 多家企业开业投产。这些企业中，生产技术比较先进的占有较大比例。如中日合资的时装公司，当年建设当年投产，产品当年出口，年出口额超过百万美元。中美合资的富豪家具公司规模较大，引进国际最新的家具生产设备和技术，产品全部外销。一些内联企业开发生产的微型焊机、特种焊条、生物制剂等产品，弥补了国内产品短缺，有的达到国际先进水平。

6 年来，累计完成工业产值 3.37 亿元，产品出口额 3382 万美元，财政收入2200多万元，全区企业累计实现利润3900多万元。

上海闵行经济技术开发区

上海闵行经济技术开发区于1986年8月经国务院批准建立。它的前身是"闵行新工业区"，面积2.13平方公里，1983年开始建设公用基础设施，1985年由香港的几家中资银行参与合资成立上海闵行联合发展有限公司，负责闵行开发区的开发建设和经营管理等工作。

开发区位于黄浦江上游的上海市闵行区西部，距上海市中心30公里。这里交通运输十分方便，距张华浜万吨级国际集装箱码头47公里；距新建的万吨级关港码头只有15公里；新闵铁路支线紧靠开发区，可联接全国铁路网；与上海虹桥国际机场相距27公里，附近的沪闵快速干道直通市区及国家公路网。开发区紧靠闵行机电工业老区，由于充分利用了原已建成的电厂、水厂、污水处理厂、电话分局等市政基础设施，从而大大加快了开发区的建设速度。经过几年的开发建设，已建成道路总长度12.7公里，桥梁3座，区内水、电、煤气等地下管网系统已基本完成，还建成了110千伏安的主配电站及5座分配电站，电话容量达1万门的华银电话支局也已全面投入运营，建成工业标准厂房22幢，总面积14万平方米。作为开发区基础配套设施的外商生活服务中心——具有三星级水平的紫藤宾馆已经建成投入使用。区内还建有多幢职工宿舍，供区内外商投资企业购用。

开发区还十分注意抓好投资软环境的建设。建立了开发区管理中心，实行"一站式服务"。在管理中心设置办事处的机构，如银行、海关、税务、运输、邮政等已达22家。外商投资企业日常生产遇到的问题和需要办理的进出口业务等，就在管理中心解决，提高了办事效率，大大方便了进区企业。

开发区自建区以来，随着投资环境的逐步完善，进区项目逐年增多。至1990年年底，共批准外商投资项目64个，投资总额3.4亿美元，其中50家已建成投产。已批准项目的使用场地及待批项目预约场地占开发区可供使用土地的80%以上。1990年开发区完成工业产值10.7亿元，出口8015万美元，税收4755万元，全区企业实现利润2.1亿元。

开发区坚持以吸收外商投资举办生产性项目为主,已批准建设的项目,全部是外商投资项目。属于"产品出口企业"的有38家,"先进技术企业"有12家,并有一批国际上知名公司投资的项目,如美国的施乐公司、强生公司、可口可乐公司,日本的三菱公司,泰国的正大集团,加拿大的施格兰酿酒公司等。开发区引进的项目中投资额超过500万美元的有21家,其中投资额超过1000万美元的10家。开发区注重发挥上海的科技优势,利用开发区的有利条件与引进外资相结合,兴办技术比较先进的企业。有5个中外合资项目由上海的科研院所与外商合作,开发高科技产品。

上海虹桥经济技术开发区

上海虹桥经济技术开发区是于1986年8月经国务院批准建立的,规划面积0.65平方公里。它位于上海市区西部,距市中心6.5公里,距虹桥国际机场5.5公里。

虹桥经济技术开发区以发展第三产业为主,为全市发展对外经济贸易、旅游事业服务,为外商提供商务、办公、展览、居住生活条件。开发区由上海市虹桥开发公司、中国银行上海分行与港澳中银集团五家合资组建的上海虹桥联合发展有限公司,负责开发建设和经营。

虹桥开发区从1984年开始征用土地,1985年正式对外提供建设用地。经过几年的开发建设,开发区内的道路已全部贯通,排洪、排污、供水、煤气、电讯、供电管线已敷设完毕。重要的市政公用基础设施已配套完善。

根据虹桥开发区的功能,上海市外国投资工作委员会领导和组织建立了开发区"一站式"服务,包括市外资委、部分外贸公司、海关、商检、税务、保险、银行、快速邮递、外贸报关、运输以及水、电、煤气、电讯等在内的各类机构均已进驻开发区,实行现场办公,提供服务,使办事效率大大提高。

到1990年年底为止,虹桥开发区经市政府批准的项目有12个,合同投资总额6.6亿美元,其中外资3.8亿美元。在这些项目中,现已开业的有:新虹桥大厦、虹桥宾馆、扬子江大酒店、太平洋大饭店、锦明公寓、银河宾馆、上海国际贸易中心等。

虹桥开发区地理位置优越，投资环境良好，近年来实行土地使用权有偿出让吸引了不少外商。继 1988 年日本孙氏企业有限公司以 2800 万美元中标获得了 12900 平方米土地的 50 年使用权之后，1989 年开发区又以国际投标方式出让了第二块土地的使用权，外商在这块土地上建设的协泰中心大厦已于 1990 年 4 月动工兴建。

经过 5 年多的开发经营，以国际贸易中心为特征的虹桥开发区已初具规模，将在上海市对外经济贸易的发展中发挥积极的促进作用。

上海漕河泾新兴技术开发区

上海漕河泾新兴技术开发区于 1988 年 6 月经国务院批准建立。它位于上海市西南徐汇区内，离市中心区较近，距虹桥国际机场 7 公里，距规划新建的地铁车站约 4 公里，规划面积 5 平方公里。漕河泾开发区是在原漕河泾仪表电子工业区和漕河泾微电子工业区、生物工程基地的基础上扩建起来的，是上海市高技术科研、开发、中试、生产、经营、培训、服务的综合基地。附近有交通大学等 20 余所高等院校和中科院冶金所、生化所等 120 余个科研院所为依托，具有雄厚的高新技术开发力量。开发区由上海市与香港多家银行合资进行土地开发与经营。

经过几年的开发建设，开发区投资环境日趋完善，在 2.3 平方公里的起步区内（含原有企业的老区 1.7 平方公里）拓宽、新建了 7 条道路，开辟了绿化带，建成污水泵站和雨水泵站各一座，11 万千伏安变电站和 3 个开关站、三座 50 万立方米煤气储气柜，容量为 2 万门的电话分局已建成运行。7500 平方米的管理大楼，可以为区内企业提供办公、餐厅、会议、旅馆等各项服务。一批商品住宅、学校、医院、商店等配套设施已经投入使用。

开发区十分注重"软环境"建设。在建立健全各项规章制度的同时，要求以热情的服务、科学的管理、高效的工作为进区投资客商提供便利。开发区实行了"全程服务"的投资管理体系，在管理大楼内集中了银行、海关、税务、商检、外运、保险等服务机构，对进区投资的客商从编报项目建议书、编写可行性分析报告到领取工商执照、各项咨询代理、办理进出口业务等提供服务，可在一幢楼内办妥一切有关手续。

建区以来，开发区坚持以吸收外商投资，引进高新技术项目为工作重点，已有的29家外商投资企业中，世界知名的高技术公司办的项目已占相当比例。如美国的福克斯波罗公司、3M公司、AT&T公司、荷兰菲利浦公司、法国的液化空气公司、比利时的贝尔公司、日本大计数据处理公司等。与此同时，还与国内有关单位联合，建立了一批高技术企业，如特种电工测试中心、光纤通讯工程公司、航空电子研究中心等。这些项目涉及到微电子、航空航天、光纤通讯、生物工程、计算机等高科技领域。基本形成了两个比较大的高技术产业基地：一个是大规模集成电路研究和生产基地，另一个是计算机应用和软件产业基地。这两大基地对上海市产业结构的调整，科技水平的提高，将发挥重要作用。

截至1990年年底，区内共有生产企业88家，其中外商投资企业29家，总投资3.1亿美元，其中外资2亿美元。目前大部分企业已经投入生产。1990年全区完成工业产值18.4亿元，出口额4400万美元，缴纳各种税金2.9亿元，税后利润1.7亿元（均含原有企业）。

宁波经济技术开发区

宁波经济技术开发区于1984年10月经国务院批准兴建。规划面积3.9平方公里，已经开发2.38平方公里的建设用地。它位于宁波市区的东北面，甬江入海口东南侧的小港地区，距市中心20公里，距北仑深水良港10公里。

开发区的基础设施建设是本着"先小后大、先开通后完备、量力而行、分步实施"的方针进行的。截至1990年年底，累计完成基建投资3亿元，其中基础设施1.5亿元，供水、供电、道路、通讯、排污、排水等基础设施已经建成并投入使用。

直通市区全长23公里的二级公路已经通车；11万千伏安输变电工程和区内10万千伏安配电所建成运行，实行双回路不间断供电；自来水工程，日供水能力3万吨，保证区内用水；2000门程控电话装置已经开通，可与国内外直拨通话；日处理能力4万吨的污水处理厂，采用深海排放技术，主体工程已建成，进入设备安装调试阶段；配有三台35吨锅炉、两台6000千瓦发电机的热电厂第一期工程，也已进入设备调试运行阶段，1991年可并网发电供汽。一批标准厂房、码头、仓库及一些配套服务设施已投入使用。一个比较完善的投资环境已经形成。

开发区十分重视投资"软环境"建设，除实行国家统一规定的政策外，省、市、开发区先后制定颁布了60多个管理条例和行政规定，以此规范开发区的涉外经济活动。开发区还建立了一幢楼办公、一条龙服务、一个窗口对外、一支笔审批的服务体系，并建立了综合服务总公司，为企业提供水、电、住、食、行等方面的服务。金融、保险、外汇、邮政、海关等在开发区设立了分支机构，为投资者提供配套服务。

1988年开发区管委会与中国五金矿产和机械两家进出口总公司按照"共享利益、共担风险、长期合作、共同发展"的原则，合资组建宁波开发区联合发展总公司。把国家给予开发区的优惠政策、已创建的投资环境，与五金矿产、机械两家进出口总公司的实力，在海内外的广泛联系有机地结合起来，提高吸引外资的成功率和受益率。同时，开发区还坚持外引内联同步进行，依托大专院校、军工厂，建设了一批内联企业。截至1990年年底，已签约批准项目109项，其中利用外资项目60项（占全市外商投资项目的23%），协议总投资2亿美元。技术先进、进口替代、出口创汇型项目已占较大比例。

从1986年年底首批企业投产以来，随着投产、开业企业不断增多，开发区的经济效益逐年增长。截至1990年年底，累计完成工业产值4.7亿元，出口7000万美元，税收5800万元，全区企业实现利润9300万元。

福州经济技术开发区

福州经济技术开发区于1985年1月经国务院批准建立，规划开发面积4.4平方公里。它位于闽江下游北岸的马尾区，距市区近20公里，有新建的一级公路相通。区内的马尾港是福建省的重要口岸。

6年来，开发区已建成为一个投资环境良好、初具规模的新兴工业区。区内供水、供电、道路、港口、通讯等基础设施不断完善，多项配套服务设施和涉外机构均已健全。到 1990 年年底，开发区已批准生产性项目 123 个，其中外商投资项目 81 个，总投资 2.58 亿美元。这些项目中，已有 71 家投入生产，涉及光学、机械、电子、轻工、食品、冶金、建材等行业，产品有 100 多种。累计实现工业产值 13.3 亿元，出口 1.6 亿美元，税收达 9300 多万元。初步形成了自我滚动发展的能力。

在建设发展过程中，开发区逐步确立了"科技兴区"的指导思想，并于 1988 年开辟了面积为 0.4 平方公里的科技园区，建立了"科理高技术工业园""清华工业园"，以及外商独资兴办的"泰安工业园""泛太平洋工业园"。累计批准各类项目 21 项，其中有 16 项已经投产，开发出自动分光光度计、针孔电视摄像镜头、微波自动报警系统、蛇毒霉等新产品，有的弥补了国内短缺，有的达到国际先进水平。

随着海峡两岸经济往来发展，福州开发区凭借与台湾一水之隔的地域优势，积极吸收台商投资。1989 年 5 月，国务院批准在福州开发区内尚未开发的 1.8 平方公里建立台商投资区，进一步促进了台商投资的增长。

广州经济技术开发区

广州经济技术开发区于 1984 年 12 月经国务院批准建立。规划开发面积 9.6 平方公里。它位于广州市黄埔区东缘，珠江干流与东江干流交汇处，距广州市中心 35 公里。广州开发区依托广州，南邻港澳，华南大港——黄埔新港位于区内，交通便利，腹地深广。

建区六年多来，开发区在已经开发的 4.6 平方公里的土地上（含港口已用地 2 平方公里），完成了"七通一平"。区内建成道路 33.6 公里，铺设供水、雨水、污水管道 133 公里。日供水能力为 3.4 万吨。区内的电厂和热电厂已经投入使用，供电能力为每年 2.5 亿度，供热能力为每年 3 千亿大卡。6000 门微波程控电话可联通世界各地。47 幢生产厂房及一批生活用房已交付使用。一个良好的生产和生活环境已经形成。

在完善基础设施和生产配套条件等硬环境的同时，开发区还致力于法制环境、投资服务体系等软环境的建设。强调比照国际惯例办事，实行以法治区，共发布各类规章、管理规定 60 余个，使开发区经济运行的各个环节基本做到有法可依，有章可循。开发区还实行了一个部门管理，一支笔审批，一站式服务的投资服务体系，不断提高办事效率。

6 年来，开发区共批准外引内联项目 273 个，其中外商投资项目合同 171 个，合同投资总额 17 亿元，协议外商投资 2.3 亿美元，实际吸收外资 9960 万美元，外资来自美、加、澳、日、新加坡、泰国和港、澳、台湾等 14 个国家和地区。美国的康太克斯公司、P&G 公司、百事可乐公司、日本的丸红株式会社，北爱尔兰的国际香料公司，香港和记黄埔等近 10 个国际著名的大公司已在区内投资。已有 120 家企业投（试）产，有 50 余家企业正在筹建。截至 1990 年年底，累计实现工业产值 29.7 亿元，实现利润 5 亿元，税收 2.6 亿元，有 30 多类产品进入国际市场，全区累计出口额 4.8 亿美元，其中外商投资企业、"三来一补"企业产品出口额已占全区出口额的一半以上。已经开业投产的企业，普遍取得了较好的经济效益。1989 年，全区全员劳动生产率达 19.22 万元，每百元固定资产创工业产值 211 元，创利润 10.05 元。美特容器公司以优异的经营效益连续四年被评为全国十佳外商投资企业之一，这个公司 1990 年人均产值达 80 万元以上。开发区内已有一批产品具有较高的技术水平，其中包括激光技术、人工心脏瓣膜、稀土分离、现代通讯设备、计算机软件开发、先进电子医疗仪器、先进生物技术和食品技术、优质麦芽生产技术、多层线路板、高能磁性材料、先进包装技术、铸造尼龙和油尼龙生产技术等。开发区还开展土地使用权有偿出让和转让工作，到 1990 年年底，已向香港客商出让土地 10 块。

经过六年多的开发建设，广州开发区已经具备了一定的基础，在今后的发展过程中，将以更加高效和扎实的工作，向经济外向型、效益型，技术型的方向发展。

湛江经济技术开发区

湛江经济技术开发区于 1984 年 11 月经国务院批准建立。规划面积 9.2 平方公里，首期开发 1.2 平方公里。它位于湛江市赤坎与霞山两个老城区之间，距火车站4公里，距机场5公里，交通便利，位置适中，以母城为依托，属近郊型的经济技术开发区。

建区六年来，开发区投资完成了1.2平方公里起步区的基础设施，实现了"五通一平"，初步形成了良好的投资环境。新建的开发区公路主干线与老城区相连接，6.3万千伏安的变电站，日供水能力2万吨的自来水厂，新装的1000门程控电话已投入使用。开发区还建设了15万平方米的工业厂房以及住宅、商场、宾馆等一系列生活服务配套设施。

开发区的项目引进，经历了由小到大，由简单加工项目到精加工并生产系列产品的骨干项目发展的过程。一些出口型项目，为开发区创建初期积累资金，起到一定的作用。1986年以后，逐步转向抓投资规模大，技术档次高的骨干项目。至1990年年底，全区批准外引内联项目110个，其中外商投资企业83家，合同利用外资1.5亿美元，实际吸收外资4000多万美元，已投产企业69家。开发区还拥有一批技术先进、或规模较大的骨干企业和企业集团，如与澳大利亚合作的桉树综合利用开发研究中心、中日合资的佳能复印机公司，以及年产值达2亿余元的三星农用汽车企业（集团）公司等。

到1990年年底，开发区累计完成工业产值11亿元，出口额达1.12亿美元，实现税收6700多万元，全区企业实现利润近2000万元，已初步具备了滚动发展的能力。

附录二

上海浦东新区

1990年6月2日，中共中央、国务院正式批准上海市开发和开放浦东新区，在浦东实行经济技术开发区和经济特区的某些政策。这是中国深化改革，进一步实行对外开放的一个重大部署。

一、浦东新区的发展目标

浦东新区位于上海黄浦江以东、长江口以南、川杨河以北，其地域呈三角形。它与繁华的上海浦西市区隔江相望，大部分地区处于距市中心15公里半径的范围内，总面积约350平方公里，1990年人口110万，工业企业近2000家，工业产值100亿元。

按照"面向世界、面向21世纪、面向现代化"的要求，浦东新区的总体规划目标是：通过三四十年或更长一段时间的努力，把浦东新区建设成为具有合理的发展布局、先进的综合交通网络、完善的市政公用设施、便捷的通讯信息系统以及良好的自然生态环境的现代化新区。同时，通过浦东的开发和开放，带动浦西的发展，推动上海经济社会全面发展，恢复和再造上海作为远东重要经济中心城市的功能，为振兴全国经济做出更大贡献。

为了顺利地实施上述发展目标，浦东新区的开发建设拟分三步走："八五"期间为开发起步阶段，"九五"期间为重点开发阶段，下个世纪初为全面建设阶段。

二、国家对浦东新区的优惠政策

为了加快浦东的开发和开放，国家在浦东新区实行的优惠政策主要有：

浦东新区新增财政收入，在"八五"期间不上缴；区内进口建设用的机器、设备、车辆、建材，免征关税和工商统一税；区内生产性外商投资企业的所得税减按15%的税率计征；外商投资企业进口生产用的设备、原辅材料、运输车辆、自用办公用品及外商安家用品、交通工具，免征关税和工商统一税；允许外商在区内投资兴建机场、港口、铁路、公路、电站等能源交通项目，从获利年度起，前5年免征、后5年减半征收所得税；允许外商在区内兴办第三产业，经批准允许外商投资经营金融、商品零售业；浦东新区的保税区内允许外商贸易机构从事转口贸易，以及为区内外商投资企业代理生产原材料、零配件进口和产品出口业务；区内土地使用权可有偿转让，外商可进行土地成片开发；对符合产业政策，有利于浦东开发与开放的内联企业，也可酌情给予减免所得税的优惠等。

三、浦东新区开发和开放的进展情况

自中共中央、国务院宣布开发和开放浦东以后，在中共上海市委、市政府的直接领导和中央各部门、兄弟省市的大力支持配合下，经过全市人民共同努力，浦东的开发与开放已经迈出了坚实的第一步。

（一）抓紧制定了一批法规。依据中共中央、国务院批准上海浦东新区实行的政策和有关鼓励外商投资的法律，制定了一批法规。从1990年9月起，先后正式颁布了《上海外资金融机构、中外合资金融机构管理办法》《上海浦东新区鼓励外商投资减征、免征企业所得税和工商统一税的规定》《中华人民共和国海关对进出上海外高桥保税区货物、运输工具和个人携带物品的管理办法》《上海市鼓励外商投资浦东新区的若干规定》《上海市外高桥保税区管理办法》《上海市浦东新区土地管理若干规定》《上海浦东新区规划建设管理暂行办法》《上海浦东新区外商投资企业审批办法》《上海浦东新区产业导向和投资指南》《上海市鼓励外省市投资浦东新区的若干规定》，以及外高桥保税区海关、金融、出入境等方面的管理细则等十多项法规制度。这表明，浦东新区的开发和开放，在创业之初就纳入了法制化的轨道。

（二）基础设施建设已陆续展开。1991年起浦东新区以及联接浦西浦东的十大基础设施工程已陆续展开：1. 南浦大桥于 1991 年 11 月通车；2. 杨浦的大桥已开始动工，预计 1993 年通车；3. 内环线浦东已开工，建成后将与市区高架快速车道连成一体；4. 沟通浦东新区的南北干道杨高路已经开工；5. 外高桥新港区首期工程四座顺岸式万吨级码头，已经开工，1993 年建成后年新增吞吐能力 240 万吨；6. 通讯工程正在进行，五年内将增加电话 10 万门，并增加国际国内通讯服务项目；7. 浦东煤气厂二期工程已试车成功，日增供煤气 100 万立方米；8. 新建的凌桥水厂预计 1994 年完工，日新增供水能力 20 万吨；9. 外高桥电厂一期工程正在建设，建成后新增发电能力 120 万千瓦；10. 合流污水工程浦东段正在抓紧施工。以上工程在"八五"期间建成后，将大大改善浦东新区的投资环境，为长远发展打下基础。

（三）重点开发建设的小区已经启动。按照"全面规划、分步实施"的原则，浦东重点开发的外高桥保税区、金桥出口加工区和陆家嘴金融贸易区 3 个小区已经启动，完成了首期开发的近 10 平方公里的土地预征和土地使用权出让手续，正在抓紧进行首期工程的基础设施建设。外高桥保税区的隔离墙已开始圈围，保税区内共 2 万平方米的仓库和厂房工程也将于近期开工。金桥出口加工区已吸收了一批起点高、出口后劲足的中外合资项目，首家日商独资企业爱丽丝制衣有限公司年内将开工试生产。陆家嘴金融贸易区内，裕安大厦项目已完成拆迁，亚洲最高的"东方明珠"电视塔也已破土动工。

（四）设立了一批金融机构，开始吸收国内外资金。浦东特有的区位优势和上海雄厚的经济技术基础，以及中央赋予浦东新区的优惠政策，引起了国内外广泛的关注和兴趣。已有 6 家国内专业银行分行，3 家保险公司和 1 家财务公司在浦东设立分支机构。同时上海还成立了 2 家中外合资财务公司、1 家中外合资国际银行，日本兴业银行、美国花旗银行、法国里昂信贷银行等 6 家外国银行也被批准在上海成立分行。

到 1991 年 7 月底，浦东已批准外商投资企业近百家，正在洽谈的项目有 220 个，协议外资约 12 亿美元。一批在国际上有影响的跨国公司，如美国的杜邦公司、德国的巴斯夫公司等，相继在浦东新区投资办厂。此外，还批准外省、市在浦东投资新办企业 62 家。

附录三

有关经济特区文件、法规目录

序号	文件、法规名称	发布日期	批准、发布机关、文号
	一、对外开放、经济特区类		
△1	中共中央、国务院批转广东省委、福建省委关于对外经济活动实行特殊政策和灵活措施的两个报告	1979年7月15日	中发〔1979〕50号
△2	中共中央关于《广东、福建两省会议纪要》的批示	1980年5月16日	中发〔1980〕41号
△3	国务院批转海南岛问题座谈会纪要	1980年7月24日	国发〔1980〕202号
4	第五届全国人民代表大会常务委员会关于批准广东省经济特区条例的决议	1980年8月26日	
△5	中共中央、国务院批转《广东、福建两省和经济特区工作会议纪要》的通知	1981年7月19日	中发〔1981〕27号
6	全国人民代表大会常务委员会关于授权广东、福建省人民代表大会及其常务委员会制定所属经济特区的各项单行经济法规的决议	1981年11月26日	
7	中共中央批转《广东、福建两省座谈会纪要》的通知	1982年3月1日	中发〔1982〕17号
△8	中共中央、国务院关于批转《当前试办经济特区工作中若干问题的纪要》的通知	1982年12月3日	中发〔1982〕50号
△9	中共中央、国务院关于批转《加快海南岛开发建设问题讨论纪要》的通知	1983年4月1日	中发〔1983〕11号
△10	中共中央、国务院关于批转《沿海部分城市座谈会纪要》的通知	1984年5月4日	中发〔1984〕13号
△11	国务院批转关于广东、福建两省继续实行特殊政策、灵活措施的会议纪要的通知	1985年3月28日	国发〔1985〕46号
12	国务院关于厦门经济特区实施方案的批复	1985年6月29日	国发〔1985〕85号

续表

序号	文件、法规名称	发布日期	批准、发布机关、文号
△13	国务院关于批转经济特区工作会议纪要的通知	1986年2月7日	国发〔1986〕21号
△14	国务院关于批转《一九八七年经济特区工作会议纪要》的通知	1987年4月11日	国发〔1987〕30号
15	第七届全国人民代表大会第一次会议关于建立海南经济特区的决议	1988年4月13日	
16	国务院关于鼓励投资开发海南岛的规定	1988年5月4日	
17	国务院关于扩大沿海经济开放区范围的通知	1988年3月18日	国发〔1988〕21号
△18	国务院关于沿海地区发展外向型经济的若干补充规定	1988年3月23日	国发〔1988〕22号
△19	国务院批转《关于海南岛进一步对外开放加快经济开发建设的座谈会纪要》的通知	1988年4月14日	国发〔1988〕24号
20	国务院关于调整珠海经济特区范围的批复	1988年4月5日	国发〔1988〕52号
△21	国务院关于批转沿海地区对外开放工作会议纪要的通知	1989年1月13日	国发〔1989〕5号
△22	国务院批转1990年经济特区工作会议纪要的通知	1990年5月28日	国发〔1990〕32号
23	国务院关于扩大汕头经济特区范围的批复	1991年4月6日	国函〔1991〕20号
	二、吸收外资类		
24	中华人民共和国中外合资经营企业法	1979年7月1日 90年4月14日修正	全国人民代表大会
25	中华人民共和国外国投资管理委员会关于中外合资经营企业申请和审批程序的暂行规定	1980年	（80）外资委发委字015号
26	中华人民共和国对外合作开采海洋石油资源条例	1982年1月12日	国务院
27	国务院关于台湾同胞到经济特区投资的特别优惠办法	1983年4月5日	国发〔1983〕57号
28	中华人民共和国中外合资经营企业法实施条例	1983年9月20日	国务院
29	中华人民共和国中外合资经营企业会计制度	1985年3月4日	财政部

续表

序号	文件、法规名称	发布日期	批准、发布机关、文号
30	中华人民共和国涉外经济合同法	1985年3月21日	全国人大常委会
31	中华人民共和国技术引进合同管理条例	1985年5月24日	国发［1985］73号
32	国务院办公厅关于中外合资经营企业注册资本与投资总额比例问题的通知	1985年9月5日	国办发［1985］62号
33	技术引进合同审批办法	1985年8月26日	国函［85］131号
34	关于《中华人民共和国中外合资经营企业实施条例》第一百条的修订	1986年1月15日	国务院
35	中外合作设计工程项目暂行规定	1986年3月27日	国务院
36	中华人民共和国外资企业法	1986年4月12日	全国人民代表大会
37	国务院关于鼓励外商投资的规定	1986年10月11日	国发［1986］95号
38	对外经济贸易部关于确认和考核外商投资的产品出口企业和先进技术企业的实施办法	1987年1月27日	
39	关于中外合资经营企业注册资本与投资总额比例的暂行规定	1987年3月11日	国家工商行政管理局
40	中外合资经营企业合营各方出资的若干规定	1987年12月30日	国务院
41	中华人民共和国技术引进合同管理条例施行细则	1987年12月30日	国务院
42	国务院关于修订《中华人民共和国中外合资经营企业法实施条例》第八十六条第三款的通知	1987年12月21日	
43	对外经贸部、国家工商行政管理局关于中外合资经营企业合营各方出资的若干规定	1987年12月30日	国务院
44	中华人民共和国中外合作经营企业法	1988年4月13日	全国人民代表大会
45	国务院关于授权省、自治区、直辖市、经济特区和计划单列市人民政府审批外资企业的通知	1988年6月9日	国发［1988］36号
46	第七届全国人民代表大会第三次会议关于修改《中华人民共和国中外合资经营企业法》的决定	1990年4月4日	
47	中外合资经营企业合营期限暂行规定	1990年9月30日	国务院
48	中华人民共和国外资企业法实施细则	1990年10月28日	国务院
49	国务院关于加强外资企业重大项目审批工作的通知	1991年4月6日	国发［1991］14号
50	厦门经济特区技术引进规定	1984年7月14日	福建省人大常委会

续表

序号	文件、法规名称	发布日期	批准、发布机关、文号
51	福建省人民政府贯彻国务院《关于鼓励外商投资的规定》的补充规定	1986年10月14日	闽政〔1986〕84号
52	广东省鼓励开展对加工装配、补偿贸易办法	1988年	广东省政府
53	海南省经济特区外商投资条例	1991年3月16日	海南省人大常委会
	三、税收类		
54	中华人民共和国外国企业所得税法	1981年12月13日	全国人民代表大会
55	中华人民共和国外国企业所得税法施行细则	1982年2月17日	财政部（82）财税字第63号
56	中华人民共和国中外合资经营企业所得税法	1983年9月2日	全国人大常委会
57	中华人民共和国中外合资经营企业所得税法施行细则	1983年9月2日	财政部（80）财税字第226号
58	国务院关于经济特区和沿海十四个港口城市减征、免征企业所得税和工商统一税的暂行规定	1984年1月12日	
59	对外国企业常驻代表机构征收工商统一税、企业所得税的暂行规定	1985年4月11日	国务院
60	财政部关于深圳经济特区内资企业征税问题的暂行规定	1985年5月19日	（85）财税字第109号
61	财政部关于对深圳、珠海、汕头、厦门经济特区内联企业征收所得税问题的通知	1986年5月28日	（86）财税字第122号
62	国务院对财政部关于对外国企业常驻代表机构降低核定利润率征税请示的批复	1986年9月29日	
63	财政部贯彻国务院《关于鼓励外商投资的规定》中税收优惠条款的实施办法	1987年1月30日	（87）财税字第008号
64	国务院关于对来华工作的外籍人员工资、薪金所得税减征个人所得税的暂行规定	1987年8月15日	
65	中华人民共和国财政部关于沿海经济开放区鼓励外商投资减征、免征企业所得税和工商统一税的暂行规定	1988年6月15日	
66	开采海洋石油资源缴纳矿区使用费的规定	1988年12月5日	国务院
67	中华人民共和国外商投资企业和外国企业所得税法	1991年4月9日	全国人民代表大会

续表

序号	文件、法规名称	发布日期	批准、发布机关、文号
68	中华人民共和国外商投资企业和外国企业所得税法实施细则	1991年6月30日	国务院
	四、海关、进出口类		
69	以进养出试行办法	1979年3月26日	国务院
70	海关总署、财政部关于中外合作开采海洋石油进出口货物征免关税和工商统一税的规定	1982年2月28日	国务院
71	海关总署关于利用外资项目限额的规定	1983年	
72	海关对进料加工保税工厂的管理规定	1983年	海关总署
73	关于中外合资经营企业进出口货物的监管和征免税规定	1984年4月30日	海关总署
74	中华人民共和国进口货物许可制度暂行条例	1984年1月10日	国务院
75	中华人民共和国进口货物许可制度暂行条例施行细则	1984年5月15日	对外经济贸易部海关总署
76	海关总署关于贯彻国务院批转的《关于广东、福建两省继续实行特殊政策、灵活措施的会议纪要》的通知	1985年7月5日	（85）署货字第398号
77	中华人民共和国进出口关税条例	1985年2月26日	国务院
78	中华人民共和国海关总署对进出经济特区的货物、运输工具、行李物品和邮递物品管理规定	1986年3月21日	国务院
79	中华人民共和国九龙海关对进出深圳特区的货物、运输工具、行李物品和邮递物品监管和征免税实施细则	1986年3月25日	海关总署
80	中华人民共和国拱北海关对进出珠海经济特区的货物、运输工具、行李物品和邮递物品的监管和征免税实施细则	1986年9月2日	海关总署
81	中华人民共和国海关对外商投资企业履行产品出口合同所需进口料件管理办法	1986年11月28日	
82	对外经济贸易部关于外商投资企业购买国内产品出口解决外汇收支平衡的办法	1987年1月20日	
83	对外经济贸易部关于外商投资企业申领进出口许可证的实施办法	1987年1月24日	
84	国家计划委员会印发《关于中外合资、合作经营企业产品以产顶进办法》的通知	1987年10月19日	

续表

序号	文件、法规名称	发布日期	批准、发布机关、文号
85	国家经济委员会关于中外合资、合作经营企业机电产品以产顶进管理办法	1987年10月31日	
86	海关总署关于发布《中华人民共和国海关对经济技术开发区进出境货物的管理规定》的通知 附:《规定》	1988年4月26日	
87	中华人民共和国海关对沿海开放地区进出境货物的管理规定	1988年5月15日	
88	中华人民共和国海关对海南经济特区进出境货物、运输工具、行李物品和邮递物品的管理规定	1988年6月11日	
	五、外汇、金融类		
89	中华人民共和国外汇管理暂行条例	1980年12月18日	国务院
90	国务院批转中国银行关于呈请批准中外合资经营企业贷款暂行办法的报告 附:《报告》《暂行办法》	1981年3月13日	
91	对侨资企业、外资企业、中外合资经营企业外汇管理施行细则	1983年7月19日	国务院
92	中华人民共和国经济特区外资银行中外合资银行管理条例	1985年4月2日	国务院
93	国务院关于中外合资经营企业外汇收支平衡问题的规定	1986年1月15日	国发〔1986〕17号
94	中国银行对外商投资企业贷款办法	1987年4月7日	国务院
95	深圳经济特区抵押贷款管理规定	1986年2月13日	广东省人大常委会
96	广东省经济特区抵押贷款管理规定	1990年3月19日	广东省人大常委会
	六、土地、劳务类		
97	国务院关于中外合营企业建设用地的暂行规定	1980年7月26日	国发〔1980〕201号
98	中外合资经营企业劳动管理规定	1980年7月26日	国务院
99	外商投资开发经营成片土地暂行管理办法	1990年5月19日	国务院
100	深圳经济特区土地管理暂行规定	1981年11月17日	广东省人大常委会
101	厦门经济特区劳动管理规定	1984年7月14日	福建省人大常委会
102	厦门经济特区土地使用管理规定	1984年7月14日	福建省人大常委会
103	广东省人民代表大会常务委员会关于授权深圳市人民政府自行决定调整深圳经济特区土地使用费收费标准的决定	1984年11月9日	
104	深圳经济特区土地管理条例	1988年1月3日	广东省人大常委会

续表

序号	文件、法规名称	发布日期	批准、发布机关、文号
105	广东省经济特区土地管理条例	1988年8月12日	广东省人大常委会
106	海南省人民代表会议常务委员会关于批准《海南经济特区土地使用权有偿出让转让规定》的决议 附：海南经济特区土地使用权有偿出让转让规定	1990年2月18日	
107	广东省经济特区土地管理条例	1991年5月22日	广东省人大常委会
	七、其他		
108	国务院关于深圳、珠海经济特区边防管理若干问题的规定	1985年8月31日	
109	中华人民共和国外国人入境出境管理法	1985年11月22日	全国人大常委会
110	对外经济开放地区环境管理暂行规定	1986年3月4日	国务院
111	外国商会管理暂行规定	1989年4月28日	国务院常务会议
112	广东省经济特区入境出境人员管理暂行规定	1981年11月17日	广东省人大常委会
113	厦门经济特区与内地经济联合的规定	1984年7月14日	福建省人大常委会
114	厦门经济特区企业登记管理规定	1984年7月14日	福建省人大常委会
115	厦门市环境保护管理规定	1985年8月30日	福建省人大常委会
116	广东省人民代表大会常委会关于批准《深圳经济特区与内地之间人员往来管理规定》的决议	1986年2月22日	
117	深圳特区与内地之间人员往来管理规定	1986年3月12日	广东省政府
118	广东省经济特区涉外公司条例	1986年9月28日	广东省人大常委会
119	深圳经济特区涉外公司破产法	1986年11月29日	广东省人大常委会
120	海南省环境保护条例	1990年2月18日	海南省人大常委会

注：标△者，系全文或略加删节编列于附录四中。

附录四

中共中央、国务院关于经济特区文件

中共中央、国务院批转广东省委、福建省委关于对外经济活动实行特殊政策和灵活措施的两个报告

(中发〔1979〕50号)

广东、福建两省靠近港澳，华侨多，资源比较丰富，具有加快经济发展的许多有利条件。中央确定，对两省对外经济活动实行特殊政策和灵活措施，给地方以更多的主动权，使之发挥优越条件，抓紧当前有利的国际形势，先走一步，把经济尽快搞上去。这是一个重要的决策，对加速我国的四个现代化建设，有重要的意义。

两省提出的初步规划设想，是可行的。要鼓足干劲，积极努力，抓紧落实，千方百计完成规划所列的各项目标。这是一个有雄心壮志的规划，也是应当做到和能够做到的规划。要大胆放手，阔步前进，同时又要深入细致，稳扎稳打，不断总结经验，及时解决前进中的问题。

两省报告所建议的经济管理体制，即在中央统一领导下实行大包干的办法，中央和国务院原则同意试行。财政方面，明后两年，广东每年上缴数确定为十二亿元，福建每年补助数确定为一亿元，以后年度到时另议。其他有关包干的基数、指标和具体实施办法，由各主管部门同两省商量确定。有关部门要积极支持两省的体制改革，要在统一规划、统一方针政策和有关业务方面加强领导，积极协助两省把各项工作搞好。

关于出口特区，可先在深圳、珠海两市试办，待取得经验后，再考虑在

汕头、厦门设置的问题。

两省报告中所提铁路、港口、电力等问题，应积极设法解决，由国家计委会同有关部门研究安排。

对两省采取对外经济活动的特殊政策和灵活措施，是一项新的工作，各方面都缺乏经验，特别是对外经济活动方面，我们很多东西还不懂。省委和各级党委要加强领导，加强调查研究，善于学习，在思想和工作作风上都要有很大的转变。要结合五届人大二次会议精神的贯彻，把中央这个决定的精神，向广大干部、党员和群众传达，调动他们的积极性和主动精神，自力更生，奋发图强，加快步伐，尽快改变两省的面貌，为国家多作贡献。

在闽、粤两省执行特殊政策过程中，各有关方面难免出现一些复杂情况，中央、国务院拟随时组织一个协调小组，随时了解闽、粤两省执行政策的情况，适时协调有关方面的关系，适时解决矛盾，使这个对外经济活动的新的特殊政策得到顺利的进行。

随着对外经济活动的开展，势必带来资本主义思想和资产阶级生活作风的影响，要把工作做到前头，加强思想政治工作，坚持四项基本原则，防止和抵制非无产阶级思想的侵蚀和影响。

中央和国务院对两省的发展，寄予很大的期望。关键在于两省的工作，地方同志的担子更重了。中央各部门也要善于在新体制的情况下进行工作，业务领导的责任不是轻了，而是需要加强。要各方面大力协同，密切配合，把工作作好。

一九七九年七月十五日

中共广东省委关于发挥广东优越条件，扩大对外贸易，加快经济发展的报告

根据中央关于对广东省对外经济活动采取特殊政策、灵活措施的指示精

神,最近,谷牧同志带领的工作组同我们一起,研究了如何让广东先走一步,改革经济管理体制,充分发挥广东省的优越条件,扩大对外贸易,加快国民经济发展的问题。现将共同商量的意见,报告如下:

扩大对外贸易、加快经济发展的优越条件

广东地处亚热带,气候温暖,无霜期长,海域辽阔,农业生产条件较好。广东是祖国的南大门,毗邻港澳,国际交往十分方便,是我国重要口岸之一。去年,外贸收购总值和出口总值都占全国的十分之一。广东又是著名的侨乡,在国外的华侨和外籍华人有八百二十多万人,港澳居民大多数是广东籍,热爱祖国,关心家乡。去年从广东口岸出入境的外宾、外籍华人、华侨、港澳同胞达三百三十多万人次;侨汇收入达四亿五千万美元。去年八月以来,与外商签订加工装配协议和合同共三百四十九项,总金额达二亿六千八百多万美元。工业也有一定基础,特别是轻工业比较发达,门类比较齐全,在食品、日用百货、纺织、工艺美术等方面,都有一些名牌产品。去年工业总产值达一百九十八亿元。

但是,广东这些优越条件并未得到充分发挥,近十多年来经济发展缓慢,工农业增长速度低于全国平均水平。一九六六年至一九七八年,粮食平均每年增长仅百分之一点六,还赶不上本省人口增长百分之二点二的速度。由于农业发展缓慢,对港澳出口的十六种主要农副产品,有十一种低于历史最好水平。燃料、动力不足,运输紧张,按全省工农业生产和加工出口的最低需要计算,丰水期缺电三分之一,枯水期缺电一半,煤炭缺四分之一。京广铁路南段通过能力,只有衡阳以北的四分之一,百分之三十的外省物资运不进来。港口的疏运能力低,船舶的停港时间长。市场供应长期紧张,十四年来,除一九七〇年外,年年货币投放都大于回笼。今年社会购买力与商品供应之间的差额达九亿五千万元。人民生活欠帐不少,加上边境地区阶级斗争复杂,外逃人数逐年增多。

广东经济发展缓慢的根本原因,是林彪、"四人帮"的长期干扰破坏,我们工作上也有不少缺点错误。另外,经济管理体制统得过多、过死,地方权力大小，不利于发挥地方和企业的积极性，许多本来可以就地及时解决的问题也不能解决，往往误时误事。

我们深深感到，中央对广东在经济体制上采取特殊政策和灵活措施，给广东以更多的主动权，是非常英明正确的。它有利于发挥广东的优越条件，扩大对外贸易，加快经济发展，为国家多作贡献；有利于摸索体制改革的经验，发挥社会主义制度的优越性，走中国式的现代化道路。我们决心按照中央指示，贯彻执行调整、改革、整顿、提高的方针，有计划有步骤地搞好体制改革，处理好国家、地方、集体和个人的关系，充分调动省内各地区、各部门的积极性，扩大企业的自主权，按照客观经济规律办事，把广东的经济搞活。把发展速度搞上去。

初步规划设想

从现在到一九八五年，前三年要认真贯彻执行调整、改革、整顿、提高的方针，使广东国民经济比例失调状况有显著的改变，后四年在调整的基础上，进一步发展、提高，建立起农轻重关系比较协调、出口能力强的经济结构。

在调整国民经济中，必须抓住主要矛盾，克服薄弱环节。首先要集中主要力量把农业搞上去，把电力、燃料和交通运输搞上去，大力发展轻工业。要立足现有的工业基础，搞好挖潜、革新、改造。在发展工农业生产的基础上，积极扩大对外贸易，改善市场供应。

发展对外贸易，要多生产、多出口换汇率高的农副产品、鲜活商品；增加轻工业和轻型加工工业产品出口，并努力向高级精密产品的方向发展；积极扩大建筑材料、机电产品和有色金属及其加工制品的出口。要大力开展加工装配、补偿贸易、合资经营等业务；试办出口特区；进一步落实华侨政策，改善侨汇物资供应，积极争取侨汇；积极发展旅游事业，努力做到在不长时间内，把一切能增加外汇收入的工作搞上去。

初步设想，到一九八五年，全省工农业总产值达到五百五十亿元，比一九七八年增长近一倍，其中：工业总产值为四百四十亿元，比一九七八年增长一点二倍；农业总产值为一百一十亿元，比一九七八年增长四成。财政收入达到六十四亿元，比一九七八年增长六成。外汇收入达到五十亿美元，比一九七八年增长两倍，其中：外贸出口外汇收入二十五亿美元，侨汇、旅游等非贸易外汇收入十五亿美元，加工装配、补偿贸易、合资经营和出口特区等外汇收入十亿美元。力争到一九八〇年再翻一番，达到一百亿美元。

实行新的经济管理体制

为了实现上述规划设想，对今后广东省的经济体制，建议在中央统一领导下，实行大包干的办法。即外贸和外汇以一九七八年实绩为基数，财政和基建投资以一九七九年实绩为基数，从一九八〇开始，一定五年，除外贸出口外汇增长部分上缴中央三成以外，财政和其他各项外汇收入（包括加工装配、补偿贸易、合资经营及各种非贸易外汇）的增长部分，全部留给广东，由省内综合平衡，包干安排。从一九八五年开始增加上缴，为国家多作贡献。体制改革的主要内容是：

一、计划体制以地方为主。按照国家经济建设的方针政策和长远规划，从广东的实际情况出发，实行"条块结合，以块为主"的办法，生产、基建、技措、财政、物资、外贸、商品流通、劳动工资、科技、文教卫生等各项计划，均以省为主制订。实行企业事业下放，除铁道、港口、邮电、民航、海关、银行和国防科研、国防工业等企业事业单位外，农业、工业、交通、商业、文教、科技、卫生等各方面的企业事业单位，一般交由广东省管理。

二、扩大地方对外贸易的权限。在中央统一对外贸易方针政策和规划下，广东有权安排和经营自己的对外贸易。广东现有的外贸分公司，受省和总公司的双重领导，承办口岸的进出口业务；其中广东商品的进出口部分，由省安排。按照产销结合、工贸结合、内外贸结合的原则，试办一些省属专业公司，统一经营管理生产和内销外销业务。凡广东生产出口的商品，由广东口岸直接对外成交出口，不受现行口岸商品经营分工的限制。凡有出口配额的商品，由外贸部统一安排。广东地方外汇进口物资作价，由省决定；超过基数增加出口的亏损，按中央、地方外贸出口外汇分成比例分担。在对外贸易业务活动中，对一些国际市场垄断性强、竞争激烈的大宗进出口商品的价格掌握和国别（地区）安排，接受外贸部的指导。广东口岸对兄弟省、市、区的进出口业务，要积极支持，提供方便条件。广东举办的加工装配、补偿贸易和合资经营等项目，凡不涉及国家综合平衡的，由省自行审批，并报国务院有关部委备案。为了适应地方发展外贸的需要，设立广东驻港澳的外贸业务机构，在港澳工委的领导下，调查研究市场行情，承办本省的外贸业务。省有关单位来往港澳办理业务人员的出入境手续，由省审批。

三、财政体制，实行"划分收支，定额上交，五年不变"的包干办法。财政收入，除上述铁道、港口等中央直属企业事业的收入和关税归中央外，其余收入均作为地方收入。财政支出，除中央直属企业、事业单位的支出归中央外，其他支出均作为地方支出。基本建设，除中央直属企业事业的投资，由中央安排外，其他基建投资，均由省安排。按照上述划分收支的范围，以一九七九年收支决算为基数，确定上缴任务数，从一九八〇年起，一定五年不变。增收部分归省自行安排支出，不再向中央另外要钱。

四、金融体制方面，要在国家统一政策、规定和计划安排下，给地方以适当的机动权。广东省外汇的收支，要制订计划，省委批准后报中央备案，由银行监督执行。改进现行的外汇贷款办法，给广东规定一个额度，由省审批，择优贷放。为有利于加工装配、补偿贸易的发展，从今年起拨给广东一定额度的人民币贷款和外汇贷款。设立广东省投资公司，采取多种形式，吸收侨商、外商投资，自借、自用、自还，自负盈亏。要严格执行国家的外汇管理和海关条例，外汇必须存入中国银行。制止走私漏税、黑市外汇、非法套汇等违法行为。

五、物资体制，根据生产、基建等各项计划，以省为主管理的体制，作相应的改变。广东省管理的企业事业，生产和需要的统配、部管物资，由省平衡分配。按调整后的隶属关系，确定一九七八年的调出调入基数，一九八〇年起一定五年不变。今后增加或减少的调出调入数量，由省和国家有关部门商定，纳入国家计划，按照国家规定进行结算。

六、商业方面，由于广东实行以省为主的管理体制，在广州市的五个中央一级站可以和省的有关商业机构合并，下放省管。核定实际调入调出商品的基数时，应包括供应市场和侨汇、旅游、外轮、交易会等专项商品。今后增加调出调入商品，其处理办法与上述物资体制相同。

七、劳动工资体制方面，允许地方有灵活性。根据省内的情况，自行安排劳动力，不受国家劳动指标的限制。在国家统一工资标准和调整幅度范围内，具体调整工资的办法由省自定。奖金的提成比例，可略高于全国的水平，给地方以灵活性。

八、物价政策方面，在执行国家物价总方针的前提下，适当扩大地方定价产品的范围。地方产品的价格，省有权调整。价格的调整，要考虑到对邻省的影响。对于中央管理的商品价格，属于地产地销部分，由省根据生产成本情况具体核定。属于调出调入部分，仍执行国家统一调拨价格。

试办出口特区

在深圳、珠海和汕头三市试办出口特区。特区内允许华侨、港澳商人直接投资办厂，也允许外国厂商投资设厂，或同他们兴办合营企业和旅游等事业。

特区的管理原则是，既要维护我国的主权，执行中国法律、法令，遵守我国的外汇管理和海关制度；又要在经济上实行开放政策。外商投资办厂受我国法律的保障；特区需用的进口物资和出口商品，实行优惠税制；外商所得的合法利润，在缴纳各项税款之后，可按有关规定汇出；简化人员出入的手续；特区设中国银行的机构，可同中国银行港澳分行直接来往，开立帐户，办理结帐手续；特区的工资，可高于全国和广东省的平均水平；我方在外资企业和合营企业的人员，其所得外币工资上缴，按特区的工资标准，付给人民币。具体管理方法，要根据上述原则，尽早制定细则。并建立海关、商检、检疫、边检、银行、邮电等机构，办理有关业务。

特区的建设，要搞好总体规划，搞好基础设施，如供水、供电、道路、码头、通讯、仓储等。所需投资，采取财政拨款、银行贷款和吸收外商资金等办法解决。在发展步骤上，要先搞加工装配、轻型加工工业和旅游事业等，逐步积累资金，再兴办加工程度高的项目。三个特区建设也要有步骤地进行，先重点抓好深圳市的建设。

试办出口特区，涉及面广，政策性强，搞得好坏都将在国内外引起很大影响，我们缺乏必要的知识和经验，请中央有关部门加强领导，给予帮助。并拟邀请国内有关专家，来我省参与规划和制订办法等工作。

切实加强党对经济工作的领导

广东省在贯彻党的三中全会和最近中央工作会议精神，实现工作着重点转移的伟大转变中，不仅面临着艰巨的调整国民经济的工作，而且还担负着在经济管理体制上实行特殊政策和先走一步的光荣任务。广东的经济体制，从全国高度集中统一，基本闭关自守，改为给予相当的自主权，对外开放，必然引起经济结构的改组，在思想上、工作上将带来一系列新变化、新问题。要组织好这个大的转变，关键在于加强党对经济工作的领导。

首先，全省各级党委要真正把主要注意力集中到经济建设上来。要充分估计搞好国民经济调整与体制改革工作的艰巨性和复杂性。我们的体制改革方案和一些设想，都还需要通过摸索试验，在实践中逐步完善。要重新学习和认真领会三中全会精神，继续解放思想，深入实际，调查研究，经常了解研究经济工作中的新情况、新问题，根据实际情况，确定具体的方针、政策，实行正确的领导。各级领导干部要学经济、办经济，真正钻进去，取得领导权。要勇于实践，不断总结经验，提高经济工作领导水平。

第二，要加强对干部群众的政治思想教育。坚持四项基本原则，加强政治思想工作，把坚持马列主义的原则性和策略上的灵活性结合起来。要注意一种倾向掩盖另一种倾向，及时把干部、群众中的错误思想倾向，解决在萌芽状态中。要进行全局观念、组织纪律观念的教育，正确处理全局和局部的关系，广东和兄弟省、市、区的关系。要发扬自力更生，奋发图强，艰苦奋斗，勤俭建国的精神，反对贪污盗窃和铺张浪费，打击投机倒把和走私漏税。要大力树立社会主义的道德风尚，坚决同那些败坏社会风气的现象作斗争，警惕和抵制资产阶级糖衣炮弹的袭击。

第三，调整和加强经济工作机构，配备和充实对外经济技术交流工作的干部。组织广大干部和群众学科学、学技术、学管理，尽快提高管理水平和技术水平，并采取切实可行的措施，培训一批精通经济技术和国际贸易的专家，适应扩大对外经济技术交流的需要。

第四，要大力搞好企业整顿，深入开展增产节约运动。要搞好现有企业的挖潜、革新、改造，建立和健全以岗位责任制为中心的各项规章制度，提高各项经济技术指标，特别是要下功夫提高出口产品质量，增加花色品种，改进包装装潢，努力赶超国内外先进水平。

第五，尽快制定一些必要的经济法令，条例和规章制度。除应由中央统一制定颁布的以外，属于地方职权范围内的，我们要抓紧制订并颁布实行。

第六，广东当前突出的困难是，农业基础薄弱，电力、燃料严重不足，交通运输十分紧张，几年内，如没有中央大力支持帮助，这些困难是难以解决的，上述规划设想也是难以实现的。因此，请求中央帮助解决几个具体问题：

1. 广东省化肥供应很紧张，广州石油化工厂的化肥，除继续实行对半分成和按原有生产用肥予以调拨以外，每年给广东增加供应化肥十万吨至十五万吨。

2. 要求东莞沙角电厂（装机容量六十万千瓦）、茂名油页岩电站，尽早上马，加快建设。所需投资，由省财政包干中支付有困难，请中央给予安排。沙角电厂用煤（每年二百四十万吨）也请中央统一安排。

3. 京广线衡阳至广州段的复线是广东的咽喉，要求加快建设，力争在三、四年内建成投入使用。

当前形势很好。我们相信，在党中央和国务院的正确领导下，在中央各部委的具体指导和兄弟省市区的大力支持下，充分发挥全省五千六百万人民的积极性和创造性，一定能够克服前进中的困难，加快广东经济的发展，为国家做出更多的贡献。

一九七九年六月六日

中共福建省委、省革委会关于利用侨资、外资，发展对外贸易，加速福建社会主义建设的请示报告

根据中央对福建对外经济活动可采取特殊政策和灵活措施的决定，我们在谷牧同志带领的工作组的指导下，就如何充分发挥福建的有利条件，发展对外贸易，加快国民经济发展的方针政策和体制等问题，进行了认真的研究。现将共同商讨的意见报告如下：

（一）福建加快经济发展的有利条件

福建是全国主要侨区之一，有五百多万华侨和外籍华人旅居九十多个国家和地区，其中不少是科技专家或拥有一定资本的工商界人士。他们热爱祖国，关心家乡的建设，一九六五年以前累计投资八千万元，去年侨汇近一亿美元，在交通不便的情况下，去年回国探亲的达五万人。粉碎"四人帮"以来，随着国际国内大好形势的出现，他们建设家乡的积极性更加高涨，纷纷要求回省投资办厂和兴建其他企事业。今年一月国务院批准成立福建投资企业公司以来，已先后接谈了六十多个项目，其中比较落实已签和待签合同的有八项，资金约三亿美元；来料加工还有四十多项，工缴费一千二百多万美元；还有许多华侨介绍外商、财团来福建投资。

福建地处亚热带，背山面海，自然资源比较丰富。地下矿藏有六十余种，森林一亿亩，蓄积量达二亿四千万立方米；可开发的水电资源有七百三十多万千瓦，目前只开发八十万千瓦；海域辽阔；岸线曲折，有厦门、湄州湾、罗源湾等天然良港；近海渔场面积有七万六千平方公里，水产资源丰富，可供养殖的浅海、滩涂有一百五十万亩，可供围垦的海滩地在一百万亩以上；全省盛产甘蔗、茶叶、水果，发展经济作物条件很好。此外，名胜古迹较多，发展旅游有广阔的前景。

我省工农业生产有一定基础，一九七八年工农业总产值达九十五亿九千万元。其中工业总产值六十亿九千万元，农业总产值三十五亿元，分别比一

九七六年增长百分之四十四点五和百分之二十二点四。对外贸易不断发展，不少名牌产品和传统手工艺品、土特产品畅销国外。

但是，由于林彪、"四人帮"的长期干扰破坏，加上工作上的缺点和管理体制上的问题，有利条件未能较好发挥，致使经济发展缓慢。农业方面，近两年虽然恢复发展较快，但一九七八年粮食平均每人只占有五百九十四斤，低于全国平均水平，有些经济作物还未恢复到历史最好水平。工业方面，燃料、电力、原材料严重不足，特别是交通运输十分落后，铁路、港口的通过能力和吞吐量很低，已成为发展国民经济的严重障碍。人民生活多年积累下来的欠帐较多，待业人员达三十多万人。

现在，中央决定对福建对外经济活动采取特殊政策和灵活措施，给我们提出了新的任务，这是对我们的关怀和鞭策。我们一定要按中央决定办事，把握住有利的时机和条件，迅速动员起来，解放思想，开动脑筋，同心同德，群策群力，艰苦奋斗，使福建的国民经济发展得更快、更好。

（二）发展规划设想

一、方针

按照中央决定精神和福建的实际情况，我们发展对外贸易，积极利用侨汇、侨资、外资，引进先进技术设备，加速社会主义建设，必须坚持四项基本原则，采取"自力更生为主，争取外援为辅"和"积极慎重，稳步前进"的方针。充分利用本省资源，主要依靠自己的力量来逐步实现。既要有积极的态度，大胆放手，敢字当头，阔步前进，又要深入细致，调查研究，稳扎稳打。办一个企业，一定要落实资金、原材料的来源，产品的销路和偿还能力，搞好综合平衡，看准一个，办好一个，不断总结经验。

二、方法步骤

采取"突破中间，武装两头"的做法，积极吸收侨汇、侨资、外资，集中力量把轻工业和农副土特产搞上去，扩大对外贸易，同时发展旅游事业，积累资金，武装农业和基础工业，促进工业和农业的现代化。

具体步骤分两步走：第一步，立足于现有基础，大力开展挖潜、革新、改造，积极发展换汇率高的、在港澳和国外畅销的传统的轻、手工业产品和农副土特产品，并积极扩大原材料和建筑材料产品的出口；充分发挥劳动力多的特点，广泛开展中小型的来料加工，扩大就业，学习技术和积累经验，同时积极发展旅游事业，多积累，多创汇。第二步，进一步提高技术水平和管理水平，生产出更多的在国际市场上有竞争能力的高级产品，夺取更大的市场。

为了顺利实现上述目标，当前我们要坚决贯彻执行"调整、改革、整顿、提高"的方针，作好国民经济的调整工作。特别是要抓住解决影响我省国民经济发展的主要薄弱环节，集中力量把农业搞上去，大力抓好铁路、港口、电站的建设，迅速改变我省国民经济比例严重失调的状况，逐步建立起具有本省特色的、出口能力强的经济结构，扩大对外贸易，发展工农业生产。

三、初步规划设想

一九八五年，全省工农业总产值达到一百七十亿元，比一九七八年增长百分之七十七，平均每年递增百分之八点五。其中工业总产值为一百二十亿元，比一九七八年增长百分之九十七，平均每年递增百分之十点二；农业总产值为五十亿元，比一九七八年增长百分之四十三，平均每年递增百分之五点二；粮食总产二百亿斤，比一九七八年增长百分之三十七，平均每人粮食占有量达七百六十六斤，力争八百斤；财政收入达到二十二亿元，比一九七八年增长百分之四十六点三；外汇收入达到十四亿美元，比一九七八年增长三点八倍，其中贸易外汇收入八亿五千万美元，非贸易外汇收入三亿五千万美元，来料加工、装配业务和出口特区等外汇收入二亿美元。一九九〇年力争工农业总产值达到三百八十亿元，比一九八五年增长一点二倍；外汇收入达到三十五亿美元，比一九八五年增长一点五倍。以上是一个初步设想，我们决心以更大的努力，更快的步伐，争取提前实现这个规划，在财政、外汇等方面对国家做出更大的贡献。

（三）体制政策

根据中央对福建对外经济活动采取特殊政策和灵活措施的决定，必须对我省现行经济体制和一些政策进行重大的改革和调整，在中央统一领导下和中央各部的指导和支持下，实行大包干的办法，由省根据实际情况，因地制宜，自行安排，以利于国民经济较快发展。由于福建经济落后，前五年请中央给予照顾；一九八五年起，对国家应做出显著贡献。现对有关体制提出以下意见：

一、计划体制

在国家经济建设的方针、政策和长远规划指导下，实行"条块结合，以块为主"的办法。

生产、技措、基建、财政、物资、外贸、商品流转、劳动工资、科技、文教卫生、旅游等计划，均以省为主制订。

除铁路、港口、邮电、民航、海关、银行、国防工业、重点大学及其他部属企事业外，地方企事业，包括中央部下放直供项目、省办的海运公司与港澳、东南亚之间的海运等，均由省管理。

二、外贸体制

在国家统一的对外贸易方针政策和规划的指导下，由省自行安排和经营本省的对外贸易。

本省出口和进口产品不受现行商品口岸经营分工限制。允许我省直接对外成交，直接从本省口岸办理进出口业务。

凡有配额的商品出口由外贸部统一安排，并在出口额的分配上，给福建以适当照顾；对在国际市场上某些竞争激烈、垄断性强的大宗或重要物资，在进出口价格掌握和国别安排上接受外贸部的指导。地方外汇进口物资的作价由省确定。

省外贸分公司接受总公司和福建省外贸局的双重领导，以省为主。有关其他省的进出口业务，由总公司统一安排。同时按照产销结合、工贸结合和内外销结合的体制，试办省的专业公司，统一管理有关出口产品的生产、内销和出口业务。

在以上条件的前提下，从一九八〇年起实行外汇包干办法。贸易外汇收入以一九七八年实绩为基数，一九八〇至一九八一年增收部分全部留省；一九八二至一九八四年增收部分上交三成，省留七成；超过基数增加出口的亏损，按外汇分成比例及实际换汇率，由中央和省分担。非贸易外汇收入，以一九七八年实绩为基数，一九八〇年至一九八四年增收部分全部归省。

中央扶持我省发展出口商品的物资，以一九七八年实绩为基数，继续拨给我省。

三、财政体制

实行"划分收支，定额补助，五年不变"的包干办法。

财政收入除中央直属企业、事业单位的收入和关税归中央外，其余均作为地方收入。财政支出除中央直属企业、事业单位的支出归中央外，其余均作为地方支出。

按照上述收支划分的范围，以一九七九年实际收支差额为基数，一定五年，实行财政包干。考虑到福建财政的实际情况，在核定基数时，中央另给予一定数额的照顾（暂定为一亿元），五年不变。多收多支，由省自行安排。

在包干期间，如中央采取全国性的重大经济改革和措施，影响到中央或地方较大的收支变化，另行协商处理。清产核资中需要补足的流动资金和处理的损失，按全国统一规定办理。

对利用侨汇、侨资、外资举办的企业，其设备、原材料的进口和产品的出口及其所经营的商业性活动，关税减免问题按国家有关规定办理。

四、金融体制

在国家统一的方针、政策和计划安排下，给省以适当的机动权。

福建省外汇的收支，由省制订计划，自行安排，报中央备案。一切地方外汇收入均应存入中国银行（包括中国银行国内外分支机构），由银行监督使用。

请中央允许福建投资企业公司在有利的条件下，可以同侨商、外商、外国银行发生一定额度的信贷关系（向外国银行贷款需同中国银行商量），可以在中国银行及其国内外分支机构开立帐户。

从今年起，请拨给福建省一定额度的人民币贷款和外汇贷款，以利于发展出口商品生产和加工装配、补偿贸易等。

五、福建投资企业公司

福建投资企业公司是实行独立核算、自负盈亏的综合性企业，在省革委会领导下，按照国家的有关规定，开展吸收侨资、外资，引进先进技术设备，举办企业等对外业务活动。引进国外先进技术设备、吸收外资兴建企业，凡不涉及国家综合平衡的，由省自行审批，上报中央备案。

公司兴建企业产品的出口及收汇、偿还，由公司统一平衡，统筹安排。

公司在港澳设立派出机构，接受福建省委和港澳工委的双重领导，承办本省的有关对外业务。

六、物资体制

省管企事业单位生产、基建需要的统配、部管物资，由省平衡分配。

调出、调入物资，除烟煤、无烟块煤、石油及其成品等由国家统一平衡外，以一九七九年为基数，核定定额，五年不变。今后增加或减少的调出、调入数量，由省和国务院有关部门商定，按国家规定办理结算。

基本建设所需成套设备纳入国家计划，成套供应。

允许省际之间开展经济协作，互通有无，调剂余缺。

七、商业体制

商业实行以省为主的管理体制。国务院各部在省的一级站下放省管。

调出、调入商品，包括侨汇、旅游、外轮供应等专项商品，以一九七九年为基数加以核定。今后增加或减少调出、调入数量，由省和国务院有关部商定。

允许省进口物资和商品内销，包括省生产、基建迫切需要的原材料，侨区、旅游所需要的高级消费品和耐用品等，以平衡对人民币资金的需要。

八、劳动工资体制

请允许我们根据省内情况自行安排劳动工资计划，报国家有关部委备案，不受国家劳动指标和工资总额的限制。在国家工资改革方针、政策的指导下和调整幅度范围内，由省自定具体实施办法。

九、物价体制

在执行国家物价体制改革的前提下，适当扩大地方定价产品的范围。地方产品的价格，省有权调整。国家管理的商品价格，属于地产地销部分，省里可以根据生产成本自行核定；属于调出、调入部分，执行国家统一调拨价格。

十、厦门出口特区

厦门出口特区的设立和办法，按照中央的有关规定办。

十一、铁路体制

恢复福州铁路管理局，直属铁道部。

十二、签证问题

简化出入境手续，随到随签，便利归侨、外商旅游及业务活动；入境之后，全省通行，不另行签证。

（四）请国家支持在一九八二年以前解决的几个问题

一、改造来舟至厦门铁路，提高通过能力。

二、港口建设：马尾港一期扫尾及二期续建，疏浚根治。厦门东渡第一期工程已列入国家计划，先建成五万吨级泊位两个，一万五千吨级泊位一个。

三、建议将漳平火电厂（规模五十万千瓦）列入国家长远规划，一九八二年前建成二十万千瓦。

四、建议将福建二百五十万吨炼油厂、三十万吨合成氨项目及湖头至泉州铁路列入国家长远规划，尽早安排。

五、福建没有大型化肥厂，化肥供应严重不足，要求以一九七八年实际调入量为基数，每年增拨八万至十万吨，直到一九八五年。

（五）加强党的领导

中央对福建省采取特殊政策和灵活措施，在经济结构上的改革，必然带来一系列的新情况新问题，责任重大，任务艰巨。要组织好这个大转变，必须做好思想上、组织上、技术上的充分准备，加强党的领导。

各级党委要组织广大干部、党员和群众认真领会三中全会精神，把主要精力集中到经济建设上来，围绕着中央对福建采取的特殊政策进行大动员、大讨论。进一步解放思想，坚持四项基本原则，统一认识，统一步调，把各方面的积极性充分调动起来。要加强政治思想工作，发扬艰苦奋斗的革命传统。领导干部的思想作风要有一个大转变,以适应新的形势的需要。

要加强经济工作领导机构,省、地、县各级党委和革委会都要组织一个精干的班子,专管对外经济活动的工作。要改变单纯行政管理的方法,按照经济规律办事。

要组织干部和群众学科学,学技术,学管理,要积极培训技术力量和精通业务的国际贸易专家。要加强调查研究,派人出国考察,熟悉各国特别是东南亚各国的经济情况,研究对外经济交流的历史,总结交流经验,逐步掌握对外经济技术交流的主动权。

要认真贯彻、落实党的侨务政策,做好华侨、归侨和侨眷的工作,充分调动他们的积极性。

我们相信,在党中央和国务院的正确领导下,在中央各部委和兄弟省的支持下,充分利用各种有利条件,自力更生,奋发图强,一定能够战胜各种困难,加快步伐,改变福建面貌,为国家做出更多的贡献。

一九七九年六月九日

中共中央关于《广东、福建两省会议纪要》的批示

(中发〔1980〕41号)

一年来的实践证明,中央决定广东、福建两省在对外经济活动中,实行特殊政策和灵活措施,是正确的。两省工作有很大进展,成绩是显著的。

由于全国的经济体制还没有作大的改革,广东、福建两省试行新体制的过程中,出现一些问题,是难免的。这是前进中的矛盾。我们的任务就是要认真地及时地总结经验,研究新情况,解决新的问题。中央认为,这次会议总结的经验和提出的措施是可行的,要认真贯彻落实。

广东、福建两省进行经济体制改革,不但有利于加快两省经济的发展,而且有利于促进全国的经济体制改革。因此,广东、福建两省必须加强领导,兢兢业业做好工作,加快经济的发展,为四化建设做出贡献。中央有关各部门,要把搞好两省的经济体制改革,作为自己的一项重要任务,加强对两省工作的指导,采取积极的帮助的态度,而不能撒手不管。希望中央有关各部门和两省加强协作配合,共同努力,把这项工作做得更好。

一九八〇年五月十六日

广东、福建两省会议纪要

(一九八〇年三月三十日)

受党中央、国务院委托,谷牧同志于三月二十四日至三十日,在广州召开广东、福建两省会议,检查总结中央一九七九年五十号文件贯彻执行情况,讨论研究当前的问题和措施。广东省习仲勋、杨尚昆、刘田夫、吴南生,福建省马兴元、郭超等同志和国务院有关部门及港澳工委的负责同志参加了会议。

中央决定对广东、福建两省在对外经济活动中实行特殊政策和灵活措施，是改革经济体制的一种试验。会议认为，其特点：一是财政和外汇收入实行定额包干；二是物资、商业在国家计划指导下适当利用市场的调节；三是在计划、物价、劳动工资、企业管理和对外经济活动等方面，扩大地方权限；四是试办经济特区，积极吸收侨资、外资，引进国外先进技术和管理经验。这一重大改革，受到两省广大人民的欢迎，在国内外，特别是港澳，反映非常强烈，海外侨胞也纷纷表示愿以实际行动支援祖国建设。

几个月来，两省省委和国务院有关部门积极认真贯彻中央五十号文件，做了大量的工作，已取得初步成果。去年广东、福建两省外贸出口收汇创造历史最好水平，比一九七八年分别增长百分之三十二和百分之三十。与外商就加工装配、补偿贸易、合资经营等进行了广泛的洽谈，已签合同成交额两省分别达六亿五千六百万美元和八千一百多万美元。全年贸易和非贸易外汇收入，两省分别完成二十亿五千万美元和三亿五千万美元，增长百分之三十二和百分之二十一点五。深圳、珠海两个经济特区正在积极筹建，深圳的蛇口工业区已开始施工，进度较快。两省对外经济活动开始出现一个蓬勃发展的新局面。实践表明，中央的决策是完全正确的，它有利于进一步调动各方面的积极性，更好地发挥两省的有利条件，加快两省的经济发展，促进我国的四化建设。

当前两省的突出问题是农业经济结构不合理，能源、运输等关键环节薄弱，市场供应紧张；同时对实行这种特殊政策和措施，有关方面在一些问题上认识还不够一致，领导工作也跟不上。因此，需要认真总结经验，进一步统一认识，确定解决问题的具体方针和办法，鼓足干劲，继续前进。本着这个精神，到会同志对有关问题进行了认真的研究，纪要如下：

（一）调整农业发展方针

广东、福建两省地处热带、亚热带，气候温和，海域辽阔，发展农林牧副渔多种经营有其独特的优越条件，又是供应港澳鲜活商品的重要基地。要充分发挥两省的特点和优势，在继续抓紧粮食生产，大力提高单位面积产量和总产量的同时，逐步地合理调整农业结构，多发展热带、亚热带经济作物和供出口的农副土特产品，相应地发展轻工业和其他加工工业，更多地增加经济收入。这方面，两省的潜力是很大的。例如：广东的糖蔗、黄红麻、桑蚕茧、茶叶、水产品，福建的花生、烟叶、水果是收益多的产品，都还未达到历史最好水平；即使达到的也还有很大的发展余地。两省要在这方面做好规划，抓好重点基地建设，形成几个"拳头"产品，在短期内大见成效。

为了支持经济作物的发展，近几年两省可以从国外进口一些粮食，或者以经济作物同外省进行交换。中央有关部门要支持两省农业结构的合理调整，促进国民经济全局的发展。

（二）抓紧解决能源和交通运输问题

广东、福建两省燃料动力不足，交通运输紧张，问题十分突出。发电装机容量不足，由于煤炭运不进来，又不能满负荷发电。广东常年缺电百分之二十五，枯水季节更为严重。这个问题如不抓紧解决，经济的发展就要受到限制。

从长远看，应考虑：一是开发广西的红水河，兴建水电站送电到广东；福建要建水口电站和沙溪口电站，解决省内用电。二是增加贵州煤炭产量，运煤到广东，相应地改造有关铁路，疏浚西江航道和改造港口等。这些方案从地区布局上看是合理的，建议结合制订长远规划研究安排，争取在"六五"后期动工。所需资金按照经济管理体制由中央和地方分别承担。如有长期低息贷款，也可利用部分侨资、外资进行建设。

当前，为了缓和燃料动力供应紧张状况，允许广东省自己用外汇免税进口石油，使黄埔电厂满负荷发电。同北方一些省区协作，搞一些地方煤矿的煤，通过海运或内河运输，解决部分燃料缺口。与此同时，要抓紧从罗马尼亚引进油页岩电厂的签约，尽快建设从罗进口的这一套三十三万千瓦电站，外汇可从我对罗贸易顺差中解决，国内配套投资由省解决。福建省要抓紧兴建漳平火电厂。

要把节约能源作为一项极为重要的任务抓紧抓好。充分运用自己的资金、人力、物力，发挥省、地、县、企业等各方面的积极性，大搞中小水电，搞好余热利用,发展沼气、太阳能及地热的利用。福建有丰富的白煤资源,要加强对白煤发电及其他方面利用的试验推广。

除国家统一安排投资加快京广南段复线建设外,两省可利用侨资、外资,进行广深铁路电气化改造、鹰厦铁路改造和漳泉铁路及广州港、马尾港、厦门东渡港等的建设。要注意精打细算,讲究经济效果,保证偿还。

(三) 大力发展对外贸易

广东、福建两省毗邻港澳,利用港澳扩大对外贸易有独特的优越条件,潜力很大。一九七九年香港的进口额为一百六十五亿美元,我货仅占百分之十七多点。金额在五千万港元以上的商品有二千九百二十五项,其中一千三百八十五项我是空白。

要继续抓好农副土特产品的出口,尽快恢复我农副土特产品的优势地位。增加出口数量是一个方面,更重要的是改良品种、加工精选、改进包装、及时运输,在售好价上下功夫。外贸部门和生产部门要密切配合,按照港澳市场的需要,定地区、定品种、定数量、定时间,有计划地组织出口。

要充分发挥广州、汕头、佛山、福州、厦门等老工业基地的作用,充分挖掘现有潜力,积极发展轻工、机械产品的出口。发展机械产品,关键是要提高技术水平、改进质量、加强零部件供应和技术服务。香港对我纺织品没有配额,要尽可能多搞些进料加工,扩大出口。建筑材料、塑料、电子元件等也要大力组织出口。

为进一步调动两省发展外贸的积极性,搞好经济核算,对五十号文中的一些职责分工作了明确划分,并同意两省要求,推迟到一九八一年实行五十号文确定的外贸体制,外贸外汇分成按五十号文执行。有关责任划分是:

1. 今后两省超过一九七八年基数的贸易外汇收入,在扣除"以进养出"的用汇(包括中央和地方所支付的外汇)以后,再进行分成。分成外汇按季预提,年终结算。一九七九年分成外汇应尽快拨给地方使用。

2. 扶持出口商品生产用的进口物资,粮食和化肥按九七八年实拨数量拨给实物;其他以一九七八年实拨数量按同年进口价格折成外汇拨给。

3. 加强外贸经济核算，努力降低换汇成本，多数商品都应逐步做到有所盈利。对一些换汇成本很高、长期亏损的商品应限制出口。外贸部门应对什么可以出口，什么不能出口，划个合理的杠杠。

4. 对国际市场竞争激烈和有配额的商品的进出口，必须严格按国务院批准的办法执行。两省派驻港澳贸易机构接办华润统一经营的有关外贸业务，应在有利于出口的原则下，有区别有步骤地进行。对市场、客户、配额、价格等问题，由两省同华润、南光公司共同研究，统筹安排。

（四）改进海关管理，简化出入境审批手续

海关的管理和关税的减免，在保证中央集中统一的前提下，应给两省一定的灵活性。

1. 经济特区海关，在管理上，特区所需的机器设备、零配件、原材料等生产资料允许免税进口；生活用品原则上应以国内供应为主，国内确实难以供应的生活必需品，经过批准，可以征税或减免税进口。特区产品和进口商品一般不得内销，必须内销的，应按规定补征关税。请广东省根据上述原则起草《经济特区海关管理和关税法》，报国务院批准实施。

2. 对现行税法中不适应新形势的税率，应作必要的修订。用进口原料加工出口的商品，其进口原材料和元器件免征关税。今后要逐步实行进口纳税、出口退税的办法。为解决两省能源困难进口的煤炭、石油，经批准的中外合营企业进口的技术设备，免征关税。以上各项，由海关总署会同有关部门制订具体实施办法。

3. 原则同意两省增设口岸和海关。具体事宜由省提出方案，报国务院批准。

4. 两省反映，目前走私活动非常严重，要狠狠打击，严肃处理。同意两省组织海上查私队，其查私罚没收入，地方按国家规定留成。

5. 两省提出对本省去港澳办理业务的人员，以及来特区工作、居住或联系业务的港澳人士、华侨和外商，应简化出入境审批手续。建议凭两省签发的通行证出入。具体办法由进出口管理委员会会同港澳办、外交部、公安部

商定，并通过外交途径向港英当局提出。

（五）资金信贷给予必要支持

由于去年调整农副产品价格和工资等，两省财政短收较多，建设资金有些困难，解决办法：一是大力开展增产节约，广开财源，紧缩开支，这方面潜力是不小的；二是采取发债券、股票等方式争取多用一些侨资、外资；三是国家从财政、信贷上适当给一些照顾和支持。

1. 财政上交或补贴基数，重新核定为广东每年上交十亿元，福建每年补贴一亿五千万元。今后，因企业隶属关系变动、新投产的大型企业下放给地方管理、开征新税种以及国家采取重大经济措施，对财政收支影响较大时，可相应调整上交或补贴数额。

2. 基本建设拨款，除地方统筹项目、部商地方项目由地方统筹安排外，中央直供代管项目的基本建设，在企业隶属关系未调整前，仍由中央各部门安排；允许中央各部门和地方合资经营项目，产品、收益按投资比例分成；中央各部门委托地方办的各项事业所需经费，仍由中央各部门安排；两省的企业折旧资金不再上交，挖潜革新改造资金由省统筹安排，国家不再另拨专款，所需材料国家可以给予适当照顾。

3. 两省外汇贷款配套和深圳特区基础建设所需的人民币贷款，由中国人民银行和建设银行负责安排。要管好、用好轻纺工业中短期贷款和中国银行分配周转使用的外汇贷款，提高使用效率。

4. 向外借贷，应尽可能多用买方信贷，必须借用自由外汇的，其浮动利率超过百分之十的部分，由国家进行政策补贴。采取补偿贸易方式，由中国银行香港分行向两省提供两亿美元贷款，利率按买方信贷利率加中国银行管理费计算。此外，如需再向外借款，应提出使用贷款的额度，确定还本付息的外汇来源，经外汇管理总局审核，报进出口管理委员会批准。

（六）搞好市场安排和物资供应

广东、福建两省，国内外来往人员多，侨汇多，购买力强，市场供应紧张是个突出问题。随着经济建设的迅速发展,物资供应也日趋紧张。除两省要千方百计抓好市场物资的生产和供应外,国家还要给予必要支持。会议商定:

1. 鉴于当前企业大部分下放地方管理还有困难,计划体制没有改变,同意两省提出物资体制暂不执行五十号文确定的调出调入包干结算的办法,仍按国家现行的统一规定执行。对于短线物资和生活用品的供应,主管部门应保证不低于一九七八年的水平。

2. 支持两省更多地利用市场调节的作用,国家分配不足的物资和商品,可采取同外省进行联营、合营和商品交换等办法解决;国内解决不了的,可以进口。对于大宗物资,应与协作省区,逐步建立起固定的供销关系。

3. 广交会期间供应调剂市场的商品,应按原来规定由中央有关部门继续专项拨给。

（七）积极稳妥地抓好经济特区建设

试办经济特区,必须采取既积极、又慎重的方针。根据目前两省的财力物力可能,广东应首先集中力量把深圳特区建设好,其次是珠海。深圳特区建设同意省所划定的范围,一定要作好总体规划,分片、分期进行建设。汕头、厦门两个特区,可先进行规划,作好准备,逐步实施。福建省提出搞琅岐岛特区,要慎重对待,先作可行性研究。

经济特区的建设,要充分利用现有基础,先上那些投资少,周转快,收效大的项目。在发展加工出口工业的同时,有条件的,要逐步发展住宅、旅游等事业。

在建设步骤上,先搞好水、电、道路、通讯等基础设施,为吸引侨商、外商投资创造条件。投资项目要尽可能符合经济特区发展规划的要求。整个建设要认真搞好总体规划,做到心中有数,打主动仗。

经济特区的管理,在坚持四项基本原则和不损害主权的条件下,可以采取与内地不同的体制和政策。特区主要是实行市场调节。为了吸引侨商、外商投资,所得税、土地使用费和工资可略低于港澳。所得税率初步定为百分之十五。土地使用年限应根据不同情况灵活掌握。原则同意广东省起草的

《经济特区暂行条例》，待经进一步修改后报国务院批准实施。

有些部门和地方，经过批准，可派少数人员驻深圳进行对港澳及国外商情的调查和联系业务。由进出口管理委员会尽快制订具体办法。

（八）切实加强领导

两省经济体制改革是个新的事物，对加强领导提出了新的要求。

要进一步统一认识，把实施五十号文件作为全党工作的一个重要部分，进行全面经济管理体制改革的一个突破口，给予极大的关心和支持。中央各部门的同志要多体谅地方的困难，保护、支持地方更好地发挥积极性和创造精神，及时解决存在的问题。地方的同志要把局部和全局联系起来，多为全局着想，发挥主动性，自力更生，克服困难。各方面大力协同，搞好两省的新体制试验，为加速全国的四化建设提供新的经验。

两省要进一步把工作着重点和领导精力转移到抓经济建设上来，抓五十号文件的贯彻执行，抓新体制的试验。主要领导要亲自抓，特区的领导要委派省级干部担任。要有打进国际市场的雄心壮志，敢于做前人没有做过的事业，把革命精神和科学态度结合起来，发扬艰苦奋斗、勤俭创业的精神，正确运用客观经济规律，不断总结经验，认真提高经济管理水平和技术业务水平。要在国家统一部署下，制订好两省的长期规划，既要使两省的经济同全国的发展相协调，同时更要充分发挥两省之所长，加快发展速度。

对外经济活动中，凡涉外方针政策必须经中央批准颁布执行；外汇必须集中统一管理；关税的减免必须报中央批准；必须严格执行中央统一规定的财经纪律和外事纪律；特区的活动不得违反我国法律。加强对干部的思想教育和业务训练，抓紧立法工作。目前，两省已拟订出一些条例草案，中央有关部门要抓紧审查修改，报国务院或人大常委会审批，尽快下达。两省要搞好省内各部门对外活动的组织协调和管理，防止各行其是。

国务院批转海南岛问题座谈会纪要

(国发〔1980〕202号)

国务院同意《海南岛问题座谈会纪要》。《纪要》分析了海南农业生产建设的成绩和存在的问题,提出了今后农业生产建设方针和正确处理场社关系的原则,是实事求是的,可行的。望广东省人民政府依靠海南各族社员、广大农垦职工,统一各个部门、各级干部的认识,全面贯彻会议精神,把海南岛的问题解决好。

处理场社纠纷问题,不能简单地就事论事。对极少数带头破坏国家财产的不法分子依法严肃处理,是完全必要的。但更重要的是,要着眼于总结历史经验,根据新的情况,合理调节国家与集体、国家与农民以及各民族的关系;着眼于端正农业发展方针,充分发挥海南地区的优势,使农场和社队共同发展,共同富裕,总之,要从方针、政策上根本解决问题。广大农垦职工,过去在开发建设海南的事业中是有重大贡献的,今后还要继续发扬党的优良传统,增强同农民群众的联系,不仅要把本场的生产建设搞好,而且要满腔热情地扶持社队发展橡胶和其他热带经济作物的生产,同海南各族人民一道,把海南建设得更好。

鉴于海南的特殊地位,中央和广东省决定要对海南岛的经济建设给以大力支持,各有关部门要切实办好这件事。同时,海南各族人民要继续发扬自力更生、艰苦奋斗的精神,充分发挥自己的优势,在各方面取得优异成绩。国务院相信,经过海南各级干部、各族人民和广大职工的努力,紧密团结,同心同德,海南建设的发展是一定会加快的。

一九八〇年七月二十四日

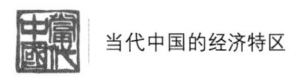

海南岛问题座谈会纪要

(一九八〇年七月十一日)

根据国务院领导同志的指示,六月三十日至七月十一日在北京召开了海南岛问题座谈会。参加会议的有广东省、海南行署、海南自治州的负责同志和省农垦总局等有关部门的负责同志,国家农委、国家民委、农垦部、林业部、水利部、民政部、财政部、交通部、国家水产总局、国务院侨办和解放军总后勤部的有关负责同志。赵紫阳、万里、余秋里、方毅、谷牧、康世恩、陈慕华、薄一波同志听取了座谈会情况的汇报,并作了重要指示。与会同志对于国务院领导同志如此重视,深受鼓舞,认识到,解决好海南岛农业生产建设的方针和场社关系问题,不仅对海南和广东是件大事,对于全国其他有类似情况的地方也可作为借鉴。

通过座谈,大家在一些重大原则和方针政策问题上,取得一致的意见,对解决海南岛问题,打下了很好的基础。

一、肯定了海南建设的成绩

海南岛是我国少有的热带宝地之一,面积同台湾岛相近,全岛农林牧用地三千多万亩,沿海渔场面积七万八千平方海里,矿产和盐业资源也很丰富。这里解放前经济长期落后。解放三十年来,在党中央的关怀和广东省委的直接领导下,经过海南各级干部、各族人民和广大职工的努力,经济有了较大发展,特别是橡胶和其他热带、亚热带资源的开发利用,取得了显著成绩。

为了打破帝国主义的封锁禁运,党中央于一九五一年决定在海南岛建设我国的天然橡胶生产基地。周总理和陈云、叶剑英同志主持,国家投入了巨大的财力、物力、人力,组成一支农垦大军,与海南各族人民一道,艰苦创业,辛勤经营,建成了一批以种植橡胶为主的国营农场,同时社队经营的橡胶也有所发展。现在海南岛植胶面积占全国植胶总面积的百分之五十六,干胶产量占全国总产量的百分之七十,已经初步建成了我国最大的天然橡胶生产基地,对社会主义事业做出了重要贡献。实践证明,党中央这个决策是正确的。

三十年来，海南各族人民为支援国营农场的生产建设、支持国家创办和发展天然橡胶事业，贡献了很大力量。此外，海南岛还为国家提供了椰子、香茅油、咖啡、胡椒、剑麻等大量的热带、亚热带作物产品，并在南繁种子等方面支援了全国农业。

海南垦区的建设和橡胶事业的发展，对于繁荣海南岛的经济、文化、交通运输等各项社会主义建设事业，起到了积极的作用。国营农场在橡胶种苗、技术培训、技术指导和农用物资等方面给了社队有力的援助。农场和当地社队互相支援，共同前进，场社关系多数是好的和比较好的。这是事物的主流。农场和社队的紧密团结，对今后海南岛的建设将发挥更大的力量。

海南在前进中也存在不少问题。由于历史条件的局限，在发展方针和一些政策上的问题长期没有解决好，社队经济的发展和群众生活的改善，步子都比较慢，当前仍然比较穷困，地方机动财力很少，发展生产的能力很薄弱。海南岛的自然优势发挥不够，而森林资源破坏严重。近年来，不少地方场社纠纷比较突出。海南岛存在着巨大的发展潜力。只要认真总结经验，调整好方针政策，把广大农民和职工群众的积极性进一步调动起来，自力更生，艰苦奋斗，加上广东省和全国的必要支援，海南建设事业的发展将是很快的。

二、明确了发展农业的方针

海南岛地处热带、亚热带，属热带季风气候区。这里适宜种植橡胶、椰子、胡椒、咖啡、可可、油棕、南药、香料、水果等多种经济价值高的热带作物，还有很多珍贵树种和稀有动物，草山草坡和水产资源也很丰富。同全国其他地区比较，这是海南岛特有的自然条件和突出的经济优势。

海南岛发展农业的方针，应以加速发展橡胶等热带作物为重点，大力营造热带林木，努力提高粮食产量，全面发展农林牧副渔各业生产，逐步建立适应海南特点的新的生态平衡和农业结构，使国营农业企业和农村社队共同富裕起来。要按照这样的方针，因地制宜，合理安排橡胶、热带经济作物、粮食、林业、畜牧业和其他各业的布局。

要正确处理发展橡胶等热带作物和粮食生产的关系。除基本粮田外，凡适宜种植橡胶的土地，应优先安排植胶；不适宜植胶的土地，适当安排种植其他经济价值较高的热带作物。为了促进橡胶和其他热带作物的发展，从明年起，由中央和省每年给海南岛调进粮食四亿五千万斤，一定五年不变。五年以后，根据粮食产量增长情况，再逐步做到少调进或不调进。为了适应经济建设、国防建设和改善群众生活的需要，为了减轻由于调进粮食造成港口和交通方面的压力，粮食生产还要抓紧。现在，粮食单产很低，增产的潜力很大。要把农田水利建设搞好，提高抗旱能力，这是发展粮食和其他经济作物都必须采取的一项重要措施。

要正确处理发展橡胶和发展其他热带作物的关系。既要重点发展橡胶生产，又要积极发展其他热带作物生产。历史上，国营农场的剑麻、香料、咖啡等热带作物曾达到五十万亩，到一九七九年只剩十六万多亩，今后需要大力恢复和发展。社队在作物安排上，则应该坚持长短结合、以短养长的方针，把发展热带作物和其他经济作物的起点放在短期作物上。许多地方提出："甘蔗、香茅起家，胡椒发家，橡胶当家，造林保家"，正确地反映了这种辩证关系。要适当发展甘蔗生产，把一部分粮食产量很低的水旱田改种甘蔗，使现有糖厂吃饱。这样不但可以增加地方的财政收入，而且是使农民尽快富裕起来的一项重要措施。

海南岛发展畜牧业和渔业生产的潜力也很大。畜牧业要以大力发展牛羊等草食动物为重点，充分利用数百万亩草山草坡资源。要扶持社队办草山连片的中、小型养牛场，采取全民和集体联营以及吸收侨资等方式办大型商品肉牛场。发展渔业要捕养并举，逐步把发展的重点转移到海、淡水养殖上来，同时积极开发西沙渔业。要大力扶持社队发展水产养殖业。建议国家水产总局采取和地方联营的办法，在海南建设一些海水养殖基地。海南机帆船用油作价过高，请商业部给以解决。

海南岛有海滨，有山林，又有名胜古迹，各种工艺美术品也很有特色，发展旅游业的条件很好，特别是发展冬季旅游业，大有可为。要积极创造条件，把海南岛建设成为我国独特的旅游胜地。

根据上述方针的要求，要做好海南的资源调查和农业区划工作，制定全岛统一的发展规划，同时，大力加强科学研究，广泛培养科技人才，以加速开发建设海南的步伐。

三、坚持国营和社队经营两条腿走路，加速发展橡胶和其他热带作物生产

要更快地发展橡胶和其他热带作物生产，必须坚持国营和社队经营两条腿走路、农场大力扶持社队和场社联营的方针。国营农场不仅要把本场的生产建设事业搞好，而且要发挥建设海南橡胶生产基地的"主力军"、"野战军"的作用，积极地担负起扶持社队发展橡胶事业的光荣任务。国营农场的干部、工人和技术人员都要明确树立这样一种基本观点，并真正贯彻到实际行动中去。

（一）国营农场应在管好现有胶树的基础上，在场界范围内继续扩大植胶面积；有计划地更新、改造低产实生树，努力提高质量，增加产量，为国家提供更多的橡胶；同时相应地发展其他热带作物生产。

广东垦区的领导管理体制，仍按现行办法不变，投资和主要物资继续由国家直供。

（二）海南岛社队经营橡胶的潜力很大，要加快发展。根据资金、劳力等实际情况办事，注意经济效果，提高植胶质量，不可片面追求数量、追求面积。已种的六十万亩，由于管理不善，产量很低。要下功夫加强抚育管理，有计划地进行更新改造，使干胶产量大幅度提高。

一九八五年前，社队生产的胶水仍由农垦部门统一收购和加工，按国家规定的统一价格，扣除运输费和加工费，利润全部返还社队。

（三）国营农场要大力扶持社队发展橡胶生产。一九八一年至一九八五年，农场每年给地方的利润留成比例从现在的百分之六，提高到百分之七。其中百分之四用于社队发展橡胶和其他热带作物生产，百分之三留给各县用于生产建设事业。

要充分发挥农垦部门科研机构和技术队伍的作用，有计划地帮助社队培训技术人员，进行技术指导。

（四）农场和社队联营植胶，是加快发展橡胶生产的一种好形式，也是积极改善场社关系的一项重要措施。可以实行集股联营，可以搞单项合同，也可以采取类似补偿贸易的办法，等等。总之要积极试办，把路子搞宽，办法搞活，以兼顾国家和社队利益为原则，自愿互利，使国家多拿到橡胶，使农场和社队共同富裕。各种形式的联营都要签订经济合同，严格遵守。

四、恢复和发展森林资源，建立新的生态平衡

海南岛森林资源长期以来受到严重破坏。解放初期有天然林一千三百万亩，现在减少到三百六十万亩，蓄积量由六千四百万立方米，减少到二千九百万立方米，森林覆盖率由百分之二十五，下降到百分之十三点六，加上橡胶林、防护林也只有百分之二十一点四。而近一年多来，乱砍滥伐的现象又有发展。因此必须采取坚决的措施，大抓林业的管理和建设；否则，海南不但不能发挥优势，还有变为沙岛的危险。

建设海南岛的林业，必须采取保护、恢复与发展并重的方针，立足于建立新的生态平衡，发展热带林的优势，为国家提供珍贵热带林木和用材，同时有步骤地解决岛上生产建设和人民生活的需要。因此，海南岛的林业要有较长的休养生息的时间。

第一、在山区恢复和建立热带森林体系。以五指山、黎母山、尖峰岭、坝王岭、吊罗山等为主的广阔山区，恢复、发展热带森林体系，从根本上改善海南水源短缺的状况。

第二、在海南环岛的海岸线上，建立防护林体系，以抵御台风的侵袭。

第三、充分利用不宜种植橡胶和热带作物的宜林荒山荒地，大力建设速生丰产林基地，以尽快扭转木材供不应求的局面。

以上设想实现后，森林覆盖率可提高到百分之四十以上，全岛的自然面貌将得到根本改变。

为了实现这个任务，必须采取如下措施：

1. 认真解决好山林权属问题。要在海南行署和自治州的统一领导下，根据统筹兼顾的原则，划定林业用地，农垦用地，水源林，防护林，自然保护

区，名胜古迹风景林区等。对少数毗连国营林场，无林或少林的社队，要适当划出一部分山地给社队集体经营，并给社员分一定面积的自留山，以解决集体和社员用材、烧柴和开展多种经营的需要。要划出一定面积的荒山荒地给驻军造林。农垦局和农场都要建立林业机构，限期把农场垦区内不宜植胶的荒山绿化。

2. 林业内部要进行调整，减少和控制森林资源的消耗量。把尖峰岭、坝王岭等国营采伐企业转为以营林为主，把木材采伐任务减下来，同时，建议国家适当调减广东的木材上调任务。国营农场采伐林木也要严加控制。迅速改变刀耕火种的习惯，坚决制止毁林开荒、乱砍滥伐。农村要大力推广沼气，大造薪炭林。

3. 适当增加林业投资。考虑到海南林业建设工程量大，地方财力又有限，请中央从国家支援不发达地区的经费中，每年拨出一定数量的专款，除用于海南主要山系水源林的育林经费外，还要帮助少数民族发展集体林业和其他生产；建议林业部投资与海南联合经营二百万亩速生丰产林。

五、放宽政策，把经济搞活

为了充分发挥海南的优势，并照顾少数民族的经济利益，当前主要靠发挥政策的威力，放宽政策，把经济搞活。

1. 在进出口贸易上，主要是对香港的出口，应让海南有更多一些自主权。对外经济活动可参照深圳、珠海市的办法，给以较大的权限。外贸和其他外汇收入的增长部分，可给海南留成多一些，以利于以进养出。

2. 调整粮食征购任务。对少数民族地区生产和生活很困难的社队，在五年内免除其公购粮任务。海南的一亿二千万斤粮食超购任务，从明年起改为议购，其议购价与统购价的价差补贴，由广东省与粮食部具体商定办法。

3. 农副产品的统派购要灵活一些。有的可以实行全部产品比例留成；有的可以确定一个收购基数，超产部分全部留给生产单位或比例留成。留成产品，可以自行处理；有的产品不列入派购范围，让生产单位自行议价出售。

4. 建议银行专拨扶持社队发展热带作物的长期低息贷款，到有产品收获时，再逐年清还。

5. 在海南的中央和省属企业，其利润应适当留成一部分给海南地方使用，留成比例请广东省和财政部研究确定。

6. 为了提高热带作物和粮食产量，中央和省要多支援海南一些化肥。

7. 财政体制应适当放宽，多给海南岛以机动权，具体办法由广东省研究决定。自治州实行"收支包干，超收留用"的办法。按中央政策规定照顾少数民族的各项费用，都要坚决落实。

8. 农场、社队和其他企业单位，都可以利用自己的条件，打破所有制界限和行业界限，同省内外的经济单位实行各种形式的联营，产品或利润按比例分成，有外汇收入的还可实行外汇分成。橡胶、林业、畜牧、渔业和热带作物产品的生产可以搞各种形式的农工商、林工商、牧工商、渔工商等综合经营。

鉴于海南在自然资源和国防上都有特殊地位和作用，为了加快海南建设，建议对广东省财政包干之内投资有困难的少数重要基建项目，经报国务院批准后，由国家给予特殊照顾和支持。

六、正确地解决场社纠纷问题

海南地区的场社纠纷，这两年发展得比较突出，严重影响了一些地方的生产秩序和安定团结。

场社矛盾产生的原因是多方面的，主要是历史遗留下来的问题，也有工作中的问题。农垦事业创建初期，还不可能对长远发展中的问题考虑得十分周到，在土地规划方面经验不足，给个别人多地少的社队留的荒山荒地偏少；农场建立以后场社之间体制多变；生产建设兵团成立后扩大的一批土地，工作粗糙，有的手续不完备，遗留问题很多。场社发生纠纷以后处理得不够及时果断，对个别带头破坏国家财产的不法分子打击不力，致使抢割橡胶等违法现象不断发生。

大家认为，对场社矛盾的处理，各级党委要加强领导，各有关方面应以大局为重，本着团结起来向前看的精神，各自多作自我批评，对广大群众多作思想教育工作。应当看到,在合理合法的基础上,互助互让,正确处理场社纠纷,不仅有利于一场一社矛盾的解决,更重要的是,将进一步改善国家和集体的关系、国家和农民的关系以及各民族的关系,巩固工农联盟。这是问题的实质所在,各级领导同志务必充分注意。要通过发挥海南的优势,加速发展集体生产,加强国营农场对社队发展橡胶的支援,使农民尽快富裕起来,才更加有利于从根本上解决场社关系问题。当前,对场社纠纷要采取有效的措施,把抢割橡胶、强砍防风林等破坏国家财产的行为坚决制止下来。海南地方各级政府和农垦部门要大张旗鼓地传达国务院召开的这次会议的精神,肯定工作成绩,总结经验教训,对广大干部和群众进行法制教育和爱护国家财产的教育,表扬好人好事,明确是非,统一认识;对极少数带头破坏国家财产、严重违法乱纪、影响极坏的不法分子,必须追究法律责任,进行严肃处理。

对历史遗留下来的土地纠纷,应根据国家宪法有关规定,在各级党委和政府的统一领导下,遵循以下原则,经过充分协商,妥善处理。

1. 凡是双方已签订协议经过县以上政府批准的场界,均应遵守和维护。

2. 原来未作地权处理、场界不清的,应经双方协商,现场勘察,划定场界,并报县以上政府批准。

3. 原来虽作过地权处理,手续完备,但因原定场界不合理,给社队留地过少,社队生产、生活确有困难的,农场应适当划回一部分土地给社队,但应采取慎重的方针,经双方充分协商,农垦部门同意,报海南行署和自治州正式审批。

4. 农场和社队双方借用的土地,应有借有还;未经协议占用的土地原则上应退还对方,如已种上作物的,短期作物收获后退还,长期作物可用等量土地交换,或用合营的办法解决。

5. 一九六五年场社搞并、帮、带,后来又分开,生产队留给农场的土地已经种上橡胶,可以经过协商,在自愿互利的基础上,作为生产队的投资入股,用场社联营的办法加以解决。

6. 场社插花地多的社队,可以通过协商加以调整。对于个别矛盾太多,不好调整的，可经过海南行署和自治州批准，实行场社合并。

7. 水库移民、垦荒队和其他并入农场的生产队，应本着"土地随人并场"的原则，带进来的土地、林木、水利资源归农场所有。

8. 凡属公共的沟、河、塘，场社可共同使用。属场社各自范围内的水利资源，由各自开发利用。流经双方较大的河流，应在当地政府主持下，统一规划，合理分配使用。双方共同投资修建的水利设施，应统一管理，共同受益。

大家认为，这次座谈会，在国务院领导同志的亲切关怀下，经过参加会议的各方面同志的共同努力，开得很有成效，对解决海南场社矛盾和加速海南建设，极为重要。大家相信，海南各族社员群众、农垦职工、各个部门、各级干部，一定不会辜负党中央的期望，迅速动员起来，认真落实这次会议精神，加强团结，同心同德，尽快把海南建设好。

中共中央、国务院批转《广东、福建两省和经济特区工作会议纪要》的通知

（中发〔1981〕27号）

广东、福建两省和经济特区工作会议，总结了两年来两省对外经济活动实行特殊政策、灵活措施和筹建经济特区的经验，提出了进一步做好工作的政策措施，会议开得是好的。中央、国务院同意这次会议的纪要，现转发给你们，请研究执行。

广东、福建两省是我国的南大门和主要侨乡，战略地位重要，发展经济的有利条件很多。两省在经济调整、体制改革，扩大对外经济技术交流以及建设经济特区等方面，打开局面，创造经验，不仅对两省经济的繁荣，而且对全国经济的发展，都具有重要的意义。在政治上，也有利于稳定港澳人心，争取台湾回归祖国。两年来，两省在中央各部门的支持下，做了许多工作，取得了显著成绩。当前的任务是要进一步贯彻落实中央〔1979〕50号、〔1980〕41号文件和这次会议提出的政策措施，坚定不移地把各项工作继续推向前进。

两省在对外经济活动中实行特殊政策、灵活措施和试办经济特区，是一项重大的改革，必然会遇到大量复杂的新情况，需要解决许多新的问题。在这种情况下，要把工作做好，必须具有敢于试验、敢于创新的革命精神，凡是符合党的路线、方针、政策，对两省和全国的经济调整和发展有利的事，就要大胆放手去干。同时，要有严格的科学态度，力求稳步前进。由于这方面的工作还缺乏经验，一定要加强调查研究，搞好综合平衡，举办各种事业要认真进行可行性研究，讲究经济效果。要用心抓好思想建设和组织建设。一些涉及外省、市、自治区的政策措施，要注意与外省、市、自治区衔接，搞好协调。

一九八一年七月十九日

广东、福建两省和经济特区工作会议纪要

（一九八一年七月十二日）

国务院于一九八一年五月二十七日至六月十四日，在北京召开了广东、福建两省和经济特区工作会议。参加会议的有两省和特区的负责同志，国务院有关部、委、总局和港澳工委的负责同志，以及经济理论界的同志。会议检查总结了贯彻执行中央〔1979〕50号、〔1980〕41号文件（以下简称中央两个文件）的情况和经验，讨论了两省对外经济活动实行特殊政策、灵活措施和设置经济特区的有关问题，研究提出了进一步落实的措施。现纪要如下：

一、贯彻执行中央两个文件的情况

一年多来，在中央的正确领导和关怀下，广东、福建两省和中央各有关部门共同努力，积极贯彻执行三中全会的路线、方针、政策和中央两个文件规定的特殊政策、灵活措施，有力地促进了经济的发展。工农业总产值，一九八〇年比一九七九年，广东增长百分之八点二，福建增长百分之十。今年一至五月份，两省工业生产、对外贸易和财政收入继续有较大的增长，各项工作进一步取得了可喜的成绩。

（一）着手调整经济结构，初步发挥了两省的优势。在继续抓紧粮食生产的同时，大力发展多种经营，特别是经济作物的生产。一九八〇年，两省粮食总产量都超过历史最高水平，油料、甘蔗等经济作物大幅度增产，农村工副业收入也有显著增加。两省轻纺工业有较大的发展，轻工业产值占工业总产值的比重由百分之五十九上升到百分之六十二。关停了一些耗能多、亏损大和产品无销路的企业。大力发展了可供出口的农副土特产品、轻纺工业品和其他加工工业品的生产。开始向建立农业、轻工业比较发达的、出口商品生产能力强的经济结构发展。

（二）在国家计划指导下，扩大市场调节范围，促进了经济的发展。广东省去年通过市场调节的工业产品总值占全省工业总产值的百分之四十左右。两省利用地方外汇进口原材料和市场紧缺物资，发展工农业生产，增加商品

供应，繁荣了市场，活跃了经济。

（三）实行对外开放政策、对外贸易和经济合作发展较快。一九八〇年广东、福建两省出口总额分别比上年增长百分之二十七点九和百分之四十七点二，都超过了历史最高水平，特别是机械产品在开拓新的市场方面成绩显著。积极开展了来料加工装配、补偿贸易、合资及合作经营等业务，取得了较好的经济效益，并增加了就业门路。去年仅开展来料加工装配安置就业的人数，广东有十七万人，福建三万人。

（四）实行财政包干和外汇分成制度，调动了地方的积极性。一九八〇年广东、福建两省财政收入分别比上年增长百分之十点五和百分之二十点五，实现了当年收支平衡，略有结余。一九八〇年两省所得贸易留成外汇比一九七九年增加了五倍多。留成外汇的合理使用，有力地促进了两省经济的调整和发展。

（五）经济特区建设有了进展。中央确定在两省的深圳、珠海、汕头、厦门四个市划出部分地区试办经济特区以后，筹建工作逐步展开。深圳、珠海先走一步，基础设施的建设正在抓紧进行，利用外资兴办了一些企业，工农业生产有所发展，群众收入显著增加，部分外流人员开始回归，社会秩序基本安定。

一年多来的实践证明，中央对两省实行特殊政策、灵活措施和设置经济特区的决策是正确的。进行这个试验的时间虽然还不长，但已经取得比较显著的成绩，积累了一些经验，使大家看到了希望，增强了信心。当前存在的主要问题是，中央两个文件的一些规定还没有完全落实，许多管理工作和具体措施还跟不上，两省经济还缺乏全面的规划和安排。会议认为，这些都是前进中的问题，经过努力是可以解决的。中央各部门和两省同志一致表示，一定要进一步解放思想，勇于实践，总结经验，继续前进，做出新的成绩。

二、解放思想，统一认识

两省实行特殊政策、灵活措施和试办经济特区，是个新事物、新工作，各方面认识不够或不一致是难免的，但是要及时提高认识，统一思想，以利于中央两个文件的进一步贯彻落实。

（一）两省实行特殊政策、灵活措施的重要意义。

三中全会以后，我国在经济建设上开始摸索一条适合国情的新的道路，并准备对管理体制进行根本性的改革。两省地处热带、亚热带，开展多种经营的条件优越，工业也有一定基础；毗邻港澳，国际交往方便，对外贸易也比较发达；又都是我国主要侨乡，利于吸收侨资、外资。会议认为，中央决定对两省实行特殊政策、灵活措施，发挥两省优势，加快建设速度，使两省先富起来，同时为全国经济体制的改革探索经验，这是完全正确的。两省实行特殊政策、灵活措施的主要内容大体是：（1）对外更加开放，包括积极利用侨资、外资，引进适用、先进技术和科学管理方法，扩大对外贸易；（2）对内政策更加放宽，包括在社会主义经济的领导下允许多种经济成分并存，更好地运用价值规律和各种经济杠杆，把经济搞得更活；（3）扩大两省的权力，包括经济、人事、地方立法权和企业自主权等。总之，要改变那种权力过分集中、单纯依靠行政手段、吃大锅饭的体制，做到按经济规律办事，讲求经济效果。两省的改革和全国改革的方向是一致的。两省改革搞好了，不仅在发展经济上有重要意义，而且在政治上是关系到稳定港澳人心，争取台湾回归祖国的大事。因此，实现这个任务，我们要有高度责任感和紧迫感。中央各有关部门，要把两省当作进行经济改革的试验基地。

（二）在社会主义条件下利用外资和试办经济特区问题。

在自力更生的基础上，实行对外开放，积极扩大对外经济合作和交流，是党的一项重大政策。目前我国生产力还比较落后，建设资金短缺，在人民民主专政日益巩固、社会主义经济占绝对优势的条件下，采取多种形式利用侨资、外资，加快发展社会化大生产，提高技术和管理水平，促进社会主义现代化建设，这是十分必要的。

试办经济特区，是两省实行特殊政策的一项重要内容，是执行开放政策、吸收外资的一种特殊方式。有些同志有疑问：特区会不会变成租界，是不是殖民地？会议认为，这些疑问是没有根据的。我国特区是经济特区，不是政治特区。特区内全面行使我国家主权，这和由不平等条约产生的租界、殖民地在性质上根本不同。世界上许多国家的经验证明，特区是扩大出口贸易、利用外资、引进技术、发展经济的比较成功的好形式。对我国来说，特区是我们学习与外国资本竞争、学习按经济规律办事、学习现代化经济管理的学校，是为两省甚至全国训练和造就人才的基地。

（三）两省实行特殊政策和全国经济调整的关系。

会议认为，目前全国经济正在实行进一步调整，两省要继续贯彻落实中央两个文件，要在服从和搞好经济调整的前提下，积极进行有利于调整的改革。调整时期，国家财力有困难，对两省支援有限，两省的改革也受到一定的制约，但是，两省在发展对外贸易、利用外资方面，在调整经济结构、扩大企业自主权、改进经济管理和企业管理、提高经济效果等方面，回旋余地比较大，工作搞好了，可以较快地发展两省经济，对全国的调整和改革也可以起推动和促进作用。

两省的经济活动和全国是紧密联系的。两省采取各种重大的经济措施，要照顾全局，要考虑和估计到对全国的种种影响。尤其是对外经济贸易、利用港澳市场，要加强协调管理。

由于经验不足，一些新的政策措施的实施，事先要经过调查研究，各方面要多协商，并向国内外专家请教，做到既敢于试验，又力求稳妥。

三、继续推进两省经济体制改革

中央两个文件对于两省权限的规定，是根据既要增大地方权力，又要保证中央必要的集中统一和综合平衡的精神制订的，其中有些规定，应当在实践中逐步加以完善。会议一致认为，在坚持以下几条大杠杠的情况下，要充分发挥两省发展经济的自主权，放手让两省去干：（1）坚持四项基本原则；（2）遵守党和国家统一的大政方针；（3）服从国家统一计划的指导和全国综合平衡；（4）完成国家下达的任务。

本着上述原则和中央两个文件的规定，会议对计划、财政、金融、外贸等方面的体制问题，商定了如下几点：

（一）计划体制，在中央的方针、政策和统一计划的指导下，实行条块结合,以省为主。两省根据本省的实际情况,制订省的经济和社会发展计划。凡需要国家统一平衡安排的主要计划指标(包括基建规模),经国家计委综合平衡后,报国务院批准,纳入国家计划。原材料、燃料动力、产品销售和财政、信贷、外汇等能够自行平衡的生产和建设任务,可由省统筹安排。基本建设项目的计划任务书,除按规定需报国务院审批的外,均由省自行审批,报有关部门备案。

两省所需能源项目的建设,按中央〔1980〕41号文件的规定处理。两省交通、通讯等方面的部属建设项目,国家资金安排有困难的,可由中央与地方合资联营建设,或利用外资建设,共同商定偿还办法。为尽先偿还本息,可以在一定时间内免税和免予上缴利润。

物资,仍根据国家计划口径和企业隶属关系安排。木材的上调量和留用量,以一九八一年计划为基数,今后按国家确定的两省木材生产计划增减比例相应增减。两省的大、中型水泥厂生产的水泥,以一九七八年计划为基数。按比例上调和留用,供应关系有变更的,相应调整基数和比例。

(二)财政上继续实行大包干办法。广东每年上缴十亿元,福建每年补贴一亿五千万元,从一九八〇年起一定五年不变。因企业隶属关系变动、新投产大型企业下放给地方管理、开征新税种等,要相应调整包干基数,或单独进行结算。国家采取的重大经济措施,除另有规定者外,不再调整上缴和补贴定额,如果对其他地区调整时,对两省也同样给予调整。中央各部门在自己的预算内,委托两省办的各项事业所需经费,仍由中央各部门安排。

两省在完成财政包干基数任务的前提下,可以自主地支配自己的财力。去年的财政结余存款,全部解除控制,按国务院规定的使用方向,由省统筹安排。

税收方面,凡属国家税法的制订、颁布和实施,税种的开征和停征,税目的增减和税率的调整,以及涉及国与国之间的税收规定,都应由中央统一决定。在上述原则下,除烟、酒、糖、手表四种产品以外,两省对其他产品、某些行业或企业的减免税照顾,地方各种税收的减免、开征和停征,可自行确定。一九八一年两省用地方外汇进口的商品,可与外贸部各总公司进口商品一样，缓征工商税。

（三）两省银行分行要起地方银行作用。随着两省经济体制的改革，银行的体制要相应改革。第一步，在现行体制和管理制度的基础上，扩大两省银行的经营自主权。人民银行两省分行的信贷资金，以一九八〇年的信贷收支差额为基数，在三年内，每年增加一定资金，包干使用。在包干差额内，用于中短期设备贷款部分，由省分行统筹安排，利率可在百分之二十的幅度内灵活掌握。人民银行两省分行的利润，按一定比例留成给省分行，用以充实信贷基金和银行企业基金。地方企业的国内保险业务，由两省人民保险公司按照保险条款和费率代办。保险收入除赔款、提留赔款准备金和代办费外，全部交省使用，赔款准备金不敷赔偿支出时，由省负责。两省必须执行国家下达的货币投放、回笼计划。第二步，在调查研究、总结经验的基础上，制订全面改革银行体制的方案。

中国银行两省分行，应充分发挥其外汇专业银行的作用，管好外汇，积极为地方服务。两省在保证完成上缴国家外汇任务的前提下，可按国家外汇管理条例规定，自主使用地方留成外汇。两省地方留成外汇额度，可划出一部分委托中行分行发放外汇贷款，贷款条件、利率、费用等由省确定。两省地方留成外汇周转额度，广东增加到二亿美元，福建增加到六千万美元，按以进养出周转外汇的办法使用，今后如需增加额度，应报国务院审批。两省可在国内外中行和我驻港澳的银行开外汇存款户。两省侨汇上缴数，从今年起按全国现行分成比例计算。两省中行分行的人民币利润留成，按照两省人行分行办法办理。两省具备补偿贸易条件的项目，仍可使用中行香港分行提供的二亿美元贷款，享受优惠待遇。

（四）对外经济贸易要有较大的自主权。

1. 对外贸易，出口计划以省为主制订，与外贸部衔接，纳入国家计划；地方外汇进口计划由省确定，报有关部门备案。

要加强出口管理，严格执行许可证制度。本省生产出口的产品，其中成品油、钨砂由有关外贸专业总公司统一成交（钨砂的补偿贸易除外，但必须与正常贸易协调），盈亏核算归地方；国外有配额、国内有计划，控制出口的商品，接受外贸部的统一安排；其余商品均由两省自行安排，对外成交出口。外贸公司、工贸公司及其他经批准有外贸经营权的企业，在其经营范围内，除另有规定者外，一般可不申请出口许可证。

两省对港澳出口商品，由两省及其驻港澳机构经营，尽快办理交接。在对外经营上，要与华润公司、南光公司加强联系，密切配合。为了加强对港澳贸易的协调工作，在港澳工委领导下，由华润公司主持，建立我驻港澳各贸易机构的定期会商制度，重大问题由港澳工委负责解决。

两省进口的粮食、化肥，因国际市场垄断性强，应委托外贸专业总公司对外成交进口；为赶农时季节急需，少量的也可按外贸总公司规定的价格，由两省自行进口。外国烟、酒专卖品的寄售，可按照国家的专卖政策、有关规定和外贸专业总公司的统一价格，由两省直接订货，组织代销。其余商品，由两省审批成交进口。两省进口国家限制进口的商品，以及没有外贸经营权的单位进口，须按规定办理进口许可证，其他商品经省审批后，可不再申领进口许可证。海关凭批准文件（或许可证）和货物报关单验放，国外售券、国内提货的作法，由两省制订管理办法。

两省可接受委托，代理各地出口外贸专业总公司统一成交以外的商品，并分别核算及计算外汇分成。各地委托两省代理出口国家下达的出口计划外的商品，应经有关省、市、自治区领导机关批准，盈亏根据国家的规定办理。

对两省地方分成外汇应加强管理，合理使用。可用于多进口一些原材料来发展本省经济和扩大出口，增加收入。两省除同其他省、市、自治区的正常协作关系外，不准到省外抬价收购和串换出口物资，也不准进口那些与保护内地工业有矛盾的商品转卖给其他省、市、自治区，以免影响国内市场的正常秩序和经济的健康发展。

2. 两省应充分利用各自的有利条件开展对外经济技术合作活动。引进技术、合资经营、来料加工装配、补偿贸易、合作生产项目，凡不涉及国家综合平衡的，可由两省按照中央关于利用外资的方针、政策规定，自行审批，报有关主管部门备案。两省要制订实施条例，加强管理。合作经营企业和信托投资公司利用外资、侨资举办的企业，原则上可参照中外合资企业法规定办理。向国外贷款和发行债券，应按规定报国务院审批。

3. 海关管理，包括关税收入和减免，由中央集中统一管理。两省用进口原材料加工后出口的商品，其进口的主要原材料和零部件可以免征关税，其中转内销部分要补征关税。由海关总署根据上述精神，制订具体办法。

两省需要增设对外开放口岸，可商有关部门提出具体方案，报国务院审批。

（五）市场安排和商品供应，继续贯彻执行中央两个文件有关规定。广州市轻工产品中的紧缺品种，以一九八〇年实际生产、调出为基数，从一九八二年起，实行生产增长部分留省七成、上调三成。福建省增产部分全留省内。广东省食糖调拨仍按照国务院〔1980〕223号文件规定执行；福建由于用外资扩建糖厂，在还本付息期间（按所签合同还完为止），按照一九七八年基数上调，基数外增调部分，全部以外汇结算，不再给粮食补贴。

（六）进一步明确地方管理物价的权限。（1）两省的一、二类农副产品收购价格，在与毗邻地区价格衔接的前提下，全省平均价格水平可以略高或略低于邻近省、区，其中属于国务院有关部门管理价格的品种，应当事先征得有关部门同意。（2）两省三类农副产品议购议销商品的范围、比重和议价高于牌价的幅度，可以适当大于邻省。（3）国内外差价大，并且收取外汇券、侨汇券的商品，两省可以实行优待价格，优待的幅度不超过百分之二十。（4）地产地销的工业品，两省可以自行确定购销价格（调省外的应执行国家统一调拨价）。（5）两省进口在省内销售的商品，可以略低或略高于全国统一定价，低的幅度不超过百分之十。

两省可根据国家的有关法规和对两省实行特殊政策、灵活措施的规定，制订适合本省情况的地方性法规或条例，颁布执行，报全国人大常委会及国务院备案。

四、一定要把特区建设好

会议认为，要把经济特区建设好，必须在统一认识的基础上，制订一整套适合特区性质和要求的政策措施，使特区真正办起来。会议根据人大常委会批准的《广东省经济特区条例》，拟定了以下一些政策措施：

（一）特区的规划和建设要因地制宜，注意实效，各有侧重的发展。深圳、珠海的特区应建成兼营工、商、农、牧、住宅、旅游等多种行业的综合性特区。其市场和物价将会受到国际市场的影响，必须注意解决随之带来的一系列经济管理上的新问题。厦门、汕头的特区目前应建成以加工出口为主的、同时发展旅游等行业的特区。在这两市的特区内只设工厂，职工的生活设施主要依托旧市区，其商品供应与价格管理基本上可与非特区地区保持一致。为了充分发挥现有城市的有利条件，厦门、汕头、珠海三市利用外资改造旧市区的老企业，其产品只要是以出口为目标的，在进口生产资料及交纳所得税方面，也可享受特区的优惠待遇。

特区要抓紧拟订全面的社会经济发展规划，并报省审定后实施。特区的建设首先要搞好基础设施，在划定的区域内由小到大，逐步发展，量力而行。深圳招商局蛇口工业区的建设已取得显著成绩，要继续抓紧建设，先行一步，提供经验。

（二）海关对特区进口的货物、物品，要给予关税优惠。

特区和非特区的分界线进行严格的管理控制之后，凡经批准进口供特区使用的生产资料和消费资料，除烟、酒按最低税率减半征税、少数物品照章征税外，其他均免征关税。特区运往内地的货物、物品，应按一般进口的规定办理。在分界线未建好之前，按海关暂行办法执行。

（三）简化入出境手续，方便人员往来。特区的公务人员因公出国，由各特区政府或特区管委会审批。需要经常往来香港澳门的，可发给《往来港澳通行证》，注明"多次往返有效"。各特区都有权通知签证机关办理来该特区的外国人和华侨入境签证，其中需经常入出的，可发给有效期不超过一年的多次入境签证。来不及事先办妥签证的，可直接到特区口岸办理签证。

（四）劳动工资制度要进行改革。特区企业职工一律实行合同制，企业有权自行招聘、试用、解雇。逐步改变低工资，多补贴的办法。深圳、珠海两市的工资区类提高到十类。企业工资可以分为基本工资和浮动工资两部分，并由特区统筹建立职工年老退休和社会保险制度。

（五）特区市场需要的国内出口商品，可由特区向有关外贸公司提出订货，以外汇结算。商业应以国营为主，允许特区与外商合办某些商业企业，并允许进口必需的商品。

特区的对外贸易在国家统一政策指导下，由特区自主经营。特区可接受各省、市、自治区的委托，代理外贸部不统一经营并经各省、市、自治区批准的进出口业务。

（六）特区的货币目前以人民币为主，外币限制在指定的范围内使用。人民银行要抓紧研究是否要在深圳发行特区货币的问题。允许我在港澳注册的银行到特区设立分支机构，并有步骤地有选择地批准外资银行来特区设立分支机构。

两省应结合特区的具体情况，制订特区外汇管理办法，国家外汇管理总局在特区设立国家外汇管理分局。特区银行应建立一套适应特区经济发展需要的业务经营方式。

（七）积极筹措特区建设资金。资金来源主要靠利用外资，尽量吸收侨资及港澳的资金。我驻港澳机构也可到特区内投资或与外商联合投资。特区建设所需的人民币资金，在国家财力允许的情况下，适当增加一些贷款。允许特区银行吸收的存款在几年内全部用作贷款，并放宽对贷款的限制。深圳、珠海两市的财政收入原定三年不上交，现决定延长到一九八五年。厦门、汕头两市的财政收入如何减免，由两省自行确定。四个特区的外汇收入（包括外币兑换券在当地回笼部分）单列，超过一九七八年基数的增收部分，用于特区建设，五年内不上缴。特区土地开发的收入，归特区发展公司使用。

（八）特区的机场、海港、铁路、电讯等企、事业，应允许特区引进外资，由特区自营或与外资合营，自负盈亏。当前特区对电讯设施的需要极为紧迫，应尽快引进外资进行建设。如由特区负责借款，其经营收入应先用于还清本息；或由邮电部负责借贷和偿还。

（九）为了加速发展特区的各项建设事业，必须制订特区的各项单行法规。建议人大常委会通过议案，授权广东、福建两省人大常委会制订所属特区的单行法规，并向人大常委会及国务院备案。

会议对广东、福建两省拟订的一些特区单行法规草案进行了讨论，基本

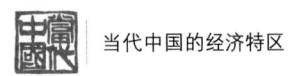
当代中国的经济特区

上取得了一致的意见。这些单行法规批准公布前，两省可按本纪要所确定的原则精神，处理特区建设中的有关问题。

（十）特区的管理机构，应按照精简、高效的原则设置，并赋予充分的权力，使之能独立自主地处理问题，协调各方面的关系。深圳特区应成立特区人民政府，归省直接领导；恢复宝安县建制，辖原深圳市属的农村，归深圳特区领导。其他三个特区分别设立特区管理委员会，归所在市人民政府领导。两省的特区管理委员会是省领导特区工作的综合机构，省政府各职能部门对特区的要求，应通过省特区管理委员会统一下达。

为了维护特区治安和加强边境管理，特区的公安工作必须大力加强。特区公安局或分局，受当地政府和上级公安机关双重领导，其人员编制应多于内地，所需设施应纳入特区规划。

要尽快建立特区与非特区的分界线，由人民边防武装民警部队组织巡逻。特区分界线要设立标志，有步骤地修建巡逻公路，在必要的地段架设铁丝网。通往非特区的铁路、公路的通道上，由海关和武装民警设联合检查站，人行便道由武装民警设哨卡。

鉴于特区分界线上的检查、监督、巡逻的工作量很大，两省应会同公安部、海关总署尽快提出需要增加的编制及由此而增加的基建、设施用款，报国务院专案解决。

举办特区在我国是一件新事物，有待解决的问题很多，很复杂。上述十项措施是当务之急，这些工作做不好，特区就很难真正办起来。鉴于我们缺乏经验，在工作过程中，必须注意调查研究，采取一系列过渡性措施，既积极又稳妥地把特区工作推向前进。

五、切实加强领导

会议认为，切实加强党的领导，是做好两省工作的根本保证。

实行特殊政策和建设特区，要冲破多年来形成的经济体制的束缚，必然会遇到许多新的情况，出现这样那样的思想认识问题。当前就是要根据一年多来贯彻中央两个文件的实践和这次会议的精神，有针对性地对广大干部进行思想政治工作，使他们充分认识两省实行特殊政策、灵活措施和建设经济特区对全省和对全国经济的重要意义，进一步明确两省和全局的关系，提高贯彻执行中央决策的自觉性、主动性，振奋精神，不断研究新情况，解决新问题。

要切实加强组织建设，首先是把两省各级领导班子建设成为既有雄心壮志，又能实事求是、团结一致、讲求效率的战斗集体。要敢于把那些确实优秀、有真本事的、年富力强的干部，大胆提拔到领导岗位上来。同时要采取切实措施，大力培养一大批经济建设的专业人才。要下决心，把组织机构搞得很精干，坚决革除组织臃肿、机构重叠、办事拖拉等官僚主义的弊病，尤其是在几个特区，从一开始就要抓紧做好。特区要求支援一定数量的领导骨干、经济管理干部和各种专业人才，两省解决不了的，由中央组织部帮助解决。

两省的经济发展，要加强全面规划，搞好综合平衡。要研究如何更好地发挥优势，更快地解决交通、能源等薄弱环节，各种建设项目，特别是利用外资项目，要做好可行性研究，量力而行。各项经济工作都要讲求经济效果。体制下放以后，国务院有关部门要加强对两省工作的指导和帮助，不能撒手不管。要学会新形势下新的工作方法，要互通情报，遇事多商量，重大问题要及时向中央请示报告。

要深入持久地开展反腐蚀斗争。广东、福建两省国际交往比较多，我们既要充分利用当前的有利条件，积极扩大国际经济技术交流和同各国人民的友好往来，又不能忽视国外资产阶级在政治上、思想上对我们的渗透和经济上的违法活动。要采取各种有效形式，大张旗鼓、旗帜鲜明地开展坚持四项基本原则的教育。对那些反对四项基本原则的言论、行动，要采取恰当的方式予以回击。要大力加强社会治安管理，依法惩处一切违法犯罪分子。开展"五讲"、"四美"活动，树立良好的社会风尚。要大力加强宣传教育和改进电视广播工作，丰富文化生活。要持久地开展反走私漏税、内外勾结、贪污受贿、损公肥私等违法乱纪的持久斗争。要加强缉私力量，建立健全必要的制度，堵塞各种漏洞，把集中打击走私活动和日常的缉私工作有机结合起来。

加强立法工作。在加快国家立法的同时，两省要根据国家的授权，组织专门班子，在充分调查研究的基础上，尽快制订各种地方性的单项法规和实施条例，按这些法规条例来加强管理。逐步做到有法可依，执法必严，保证各项工作的顺利进行。

为了加强对两省及特区工作的指导，国务院各主管部门要深入了解情况，积极协助两省及时研究解决有关问题。国务院各部门下达文件时，应考虑两省特殊情况，按照中央两个文件精神区别对待，有些问题可以商订变通执行办法。国家进出口委要做好组织协调工作，并设立精干的办事机构。

两省实行特殊政策、灵活措施和建设特区，是关系到我国经济建设全局的大事，中央各部门和两省的责任都很重。既要勇于实践，敢于创新，又要谦虚谨慎，扎扎实实，积极稳妥地把各项工作推向前进，为我国"四化"建设做出贡献。

中共中央、国务院关于批转《当前试办经济特区工作中若干问题的纪要》的通知

（中发〔1982〕50号）

中共中央、国务院原则同意《当前试办经济特区工作中若干问题的纪要》，现转发给你们，请研究执行。

试办经济特区，是我国在新的历史时期贯彻实行对外开放政策的一项重要措施。广东、福建两省和国务院有关部门都要加强对特区工作的指导，不断总结经验，加强协作配合，提高工作效率，及时解决前进中出现的新问题，力求使特区办好。中央书记处和国务院分工由谷牧同志具体负责。中央和国务院有关部门，也都要确定一位负责同志分管本部门与特区有关的工作。

一九八二年十二月三日

当前试办经济特区工作中若干问题的纪要
——根据国务院有关部门和广东、福建两省负责同志讨论的意见整理

（一九八二年十一月十五日）

一九七九年七月，中央决定试办深圳、珠海、汕头、厦门四个经济特区。随后，国务院先后批准了它们的位置和区域。一九八〇年八月，全国人大常委会批准《广东省经济特区条例》，公布中外。今年以来，这四个特区认真贯彻《中共中央批转〈广东、福建两省座谈会纪要〉的通知》（中发〔1982〕17号文件）精神，按照陈云同志关于"特区第一位的任务是认真总结经验"的批示，总结经验，解决前进中的问题，工作又有新的进展。

我国试办经济特区，是根据对外开放的要求，参考国外经验提出来的。它是我国人民民主政权管辖下的一个行政区域，在政治、思想、文化上坚持

社会主义方向，在经济上坚持以社会主义经济为领导，允许多种经济成分存在，在对外经济活动宁采取更加开放的方针，吸引外资，引进技术，发展生产，扩大出口，改善人民生活，稳定边境地区秩序。我们的特区，是利用国外资源和国际市场的一条特殊渠道，为实现党的十二大提出的现代化建设宏伟战略目标服务。办好经济特区，对收回香港、促进台湾回归，实现祖国统一大业，也具有重要意义。

我们的四个经济特区，条件是很好的；对外交通方便，深圳、珠海毗邻港澳，汕头、厦门历史上就是我国的外贸口岸；由于地缘和历史的原因，这些地方与港澳同胞、台胞、海外侨胞有着广泛的联系；在土地、劳动力资源方面对外商投资有吸引力；有强大的社会主义经济作为后盾。按照规划目标，深圳、珠海特区要逐步办成兼营工、商、农、牧、住宅、旅游业的综合性特区；厦门、汕头特区则以加工出口为主，同时发展旅游业等。三年来，在中央方针的指导下，在各部门、各地区的支持下，四个特区都做了很多工作，取得了很好的成绩。

一、三年来做的主要工作

（1）在吸收外资上初步打开了局面。

到今年八月底，深圳特区（含蛇口）引进外资项目共七百二十八项：其中工业五百六十四项，农牧业六十四项，已投入使用的外资二点四亿多美元。珠海特区对外签订工业、交通、旅游、住宅项目十三个，已投入使用的外资一千六百五十万美元。到特区投资的外商和港澳商人，前一段主要是中小厂商，现在已有些较大的企业家。

（2）以首先搞好基础设施为重点展开基本建设。

到今年八月底，深圳特区已完成基本建设投资七点三亿元。蛇口工业区（占地一平方公里）的基础设施只用了一年多的时间就全部建成，兴办的二十三家工厂有九家已经投产，国际微波通讯和通航香港等地的港口已投入使用，深圳的罗湖和上步小区，今年年底可以完成"五通一平"。两个小区内的三十多座高层商品楼宇、五幢工业大厦，正在抓紧施工。深圳特区与非特区的隔离线，已开始全面施工，明年年底即可基本建成。

珠海特区已完成基本建设投资五千八百多万元，建设了码头，开辟了通往香港的航线。汕头特区联接市区的公路和输电、供水工程已经完成。厦门特区正在抓特区内的土地平整和道路、水电管线建设。福建省还集中资金，修建厦门机场和东渡港，这对于厦门特区的建设和全省经济的发展，将发挥重要的作用。

这几年深圳已完成的基建投资中，利用外资占百分之三十七点一，特区积累占百分之三十四点二。珠海完成的基建投资中，利用外资占百分之五十点四，特区积累占百分之四十二点七。国家、省、内地有关部门的投资和中国人民银行的贷款，只占少部分。

（3）引进了一些先进的技术和设备。

深圳引进了一万一千多台（套）设备，有些是比较先进的。如：西德的七彩印刷设备，美国的微波通讯，日本的照相制版技术，丹麦的"老人牌"船用油漆配方和工艺设备，荷兰的良种奶牛和鲜奶无菌加工设备，等等。这些技术、装备对深圳的生产和出口已经发挥作用。家乐家具厂引进英国技术，制作弹簧床垫，在香港的销量已占同类产品销量的百分之三十。光明农场生产的无菌小包装"维他奶"，占领了香港鲜奶市场的百分之六十。有的技术正向内地转移。

（4）较快地发展了工农业生产。

深圳市（包括宝安县）由于试办特区，工业比重迅速增长，经济面貌变化很大。一九八一年工农业总产值达到三亿七千万元，比一九七八年增长一倍多，其中工业产值增长三倍；财政收入比一九七八年增长四倍多，地方外汇收入也增长一倍多。珠海市工农业总产值一九八一年比一九七八年增长百分之八十八，财政收入增长近五倍。

（5）加强社会主义精神文明建设，打击经济领域犯罪活动。

今年两省座谈会后，特区的干部进一步提高了反对资本主义腐蚀的自觉性，努力加强思想和文化建设。深圳市委规定了特区工作人员十条守则；建立电视转播台，广泛开展健康的职工业余文体活动；举办了外经、财会、旅游管理、外语训练班，加强干部培训。还在干部和群众中深入开展了社会主义、爱国主义、集体主义教育和"五讲四美"活动，清理查封了反动淫秽的书画和录音、录像制品。社会风气日趋好转。

今年以来，打击经济领域内犯罪活动的斗争也取得了进展。反对资本主义思想腐蚀，打击经济犯罪活动，是长期的斗争，对经济特区来说更是一个尖锐的问题，时刻不能松懈，必须切实抓紧，深入开展。

（6）改善了人民生活，稳定了边境地区的秩序。

深圳市办特区以来，已安置劳动就业两万多人。城镇职工的收入，一九八一年比一九七八年增长百分之九十左右；农村社员集体分配收入人均二百三十九元（特区内人均四百三十六元），比一九七八年增长一倍。过去长时期大批偷渡外流的现象已经改变，重新回来定居的有三百四十多人。过去因人员外流、人心浮动，撂荒的两万多亩耕地已复耕一万余亩。特区人民衷心拥护党的十一届三中全会以来的路线、方针、政策，衷心拥护中央试办经济特区的决策。

二、试办过程中出现的缺点和问题

社会主义国家办经济特区是个新课题。我们的知识和经验都很缺乏，人才也很少，加上调查研究工作薄弱，实际工作中还存在不少缺点和问题，主要有：

（1）与外商和港澳商人签订的经济合同，有的存在不同程度的缺点和问题，有的不够完善。据深圳统计，效果好的合同占百分之六十五；合同是好的、执行上有问题的占百分之二十五；合同本身存在缺点和问题的占百分之十。这些有问题的合同，有的是对国外行情缺乏了解，仓促签约上马，后来产品不能外销；有一些是原材料的进口和产品外销的价格及其渠道不清，有一些是对资信缺乏调查，合同中未规定保证条款，造成我方经济损失后难以追究。有些来料加工、来料种养项目也上得多了一些。这些方面都需要认真总结经验。

（2）在基本建设上，深圳特区摊子铺得大了一些。今年原计划安排基建投资七亿元，材料、资金，运输都出现紧张局面，后来调整为五亿元，预计可以完成。今后应当继续坚持集中力量，开发一片，建成一片，投产获益一片，不能急于求成。

（3）深圳、珠海、汕头、厦门都曾到内地抬价收购工矿、农副产品出口，进口某些高档消费品低价转销内地，还发生了一些走私贩私、偷税漏税问题，影响很坏。《中共中央批转〈广东、福建两省座谈会纪要〉的通知》（中发〔1982〕17号文件）下达后，他们认真作了检查清理，违反政策的事已经基本刹住，打击经济犯罪的斗争正在深入开展。

（4）货币流通比较乱。深圳特区处于两个市场和两种价格体系的交接点上，港币通过各种渠道流入。目前深圳居民手中的港币估计在一亿元以上，暗中与人民币、外汇券同时流通，同一种商品多种价格并存。今年以来深圳采取了一些行政措施，情况有所好转，但不能从根本上解决问题。有人主张在深圳发行一种能自由兑换的特区货币，来制止港币在特区的流通。这是个大题目，有关部门要抓紧调查研究，提出方案。

三、当前需要解决的几个问题

最近，陈云同志批示："特区要办，必须不断总结经验，力求使特区办好。"胡耀邦同志在视察福建时，也看了厦门特区。这对两省和特区的同志鼓舞很大。大家决心振奋精神，加倍努力，把特区的事情办好。

办好经济特区，必须坚决贯彻党中央、国务院发出的有关特区工作的指示，在实践中不断总结经验，扎扎实实地做好工作。同时还需要进一步明确和解决以下问题：

（1）特区要有更多的自主权。特区的经济活动同国际市场联系密切，与外商交往频繁，涉及面宽，政策性强，许多问题需要及时处理。前一段实践表明，沿用我国现行的经济管理体制，中央和省一级有关部门各管一段，层次多，效率低，很不适应。必须逐步建立一套适应特区要求的经济管理体制。四个经济特区的方针政策和总体发展规划，由国务院直接掌管。广东、福建要进一步加强对特区的具体领导，及时解决应由省内解决的问题。在特区内，属于中央统一管理的外事、公安、边防、税收、海关、银行、外汇、邮电、铁路、港口、民航等方面的业务，由国务院主管部门根据特区的实际情况，制订管理办法，报国务院核准后实施。各部门在制订涉及特区的一些规定时，应考虑其特殊情况，不搞一刀切。

各特区的党委和特区人民政府（管理委员会），对本特区内各方面的工作实行全面领导；对于不属于中央统一管理的工作，可以根据党和国家有关政策法令的精神，结合自己的实际情况，灵活处置。

为了加强对试办特区工作的指导和帮助，国务院有关部门要指定一位负责同志分管本部门与特区有关的业务，国务院要经常召集这些同志开会，研究解决问题，协调有关方面的工作步调。

（2）各特区的总体发展规划，由国务院审批。各特区根据国家批准的总体发展规划，在综合平衡的基础上统筹安排本特区的基本建设。投资规模在一亿元以上的项目，应报省人民政府审核后转报国务院审批；轻工业三千万元以上、重工业五千万元以上的项目，经省审核后转报国家计委审批；在此限额以下，建设条件和生产条件能够自行平衡的，可以自行安排。

各特区统筹安排本特区的生产计划。特区生产的工业品，应全部外销及供应本区需要，但属于国家要进口的紧缺产品，采用国内原材料、元器件较多的产品，以及外商和港澳商人确实提供了先进技术和设备的产品，可有适当比例内销。

各特区应在做好国内外情况，特别是国际市场调查研究的基础上，编制国民经济计划报省计委审批。凡需要省内综合平衡的，纳入省计划；凡涉及全国平衡的，由省计委报国家计委核定纳入国家计划。

（3）各特区建设所需物资（特别是国家投资项目、国内贷款项目、基础设施建设、外资项目的配套工程），人民生活必需的商品，国家尽量给以支持。每年由特区报省综合平衡，然后由省提出要求国家调拨支援的数额，报经全国计划会议平衡后，纳入国家计划，分别计入广东、福建两省指标，专项下达。省内调拨部分，由省下达。

除此之外的不足部分，允许从以下四条渠道筹措解决：一是报经对外经济贸易部，从计划出口的商品中拨给一部分，按供应香港价格，以外汇结算。四个特区可直接参加广交会订货。但不得把这些商品组织出口和返销内地。二是按照国家有关规定在省内外组织协作和合作生产。三是发展特区自身生产。四是组织进口，但限于特区自用，严禁转销内地。

（4）各特区本身的进出口贸易，在国家统一政策指导下自主经营。各特区生产的出口商品，一般不能占用国家出口商品的国外配额，如需占用时，由广东、福建在本省分得配额指标中调剂解决；对港澳出口的鲜活商品，应执行经贸部规定的配额和管理办法。

各特区内企业进口自用的生产设备和原材料，审批权限要放宽。国家严格控制小汽车、电视机等十七种商品的进口，是完全必要的。但属于特区内使用的，可授权特区人民政府（管理委员会）审查批准，审批时应从严掌握，并且每半年要汇总报国家经委备案。

进出特区的货物、物品，由海关进行监管。特区与非特区的隔离线，要抓紧建成，全线设防，严格管理。

（5）各特区建设发展的资金来源，主要靠吸收利用港澳资金、侨资和外资。为了吸引外商和港澳商人到特区兴办较大项目，应尽快制订特区外汇管理办法。中国银行在特区要改进经营方式，提高服务质量，大力开展金融业务，把工作做活，充分发挥作用。要批准若干个在香港注册的我国资本的银行到特区设立分支机构。经中国人民银行总行批准，还可允许一些外资银行在特区设立代表处。今后视工作发展需要，可有步骤有选择地批准外资银行到特区开业。

（6）特区的各种税收应当实行优惠待遇。特区生产的产品出口，应免征关税，特区进口自用的生产设备、原材料和市场商品，除烟、酒等几种以外，也应免征关税。关于特区的工商税如何征收，经批准的特区与内地之间进出的货物，哪些应征关税，哪些应予减免，财政部和海关总署将分别会同有关部门研究制定相应的规定办法。

（7）珠海、汕头、厦门旧市区老企业利用外资进行技术改造，可享受特区的某些优惠待遇。一九八一年七月，《中共中央、国务院批转〈广东、福建两省和经济特区工作会议纪要〉的通知》（中发〔1981〕27号文件）规定："厦门、汕头、珠海三市利用外资改造旧市区的老企业，其产品只要是以出口为目标的，在进口生产资料及交纳所得税方面，也可享受特区的优惠待遇。"这是考虑到，这三个特区对外资的吸引力不如深圳，国家和两省现在又拿不出多少投资。采取这一政策，可以吸引外资，引进技术，促进现有企业的改造，发展生产，增加出口，积累财力，支援特区建设。三市应据此提出规划和具体项目，经省人民政府审批后执行。

（8）加速制订和完善经济立法。目前，国家已经正式公布的有关特区的法令，只有《广东省经济特区条例》和四个单行法规，立法不健全，不仅外商心存疑虑，同时发生问题也不好解决。比如，目前深圳对外签订的合同，在执行中有争议的约占百分之二十六，但我们还没有适应特区需要的仲裁法和仲裁机构。有关部门应积极帮助特区制订和完善各种必要的法规，以适应特区工作的发展。中央关于特区的各项方针政策，要通过国家立法，保证贯彻落实。

（9）帮助特区解决所需的干部和专门人才。中央组织部已帮助调进一批干部。今后根据工作发展需要，可以采取以下办法解决：一是允许特区在中央组织部安排下，在内地招聘一些专门人才；二是请教育部选几个高等学校设立有关专业，培养一批人才；三是在每年分配大学生时多给特区一些名额；四是有些项目可与内地合办，由内地支援技术人才。但必须注意，特区的干部队伍一定要精干。

（10）各特区一定要坚决贯彻中央的各项方针政策，切实执行国家的各项法令规定，过去曾经出现过的到内地收购工矿、农副产品出口，进口高档消费品向内地转销的错误作法，必须坚决杜绝。一定要深入开展打击走私贩私、投机诈骗、贪污受贿和其他犯罪活动的斗争，并且要针对出现的新情况、新问题，不断拿出新办法。特别要加强党的建设和社会主义精神文明建设。一定要坚决警惕和抵制资本主义思想的腐蚀，反对任何崇洋媚外的意识和损害国家民族利益的行为。特区的干部和广大群众，必须有特别高的觉悟，特别好的风气，特别严的纪律，特别高的工作效率。只有做到这些，我们在特区内采取的一系列特殊政策和作法，才能收到好的效果。

中共中央、国务院关于批转《加快海南岛开发建设问题讨论纪要》的通知

(中发〔1983〕11号)

中共中央、国务院同意《加快海南岛开发建设问题讨论纪要》，现转发给你们，请研究执行。

海南岛战略地位十分重要。开发建设好这个资源丰富的宝岛，对加强民族团结，实现国家四化，巩固南海国防都有重要的意义。中央决定加快海南的开发建设，在政策上放宽，给以较多的自主权。中央各有关部门要从人、财、物上积极给予必要的直接支持。广东省和海南行政区的党政领导机关都要扎扎实实做好工作，加强并改善对经济建设的领导，发动群众，艰苦奋斗，努力开创海南建设的新局面。

一九八三年四月一日

加快海南岛开发建设问题讨论纪要

(一九八三年三月十二日)

党中央、国务院十分关心海南岛的开发建设。今年一月，赵紫阳同志在海南专门召开了座谈会，二月，胡耀邦同志在春节期间特地视察了海南。一九八二年十一月，王震同志在广州也为此组织过座谈。广东省、海南行政区的负责同志及有关部门，认真学习讨论了中央领导同志的谈话精神，联系海南实际，提出了贯彻落实的意见。谷牧同志于二月九日、三月五日和十二日，召集国务院有关部门的负责同志进行了讨论研究。现纪要如下：

（一）

海南岛是我国第二大岛，是少数民族聚居地区之一，海域广阔，资源丰富，雨量充足，是一块热带、亚热带宝地。它地处南海前哨，莺歌海、北部湾海上油田位于它的海域之内，战略地位十分重要，发展潜力很大。海南各族人民有着光荣的革命传统，为我国革命和社会主义建设做出了重要贡献。经过三十多年的建设，海南的经济、文化和其他各项事业都有一定的发展，特别是党的十一届三中全会以来，各项工作在健康发展的轨道上不断取得新的进步，但同全国许多地区相比，还有较大的差距，海南的优势还没有得到应有的发挥。

中央领导同志指出，在贯彻党的十二大精神，全面开创社会主义现代化建设新局面中，要把我们祖国这个宝岛建设得更加壮丽富饶，更多地提供国家需要的重要资源，更好地为开发南海石油服务。加快海南的开发建设，是全党全国的一项重要任务。它对于支援全国的四化建设，加强民族团结，巩固祖国南海国防，促进台湾回归、完成祖国统一大业，都具有重大意义。一九八〇年七月，国务院批转的《海南岛问题座谈会纪要》（国发〔1980〕202号文件），规定了正确的方针政策。最近党中央、国务院的领导同志进一步作了明确指示，必须统一认识，统一步调，抓紧时机，认真落实。海南行政区虽属广东省财政包干范围，但需要中央投资支持的，国务院各有关部门也应采取积极态度，直接给以支持，使海南的开发建设上得快些。海南的各级党政机关，要率领全区各族人民，个个奋发，人人争先，开创海南开发建设的新局面。

（二）

海南的开发建设，必须立足岛内资源优势，充分挖掘内部潜力，讲求经济效益，逐步建立起具有海南特色的经济结构。海南行政区要做出通盘规划，分类指导，有计划有步骤地进行。当前，应扎扎实实抓好以下几项工作：

（1）千方百计把农业进一步搞上去

按照国发〔1980〕202号文件精神，海南的农业生产要以橡胶等热带作物为重点，全面发展农林牧副渔各业。在保证粮食总产、单产稳定增长，不增加粮食调进的前提下，鼓励国营农场、农村社队和个人积极发展橡胶、甘蔗、咖啡、可可、腰果、油棕、椰子、香料、水果、反季节瓜菜、南药等经济作物，发展水产养殖和海洋捕捞业、畜牧业、家禽饲养业，大抓工副业，使商品生产有个较快的增长，改善市场供应，增加上调和扩大出口。要因地制宜，搞好农业区域规划，合理开发利用土地。在发挥现有水利设施效益的同时，发动群众有计划地上些小水利工程。西部干旱地区，水利条件一时上不去，应科学种植耐旱作物。松涛水库的加固工程，水电部在调查研究后给以安排。农牧渔业部争取每年调拨十万吨化肥支援海南农业。

（2）积极恢复和发展林业生产

海南森林资源破坏严重，造成水土流失，水源枯竭，部分土地沙化，亟须采取坚决措施扭转这种状态。要切实贯彻保护、恢复与发展并重的方针，刹住乱砍滥伐之风；粮食、橡胶、其他经济作物应同林业有个合理比例，进一步搞好林业"三定"工作；增加林业投资，专款专用；省属和区属林场五至十年内要以营林为主，严格控制采伐量；划出若干片荒山交给部队、集体和社员营造薪炭林、用材林，实行谁种谁有；东部地区在两三年内完成防风固沙林带的合拢，并力争六七年内把全岛的沿海防护林、用材林基地和速生丰产林初步营造起来，到一九九〇年使全岛森林覆盖率由现在的百分之二十四提高到百分之三十六。为了支援海南林业生产，林业部投资与海南联合营造二百万亩速生丰产林。商业部今年增拨两千吨造林用柴油，明后两年继续照顾增拨。财政部今年增拨支援不发达地区专款八百万元，应拿出一部分用于造林。

（3）狠抓交通和能源建设

交通落后和能源缺乏，是当前海南经济发展中两大薄弱环节。考虑到海南行政区机动财力有限，国务院各部委确定给以必要的支持。铁道部投资，一九八五年接通岭头到八所五十公里铁路。交通部把海口秀英港和八所港扩建工程列入国家计划，并立即调查论证，确定具体方案，还将研究建设洋浦深水港的问题。根据海南的地理特点,要积极发展海上航运,海南行政区要组织船队充分利用环岛小港口,广东省要把清澜等小港口的改造列入省计划。煤炭部、水电部确定,建设长坡矿区年产五十万吨混合煤的露天矿和装机五万千瓦的电站。石油部确定,由南海石油勘探指挥部修复琼北几口小油井,交付海南行政区生产使用。国家物资局根据运输条件的可能,逐年增加对海南的煤炭供应。

在中央支持的同时,海南行政区应充分挖掘内部力量,改善交通能源状况。发动群众集资兴办小水电;采取劳务投资的办法,整修公路;大力营造薪炭林。积极发展沼气,利用太阳能;城乡都要大力推广节柴灶,节约生活能源。

(4) 逐步建设起以加工本岛资源为主的工业结构

大力发展橡胶、食糖、林产品加工、皮革、矿产和建材等工业,努力创出一批有竞争力拳头产品。当前要切实抓好工业调整,坚决关停并转那些没有发展前途的工厂,立即采取得力措施逐个整顿现有企业,迅速改变多数工厂亏损的局面。要积极筹集内资、利用外资,搞好企业的技术改造。海南行政区各级领导要从侧重抓农业转向工农业一齐抓,工业企业要迅速走上讲求技术进步和经济效益的轨道。

(5) 大力开展对外经济贸易活动

积极发展热带作物、水海产品、菜牛、乳猪、反季节瓜菜和土特产品的生产,在保证行政区内市场供应的基础上,大力扩大出口,并逐步增加工矿产品的出口比重。要采取各种有利的方式,实行优惠待遇,吸收外资,引进先进技术和设备。把发挥海南优势和利用国际市场联系起来,使海南的对外经济贸易活动在近几年内有一个较大的发展。

(6) 积极兴办旅游事业

海南有条件逐步建国际避寒冬泳和旅游胜地。要先把海口、三亚的旅游设施搞起来,然后再把海口古迹、兴隆温泉、陵水猴岛、三亚海滨浴场、通什民族风物、松涛水库、那大热带植物园等旅游点建设好,联成旅游线。使之各有奇景,各具风格,富有吸引力。

(7) 切实办好教育、科研

智力开发是开发海南的根本大计。要提高师资水平，从小学抓起，改善教学质量，办好基础教育。将一批普通中学改为职业中学，办好中专和专科学校，积极筹办海南大学和教师进修学院，培养高中级人才。同时要广开学路，发展广播电视教学和各种业余教育，鼓励自学成才。科研工作要结合生产建设中的课题，开展技术攻关和应用推广，积极为发展工农业服务。

（三）

中央领导同志指出，中央和广东省要给海南行政区以较多的自主权，放宽政策，让海南行政区按照中央的方针政策，发挥地方、企业和群众的积极性，结合海南实际，放开手脚主动地安排生产建设，改革体制，发展联合，把经济搞上去，尽快富裕起来。这是加快海南开发建设的关键。

计划体制。海南行政区的各项计划指标，在广东省国民经济计划中单列户头。中央直接支持海南的建设项目和物资，纳入国家计划，戴帽下达。海南的基本建设，除中央和省投资安排以外，凡属资金、原材料、燃料动力、交通运输、产品销售、外汇等方面能够自己平衡的建设项目，海南行政区可以自行安排，报广东省人民政府和国务院主管部委备案。

财政体制。广东省对海南行政区继续实行"定收定支、收支包干，定额补贴，一定五年"的财政包干体制，收支包干基数按一九八〇年财政收支实绩计算。广东省考虑到海南行政区目前财政困难，对定额补贴数拟加以调整，在此基础上，今后三年内广东省对海南行政区每年增加定额补贴百分之十，并每年专项拨款一千万元。

金融体制。实行存贷差额包干的制度。海南行政区内的存款余额，允许行政区按照银行规定用于开发建设。今后五年内，按照开发建设的需要和可能，中国人民银行每年在五千万元的幅度内给海南低息贷款，中国银行每年在五千万美元的幅度内给海南外汇贷款。

劳动工资体制。允许海南行政区根据实际情况，自行安排劳动力。在国家规定的工资总额范围内，允许某些完成生产任务和经济效益好的单位和企业，实行浮动工资。

要进一步解放思想，全面系统地、坚决而有秩序地、有领导有步骤地实行改革。农业要进一步稳定和完善以"双包"为中心的联产计酬生产责任制，积极鼓励和扶持农民发展各种开发性的专业承包，可以把荒山、荒坡、荒滩、荒塘、荒涂包给社员经营。工业、商业、金融、文教、卫生、科技、体育等部门，都要有领导有计划地建立各种形式的责任制。

要积极发展海南行政区内外的联合，鼓励内地尤其是发达地区，到海南兴办或合办工厂、农场和旅游业。海南驻军和行政区内的中央、省属企业，特别是海南铁矿、农垦、华侨农场，是开发海南的一支重要力量，都要通过经济联合等形式，从资金、技术、经营管理各方面积极参加海南建设。要采取承包或联合等办法，充分发挥海南热带作物学院和各农场、林场的技术力量，开发热带资源。

（四）

积极稳妥地利用外资，引进先进技术，发展进出口贸易和旅游事业，以对外开放促进内部开发，是加快海南建设的一项重要措施。中央领导同志指出，海南不作为经济特区，但在对外经济合作方面需要给以较多的自主权。

（1）海南的某些重要的矿产资源，报经国家批准，可以由海南行政区同外商合作开发。

（2）利用外资的新建项目、技术改造项目，固定资产总投资在五百万美元以下，不需要全国、全省平衡生产建设条件，不涉及国家出口配额的，授权海南行政区审批，报广东省人民政府和国务院主管部委备案。

（3）海南行政区内的中外合资、合作经营企业和外商独资企业的所得税，从获利年度起，第一、二年免征，第三年起减按百分之十五的税率征收；工商统一税在投产后三年内纳税有困难的，授权海南行政区审批减免。对外商没有在行政区内设立机构所取得的股息、利息、租金和特许权使用费，减按百分之十征收所得税；从合营企业分得的利润汇往国外时，免征汇出利润的所得税。

海南行政区内全民所有制企业直接借用外资贷款项目和补偿贸易项目，其新增产品获得的收益，先用于偿还本息；实行利改税的企业，先还贷款再缴税。

利用外资项目需要进口的建筑器材，机械设备、生产原材料和种子、种畜免征进口关税。

海南行政区使用中国银行外汇贷款搞的新建项目、技术改造项目，同样享受上列利用外资项目的优惠待遇。

（4）海南行政区的产品，凡有国家和广东省安排上调和出口任务的，要核定基数，必须保证完成。超基数部分，凡不涉及国家配额的，海南行政区可以自行组织出口，或委托外贸部门代理出口。在服从协调和最低限价的前提下，属于海南生产的由广东省外贸公司出口的产品，海南行政区可以对外成交出口。国家和广东省在安排出口计划时，对海南特有的出口产品尽量给以照顾。海南行政区可在香港粤海公司内设一精干的商务机构，办理进出口贸易业务。

（5）海南行政区可以根据需要，批准进口工农业生产资料，用于生产建设；可以使用地方留成外汇，进口若干海南市场短缺的消费品（包括国家控制进口的十七种商品），以活跃市场，保证旅游和侨汇物资的供应。上列进口物资和商品只限于在海南行政区内使用和销售，不得向行政区外转销。对国家控制进口的商品，必须从严掌握审批，每半年要将这类商品进口的数额、销售情况和使用去向，报广东省人民政府和国家经委备案。

上列进口物资和商品的关税以及工商统一税，生产资料五年内免征；供应旅游、侨汇的商品按海关总署规定执行；国家控制进口的十七种商品和烟、酒照章征收；其他商品试行减半征收。

（6）海南行政区可以采取各种有利方式，同外商合作发展海南的旅游事业。同外商合资、合作经营的旅游项目，进口建筑器材和营业用的设备、物品，免征关税。除由中国旅行社、国际旅行社组织游客外，海南行政区也可自行组织游客在岛内旅游。

（7）海南行政区的出口换汇成本，由广东省与海南行政区核定。属于省下达出口计划范围的,由省按定额拨补,超过定额的亏损由海南行政区负担。贸易收汇按照广东省根据一九七八年实绩核定的包干基数,海南行政区对半分成,省下达出口计划内外汇增长部分,五年内全部留给海南行政区。海南行政区自己超计划组织出口的,外汇自用,盈亏自负。来料加工、来件装配、补偿贸易收汇,旅游外汇,华侨、港澳同胞赡家侨汇以及捐赠外汇,全部留给海南行政区。

(8) 外商到海南进行经济贸易活动和旅游,由海南行政区审查批准其进入海南对外国人开放的地区和其他指定的地区,通知我签证机关核发签证。

为了支持海南对外开放,民航部门准备采取包机的办法,尽快实现海口、三亚同香港的空中通航。在此之前,先解决香港—海口—三亚的航空联运问题。对外开放三亚港,开辟海口直通香港的客运航海线,有关联检措施和人员编制由国家经委会同有关部门帮助解决。

(五)

海南岛的开发建设,是一个整体,必须加强党的统一领导。各项开发建设工作,应当统一规划,统一安排,统一管理,统一对外。请中央组织部和广东省委组织部,帮助海南区党委首先配备好行政区一级的领导班子。考虑到海南的特殊地理位置和开发建设的需要,建议提请全国人大常委会审议批准海南行政区作为一级政府,对全区实行统一领导,并建议全国人大常委会从立法上对开发建设海南的若干政策性规定,做出相应的决议。

中央领导同志指出,克服无政府主义是开发建设海南必须解决的一个大问题。海南各级党委要认真贯彻执行党和国家的方针政策,加强教育,加强管理,严明纪律,对违法乱纪案件要态度坚决,严肃处理。大力加强以共产主义思想教育为核心的社会主义精神文明建设,做好思想政治工作,深入开展"五讲四美三热爱"的活动,坚决抵制资本主义腐朽思想的侵蚀,并有力地打击走私贩私等经济犯罪活动和其他各种犯罪活动,把党风、民风和社会治安搞好。

海南开发建设的步伐,在很大程度上取决于人才,对此要有足够认识。

党的知识分子政策要认真落实，做细致扎实的工作，把在海南工作的各类专业人员和广大知识分子的积极性和创造性调动起来。对现有干部，要抓紧培训提高。今后国家在分配大专毕业生时，对海南行政区要给以照顾。海南区党委还可以报请中央组织部批准，由内地一些省、市抽调支援一批急需的人才，待遇可以从优。

团结是加快海南开发建设的保证。汉族和少数民族，本地干部和外来干部，新老干部，国营农场、工厂职工和当地群众及军政、军民之间，都要胸怀全局，以党的事业为重，互相学习，互相支持，紧密团结，同心协力干四化，为把海南建设成为具有高度物质文明和高度社会主义精神文明的美丽富裕的宝岛而奋斗。

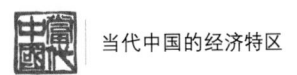

中共中央、国务院关于批转《沿海部分城市座谈会纪要》的通知

（中发〔1984〕13号）

中共中央和国务院同意《沿海部分城市座谈会纪要》。现转发给你们，请认真研究、贯彻执行。

邓小平同志二月二十四日关于对外开放和特区工作的重要谈话，以及沿海部分城市座谈会就此提出的贯彻落实的意见，是发挥沿海大中港口城市的优势，开创利用外资、引进先进技术的新局面，加速社会主义现代化建设的一个重要步骤；是关系到争取时间，较快地克服经济、技术和管理落后的状况，实现党的十二大确定的奋斗目标的一项大政策。

我国在新的历史时期实行对外开放政策，有一个逐步发展的过程。沿海港口城市由于其地理位置、经济基础、经营管理和技术水平等条件较好，势必要先行一步。这些沿海城市在利用国外资金、技术和市场时，应当首先抓好老企业的技术改造，上一批投资少、周转快、收益好的中小型项目。这样做可以更多更快地积蓄力量，既在财力、物力、人才方面支援全国，又在内外交流过程中总结经验向内地推广。沿海港口城市的情况各不相同，为了充分发挥各自的优势，开放的形式应多种多样，开发的步骤将有前有后，引进项目的重点要各有侧重。各自都要不断总结经验，扎扎实实地向前发展。

必须指出，进一步开放沿海港口城市和办好经济特区，不能指望中央拿很多钱，主要是给政策，一是给前来投资和提供先进技术的外商以优惠待遇，税收低一些，内销市场让一些，使其有利可图；二是扩大沿海港口城市的自主权，让他们有充分的活力去开展对外经济活动。这样做，实际上是对我们现行经济管理体制，进行若干重要的改革。中央和国务院各有关部门，各有关省、自治区、直辖市，都要按照邓小平同志的谈话和这次会议《纪要》的精神，制订一系列具体规定，加强领导班子配备和干部队伍的建设，加强指导检查，保证中央这项重要政策的贯彻落实。

为了认真执行邓小平同志的重要意见，贯彻落实《纪要》，中央和国务院决定，委托谷牧同志监督、检查执行情况，并协调、仲裁执行中可能出现的矛盾。为此，国务院特区办公室的力量也要加强。

一九八四年五月四日

沿海部分城市座谈会纪要

（一九八四年四月三十日）

根据中央书记处和国务院的决定，沿海部分城市座谈会于三月二十六日至四月六日在北京召开。会议学习了邓小平同志在二月二十四日谈话中关于对外开放和特区工作的重要意见，着重讨论了如何加快步伐，更好地利用外资、引进先进技术的问题。

到会的有：天津、上海、大连、烟台、青岛、宁波、温州和北海八市，深圳、珠海、汕头、厦门四个特区和海南行政区，辽宁、山东、浙江、福建、广东省和广西自治区的负责同志，中共中央、全国人大常委会、国务院有关部门和总参的负责同志。胡耀邦、赵紫阳等中央和国务院的领导同志出席了会议。四月六日，邓小平和李先念等同志会见了全体到会同志。最后，赵紫阳同志讲了话。

会议纪要如下：

加快利用外资、引进先进技术的步伐

邓小平同志指出："我们建立特区，实行开放政策，有个指导思想要明确，就是不是收，而是放。"邓小平同志提出："特区要搞特区货币"；"要把整个厦门岛搞成特区"；"除现在的特区之外，可以考虑再开放几个点，增加几个港口城市，这些地方不叫特区，但可以实行特区的某些政策。"

到会同志一致认为，邓小平同志的重要谈话，对于统一全党思想，坚持

实行对外开放政策，有着十分重要的指导意义；对于利用外资、引进先进技术，是个重要决策。坚决地贯彻好这些重要意见，必将加速社会主义现代化建设，促进振兴中华的大业。

党的十一届三中全会确定对外实行开放，对内搞活经济，是我国在新的历史时期发展经济的重大战略决策。当代世界范围内的贸易往来、资金融通和技术转移的规模日益扩大，新的技术革命正在世界范围内兴起。绝大多数国家（地区），都把自身经济的发展同对外经济技术交往活动的扩展密切联系起来。我国的社会主义现代化建设也必须在坚持独立自主、自力更生的基础上，按照平等互利的原则，积极开展对外经济合作和技术交流。要利用两种资源（国内资源和国外资源），打开两个市场（国内市场和国际市场），学会两套本领（组织国内建设和发展对外经济关系）。这在近期内，是解决我们资金不足和技术落后的一条重要途径；到我们实现了工农业年总产值翻两番之后，仍然是促使经济持续高涨的一项重要措施。

一九七九年以来，在积极利用外资、引进先进技术、扩大进出口贸易及开展其他对外经济活动方面，中央采取了包括建立经济特区，在广东、福建实行特殊政策、灵活措施在内的一系列重要步骤，获得了明显的成绩，对国民经济的调整和发展起了积极的作用，在国际上产生了良好的影响。但是，总的看来利用外资还不够，引进技术的步子还不大，在关键项目和先进技术上没有较大的突破，不适应加快四化建设的需要，对迎接世界新的技术革命的挑战不利。实践向我们提出的课题，正如邓小平同志指出的，不是收，而是要继续放。要在总结经验的基础上，从四化建设全局出发，进一步解放思想，克服"左"的思想影响和闭关自守、自给自足的经济观点，加快利用外资、引进先进技术的步伐。

进一步开放沿海港口城市

沿海大中港口城市，交通方便，工业基础好，技术水平和管理水平比较高，科教文化事业比较发达，既有对外开展经济贸易的经验，又有对内进行经济技术协作的网络，是我国经济比较发达的地区。通过放宽某些政策，改革现行的某些管理制度，增强这些城市及其企业开展对外经济活动的活力，把积极利用国外资源（包括资金、物资、技术、知识、人才）、扩展国际市场，同市内工业结构改组、企业技术改造、管理体制改革紧密结合起来，必将大大加速经济的发展，使整个地区、企业和人民群众更快地富起来。这些港口城市和四个经济特区，在沿海从北到南联成我国对外开放的前沿地带，又必将在发展科学技术，推广管理经验，繁荣国内市场，扩大对外贸易，传递经济信息，培养输送人才等方面，支援和带动各自的腹地，有力地促进全国的经济建设。

会议建议：进一步开放天津、上海、大连、秦皇岛、烟台、青岛、连云港、南通、宁波、温州、福州、广州、湛江和北海十四个沿海港口城市，在扩大地方权限和给予外商投资者若干优惠方面，实行以下政策和措施：

（一）放宽利用外资建设项目的审批权限

生产性项目：利用外资进行老企业技术改造和建设新厂，凡属建设和生产条件不需要国家综合平衡，产品不要国家包销，出口不涉及配额，又能自己偿还的，天津、上海两市对每个项目总投资的审批权限放宽到三千万美元以下；大连市放宽到一千万美元以下；其他进一步开放的沿海港口城市的审批权限放宽到五百万美元以下。

非生产性项目：凡属主要靠利用外资、自筹和进口器材建设、不需要国家综合平衡的，不论其投资额多少，均由各市自行审批。

凡按照上述规定权限，由这几个城市自行审批的利用外资项目，与其有关的设备进口、组团出国考察、对外洽谈成交等，均自行审批办理，但应按规定上报备案。

各市要把有关部门组织起来，由一个口子统抓利用外资项目的协调和审批，简化手续，提高效率。

（二）增加外汇使用额度和外汇贷款

外汇使用额度，在今后几年内天津定为每年二亿美元，上海为三亿美元；大连增至一亿美元，其他几个市也要增加一定额度；有的还要适当增加些中国银行外汇贷款。由各市按照国家有关规定，用以引进先进技术，进口必需的关键设备、仪器仪表。使用中国银行的外汇资金及国际信托投资公司的外汇资金，其政策待遇与利用外资"一视同仁"。中国银行，要改进服务，扩大业务。并应联合外资银行组成投资财团，支持沿海港口城市的经济建设。

（三）积极支持利用外资、引进先进技术改造老企业

抓紧老企业的技术改造，上一批对四化建设有重要作用的中小型项目，是这几个港口城市近期内利用外资、引进先进技术的重点。特别是那些利用现有基础，引进一些新工艺、新技术，更新若干关键设备，就可以增加生产能力，提高产品质量，得到明显经济效益的项目，更应优先安排。这样做，用钱少，见效快，偿还有保证，外商的积极性也高。对这类项目，从以下几方面给予扶植：

引进专利和专门技术（软件），统按银行公布的外汇牌价结汇；

进口国内一时不能生产或不能保证供应的关键设备、仪器仪表和技术改造必需的其他器材，不论外汇来源，一九九〇年以前免征关税和进口工商统一税；

因技术改造新增的利润，先还帐后缴利，利改税的企业先还帐再缴企业所得税；

对主要是提高产品质量而生产能力不增加或增加不多的项目，经济效益虽好但缺乏创汇能力的项目，社会经济效益好而企业收益不明显的项目，各市可以在保证完成财政、外汇上缴任务的前提下，在该行业或地方财政收入中统筹还帐；

对技术改造期间要影响原有生产能力和经济收益的项目，各市在不影响全市上缴任务的前提下，可以相应调整该企业的生产计划和利税上缴任务。

（四）对中外合资、合作经营企业及外商独资企业，给以若干优惠待遇

要选择那些确实能够引进先进技术，推动全行业技术改造、产品能开拓外销市场和替代进口，以及投资较大的开发项目，积极兴办中外合资、合作经营企业，允许外商办独资企业。这类生产企业，凡属技术密集、知识密集型的项目，或者外商投资在三千万美元以上、回收投资时间长的项目，报经财政部批准，企业所得税也可以减按百分之十五的税率征收。土地使用费或

土地税的收取标准，由各市在国家规定的幅度内灵活掌握。但是，中外合资、合作经营企业的中方税后利润，仍应按规定上缴中央财政和地方财政。

中外合资、合作经营企业、外商独资企业，作为投资进口的生产和管理设备、建筑器材；为生产出口产品而进口的原材料、元器件、零部件、包装物料等；进口自用的交通工具、办公用品；投资的外商和国外技职人员进口安家物品和自用的交通工具（限合理数量），均免征关税和进口工商统一税。这类企业的产品出口（不含国家限制出口产品），免征出口关税和工业环节的工商统一税。但是，用免税进口的原材料生产的产品，内销时应照章补税。

《中外合资经营企业法》及其《实施条例》，应得到切实、全面的执行，保障中外合资企业行使法定的自主权，示信于外。建议制定公布中外合作经营企业法、外国企业投资法，同有关国家谈判签订双边投资保护协定和避免双重征税的协议。

（五）逐步兴办经济技术开发区

这几个城市，有些可以划定一个有明确地域界限的区域，兴办新的经济技术开发区。

经济技术开发区要大力引进我国急需的先进技术，集中地举办中外合资、合作、外商独资企业和中外合作的科研机构，发展合作生产、合作研究设计，开发新技术，研制高档产品，增加出口收汇，向内地提供新型材料和关键零部件，传播新工艺、新技术和科学的管理经验。有的经济技术开发区，还要发展为国际转口贸易的基地。

经济技术开发区内，利用外资项目的审批权限，可以进一步放宽，大体上比照经济特区的规定执行。

经济技术开发区内，中外合资、合作办的及外商独资办的生产性企业，其企业所得税减按百分之十五的税率征收（中方税后利润仍按规定上缴）；对外商所得合法利润汇出时免征汇出税。区本身和区内企业自用的建筑材料、生产设备、原材料、零配件、元器件、交通工具、办公用品的进口和产品的出口、内销，也执行经济特区的优惠政策和管理办法（包括内销产品要补税）。经济技术开发区本身的进出口贸易，可以在国家统一政策指导下自主经营,也可以委托外贸公司代理,但应自负盈亏。

国家对经济技术开发区实行必要的监管措施,经济技术开发区要在规划和建设中提供必要的监管条件。

(六)大力发展进料加工出口

沿海港口城市要充分发挥自己的优势,选择有生产能力,有可靠的原料来源,有长期稳定的外销市场,算总帐对国家有利的商品,大力发展进料加工再出口。还可以同外商合营或合作生产,利用他们的资金和销售渠道,引进我们需要的先进技术。在有条件的地区,要推行青岛纺织品联合进出口公司的办法:生产一条龙,工贸结合,进出结合,用外汇按国际价格结算,自负盈亏;按照《国务院办公厅转发关于青岛纺织品联合进出口公司经营试点中几个问题的请示的通知》(国办发〔1984〕12号文件)规定,免征所有环节的工商统一税(增值税),有盈利的企业征收企业所得税。

(七)调整几个城市的开放类别

为适应进一步开放的需要,这十四个城市现仍属于乙类以下开放城市的,原则上都应逐步调整为甲类。考虑到这些城市多属重点设防地区,在具体实施上则必须处理好对外开放发展经济同确保军事设施安全保密的关系。关于国外人员入境出境的管理,国内人员因公出国的审批及办理护照、签证手续等问题,在具备条件后,报经外交部和国务院港澳办批准,可以陆续实行经济特区的办法,简化手续,给以方便。

(八)加强基础设施建设

这十四个城市及其要兴办的经济技术开发区,都要加强基础设施建设,为吸引外商投资提供必要的物质条件。国家已在建设计划中安排的港口、邮电、铁路、航空、供电、供水等项目,要抓紧工作,加快进度,并根据可能情况再增加些必要的建设项目。各市要挖掘内部潜力和采取内联的办法筹措资金,加强这方面的建设。还要积极筹措和利用外资,包括经过批准对外发行专项债券,建设码头、旅游宾馆、国外人员生活区等有创汇能力的项目,自借自还。此外,由国家提供些低息长期贷款。经济技术开发区(指批准划定的范围内)新增加的财政收入,从批准兴办时起五年内免除上缴、上借任务。建设经济技术开发区基础设施所需进口的机器、设备和其他基建物资，不分外汇来源，一九九〇年前一律免征关税和进口工商统一税。

（九）加强对利用外资的计划指导

我们是以计划经济为主的国家，在扩大这十四个城市利用外资权限的同时，要求加强国家计划的宏观指导。各级计划部门制订"七五"计划和今后中长期规划，应把利用外资进行技术改造和新建项目，作为一个重要方面加以安排，并搞好综合平衡。利用外资项目的年度投资安排，可作为指导性指标，在各市固定资产投资总规模中单列，执行中可按实际情况进行调整。安排利用外资和引进技术的总体计划、具体项目和洽谈签约，要加强咨询调查，要征求各行业主管部门的意见，以利于同全国计划和行业规划相衔接。要互通信息，不断总结经验，避免不必要的重复引进和失误。国务院各主管部门要以积极支持的态度，加强行业规划指导、检查协调、情况通报和统计、审计工作。

（十）在改革方面应当走在前头

这十四个港口城市的进一步开放，应当同内部的改革相结合，在经济管理体制改革方面走在前头。可以参照特区的某些成功经验，逐步推行基建工程招标和承包责任制、劳动用工合同制、干部招聘制、浮动工资制、各种管理责任制等。还可开办贸易中心，采取企业招标的方式采购设备、器材等物资，把流通领域搞活，并按国家有关规定，把银行体制改革搞好。

以上十四个城市进一步开放的模式，不搞"一刀切"，可以根据实际情况多样化。大连是东北三省的主要港口城市，从充分发挥东北老工业基地的作用出发，也考虑到我们利用日本资金和技术的需要，以及通过"大陆桥"对苏联、欧洲发展转口贸易的需要，大连市在某些具体政策上可以更开放些。

上列各市，要按照邓小平同志的意见和这次会议讨论的若干政策措施，提出各自进一步开放的具体方案，报请中央和国务院审批。要通过进一步开放，把经济迅速搞上去，以便在财力、物力、人力、技术等方面，积极支援全国，为四化建设贡献越来越大的力量。

把经济特区办得更快些更好些

经济特区的发展和经验,在国内外都引起了注意,实践证明我们建立经济特区的政策是正确的。同时也要看到,我们的特区还处于开创阶段,必须不断总结经验,发扬成绩,克服缺点,扎实工作,勇于前进,把特区办得更快些更好些。

当前,必须下很大的力量加强先进技术的引进,特别要致力于引进技术密集、知识密集型的项目,抓紧时机,把先进的工艺技术和先进的管理经验拿进来,经过消化创新向内地转移。特区的工农业,要尽可能采用先进科技成果,加强专业分工和协作,尽快搞出一批适销对路、有竞争力的"拳头"商品,进入国际市场。特区的商业、旅游服务业,要瞄准国际先进经营管理水平,使之越办越兴旺。

各特区都要按照"特事特办,新事新办,立场不变,方法全新"的原则,推广蛇口工业区的管理经验,跳出国内现行的不适应生产发展的老框框,改革特区的管理体制和管理机构。要下功夫努力掌握信息技术,逐步建立信息系统,使特区的工作能够对国际市场的频繁变化做出灵敏反应,获得最佳的经济效益。要求国务院有关部门和广东、福建省,对特区的改革给以积极的支持和帮助。

发行特区货币,允许外资自由出入特区,是吸引外商和华侨更多地前来投资,引进先进技术的重要措施。由中国人民银行等单位组成的特区货币研究小组,正在拟订发行货币,并考虑接受几个我驻港澳银行、侨资银行、外资银行到特区开业的具体方案。这个方案报请中央和国务院审批后,先在深圳实施。深圳要针对届时外商、外资、外货更多地进来可能出现的新情况、新问题,认真抓好特区管理线(二线)的建设和验收使用,在市场、物价、金融、外汇的管理上,在人员、货物的出入监管上,作好周密的准备。我们的经济特区,一定要办得既有高度的物质文明,又有高度的社会主义精神文明,真正成为"技术的窗口,管理的窗口,知识的窗口,对外政策的窗口"。

汕头市和珠海市的市区,在利用外资、引进先进技术方面,也按十四个港口城市的政策办理。

厦门特区扩大到全岛

厦门特区扩大到全岛，实行自由港的某些政策，这是为了发展我国东南部的经济，特别是加强对台工作、促进祖国统一大业，而做出的重要部署。国务院各有关部门和福建省要帮助厦门市制订总体规划和具体实施步骤，继续加强港口、机场、电站等基础建设，努力实现这一目标。厦门市要扎实地做好当前的工作，把已经开工和谈定的项目迅速抓上去。要充分发挥厦门的优势，运用特区的优惠政策，更多地吸引外资、引进技术，认真抓好老市区现有企业的技术改造，搞好重点项目的建设，使生产更快发展，经济更加繁荣，对外经济活动具有更强的活力。为了搞好特区扩大到全岛的各项过渡工作，要充分考虑到目前厦门的经济发展水平，从老市区有二、三十万人口这一实际情况出发，对市场、物价的管理和工资制度等方面，制定一套加强管理并逐步改革的办法。对以上这些问题，福建省和厦门市要制订切实可行的具体方案，报请中央和国务院审批后，提请全国人大常委会审议批准公布。

搞好海南岛的开发建设

中央和国务院考虑到海南岛孤悬海外，经济落后，一九八三年发出专门文件（中发〔1983〕11号文件），确定以对外开放促进岛内开发的方针，授予海南行政区在对外经济活动方面较多的自主权。国务院各部门、广东省和海南驻军，从各方面积极支持海南岛的开发建设，并且安排了一批急需的建设项目。当前要帮助海南把港口和机场的扩建，铁路的联接，煤矿、电厂、电讯以及旅游设施的建设及早抓上去，还要抓紧研究利用莺歌海的天然气建设大型石油化工项目的问题。海南行政区要抓紧制订全岛建设规划和近期内的具体安排，运用中央给的政策和权限，积极开展对外经济技术合作。海南全岛党政军、各民族要在各方面支援下，解放思想，加强团结，艰苦奋斗，争取到一九八五年全岛的开发建设取得明显进展，到一九九〇年全岛的经济面貌要有大的改观。

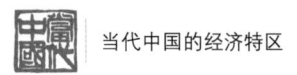 当代中国的经济特区

疏通利用外资企业产品的内销渠道

会议认为,利用中外合资、合作、外商独资企业的产品,必须以外销为目标,这不但是为了平衡本企业的外汇收支,更重要的是只有这样,才能在国际市场的竞争中不断提高产品的水平。同时也要看到,外商来我国投资,重要的一条就是我们十亿人口的市场,对他们很有吸引力。如果不区别不同情况,一概要求出口,利用外资、引进技术的局面就难以打开。中央领导同志一再指出,这个问题要解决,要让出部分国内市场换取我们需要的先进技术,凡属外商确实提供了先进工艺、技术、设备的产品,要让出部分国内市场,允许一定比例内销;国内紧缺需要大量进口的产品,要允许内销以替代进口,用沿海生产的"洋货"替代进口的洋货;有些产品虽然国内市场也有,但其质量品种好,也应批准适当内销一点,以激励国内同类产品的进步。我们一定要保护我国的工业,促其不断发展,但是,对某些落后的工艺技术和质次价高的产品,一味强调保护,就达不到发展的目的。建议:由国家计委牵头,会同国家经委、商业部和经贸部,根据中央领导同志多次谈话的精神,对利用外资企业(包括特区的这类企业)的产品内销问题,抓紧制定一套合理的办法,为更好地利用外资创造条件。

加强领导,培训干部抓好社会主义精神文明建设

实行对外开放,同国际资本打交道,有个能否在互利条件下为我所用的问题。关键在于我们的干部必须是明白人,而不是糊涂人。必须有一大批党性强、政策水平高、有事业心、通晓业务、精明强干的领导干部,必须有一大批精通国际经济、贸易、金融、法律和科学技术的专业人才。这些干部又必须像中央领导同志要求的那样,有特别高的觉悟,特别严格的纪律,特别好的风气,特别高的工作效率。我们本来就人才缺乏,经验不足,又不善于发现人才和使用人才,现行的一些制度,也不利于人尽其才。因此要从各方面选拔调配这样的干部,要舍得下本钱培养各种人才,特别要加强领导班子的配备。国务院委托深圳特区举办学习班,由进一步开放的港口城市派一批

人前去学习，深圳也可借此机会集思广益，改进工作。这样的学习班，天津、上海也要办。

沿海几个港口城市的进一步开放，经济特区对外往来的日益频繁，必然会有外来腐朽思想的侵袭和各种违法犯罪活动的发生。我们一定要坚持执行对外开放政策，又要对此保持清醒的头脑。要坚持四项基本原则，深入进行思想政治教育，抓好党风党纪和政纪，抵制形形色色的资本主义腐朽思想和生活方式的侵蚀，大力建设社会主义精神文明。要加强社会主义法制和公检法队伍的建设，正确调处和审理涉外经济案件。要切实加强边防和查私工作有力地打击各种犯罪活动。要从各方面保证党的对外开放政策的正确贯彻执行。

这次会议还议论了对侨胞投资实行优惠待遇的问题。大家认为，调动海外广大侨胞为祖国四化建设贡献力量的积极性，要有一整套的政策和措施。国务院侨务办公室根据中央的指示，正在会同有关部门和有关地区拟定办法。希望早日报请中央和国务院审批下达。

到会同志一致表示，对邓小平同志关于对外开放和特区工作的重要谈话，必须坚决贯彻好，决不能发生大的工作失误。要按照陈云同志给中国计划学会《祝贺信》中讲的："解放思想，实事求是，继续探索，扎实工作"，把很大的干劲同切实的章法结合起来，为开创利用外资、引进先进技术的新局面，争取时间，较快地克服经济、技术和管理落后状况，实现党的十二大提出的战略目标而奋斗。

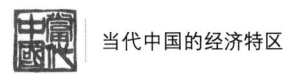 当代中国的经济特区

国务院批转关于广东、福建两省继续实行特殊政策、灵活措施的会议纪要的通知

（国发〔1985〕46号）

国务院同意《关于广东、福建两省继续实行特殊政策、灵活措施的会议纪要》，现转发给你们，望认真研究，贯彻执行。

一九七九年七月，中共中央和国务院决定广东、福建两省在对外经济活动中实行特殊政策、灵活措施，定期五年，到一九八四年年底期满。五年来的实践证明，这项决定是完全正确的。两省的经济建设发展较快，对外经济工作进一步打开了局面，人民生活水平有了较大改善，在经济体制改革方面也进行了一些有益的探索，成绩是显著的。

当前，全国的经济体制改革和对外开放工作正在更加广阔的领域内深入展开。在新的形势下，让广东、福建两省继续实行特殊政策、灵活措施，使两省的经济建设搞得更快些、更好些，在改革经济体制和扩大对外经济交流等方面继续探索和总结经验，不但对两省和全国的经济发展有重要意义，而且对稳定香港、对完成祖国统一大业也有积极意义。广东、福建两省要切实加强领导，扎实工作，争取更大的成绩。国务院各有关部门，要把搞好两省的经济建设、经济体制改革和对外开放工作，作为一项重要任务，采取积极措施，进一步给予指导和帮助。

一九八五年三月二十八日

关于广东、福建两省继续实行特殊政策、灵活措施的会议纪要

（根据"沿海城市开放和特区工作联合办公会议"第七次会议讨论意见整理）
一九八五年一月二十五日

一九七九年七月十五日，中共中央、国务院批转广东省和福建省的报告，

确定两省实行特殊政策、灵活措施（中发〔1979〕50号文件），定期五年，到一九八四年年底期满。

谷牧同志于一九八四年十二月三日到七日，在福州约请广东、福建两省和国务院有关部门的负责同志座谈。大家根据党的十二届三中全会通过的《中共中央关于经济体制改革的决定》和赵紫阳同志在广东视察时的讲话精神，认真总结了两省五年来实施这项政策的情况，研究了两省如何进一步加快改革和开放步伐的问题。一九八五年一月十日，"沿海城市开放和特区工作联合办公会议"对福州座谈会中所提出的政策性意见又作了进一步讨论，纪要如下：

五年来，广东、福建两省认真贯彻执行中央的方针、政策，贯彻落实中央和国务院关于对两省实行特殊政策、灵活措施的有关规定，依靠广大干部群众的努力和国家有关部门的支持，在经济建设和其他工作中取得了显著成绩。两省在利用外资、引进技术方面迈出较大步伐，五年累计实际利用的外商直接投资已达十七亿美元，占全国这几年直接利用外资总额的百分之四十三点五。两省通过多种渠道筹集资金，加强了能源、交通、电讯等基础设施建设，五年中用于基本建设的投资达二百零五亿五千万元，用于企业更新改造的资金达六十三亿元，超过了一九七九年以前十年的总和，而且工期缩短，投产较快，经济效益普遍较好。两省在经济体制改革方面也进行了一些有益的探索，积累了一定经验。五年来，两省的工农业生产总值年平均递增速度都达到了百分之九以上。随着经济的发展，人民的生活水平有了显著提高，两省对经济体制改革的承受能力增强了，对国家做出了应有的贡献。中央确定两省实行特殊政策、灵活措施，在港澳同胞、台湾同胞和海外侨胞中也产生了良好的政治影响。实践证明，中央的这项决策是完全正确的。

当前，全国的经济体制改革和对外开放工作正在更加广阔的领域内深入展开，在新的形势下，应当继续从各方面支持两省进一步加快改革和开放的步伐，促进两省经济的进一步发展，争取提前五年（即到一九九五年）实现工农业年总产值翻两番的目标，为全国的现代化建设做出更大的贡献。

会议建议：批准广东、福建两省在今后五年内（即到一九八九年）继续实行特殊政策、灵活措施。凡属过去五年实践证明是行之有效的各项具体政策措施，要继续实行；同时，要根据形势发展的新情况和党中央、国务院的有关新部署，增添必要的新内容。

（一）计划管理以省为主

两省的国民经济和社会发展计划，继续以省为主制定。

两省自筹资金进行建设的项目，特别是利用外资进行建设的项目，可以更加放开一些。其建设规模由两省自行平衡，提出安排计划，报国家计委核定后，列入国家固定资产投资计划。基本建设项目的计划任务书，除投资总额在两亿元以上的重大项目仍需报国务院审批外，一般大中型项目，凡建设和生产条件不涉及国家综合平衡的，均由省自行审批，并报国家计委备案。

两省的生产计划，除少数关系到国计民生的重要产品，由国家计委和国务院其他有关部门下达指令性计划外，一般实行指导性计划。

（二）扩大利用外资、引进技术的审批权限

两省利用外资兴建的生产性项目，凡投资总额在一千万美元以下，建设、生产条件和产品销售不需要国家综合平衡，产品出口不涉及配额，投资和外汇能自行偿还的，由省自行审批；利用外资兴建的非生产性项目，凡建设和经营条件不需要国家综合平衡，投资和外汇能自行偿还的，不论规模大小，均由省自行审批。

两省使用自筹外汇和留成外汇安排的、投资额在一千万美元以下的技术引进项目，凡建设和生产条件不需要国家综合平衡的，由省自行审批，报国家计委、国家经委、经贸部备案。

由两省自行审批的利用外资、引进技术项目和使用国家外汇、地方自筹外汇和留成外汇安排的现有企业的技术改造项目，所需进口的机械设备、仪器仪表和其他器材，包括确属项目内自用的国家限制进口的产品，均由省在批准项目可行性报告的同时一并审批，并签发进口许可证。

（三）支持搞好现有企业的技术改造

两省的技术改造计划，以省为主制定，报国家计委、国家经委和国务院有关主管部门纳入国家指导性计划。国务院有关主管部门，对两省现有企业的技术改造和改建、扩建项目，要继续加强指导，给予支持和帮助。

投资额在三千万元以下的技术改造和改建、扩建项目的可行性报告，由省自行审批。

两省凡已列入计划的技术改造项目，需要进口的关键机械设备、仪器仪表和其他器材，不论外汇来源，可申请减征、免征关税和进口产品税、增值税。

（四）继续实行财政大包干

从一九八五年到一九八九年五年内，两省财政继续实行大包干体制，其现行的定额上解或补助数额，按照"划分税种、核定收支、分级包干"财政管理体制规定的收支划分范围，以及利改税第二步改革后收入转移的情况，作相应的调整。在核定时，要照顾和保护两省由于实行特殊政策、灵活措施已增加的收益，对福建省的补助可适当予以增加。

为支持经济特区的建设，在一九八九年以前，深圳、珠海市的财政收入仍暂不上税。但是，由于财政税收制度变化引起的财政收入转移应作相应调整，海关代征的进口产品税或增值税地方留成应按新规定执行。

（五）在信贷资金管理上采取灵活措施

两省基本建设贷款，实行指令性计划，单独管理。中国人民银行在安排贷款计划时，要考虑两省的特殊需要，国家批准的重大建设项目和开发性项目，确需银行贷款的，由省分行另报总行审批。技术改造贷款，实行指导性计划，前一年度未用完的指标可以结转使用；当年回收的技术改造贷款可以继续发放；地方财政、机关团体等属于中国人民银行掌握的存款和专业银行每年增加的存款，可划出适当比例的数额给地方，由中国人民银行分行统一安排，用于增加技术改造贷款；如仍有不足，可在专业银行上下之间调剂解决。

四个经济特区和海南行政区仍实行多存多贷、差额包干的办法。经济特区和海南行政区现有的信贷资金和吸收的存款，全部留下使用；根据经济特区和海南行政区的经济发展需要，由中国人民银行按国家信贷资金情况，适当增加一些资金；经济特区银行还可以向区内外和国外银行拆借资金。

（六）搞活金融管理

两省可以试办区域性金融组织，也可称银行。区域性金融组织应成为经

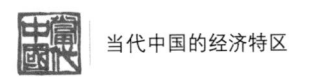

济实体，其经营范围、信贷计划、利率等业务受中国人民银行领导，执行中国人民银行的规定。

经国务院批准，两省可以在国外发行债券，筹集建设资金。

广东的国际信托投资公司、福建的投资企业公司从国外获得的借款，可以存放在海外银行；其本身的运营资金，经省外汇管理分局批准，可以将部分资金存入我驻港澳银行。两省的驻外企业，在其经营业务范围内所需的外汇周转金，经省外汇管理分局批准，可以汇出。

两省可以指定专业银行开办私人持有外汇的储存业务，存取自由。

（七）提高外汇留成比例

适当提高两省出口商品的外汇留成比例，一般商品出口全额留成比例由百分之二十五提高百分之三十，提高的百分之五部分，由省统筹安排使用；原油、成品油、机械产品和以进养出的商品出口外汇留成比例，按全国统一规定执行。考虑到福建省留用外汇较少的实际情况，今后三年，每年给福建省增补外汇额度二千五百万美元。

"三来一补"项目的外汇收入，继续实行超基数全额留给两省的办法。广东省的基数调整为二千万美元，福建原定的基数不变。

侨汇留成比例适当提高，赡家侨汇提高到百分之五十，建筑侨汇提高到百分之六十。其他非贸易外汇的留成办法不变。

以上各项外汇留成，均由省外汇管理分局按月计拨。

（八）扩大外贸经营权限

两省出口计划以省为主制定，报经贸部综合平衡后，纳入国家计划。使用地方自筹外汇和留成外汇的进口计划，由省自定，报经贸部备案。

出口货物需要的配额和许可证，由经贸部按核定的省出口计划，切块下达给省，由省经贸委按照各外贸企业包括工贸、农贸、技贸企业承担的创汇任务进行合理分配。

属于专业公司统一经营的出口商品，两省在完成供货任务的前提下，超计划部分可以委托专业公司出口，也可以经经贸部批准发给许可证，由地方外贸企业经营出口。属于专业公司统一经营的进口商品，两省用地方自筹外汇和留成外汇少量进口的，由经贸部每年划一定额度，规定最高买价，由两省自行对外成交。

两省在国家统一政策指导下，自主经营蔬菜、水果、塘鱼等鲜活商品（不含活猪、活牛）出口。两省之间和省内有关地区、企业之间要采取适当形式搞好协调，商定最低售价，防止削价竞销、自我竞争。对两省活猪、活牛的出口配额应予照顾。要积极创造条件，逐步过渡到对港澳地区的出口鲜活商品主要由两省供货。

两省（包括深圳、珠海、汕头、厦门四个经济特区和海南行政区，但应单列）需要进口国家限制进口的产品，原则上每年向国家经委集中报批一次，必要时可在年中补报一次，列明品种、数量，说明使用方向。在国家经委批准的指标内，由省组织进口并签发许可证；经济特区和海南行政区自行组织进口和签发许可证。

两省可以审批派驻国外的经贸企业和本省经营进出口业务的公司（包括工贸、农贸、技贸企业），并报经贸部备案。派驻港澳地区的经贸企业仍需报经贸部审批。

（九）海关监管对某些特殊情况予以放宽

两省接待的外国人、华侨、港澳同胞中的知名人士入出境时，海关凭省人民政府特批文件可以免予检查。两省接待的华侨、外籍华人中的知名人士，入出境时携带的物品，在超过海关规定数量不大的情况下，海关凭省人民政府特批文件照顾放行。

（十）积极支持两省开展对台直接贸易

解决台湾问题，完成祖国统一大业，两省担负着重要任务。利用福建和广东的特有条件，大力开展对台直接贸易，是促进"三通"、开展对台工作的重要一环。必须在这方面下一番功夫，投入必要的物力，使之在目前的基础上逐步发展。国家有关部门要把这个问题提到实现我国八十年代三大任务的高度，给以足够重视，在物力和财力上积极支持福建和广东把这件事情办好。

会议认为，广东、福建两省处于对外开放的前沿地带，在搞好经济体制改革、扩大对外经济交流以及促进祖国完成统一的事业中，担负着重要的任务。

国务院有关部门要继续给两省的工作以更多的支持,及时帮助研究解决新问题;在部署全国性工作时,要切实考虑到两省的特殊情况,予以区别对待。

两省领导要坚持把中央的有关政策同本地实际结合起来,并区别各市、县的不同情况,进行分类指导,力求避免工作中发生大的失误。要把发挥各方面的积极性同加强宏观指导、加强管理监督和搞好协调结合起来,在实行特殊政策、灵活措施的同时,必须强调纪律性,严格执行中央有关统一管理的规定,坚决制止和认真查处政府和机关的企业事业单位违反国家政策倒买倒卖的活动,坚决打击走私贩私等一切经济犯罪活动,坚持抵制各种腐朽意识形态的腐蚀,进一步加强社会主义精神文明的建设。两省的各级干部要继续努力,把经济建设和其他各项工作提高到一个新的水平,为振兴粤闽、振兴中华做出新的贡献。

国务院关于批转经济特区工作会议纪要的通知

（国发〔1986〕21号）

国务院同意《经济特区工作会议纪要》，现转发给你们，请贯彻执行。

五年多来，经济特区的建设已经取得很大进展，打下较好的基础。今后的任务是，建成以工业为主、工贸结合的外向型经济，把更多的先进技术引进来，使更多的产品进入国际市场，更好地发挥"四个窗口"的作用。为此，要进一步做好外引内联工作，内联是为了增强外引能力，外引内联都要落实到建立外向型经济上。广东、福建两省人民政府要进一步加强对经济特区的领导和管理。各地区、各有关部门积极支持经济特区的发展，充分利用经济特区这个"窗口"。经济特区的各级领导要认真贯彻执行中央和国务院的方针政策，艰苦奋斗，扎实工作，抓紧社会主义物质文明和精神文明的建设，把特区办得更快更好。

一九八六年二月七日

经济特区工作会议纪要

（一九八六年一月五日）

经国务院批准，经济特区工作会议于一九八五年十二月二十五日到一九八六年一月五日在深圳举行。谷牧同志主持了这次会议并作了讲话。参加会议的有深圳、珠海、汕头、厦门四个经济特区（以下简称特区）、广东、福建两省和国务院二十九个部门的负责同志。四个特区作了汇报；机械部、轻工部、纺织部、电子部、航空部、兵器部介绍了在深圳举办外向型工业的情况和经验；国家计委、国家经委、经贸部、中国人民银行、海关总署、国家科委等部门和广东、福建两省的负责同志，分别就特区的有关政策规定和加强领导管理问题发表了意见。会议对建立特区以来的工作进行了初步总结，着重讨论了特区今后发展方向、目标和有关的方针政策等问题。纪要如下：

建立经济特区工作的回顾

会议认为，在中央和国务院制定的方针政策指引下，四个特区的建设进展很快，成绩显著，在我国对外开放和经济体制改革中开始发挥了作用，为国内外所瞩目。

五年多来，各特区集中力量进行了以创造投资环境为重点的基础设施建设。到一九八五年年底，四个特区累计完成基本建设投资七十六亿三千万元，开发出建设用地约六十平方公里，兴建了一批工业厂房、商业楼宇、旅游设施和居民住宅。深圳已具备现代化综合性经济特区的雏形。随着特区的发展，广东、福建两省根据中央的有关方针政策，制定了十几项涉外经济法规，使特区的各项工作初步做到有法可依。

各特区依据国家规定的优惠政策，积极利用外资，引进先进技术，推动以工业为主的经济迅速发展。到一九八五年年底，实际利用的外商直接投资总计十一亿七千万美元，占全国实际利用外商直接投资总额的五分之一。四个特区已有近九百个新工厂投入生产，引进了一批较先进的技术和设备，其中有的接近国际先进水平，有的填补了国内空白。一九八五年的工业总产值达到四十八亿六千万元，比建立特区前的一九七九年增长了五倍以上。发展最快的深圳特区，吸收了三亿五千万美元的外资和五亿元的内联投资，建立了包括电子、轻工、纺织、食品、建材、石化、机械等行业在内的七百七十多家工厂，一九八五年产值达二十五亿元，比一九七九年增长三十九倍；已经有一批产品进入国际市场，一九八五年工业产品出口额占总销售额的43%（其中蛇口工业区为68%）。珠海特区这两年也在抓紧建立外向型工业。汕头特区坚持逐片开发，注重实效，办起四十五家工厂，产品出口比重达到60%以上。厦门特区除抓紧对现有企业的技术改造外，还积极与日、美、波、匈等国开展合作，举办了一些较先进的工业项目。

特区经济的发展，是与同内地实行经济技术联合分不开的。仅深圳特区就同中央二十七个部门和二十八个省、自治区、直辖市签订了内联项目协议一千九百多个。中央十六个工业部门已经和准备在深圳特区举办的工业项目有二百七十多个，其中大都是外向型的，有些项目技术比较先进，有些产品能填补国内空白，有些可以对香港经济起补充作用。特区依靠内地的支援，弥补了技术基础薄弱、专业人才不足、资金短缺等弱点。内地在特区投资办厂，可获得国际市场信息，吸收国外先进技术和管理经验，并将内地的一些初级产品拿到特区，根据外销需要"梳妆打扮"，增值出口。各特区在经济体制改革方面进行的积极探索，其经验和教训也为内地的经济体制改革提供了有益的借鉴。特区的"四个窗口"和"两个扇面"的作用已开始发挥。特区是全国的特区，特区依托和服务内地，是特区经济不断发展的力量所在；内地支援和利用特区，也有利于全国的经济振兴。

我们办的是社会主义的特区。各特区都强调坚持四项基本原则，注意进行社会主义、爱国主义和理想、纪律的教育，抵制资本主义腐朽思想的侵袭，打击各种犯罪活动。同时，积极组织干部、职工学习科学文化，更新知识，吸取国外组织社会化大生产的经验。各特区虽然还存在一些问题，但总的看来，社会秩序是安定的，人民群众的精神状态是奋发向上的。

五年多来的实践证明，中央关于建立特区的决策是正确的。在特区这个对外开放与经济体制改革的前沿阵地上，我们可以在实践中观察和研究现代资本主义经济和经营管理方法，大胆进行经济体制改革试验，开阔视野，增长知识，培养人才，掌握同国际资本打交道的本领，其意义是深远的。

在社会主义条件下兴办特区是个崭新的课题，我国建立特区的历史不足六年，前进的道路上还存在着不少需要解决的问题。主要是：近两年特区的基本建设投资规模偏大，投资结构不尽合理；生产布局和产业结构缺乏统筹规划；企业的经营管理水平和干部职工队伍的素质同建立外向型经济的要求不相适应；不少企业出口创汇能力还比较弱，外汇平衡存在困难；特区的管理层次较多，办事效率较低，信息反馈不灵；少数单位违法经营，有的案件还相当严重。此外，在加强宏观经济控制中，某些具体规定也有对特区的特殊情况照顾不够的地方。以上这些问题，有的是工作中的缺点和失误，有的是经验不足难以避免的，有的则是需要在对外开放与经济体制改革的实践中不断探索才能妥善解决的。这就要求一切从事特区工作的同志，思想认识要跟上形势的发展，在看到成绩的同时严肃对待和切实解决实际存在的问题，勇于揭露矛盾，勇于坚持真理，继续以极大的努力把特区办得更快更好。

朝着建立外向型经济的目标奋力前进

会议认为，经过几年打基础的工作，特区在"七五"期间应当坚决贯彻中央和国务院的指示精神，努力建立以工业为主、工贸结合的外向型经济，进一步发挥"四个窗口"、"两个扇面"的作用。具体要求：

——特区产业结构以具有先进技术水平的工业为主，工业投资以吸收外资为主。

——产品以出口为主，瞄准国际市场的需求，开发一批竞争力强、稳定适销的"拳头"产品，争取工业制成品60%以上能够外销；外汇收支平衡，并有节余。

——千方百计提高经济效益，确保国民收入、财政收入的不断增长，特区的人均国民收入进入全国前列，在财政上缴、外汇上缴方面为国家多作贡献。

——加强智力开发和文化建设，培养和引进人才，全面轮训各级干部，大力提高职工队伍的素质，培养一大批中高级技术工人。

——深入进行经济体制改革，进一步搞活企业、搞活经济；同时要努力建立完善的宏观控制和调节系统。在运用经济手段和现代化的信息手段管理特区经济和管理企业方面，总结出具有中国特色的经验。

要达到以上目标，关键在于特区领导的指导思想和工作重点要从前几年铺摊子、打基础转到抓生产、上水平、求效益方面来，切实做好以下几方面的工作：

（一）在做好国际市场调查预测的基础上，同全国国民经济发展计划紧密衔接，制订特区经济中长期发展规划（包括行业规划）和"七五"期间的分年度安排，报省人民政府批准后执行。

规划的主题是，逐步建立具有本特区特色的、产业结构和产品结构合理的外向型工业。要把经济合理性和技术先进性、近期发展重点和长期奋斗目标结合起来，加强外引内联工作，下功夫办好一批能出口创汇的生产项目。

特区的种植、养殖、旅游、建筑、商贸和金融等其他行业，要围绕建立以工业为主的外向型经济协调发展。特区的农业发挥毗邻港澳的优势，大力增产优质鲜活商品和反季节瓜、菜、花、果，搞好保鲜、储藏，常年均衡供货。特区的高档旅游宾馆不宜再增建，而应注重提高服务质量，改善经营管理，发展具有中国特色的游乐项目以及知识性和疗养性的旅游项目。农业和旅游业应成为特区外汇收入和财政收入的重要来源。

要讲求投入和产出的最佳经济效益，确定合理的经济增长速度。坚决压缩基本建设投资规模，除了优先安排外向型工业项目，继续抓好已开发区域内水、电、交通、通信等基础设施的完善配套外，一般暂不开发新区，更不能盲目发展非生产性建设项目。今明两年的基本建设投资规模，大体按照一九八五年国家对特区的控制指标加以安排。

切实控制消费基金的增长，职工工资水平要与劳动生产率的提高相适应，物价水平应保持相对稳定。

（二）根据扩大出口的要求，认真筛选工业项目。今后一个时期，要着重发展用先进而适用的技术装备起来的传统工业，力求技术起点较高，产品能更多地外销。随着工业技术实力的不断增强，还要有重点、有选择地发展技术密集型、知识密集型项目和高科技产业。确能出口创汇的劳动密集型项目，也可以酌量搞一些。各特区要从实际出发，建立合理的产业结构和产品结构，以中小型项目为主，着重发展"精（密）、小（型）、轻（巧）、新（颖）"的产品。要依靠国家科委和中国科学院的支持，抓好现有企业的科技进步，充实科研开发能力，认真消化引进的先进技术，积极采用国内外科研成果，开发新技术，研制新产品。厦门特区的老企业，要按照外向型的目标，抓紧进行技术改造，促使产品不断更新换代，增强出口能力。

（三）继续搞好内联，推动特区外向型工业的发展。内联应当以技术水平和经营管理水平较高、产品具有外销潜力的内地企业为主要对象，以增强对外资、外技的吸收能力和消化能力为目的。特区要为此创造条件，搞好服务，给以方便。内联企业的产品都应以出口为主，有些可以把"头"放在内地、"尾"放在特区，将内地的初级产品拿到特区，按国际市场需要进行后整理、精加工、精包装后出口；有些可以把"头"放在特区、"尾"放在内地，在特区进行设计研制，拿回内地进行大批量生产组织出口。还可以发挥特区优势，举办一些对内地同类企业改进生产技术、经营管理有先行作用的工厂和产品可以替代进口的工厂。

（四）积极开拓国际市场。在今后一段时间里特区要大力发展对香港、澳门地区作为工业产品出口的一个跳板，同时要大力开拓同世界其他国家（地区）尤其是东南亚、大洋洲、美洲、非洲市场的直接贸易渠道，要积极建立特区的商情信息网络、产品推销渠道和售后服务系统。要加强商标管理，维护国家权益。

（五）以提高经济效益为中心，切实加强企业管理。根据特区的特点逐步建立起一套完善的管理（包括生产工艺、质量检验、财务会计、劳动人事等）制度。今明两年要使产品和工程的质量、资金周转速度、劳动生产率、利润率、换汇率和净产值等，都比一九八五年有明显的提高。特区企业要坚持我国企业管理中行之有效的经验，借鉴国外的科学方法，采用现代化的管理手段，实现高效率、高质量、高效益。

对已经投产或开业的中外合资、合作经营和外商独资经营企业，要加强管理。一方面要重合同、守信用，在坚持平等互利的原则下、维护客商的合法权益；另一方面对这类企业的产、供、销、财会等必须加强监管。特区的有关管理部门要做好这方面的工作，还要发挥会计师事务所、律师事务所和公证机关的作用。

（六）坚决反对和制止违法经营活动，特区内的一切部门、企业、事业单位，都要树立严格执行政策、遵守法纪的观念，扎扎实实地通过发展生产追求最佳的经济效益，不能企图搞违法经营发横财。对于一切违法乱纪案件，特别是重大案件，必须严厉查办。

（七）今后几年内，特区在完善投资环境方面除了继续搞好基础设施的配套以外，尤为重要的是要在健全经济立法、提高办事效率、加强人才培养这些"软件"上下功夫。"七五"期间，要使特区的涉外经济法规基本配套。特区人民政府要克服政出多门、办事拖拉的现象，简化投资洽谈、项目审批、工商登记、银行开户和其他行政管理办事程序。要全面轮训干部，多渠道吸收人才。近几年内国家在高等院校毕业生分配方面，要照顾特区的急需。特区要重视知识，重视人才，使广大科技人员、专业干部和能工巧匠在生产建设和业务活动中充分发挥积极性和创造力。

（八）要加快经济体制改革的步伐，深入探索微观放开搞活与宏观加强管理的密切结合的经验。要进一步增强企业活力，发挥市场调节作用。要重视金融体制的改革，进一步扩大各专业银行业务经营的自主权，使银行在融通资金和宏观调节（包括总规模调节和结构调节）方面充分发挥作用。特区的经济活动必须放在全国宏观经济计划指导之下。各特区人民政府要按照中央和国务院的方针政策和全国宏观经济控制的要求，统筹安排本特区的经济建设，搞好综合平衡，学会主要运用经济手段和法律手段及必要的行政手段，从宏观上调节和控制经济的运行。要加强统计、审计、工商行政管理、经济司法等部门，组成强有力的经济监督系统。

会议预期，在做好"七五"期间工作的基础上，再经过十年（即到二十世纪末）或稍长一些时间，把我们的特区建成以先进工业为主、工贸结合、旅游和农牧渔业并举、各具特色的高水平外向型特区，既是产业结构合理、科学技术先进、生活文明富裕的经济发达地区，又是万商云集、通向世界的出口基地。

进一步完善关于特区的各项政策和管理办法

为了进一步办好特区，必须按照耀邦同志提出的"特事特办、新事新办、立场不变、方法全新"的精神，处理好宏观控制与微观搞活的关系。国家既要对特区的经济活动实行宏观指导和控制，又可照顾到它的特殊性和灵活性。过去有关特区工作行之有效的政策规定应当继续执行，还应根据情况的变化做出若干新的规定，国务院有关部门和广东、福建两省有关部门在下达有关政策规定时,要考虑到特区的不同情况,采取切实可行的区别对待办法,并同已有的规定相衔接。会议经过讨论,对当前急需明确和解决的几个问题,提出如下意见:

(一)关于基本建设计划管理

四个特区的基本建设投资计划,应根据各自财力物力可能,分别提出安排意见,经省人民政府审核转报国家计委核定后,纳入国家基本建设投资规模。建设项目中利用的外资不纳入基本建设投资规模。中央各部门和各省、自治区、直辖市在特区投资建设的项目,分别纳入各自的基本建设投资规模。内地企业用自有资金到特区举办外向型工业项目,在特区基本建设投资规模外另算。

各特区要认真执行《国务院批转国家经委关于控制重复引进、制止多头对外的报告的通知》(国发〔1985〕90号),对其中规定"统一归口、联合对外"的项目,凡符合外向型要求,产品以出口为主,外汇能够自行平衡的,应允许有一些灵活,限额以下的项目,可仍由特区人民政府审批,但必须严格把关,事先征得国家有关主管部门同意,事后备案。

(二)关于对内联企业税收的优惠办法

内联生产性企业,在特区内按15%的税率缴纳企业所得税。从获利年度起五年内,在特区税后利润,如留在特区扩大生产或兴办外向型工业,免除在内地补缴所得税和调节税;如解往内地的,按20%补缴所得税。从第六年开始,在特区税后的利润不论是否解往内地,均按帐面所得额补缴20%的所得税,但免征调节税。非生产性企业不享受上述优惠。

(三)关于信贷管理

深圳特区的信贷计划单列,由中国人民银行单独审批,中国人民银行深圳分行负责统一安排使用。

珠海、汕头、厦门三市继续实行多存多贷、差额包干的办法,年度信贷计划戴帽下达;现有信贷资金和吸收的存款全部留下使用;根据特区经济发展需要和国家信贷资金情况,由中国人民银行和专业银行适当增加一些信贷指标;一般情况下不从特区抽调信贷资金;允许特区银行向特区外银行和国外银行拆借资金。

特区的银行应在国家核定的投资规模内发放固定资产贷款。中国人民银行每年适当增加固定资产投资贷款。安排给特区的贷款指标，不计入广东、福建两省的信贷控制指标。

中国银行各特区分行适当增加外汇贷款和投资指标，对有创汇能力的项目给以外汇贷款支持。这笔外汇资金由中国银行戴帽下达，包括在广州、福州分行的外汇资金计划内。

在中国人民银行的管理下，可以在深圳特区试行开放金融市场。

（四）关于向国外银行和特区外资银行借款

向国外银行和特区外资银行筹借商业贷款，是特区利用外资的一种方式。中国人民银行根据特区的需要和偿还能力，会同国家计委核定各特区向国外银行和特区外资银行筹借商业贷款的控制指标。特区向外借款，应自借自还，一般应通过经批准的国内金融机构办理；一些创汇能力强的企业，经中国人民银行各特区分行批准，也可以直接向外借款。

商业贷款需要担保时，可商请中国银行或经批准的其他金融企业担保。个别外汇资足、对外有一定信誉的特区企业，经特区外汇管理部门批准，也可以对外承保。

（五）关于外汇管理

珠海、汕头、厦门特区的企业、单位之间外汇余缺的调剂，按全国统一规定的办法执行。深圳特区的外汇调剂可以按照现行办法继续试点。

特区内中外合资、合作经营和外商独资经营企业产品出口收汇和经营业务收汇，允许全部保留现汇。特区内国营企业和集体企业一九八五年年底以前结存的现汇允许保留，愿意结汇的可以保留外汇额度，使用时不受用汇指标控制。从一九八六年起，国营企业和集体企业产品出口收汇应及时结汇，按规定留成办法保留外汇额度。经营进出口业务的企业和以进养出的生产企业，经当地外汇管理部门同意，可以根据业务需要保留部分现汇，用于经常性外汇资金周转。

"七五"期间，各特区要努力做到外汇自行平衡，预计不会有较多结余。

因此，特区结汇后的自有外汇额度可允许使用，按实际结汇数相应增加其用汇指标。增加的用汇指标戴帽下达，不占广东、福建两省的用汇指标。

（六）关于外贸管理

为支持特区发展外向型经济，对特区的产品特别是工业制成品（包括内地初级产品在特区加工增值后的产品）出口，应给予积极扶植，优先照顾。

特区出口区内生产的工业产品（包括加工增值在20%以上的产品）的配额、许可证管理，应简化手续，给以方便。建议由经贸部和广东、福建两省经贸委派人到特区就近发证，或采取其他简便措施。对特区进口许可证的管理，也可仿此办理。

在特区实施国家规定的出口配额、许可证制度时，对中外合资、合作经营和外商独资经营企业，要注意到要求它们实现自身外汇平衡的情况；要信守涉外合同，在实行某项新规定时，对过去批准正在实施的项目，原则上按原合同数量给予出口配额和许可证。

特区向港澳地区出口自产的鲜活商品，经营或代理非特区产品的出口，均按经贸部和省主管部门的规定执行；进口国家限制进口的商品，应按国家有关规定报请审批。

特区人民政府要加强对本特区外贸企业和外贸活动的管理。特区组建经营区内产品出口和区内自用物资进口的外贸企业（包括工贸、农贸、技贸企业），由特区人民政府审批。过去经特区人民政府批准的经营或代理区外产品出口的外贸企业，要按国家有关规定进行整顿，经省报经贸部确认。

（七）关于特区产品内销

特区企业的产品必须以出口为主。但是，各种产品进入国际市场要有个过程，也不是所有产品都能全部外销，适当让点国内市场换取先进技术，可以吸引更多的外商投资。因此，特区产品需有一部分内销，同内地进行必要的商品交流。特区生产的属于国家需要进口的短缺产品，采用国内原材料、元器件较多的产品，以及外商确实提供了先进技术和设备生产的产品，可以有适当比例内销。特区产品的性能、质量达到进口产品同等水平，国内又需要进口的，应从特区采购，替代进口。其中有些产品，特区生产的数量可以满足国内需要，价格又不高于国际市场价格的，应不要再进口。

中外合资、合作经营和外商独资经营企业的产品（国家限制进口产品除外），应严格按照批准的合同中规定的内外销比例执行。由特区人民政府对企业产品的销向实行管理，内销由特区人民政府批准，外汇平衡也由特区人民政府负责。特区国营企业和集体企业的产品（国家限制进口产品除外），在外汇自行平衡的前提下，凡国内市场需要的，允许内销一部分，但特区人民政府应对企业作外向型目标管理。

特区企业用进口成套散件、成套组装件装配生产的国家限制进口产品，内销应按照《国务院关于加强对广东、福建两省进口商品管理的通知》（国发〔1985〕136号）办理。特区企业用部分国产件、部分进口件生产的国家限制进口产品，内销部分由特区人民政府报国务院有关行业主管部分实行审批管理，并办理调运手续。

内销的特区产品，凡含有进口料件的均应照章补缴关税，进口环节的产品税（或增值税）和调节税，并遵守国家统一的市场价格政策。特区产品内销，一般应以人民币结算；属于替代进口的可用外汇结算，但须经外汇管理部门同意。

要帮助疏通特区产品替代进口和内销的渠道。特区工业主管部门每年应提出经有关部门鉴定合格可以替代进口的产品品种、规格、数量、交省和国务院有关行业主管部门研究安排。特区企业可以参加国内的产品招标，到内地举办产品展销会，也可以与内地企业建立固定协作关系，省和国务院有关行业主管部门要给予帮助和支持。

（八）关于对出入特区人员和货物的监管措施

深圳特区管理线已经试管一年，效果较好，建议从一九八六年四月一日起正式启用。按照既方便与内地的正常经济交流、人员往来，又防止违法活动的原则实施管理。以广东省为主成立管理线工作协调小组，负责处理出现的问题。

珠海、汕头特区由于紧靠市区，受地形限制，特区管理线不在全线设置固定管理设施，而采取对企业或工业区派驻海关人员监管，并在特区通往内地的通道设站检查等措施，加强管理。

厦门特区采取陆上通道设站检查，海上加强巡逻，对企业或工业区派驻海关人员监管等办法，实施全线管理。

各特区现行的一线对外口岸货物、行李物品监管和关税征收减免等有关办法，在今后一个时期不作变动。对特区进口供应区内市场销售的物资、商品（不含国家限制进口物资、商品），由广东、福建两省特区办公室根据特区实际需要，每年提出额度，报海关总署会同国务院特区办公室核定后，按规定予以减半征收关税优惠，超过额度部分照征全部关税。特区进口的这类物资、商品，不准销往内地。

会议强调，越是对外开放，越要加强社会主义精神文明建设，对此必须切实抓紧，不容有任何松懈。中央领导同志一再指出，特区的干部必须有特别高的觉悟，特别好的作风，特别严的纪律，特别高的工作效率。特区的领导同志和广大干部对此都必须身体力行，认真贯彻执行党和国家的方针政策，做好思想政治工作，坚决抵制各种腐朽思想的侵蚀，反对腐败现象，要勤奋工作，廉洁奉公，带领广大群众把特区的"两个文明"同时抓上去，促进对外开放、体制改革和经济振兴，充分显示社会主义制度的优越性。到会同志反复领会小平同志关于"办特区是个试验"的指示精神，深感任重道远，决心艰苦奋斗，精心探索，务使这项前人未曾做过的重要试验获得成功。

国务院关于批转《一九八七年经济特区工作会议纪要》的通知

(国发〔1987〕30号)

国务院同意《一九八七年经济特区工作会议纪要》，现转发给你们，请贯彻执行。

一九八六年，经济特区在发展以工业为主、工贸结合的外向型经济方面，迈进了一大步。今年经济特区的工作，要继续坚持四项基本原则和改革、开放、搞活的方针，严格控制基本建设规模，积极开展增产节约、增收节支运动，抓生产、上水平、求效益，深化改革，加强管理，进一步增强经济实力，完善投资环境，提高对外资的吸引力和产品外销竞争力，使外向型经济发展得更快些更好些。广东、福建两省人民政府要继续加强对经济特区工作的领导和管理，切实帮助解决工作中存在的困难和问题。国务院各有关部门要认真落实国务院关于经济特区的各项政策措施，积极支持特区发展外向型经济。

一九八七年四月十一日

一九八七年经济特区工作会议纪要

(一九八七年二月十日)

经国务院领导同志同意，经济特区工作会议于一九八七年二月六日至十日在深圳举行。参加会议的有深圳、珠海、汕头、厦门四个经济特区，广东、福建两省和国务院十三个有关部门的负责同志。海南行政区的负责同志也参加了会议。会议分析了经济特区当前的情况，交流了经验，研究了今年的工作安排。纪要如下：

（一）

会议认为，四个特区在一九八六年认真贯彻执行国务院批转的《经济特区工作会议纪要》（国发〔1986〕21号文），坚决压缩基建规模，把工作重点转到抓生产、上水平、求效益方面。着力发展外向型经济，取得了比较显著的进展。

特区生产持续稳定发展。四个特区去年工农业总产值共七十五亿元，比上年增长20%以上，深圳发展更快一些，工农业总产值比上年增长33%，达到三十八亿元。去年特区共有三百多家新工厂建成投产。大都是技术比较先进、出口创汇能力比较强的项目，科技工作也取得可喜成果，开发了激光视盘电脑检索系统、微电脑、高效无公害农药等一批新产品，有的已推广应用，有的还销往国外。

在发展生产的同时积极开拓国际市场，产品出口增长较快。特区去年出口总额接近十亿美元，比上年增长22.6%。深圳出口额七亿二千五百万美元，基本上做到外汇收支平衡有余；自产工业品出口比重已占工业产值的45%（包括来料加工则占51%），有一百二十六家企业年出口额超过一百万美元（其中超过五百万美元的二十二家）。

举办创汇农业颇有起色。这几年深圳和珠海引进和培育一批良种、良畜良禽、改进栽培、养殖技术，进行科学管理示范，向农户扩散推广，初步形成了以国营农场为中心，组织周围农户生产，由外贸专业公司经销的创汇农业群体。这种生产经营形式的巩固和发展，将为进一步开拓港澳鲜活商品市场提供充裕的优质货源。汕头特区去年引进农副产品后处理技术，生产的保鲜果菜、速冻水产品、烤鳗鱼等，进入了远洋市场，增收了外汇。

特区的"窗口"作用日益得到重视和发挥。国务院的二十四个部门和二十八个省、自治区、直辖市已在深圳办了四百五十家工厂，利用特区发展出口，获取国际市场信息，向内地转移先进技术和科学管理方法，既促进了特区的发展，又利于特区更好地为内地的经济发展和技术进步服务。

去年上半年，深圳和珠海由于压缩基本建设、控制社会消费基金，一度市场不太景气，宾馆入住率低。这是特区经济在调整过程中出现的现象。去年下半年情况逐渐好转。从全年来看，深圳的社会商品零售额仍比上年有所增长，宾馆入住率有所上升。从经济实力的增强、出口的增长、科技工作的进步、"窗口"作用的发挥这些重要方面来看，去年特区的工作是健康的，进展是扎实的。

会议指出，经过过去几年的努力，特区已由打基础的初创阶段，进入了建立外向型经济的新阶段。今年要坚决执行年初全国省长会议对经济工作的总部署，进一步贯彻落实国发〔1986〕21号文件的各项要求，继续抓生产、上水平、求效益、积极开展增产节约、增收节支运动，努力深化改革，切实加强管理，在吸引外资、引进技术和扩大产品外销方面做出更大的成绩。

（二）

会议认为，一九八七年特区要继续控制基建规模，不铺新摊子，不开发新区。去年的工作所以能有较多的主动权，各特区坚决压缩了基建是很重要的一条。深圳就削掉一大批非生产性项目（包括五十一幢十八层以上的大楼），基建规模压缩了34%，从而造成了比较宽松的经济环境，使资金、物资紧张的情况得到缓解，得以集中力量重点保证外向型生产项目的建设，增加生产，提高效益，实现了财政收支平衡，并归还贷款一亿九千万元，这说明，按照建立外向型经济的需要，根据经济发展水平和消化承受能力来安排基建规模，是特区建设的一条重要方针，今后必须继续认真贯彻执行。

今年特区的基本建设应比照去年的规模来安排。基础设施建设，要集中搞好已开发区域的完善配套，项目建设，要重点确保收效快的外向型的生产项目和可以对特区经济起支柱作用的项目。就单个项目来说，也要十分讲求投资效益，不能任意提高建筑标准和增加工程内容。深圳现在开发的区域已达四十八平方公里，接近广州解放初期的城区面积，摊子已经不小。今后数年内，主要应充实、完善已开发的区域，把创汇能力强、技术水平高、经济效益好的生产项目抓上去，不能再扩大开发面积和修建高档宾馆、高层楼宇。对于停建、缓建的"半拉子"工程，要切实做好维护工作，避免损失。珠海、厦门也应按照这个精神，安排自己的基本建设。

（三）

会议认为，特区发展外向型经济的当务之急，是把产品出口进一步抓上去，并在国际市场上站稳脚跟，不断扩大阵地。

要进一步搞好与内地的经济技术联合，发展已经打开的局面。纺织部组织全国十八个省、市在深圳办的华联纺织公司及其所属二十一家纺织、印染和服装工厂，专以小批量、多品种、快交货取胜，生意越做越大，去年95%的产品出口，创汇三千一百万美元。由电子工业部积极支持深圳的一百三十一家电子工厂联合成为电子集团，以"立足深圳，依托内地，面向世界"为工作方针，在开发新产品、开拓国际市场、为国内电子行业提供各种服务和培训各类人才方面做出了成绩。去年的产值比上年增长38%，开发新产品七十二种，出口达到八千万美元，比上年翻了一番。国家经委、轻工业部组织内地二十一家自行车厂，为深圳中华自行车厂提供零部件，结合该厂引进的关键技术，组装成赛车、童车、爬山车、旅游车、载重车等一百种型号样式新颖的自行车，一半以上出口，并带动了内地自行车零部件生产向国际标准靠拢，初步改变了中国自行车过去主要是出口第三世界的情况，进入了英、美、澳大利亚的市场。国家机械委、航空工业部、航天工业部、农牧渔业部等部门，这方面的工作也抓得很有成效。要进一步把特区进出方便、信息灵通的优势，与内地的工业基础和力量结合起来，带动内地的资源开发、原料及初级产品深加工、精加工，搞出一批又一批适销对路的出口新产品，这是特区建设必须坚持的又一条方针。特区对内联单位，要让他们在技术进步上有收获，经济上得到收益，并搞好协调服务，提供便利条件，为内地开辟一条通向国际市场的便捷渠道，使特区和内地互为依托，共同繁荣。

产品外销能力的增强，关键在于科技进步。蛇口开发科技有限公司，从美国、香港引进十几位电子工业专家，让他们以技术入股（占34%），合资举办企业，这些专家辞去了原来的国外公司担任的职务，带来了技术和销售渠道，与中方人员一起搞开发，所生产的电脑磁头是高技术产品，在国内属第一家，国外也为数不多，去年生产五十万只，全部出口欧、美和日本，今年外销额可增加三倍，可创汇一千二百万美元。深圳机械工贸公司，前身是宝安县的两个小厂，设备简陋，经过技术改造，先后研制出七种纸箱印刷机，占领了香港同类产品市场的三分之一。这就说明，在科技开发和扩大出口创汇方面，小厂也是可以大有作为的。因此，特区一定要把科技工作抓紧，进一步加强人才引进，联合内地的科技力量，发展高科技，开发新产品、新工艺、新技术，为扩大出口服务。深圳科技工业园的建设也要抓紧抓好。

特区建立外向型经济，还要走出去办企业。深圳经济特区发展公司与海外华人和香港同胞合作，从当地银行筹集资金，没有从国内汇出一分钱，在美国洛杉矶和香港办成四家企业，带动了物资和劳务的出口，这样做，对增加外汇收入，获取经济信息，逐步掌握国外采购、销售渠道，增强同国际资本打交道的本领很有益处，今后应有计划地加以发展。

（四）

会议认为，特区必须努力深化改革，按照发展外向型经济的要求，建立一个能够加强宏观控制调节、充分发挥企业活力、适应国际市场变化的经济管理体制。

去年特区企业推行厂长（经理）任期目标责任制；外贸实行工贸、农贸结合，自负盈亏；银行调整了存贷利率，开展横向同业资金拆借业务和有控制的外汇调剂；一些小型国营和集体企业实行承包、租赁经营等，这些改革的新进展都对发展特区经济起了有益的作用。但是，特区的改革包括搞活企业、完善特区市场体系和改进经济管理等方面都还只是刚刚开头，必须进一步加快步伐。尤其是特区的行政管理，目前基本上沿袭内地的老办法，很不适应特区建设的新形势，必须按照精简、高效的原则，建立科学的行政管理系统，减少层次，明确职责，提高办事效率，克服官僚主义。

要通过深化改革把企业搞活。要完善企业厂长（经理）各种形式的责任制，抓好企业所有权和经营权分离的试点，给企业经营者以更多的自主权。特区企业要以经济效益为中心加强管理，充分运用我国企业管理的好经验，认真借鉴国外的科学方法,逐步采用现代化的信息手段,使企业的管理水平和产值利润率、资金周转率、劳动生产率和净创汇收入都能不断提高。从特区人民政府(管理委员会)到企业,都要坚持艰苦创业,勤俭办事。坚决摒弃讲排场、比豪华、铺张浪费的不良风气。

衡量特区改革的一个重要标志,是要率先在全国造成吸引外资的良好"小气候"。特区的投资环境,在"硬件"配套方面固然还要进一步完善,但改善"软件"在目前更为紧迫。要逐条落实《国务院关于鼓励外商投资的规定》提出的各项要求,健全特区经济立法,提高职工素质,为外商投资办企业提供高效率、高质量的服务。

(五)

会议认为,中央和国务院已经给特区建立外向型经济提出了明确的方针、政策和工作要求,特区要切实贯彻执行好现有政策,充分利用已有的物质技术基础,苦练内功,发挥内力,把进一步发展的立足点放在自己力量的基础上,不应要求国家"开新口子",给更多的物力财力支持。同时,有关方面也要照顾特区发展前进中的实际需要,在不影响国家经济全局的前提下,对特区提出的一些合理的要求,尽可能给以支持。到会的国务院有关部门和广东、福建两省负责同志,对特区落实现有政策规定中遇到的几个具体问题,经过共同研究,提出了以下解决办法:

第一,关于信贷资金。根据特区发展外向型经济的需要,中国人民银行和各专业银行适当进加一些信贷指标,分别戴帽下达给四个特区;厦门、珠海、汕头三市各银行的存款准备金,直接交存当地中国人民银行,不再上交,分别留在三市使用。

第二,关于特区的对外借款指标。根据特区对外经济活动需要,在国家自借自还的对外借款控制规模内,国家计委、中国人民银行在原下达的基础上再给特区适当增加一些指标。

第三,关于用汇指标。特区国营、集体企业产品出口收汇,除按规定允许保留的现汇以外,对结汇后留成的外汇额度,国家计委和广东、福建两省在安排用汇指标时，考虑特区实际情况，适当照顾多给一些。

第四，关于特区进口自用物资的审批和产品出口配额、许可证管理问题。为了简化办事手续，提高工作效率，特区进口属于国家实行进口许可证管理或限制进口的商品，每年报国家主管归口审查部门一次审批。在批准的数量内，向本省经贸委一次申领进口许可证后，由特区人民政府（管理委员会）自行组织进口。特区进口其他自用的设备和物资，仍按现行规定办理。特区进口的自用设备和物资，不得转销内地。为了扶植特区的产品出口，经贸部对属于实行出口配额、许可证制度管理的商品，在给广东、福建两省下达年度出口额度时，列明特区数量，给予适当照顾，并继续简化审核发证手续。

第五，关于外资企业审批权限。在特区内举办的外资企业，按国务院规定的审批权限，属于限额以下的由特区人民政府（管理委员会）审批，并颁发批准证书，向经贸部备案。但是，如这类企业生产的产品属于实行出口许可证、配额管理的或其内销产品属于国家限制进口的，仍应在审批前征求经贸部或其他主管审批部门的意见。

（六）

会议认为，处于对外开放第一线的特区，对于当前开展的反对资产阶级自由化的斗争，必须高度重视，认真抓好。要认真学好中央下达的有关重要文件和小平同志的重要指示，按照中央的方针政策，教育和引导广大党员和干部自觉地站在这场斗争的前列，坚持四项基本原则，旗帜鲜明地反对资产阶级自由化。对那些否定社会主义、否定人民民主专政、否定共产党的领导、否定马列主义、毛泽东思想的资产阶级自由化思潮，要坚决抵制，严肃地进行批评。这是保证特区健康发展的大前提。要深刻认识开展这场斗争与坚持改革、开放、搞活两者缺一不可的关系，进一步提高特区广大干部职工坚决执行党的十一届三中全会以来的路线的自觉性，使特区沿着健康正确的轨道继续前进。

在特区建设中，必须坚持两个文明一齐抓，在广大干部和群众中加强政治思想工作，进行社会主义民主、法制、纪律和职业道德的教育。还要制订必要的"守则"和纪律,共同遵守,互相监督。对特区报刊、出版、广播、影视等部门要加强领导,使之成为宣传党的政策,宣传社会主义和爱国主义思想,传播化,丰富人民精神生活的坚强阵地。

特区的经济一定要搞得很活,特区社会风气一定要搞得很好。这就要求特区的广大共产党员特别是各级领导机关、领导干部真正以身作则,当好表率。对于紫阳同志提出的"要有特别高的觉悟,特别好的作风,特别严的纪律,特别高的工作效率",必须坚定地身体力行,做到公正廉洁,忠实积极,不尚空谈,多干实事,全心全意为人民服务,为建设特区和推进社会主义现代化奋斗开拓。

会议强调,经济特区要依靠中央、国务院各部门和广东、福建两省的领导与支持,兢兢业业,扎扎实实,进一步把各项工作抓上去。争取到一九八九年即特区举办十周年的时候,初步建成以工业为主,工贸结合,旅游和农牧渔业相应发展的外向型经济特区,在上缴财政收入和外汇收入方面对国家做出更多的贡献,在发挥四个"窗口"的作用和探索改革、开放、搞活的经验上做出更大的成绩,对香港、澳门经济的稳定繁荣和统一祖国大业发挥更加积极的影响。

国务院关于沿海地区发展外向型经济的若干补充规定

（国发〔1988〕22号）

为实施我国沿海地区的经济发展战略，适应大进大出，发展外向型经济的需要，在继续执行国务院关于加快和深化外贸体制改革、鼓励外商投资、发展来料加工装配以及沿海开放地区各项政策规定的基础上，对经济特区、沿海开放城市和经济开放区等沿海地区的有关政策，作如下补充规定：

一、扩大沿海地区吸收外商直接投资的审批权限

在沿海地区举办中外合资经营企业、中外合作经营企业，凡属符合国家指导吸收外商投资方向规定的生产性项目，建设和生产经营条件以及外汇收支不需要国家综合平衡，产品出口不涉及配额、许可证的，天津、上海、广东、福建、海南和北京仍按原规定，投资总额在三千万美元以下的项目由省（市）自行审批；辽宁、河北、山东、江苏、浙江和广西的自行审批权限，由原规定的投资总额五百万美元以下或一千万美元以下，扩大到投资总额在三千万美元以下的项目；经济特区的审批权限由原规定的轻工业三千万元、重工业五千万元以下，扩大到投资总额在三千万美元以下的项目。沿海省、自治区、直辖市所辖市、县的审批权限，由各省、自治区、直辖市人民政府在上述权限范围内自行规定。地方审批的项目应报国家计委和经贸部备案。

在沿海地区举办外资企业，除国发〔1985〕90号文件规定的统一归口的项目外，也按上列审批权限办理。

二、鼓励采用中外合资、合作方式加快老企业技术改造

沿海地区的国营企业和集体企业，可以以现有的场地、厂房、设备、工业产权和企业自有资金等作为出资，也可以将国家安排用于企业技术改造的

资金（包括外汇和人民币）作为出资，采取与外商合资经营方式进行技术改造，引进先进技术，发展出口产品或替代进口产品。国营企业和集体企业也可以采取与外商合作经营的方式进行技术改造；也可以将多余的场地、厂房、设备出租给外商投资企业。

国营企业和集体企业改变为中外合资经营企业或中外合作经营企业后，对企业多余的职工应按照有关劳动法规合理安排，也可以保持原企业的法人地位，用从合营企业分得的利润或获得的租金，发展其他生产经营，安置多余的劳动力。

三、下放外贸企业审批权

沿海省、自治区、直辖市人民政府的对外经贸部门可以批准成立经营本省、自治区、直辖市进出口业务的外贸企业，并授予其外贸经营权；可以批准有条件承担承包出口任务的企业或企业集团经营本企业所需的设备、原材料、零部件等进口和产品、技术出口业务，并授予其外贸经营权；在征求驻外使馆意见后，可以批准在国外（不含港澳地区、未建交国家和苏联、东欧国家）设立企业或企业分支机构以及在国外举办洽谈会、展销会等经贸活动。对外经济贸易部应制定有关的审批管理办法。

四、改进进料加工出口的原材料管理

沿海地区企业为发展进料加工出口，进口的原材料、零部件等，包括属于国家限制进口产品的成套散件，由省辖市一级政府的对外经贸主管部门审批，海关凭批准文件和合同验放。其中属于国家实行许可证管理的商品，免领进口许可证；属于国家规定统一代理订货的九种进口商品，各地区订货时，应与负责统一订货的进口总公司协调价格。

进料加工出口企业，可以在互利的原则下，与原料产地建立各种形式的协作关系；也可以用外汇，按不高于出口离岸价，购买外贸公司准备出口的原材料或初级产品，进行深加工后出口。

五、改进和完善对进料加工出口的海关监管

沿海地区企业进料加工出口所用的原材料、零部件等，按实际加工出口的数量免征进口关税和进口环节的产品税或增值税。加工的产品出口，免征出口关税。

海关对沿海地区发展进料加工出口区别不同情况进行有效监管。大力推行保税工厂管理办法，在进料加工出口业务集中的市、县，可以设立保税仓库。对不具备保税监管条件的进料加工，仍实行按一定比例作为不能出口部分予以征税，事后按实核销的办法。

要坚决防止"大进小出"或"只进不出"。为进料加工出口而进口的原材料、零部件等，都应加工出口。海关应完善核销制度，简化手续。因故必须转为内销的，须经批准进口的主管部门核准和海关许可，并补征进口关税和进口环节产品税或增值税。属于国家限制进口或实行进口许可证管理的产品，须按国家有关规定补办进口批件或进口许可证，照章补税后方准内销。加工过程中产生的副次品，边角余料允许内销，由海关合理估价补税。

六、合理安排外汇周转资金

沿海地区发展出口所需增加的外汇周转资金，主要从地方和企业的留成外汇中筹措，中国银行和其他经营外汇业务的金融机构应适当增加沿海地区的外汇贷款指标。

沿海省、自治区、直辖市为发展出口所需的外汇周转资金确有不足又有偿还能力的，可报请中国人民银行，在国家下达的对外借款指标外，核定一个短期借款（一年内的商业借款）的额度。在此额度内借款，不再逐笔报中国人民银行审批，并可在偿还后根据需要再借，实行余额外债管理。

七、收汇实行先还贷后分成

利用国内外外汇贷款开发的项目，新增加的出口收汇或替代进口收汇，可以先还贷，后分成。

八、进一步搞活外汇调剂

沿海地区可以在开放的省辖市设立外汇调剂中心。各类留成外汇、外商投资企业的外汇以及国家外汇管理局准许调剂的其他外汇，都可以通过外汇调剂中心相互调剂。省、自治区、直辖市之间可以互相协商调剂外汇，也可以通过全国外汇调剂中心调剂。调剂价格可以根据外汇的供求状况浮动，必要时由国家外汇管理局规定最高限价。

九、建立出口风险基金

沿海省、自治区、直辖市有条件的地方，可以组织出口企业试办出口风险基金，对由于国际市场变化而造成经营困难的企业进行帮助。基金可按企业的出口收购额或出口收益的一定比例在一定年限内提取，周转使用。具体提取办法由省、自治区、直辖市人民政府规定，报经贸部、财政部备案。

十、为发展外向型经济提供运输保障

沿海省、自治区、直辖市和经济特区可以采取集资、联营、自营等方式，建立或扩大船队，发展近远洋运输，发展铁路、公路、水运、航空多式联运。

船舶运输、港口装卸和船运、货运代理网点的设置，要适应运输和方便用户的需要，在加强管理、统一对外的前提下，允许多家经营和互相兼营，并按同等条件优先的原则，多用国轮运输。

十一、简化国内外商务人员出入境手续

沿海地区有对外经营权的外贸企业、大中型企业或企业集团和加工出口企业、劳务承包工程企业的人员，以及外商投资企业的中方人员，因业务洽谈、采购、推销、售后服务等商务活动出国，由沿海省、自治区、直辖市人民政府授权省辖市一级人民政府和经济特区的人民政府（管理委员会）负责审批，政治审查也由同级政府的人事部门负责办理，一年内再次出国，授权企业自行审批，不再进行政审，不再填写《再次出国人员审查表》。

凡邀请与中国有外交关系或官方贸易往来关系的国家（地区）的非官方人员来华进行经济贸易或科技交流活动，均授权沿海地区的省辖市一级人民政府自行审批。

十二、组织科技力量为发展外向型经济服务

沿海地区各级人民政府应当采取积极有效措施，发挥沿海地区科技水平较高的优势，推动科技与经济密切结合。鼓励、组织科技人员到中小企业服务，到乡镇企业服务，也可以租赁、承包经营乡镇企业。支持和允许科研单位和科技人员创办科技企业和以自有的专利技术、科研成果、技术诀窍等工业产权、知识产权入股经营，发展科研生产联合体，开发出口产品和创汇农业。

十三、注重勤俭节约，讲求经济效益

沿海地区发展外向型经济要充分发挥现有企业的生产经营潜力，充分利用现有场地、厂房、设备，搞加工，搞组装，搞出口。一般暂不搞新的工业区或出口加工区。有些地方结合城市建设规划、乡镇建设规划，开发工业小区的，要适当控制规模，量力而行，所需的资金由地方政府自筹。

十四、本规定自下达之日起执行。

一九八八年三月二十三日

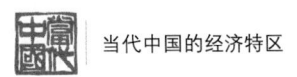

国务院批转《关于海南岛进一步对外开放加快经济开发建设的座谈会纪要》的通知

国发〔1988〕24号

国务院同意《关于海南岛进一步对外开放加快经济开发建设的座谈会纪要》，现转发给你们，请研究执行。

在海南岛实行特殊经济政策，建立经济管理新体制，把海南岛建设成全国最大的经济特区，是贯彻沿海经济发展战略，进一步扩大对外开放的重要措施，具有深远的意义。海南岛的开发建设，中央要给予特殊政策，但更重要的是靠海南广大干部、群众团结一致，艰苦创业。特别是在开发初期，条件很差，困难很多，更需要有严格的纪律和艰苦奋斗的精神。

开发建设海南岛，要大力吸收外商投资，也要鼓励内地的企业去投资开发。开发工作要有规划、有步骤一片一片地进行，先搞二、三块地方，决不可把摊子铺得太大，要严格控制没有效益的楼堂馆所的建设。办各项事业都要精打细算，讲求经济效益和社会效益。

一九八八年四月十四日

关于海南岛进一步对外开放加快经济开发建设的座谈会纪要

（一九八七年十二月十一日）

经国务院同意，一九八七年十二月八日至十一日在海口举行了关于海南岛进一步对外开放加快经济开发建设的座谈会。国务院十六个部门、海南建省筹备组及广东省的负责同志出席了会议。新华社香港分社及香港中资集团的负责同志也参加了会议。

海南岛地处南海前沿，战略地位十分重要，具有独特的资源优势，是我国的宝岛，又是著名的老革命根据地，有黎、苗等兄弟民族的聚居区。把这里的经济和文教科技事业尽快搞上去，对于实现社会主义现代化，加强民族团结，巩固国防，完成祖国统一大业，有着深远的意义。建国以来，海南经济建设得到加强，特别是党的十一届三中全会以后，海南贯彻执行中央关于以对外开放促岛内开发的方针，经济发展势头良好。中央和国务院最近提出，海南建省以后，实行比现行经济特区更加灵活的政策，进一步放宽搞活，加快开发建设的步伐。这是顺应国内外形势的正确决策，是贯彻落实党的十三大精神的重要步骤，也符合海南有琼州海峡与大陆相隔的地理特点。会议就有关的方针政策性问题进行讨论后，提出了建议，纪要如下：

一、海南省要紧紧把握住发展生产力这个中心，坚持四项基本原则，进一步对外开放，深化改革，加快经济开发建设，兴岛富民，争取在三、五年内赶上全国平均经济水平，到二十世纪末达到国内发达地区的水平，进而为赶上东南亚经济较发达国家和地区的水平而努力。

发展经济必须立足于开发利用丰富的湿热带自然资源、海洋资源、矿产资源和旅游资源，充分挖掘内部潜力，同时积极吸收利用外资，大力加强基础设施建设，逐步建立具有海南特色的产业结构，努力提高技术水平、产品水平和服务水平，积极改善经营管理，面向国际市场，扩大出口创汇，朝着参加国际经济大循环的目标，有计划有步骤地发展外向型经济。

要结合海南实际，探索自己的发展路数，不要盲目照搬其他地区的模式。要作好通盘的长期规划和分步骤的实施计划，先从沿海开始，搞二、三块地方，一块一块分片开发，开发一片收益一片，切忌急于全面铺开。要十分注重效益，在发展生产、提高劳动生产率的前提下，使群众得到实惠。尤其要认真落实国家对少数民族的各项政策，扶助民族自治县因地制宜发展经济和文化教育事业。

二、海南省的经济建设，应积极利用外资，尤其要大力吸收港澳资金，并积极发展与内地的横向经济联合。

鼓励香港、澳门、台湾地区和外国的公司、企业和其他经济组织或者个人（统称境外客商），与海南省开展各种形式的经济技术合作。除了举办中外合资经营、中外合作经营、外资企业（统称外商投资企业），采用经济特区等行之有效的方式以外，其他国际上通行的经济技术合作好办法，在海南省也都可以试验采用。

海南省要积极与内地发展横向经济联合，鼓励内地的公司、企业到海南投资举办企业，开发岛内资源，发展生产、扩大出口。

海南省的国家所有土地实行有偿使用制度，土地使用权可以有偿出让或转让。国有土地使用权出让，一次签约期限最长为七十年，期满后可以申请续约。境内和境外的投资者（统称投资者）可以在海南成立合营或独资的开发公司，成片开发土地（含国营农场）。投资者开发的土地，在土地使用权的有效期内可以转让，也可用作向银行抵押贷款。

鼓励投资者在海南岛投资建设港口、码头、机场、公路、铁路、煤矿、电站、水利等基础设施和农业开发项目。这些投资多、回收慢、风险大的项目，减免所得税的优惠待遇可以更加放宽；其投资者，还可以同时投资举办与这些项目相关联的效益高、资金回收快的企业和服务事业，实行综合经营，综合平衡外汇收支。

海南省的某些重要自然矿产资源，报经国家主管部门批准后，可以合资、合作进行勘探开发。

经海南省人民政府批准，投资者可以承包经营海南岛的某些全民所有制企业和集体企业；可以对招标拍卖的全民所有制企业和集体企业投标；可以向海南岛实行股份制的全民所有制企业和集体企业参股。境外客商参股在25%以上的企业，可以享受外商投资企业的优惠待遇。

在海南岛可以设立外资银行、中外合资银行和境外客商投资的财务公司，并适当放宽其业务经营范围。这些银行和财务公司的设立及其业务经营范围，由中国人民银行总行批准。

三、海南省内的外商投资企业，按照《国务院关于经济特区和沿海十四个港口城市减征、免征企业所得税和工商统一税的暂行规定》（国发〔1984〕

161号）中有关"经济特区"的规定，享受税收优惠待遇。对产品出口企业和先进技术企业，按照《国务院关于鼓励外商投资的规定》（国发〔1986〕95号）有关条款，实行进一步的优惠。境外客商投资建设的基础设施项目和农业开发项目，凡经营期在十五年以上的，从开始获利年度起，第一年至第五年免征企业所得税，第六年至第十年减半征收。重要项目需要给予更多优惠的，海南省可报请财政部特批。

在海南的国内企业与外商投资企业实行一样的税收制度，平等竞争。其他省、自治区、直辖市在海南举办的企业获得的利润调往内地。从获利年度起十年内，不再补征所得税。

四、海南省可以按自借自还的原则，从海外直接筹借资金进行开发建设。借款额度由海南省根据偿还能力逐年编制计划，报国家计委核定。经国务院主管部门批准，也可以对外发行债券。授权中国人民银行海南省分行批准少数有经营能力的金融机构或其他企业办理上列业务。

五、大力扶持海南省拓展出口贸易，海南省自产产品出口，应在国家统一政策指导和管理下放开经营。

海南省有独特的资源，可以生产许多与国内传统出口产品不同的产品。国家鼓励和支持海南省充分利用当地资源，按照"贸工农"方针发展生产，大力开发具有自身特色的出口产品，开拓新市场。海南省生产的商品，除属于国际被动配额和属于销往港澳地区实行配额、许可证的（品种可以适当减少，由经贸部与海南省商定），实行国家配额、许可证管理外，其余商品由海南放开经营。属于国家配额、许可证管理的海南省自产商品出口所需的配额、许可证请经贸部予以满足，由省每年向经贸部申报计划，经经贸部核定后切块下达，由经贸部派驻海南省的代表按海南省的分配方案发证，或委托海南省发证。海南外贸企业收购或代理内地商品出口，属于配额、许可证商品的，仍实行全国统一的管理办法。

海南省人民政府可以批准成立经营自产产品出口业务的外贸公司和工贸公司、农贸公司（企业集团），这些公司（企业集团）也可以出口海南省生产的属于国家规定由专业外贸公司统一经营的产品。经海南省审核报经贸部批准，可以成立经营或代理外省外贸业务的公司，经营或代理除国家规定统一经营范围以外其他产品的出口业务。

六、海南省可根据实际需要。自行审批和组织进口省内自用的生产设备、原辅材料和省内市场短缺的商品。国务院国发〔1985〕90号文件有关引进机电产品的规定中属于暂停引进的生产装配线，海南确实需要的，可报请国家计委特批；属于岛内自用的国家控制进口的产品和统一归口、联合对外引进技术和设备的项目，可以由海南省灵活掌握，自主审批，组织进口。属于提供岛内市场销售的国家限制进口机电产品，由海南省每年编制计划，报国家主管部门核定总额度，授权海南省在此限额内掌握审批，并发放进口许可证。属于用进口成套散件、关键件组装生产的国家限制进口产品，需要销往外省的，在国家主管部门核定的内销额度内，授权海南省审批并发放有关证件，海南省用自有外汇进口属于国家规定由专业外贸公司统一经营的粮食、钢材、化肥、木材、橡胶、化纤、原油、成品油、烟草等九种商品，每年向经贸部申请进口额度，在批准的额度内，授权海南省指定省内有经营能力的外贸公司经营，并与专业外贸公司协调好对外成交价格。所有进口，凡实行进口许可证管理的，在经贸部批准的额度内，都可由海南省经贸部门发证，由特派员办事处监督。

上列进口物资的关税和进口环节的产品税或增值税，属于省内用于建设和生产的机器、设备、零部件、原材料（包括建筑材料）、燃料及货运车辆，旅游业、饮食业营业用的餐料，企事业单位和行政机关自用的（合理数量以内）办公用品和交通工具，可以免征；属于供省内市场销售的商品（包括国家限制进口商品），一律减半征收。省内企业用进口的材料加工的产品，在省内市场销售，对所含进口料件按上述原则免征或补征税款。

七、海南省生产的产品除用免税进口料件组装生产的国家限制进口产品须经省人民政府审批外，其余可以自主内销外省。内销到外省的产品，所含免税进口料、件，应照章补税。

海南省免税或半税进口的物资和商品限在省内使用和销售，个别的经国家主管部门批准才可转销国内其他地区，并照章补税。

八、支持海南发展旅游事业。授予海南省旅游外联权和签证通知权。海南可以采取中外合资等多种形式开发旅游资源、建设旅游基础设施和举办旅游饭店、旅游车（船）队。可聘请国外饭店管理集团管理一部分饭店，可以多搞一些"联号式"管理。

九、海南省向海外派出贸易机构和旅游机构，到海外办企业，除到我有特殊规定的国家（地区）以外，均授权海南省审批，同时报外交部和经贸部或国家旅游局备案。海南省因公出国人员，除副省长级以上干部需报国务院审批，到未与我建交或没有官方贸易往来的国家（地区）的应先商外交部以外，均由海南省审批。

与我国有外交关系或有官方贸易往来的国家（地区）的外国人，到海南岛洽谈商务、从事科技交流、探亲、旅游的，凡在海南岛停留不超过十五天者，可以临时在海口或三亚口岸办理入境签证。如有正当理由需要延长在海南岛的停留期或转往内地，以及原仅申请到海南岛如要转往内地的，可按有关法律和规定申办签证延期或加签手续。

在海南岛常住的外国人和在海南岛投资参加开发建设的外国人以及他们的随行眷属，海南省有关部门可根据其申请，颁发前往海南岛的多次入境签证。

港、澳、台湾同胞和华侨，凡持有国务院主管机关及其授权的机关签发的有效护照或其他有效证件的，前往海南岛以及转往内地或出境无需办理签证。前往海南岛的台湾同胞，可以直接在海南省的有关口岸申领"台湾同胞旅行证明"。

为了方便海南岛与香港、澳门之间的人员来往，海南省人民政府可以商新华社香港分社制订具体管理办法，报外交部和国务院港澳办公室核准实行。

十、海南省的改革可以有更大的灵活性，要在国家宏观计划指导下，建立有利于商品经济发展、主要是市场调节的新体制框架。

全省的国民经济管理，要逐步形成国家调节市场、市场引导企业的经济运行机制，建立以间接管理为主的宏观调节体系，主要运用经济手段、法律手段和必要的行政手段，调节市场供求关系，引导企业正确进行经营决策。要培育生产资料市场、消费品市场、资金市场、技术市场、房地产市场、劳务市场和其他生产要素市场，积极而稳步地推进价格改革，加强市场管理，建立开放型的市场体系和正常的市场秩序。要搞活企业，保护竞争，除少数对国计民生有重要影响的企业和公用设施企业外，所有企业都要实行自主经营、自负盈亏。全民所有制企业，要实行所有权与经营权的分离，推广承包、租赁等多种形式的经营责任制，积极推行股份制，包括国家控股和部门、地区、企业间参股，也可以向本企业职工和在社会上发行股票。农村的改革，要根据发展湿热带经济作物和创汇农业的需要，在完善经营责任制的基础上，积极发展适度规模经营，发展多种经济形式。

适应海南生产力的发展水平，应使城乡个体经济和私营经济有相当的发展。允许海南省和国内其他地区的群众，以个人集资或合股经营的方式在海南省举办生产企业，从事社会服务业和商品零售业。允许举办以私有资金为主、雇用农业工人的农场。海南省人民政府对个体和私营经济要加强引导、管理和监督，保护其合法利益。

海南从建省开始，就要按照政治体制改革的要求，坚持党政分开、政企分开，精简机构，多搞经济实体。政府机构的设置，要突破其他省、自治区现在的机构模式，注重精干、高效，实现"小政府、大社会"。

十一、为有利于海南岛进一步对外开放，深化改革，加快开发建设，建议国务院授予海南省更多的经济活动自主权。

海南省内属于中央统一管理的外事、公安、边防、税务、海关、金融、邮电、民航等方面的工作，由国务院各有关主管部门根据海南岛的特殊情况，制定专项管理办法，报国务院核准实施。除此以外其他方面的业务，海南省人民政府可以按照国家的法律、法规和有关方针政策，结合当地实际情况灵活处置。今后国务院各部门下达的文件和规定，如涉及国务院给海南省规定的经济管理权限和特殊政策时，须先报国务院核准。

中央在海南岛的直属企业，除少数特殊的以外，都要逐步下放移交给海南省管理。

海南省的生产建设计划由海南省人民政府为主制定和安排。固定资产自筹投资（包括内联项目），由海南省人民政府根据需要与可能编制计划，报国家计委列入国家固定资产投资计划，只要资金来源落实，超过部分可以另算。

海南省总投资在两亿元以下的基本建设和技术改造项目，凡属建设、生产、产品销售、外汇等条件能够自行平衡，并有偿还能力的，均由海南省审批，报国家计委备案。其中属于用进口料件生产国家限制进口产品内销外省的项目和产品出口属于国家实行出口配额管理的项目事前应征求国家主管部门意见。

扩大海南省利用外资建设项目的审批权限。凡出口产品70%以上、不涉及国家配额的出口型项目，开发能源、交通、通讯等基础设施和旅游设施的外商投资项目，建设和生产经营条件不需要国家综合平衡的，不限规模，都由海南省自行审批；其他外商投资项目和自借自还的国外贷款项目，投资额在三千万美元以下，建设和生产经营条件不需国家综合平衡、不涉及国家出口配额的，也由海南省自行审批，报国家计委备案；限额以上的报国家计委审批。统借自还的国外贷款项目按国家现行规定办理。

海南省可建立外汇调剂市场，在外汇管理部门监管下，各类企业可以相互调剂外汇，调剂价格浮动，调剂范围逐步放宽。

十二、海南岛加快开发建设的任务繁重，国务院各部门和有关地区要从各个方面继续积极给予支持。

从一九八八年到一九九五年（含一九九五年，下同），国家对海南省实行"收支包干、定额补贴"的财政体制。在此期间，由中央财政每年给海南省地方财政一定数额的补贴，这项财政补贴基数由广东省和海南省划清后，报财政部核定。

海南省的能源交通重点建设基金，全部留给海南省用于安排此类项目的建设。

从一九八八年到一九九五年，国家对海南省实行粮食调入包干，每年调进五亿五千万斤（其中大米四亿斤）贸易粮，海南省议购顶抵合同定购一亿二千万斤，并允许海南省自行进口部分粮食，以保证军需民食，发展湿热带经济作物。海南省要做好粮食购销安排，并逐步实行市场调节。

海南省的信贷计划，由中国人民银行总行实行切块管理。海南省的银行存款（不含中央财政存款）全部留作信贷资金，多存多贷。在一九九五年以前，中国人民银行总行每年给海南两亿元低息开发性贷款，中国银行总行每年给五千万美元的外汇贷款，支持海南经济开发。各专业银行总行与其所属的海南省分行继续保持资金往来关系，给海南省以支持。海南省各个专业银行分行，可以进行业务交叉经营，并可同内地银行相互拆借资金。

海南省外贸自负盈亏，出口贸易收汇，一九九五年以前，海南省自产产品和用内地的原材料、半成品，经海南省加工增值20%以上的产品出口收汇，全部留给海南省；海南省收购其他省、自治区、直辖市的产品，未经加工或加工增值不足20%的产品出口收汇，按国家规定的超基数增收外汇的留成比例留成。来料加工、来件装配、补偿贸易收汇，旅游外汇，华侨、港澳同胞赡家侨汇以及捐赠外汇，全部留给海南省。

国务院各部门对海南省的发展规划，要加强指导；关系海南省发展的重点基础设施项目和重要的经济开发项目，要继续给予支持，并且抓紧抓好；国际援助性的项目和世界银行优惠贷款项目，凡适合建在海南岛的要尽先安排；各类专项拨款，不应因海南省财政实行"定额补贴包干"而有所减少。

加强智力开发是振兴海南省的关键。海南省要把抓好中小学基础教育和培养各类专业人才列入重要议事日程。今后几年内，国家分配大专毕业生和研究生，要满足海南省的需要。国家教委要组织若干重点大学的院系，对口支援海南大学和其他高等院校。劳动部和人事部要商海南省人民政府制定支援海南岛人才的办法，并组织实施。

海南建省后，广东省要一如既往地支持海南省的经济建设，特别在两省划分各项财经基数时，广东省对海南省要在合理的基础上多加照顾。

海南省的负责同志表示，要在中央、国务院的领导和全国各地区、各部门的支援下，加强广大干部的团结和各族人民的团结，奋发开拓，艰苦创业，扎实工作，为建设经济富庶、文教科技事业发达的新海南而努力。

国务院关于批转沿海地区对外开放工作会议纪要的通知

（国发〔1989〕5号）

现将《沿海地区对外开放工作会议纪要》转发给你们，请结合实际情况，认真贯彻执行。

一九八八年，实施沿海地区经济发展战略取得了良好的进展。沿海地区当前的任务是，要把坚定不移地抓好治理经济环境、整顿经济秩序和坚定不移地实施沿海地区经济发展战略密切结合起来，认真贯彻中央、国务院关于治理、整顿的决定，落实各项措施，要利用对外开放的条件和当前有利的国际环境，积极开展对外经济合作，大力发展"两头在外"，增加出口创汇，增加有效供给，缓解国内经济发展中遇到的暂时困难；并在治理、整顿中认真进行经济结构的调整，扎扎实实地发展外向型经济。各有关部门要积极支持沿海地区的工作，帮助其完成在国民经济发展中担负的繁重任务。

一九八九年一月十三日

沿海地区对外开放工作会议纪要

（一九八八年十二月四日）

一九八八年十二月一日到三日，国务院在北京召开沿海地区对外开放工作会议。参加会议的有沿海各省、自治区、直辖市、经济特区、北京市和国务院有关部门的负责同志。会议期间，中央和国务院领导同志会见了到会的地区和部门的负责同志，作了重要指示。田纪云同志主持了会议，并讲了话。座谈会着重讨论了在治理经济环境、整顿经济秩序中实施沿海地区经济发展战略的问题。纪要如下：

（一）

会议认为，一九八八年中央和国务院提出了沿海地区经济发展战略，并为实施这项战略做出一系列部署，经过各地方，各部门努力，贯彻执行情况是好的。

——投资环境得到较大改善，外商来华投资显著增长。到一九八八年十一月末，新批准外商投资项目四千八百零五个，比上年同期增长182%；外商实际投入二十一点二七亿美元，增长56.4%。外国大公司前来投资的意向增强，来自美国、日本的投资比上年增长一倍，台胞回大陆投资趋于活跃，外资投向发生了积极变化，新批准的项目中生产性项目占85%。已经投产、营业的外商投资企业，生产经营情况日益见好，预计全年的出口额可比上年翻一番。许多重要技术引进项目的国产化加快了进度。

——在外贸实行承包经营责任制的推动下，外贸出口稳定增长，沿海地区率先提前完成全年出口计划。出口产品结构继续改善，工业制成品所占比重由上年的61%提高到68%，机电产品出口预计全年可达四十多亿美元。"两头在外"上了路，今年头九个月进料加工和来料加工的进出口额比上年同期增长48%，其中进料加工贸易进出口额增长67%。

——处于沿海开放第一线的深圳、珠海、汕头、厦门经济特区，致力于壮大自身经济实力，打好外向型经济的基础，做到投入产出均衡发展。一九八八年生产增长较快，预计全年工业总产值可达一百五十亿元左右。出口额可达二十六亿美元，自产产品出口比重继续增加，效益逐步提高。海南经济特区的建设也已展开，一批基建设施建成投产。

——沿海地区经济发展战略的实施，进一步推动了沿海与内地开展技术协作、合资办厂、合作开发资源等方面的经济联合。沿海地区与四川省的经济技术协作项目，就有一千多项。深圳一九八八年新签内联合同一百六十六个，比上年同期增长二点七倍。

实践证明，中央和国务院提出的沿海地区经济发展战略，使沿海的经济发展在同世界经济的联系、同内地经济的结合上进入了更为密切的阶段，这对于全国的现代化建设有着极为重要的意义。

（二）

会议一致认为，治理经济环境、整顿经济秩序和实施沿海地区经济发展战略相互促进，将保证改革、开放和经济建设顺利健康地进行。

治理、整顿实质上是我国经济发展中一次必要的调整。这个任务的顺利完成，将给实施沿海地区经济发展战略创造良好的环境和条件；继续更好地实施沿海地区经济发展战略，发展外向型经济，也将有力地增强治理、整顿的手段和能力，促进这一任务的顺利完成。因此，沿海地区抓治理、整顿要坚定不移，实施沿海地区发展战略也要坚定不移。在实际工作中要善于把两者有机地结合起来，同时抓紧、抓好。沿海地区正在办和想要办的事情，凡不符合治理整顿要求的，就不要办了，要服从全国大局；凡对治理、整顿有利或者无碍的，可以继续办，有的可以放手去办。这次治理、整顿，与过去历次经济调整不同，是在对外开放的条件下进行的。处于对外开放前沿的沿海地区，要充分利用这个条件和当前较好的国际环境，积极开展对外技术合作，缓解国内经济发展中遇到的暂时困难。并通过治理、整顿，调整经济结构（包括产业结构、产品结构、投资结构、信贷结构等），促进外向型经济的发展。

当前，首先要把经济过热问题解决好，为此：

1. 坚决贯彻落实国务院关于清理基建项目，压缩投资规模，调整投资结构的规定，把过高的发展速度降下来。凡属资金、能源、运输、原材料等条件不能自行平衡，国家一时又无力支持的项目。坚决不上；非生产性项目和楼堂馆所等要下决心压缩。凡属有利于稳定的发展经济、增加有效供给、扩大出口创汇的项目和国家安排的重点项目，要优先保证。不能再靠铺摊子、扩大建设规模来发展生产，要充分利用和发挥现有基础的潜力，加强科技开发，改进经营管理，切实搞好内涵式扩大再生产。

2. 考虑到国家和地方的承受能力，当前要着重把现有沿海开放地区的事情办好，进一步总结经验，探索和解决好前进中的问题。

3. 要维护国家税法的严肃性。各地区、各部门都无权更改国家税法，不得乱开减免税收的口子。地方各级政府做出的减免税规定，凡违反国家税法规定和超越权限的，都要纠正。

4. 沿海开放地区的经济发展，要在提高劳动力素质、提高劳动生产率上下功夫，不能单靠大量增加劳动力来扩大生产。对吸收内地劳动力更要加以控制，严格管理。这个问题如果一放松，将会对经济和社会发展造成严重后果。

5. 在实施沿海经济发展战略中，涉及许多政策问题，实行"两头在外"、"大进大出"，必然会在国际市场引起竞争对手的注意，必须十分讲求策略。要多做少说，先做后说，有些事做了也不说，使我们在激烈的国际竞争中处于有利地位。

（三）

会议指出，必须千方百计争取一九八九年外贸出口持续稳定增长，努力提高"两头在外"产品在出口贸易中的比重。

一九八八年，沿海地区的外贸体制改革已经迈出了不小的步子，出口额有了明显增长。一九八九年外贸出口要继续采取积极的方针，力争持续增长，这是当前经济工作中的一项重要任务。无论是为了发展生产增加有效供给，改善国内市场供应，还是为了应付偿还外债高峰期的到来，都要求出口收汇保持一定的增长幅度。如果出现"滑坡"，势必加重治理、整顿的困难，不利于全国经济的稳定。为此，必须力保一九八九年外贸出口计划的完成。担负着发展外向型经济任务的沿海开放地区，更要为此做出积极贡献。

在治理环境、整顿秩序的形势下，实现一九八九年的外贸出口计划，必须坚持内外销统筹安排的原则：有些国内紧缺、需要进口的商品，禁止出口；有关国计民生的大宗资源性商品，严格按计划出口；有些国内外市场都需要的商品，要挤一部分出口；有些国内资源丰富，又不是十分必需的商品，要尽量多出口。特别要增加轻工、服装、加工食品、建筑材料、内装修材料、机电产品和家用电器等加工制成品和创汇农业产品的出口。并且要提高产品的质量档次，更新花色款式，保证交货期。要按照优化出口结构的要求，逐个商品进行研究排队，采取有效措施努力抓上去。要结合实施国家科委制订的"火炬计划"，把科技力量组织到拓展外贸出口中来，促进贸易、生产、科技三结合。搞好传统出口产品的升级换代，搞好国外适销产品的研制开发，从目前主要是出口资源性初级产品和简单加工制成品，向出口技术含量较高、加工增值较大的产品发展。

对于沿海开放地区来说，拓展出口的根本出路在于逐步把生产经营的两头放到国际市场上去，积极提高"两头在外"产品在出口贸易中比重。实现"两头在外"、"大进大出"需要有个过程，但从现在起就要大力发展轻纺产品、机电产品、金属制品等产品进料加工出口。经济特区、经济技术开发区更要走在前头。为了积极发展"两头在外"，会议提出以下意见：

1.《国务院关于沿海地区发展外向型经济的若干补充规定》（国发〔1988〕22号）第六条关于对外短期借款实行余额管理的规定，有助于解决进料加工出口周转用汇，建议中国人民银行按照各地的承受能力，适当扩大短期借款余额控制指标，进一步支持进料加工出口的发展。

2. 从国家全局出发，现行的外贸三项承包基数不能变动。地方和企业在完成外贸承包基数的前提下，另行自筹外汇资金安排专项进料加工出口收得的外汇，按扣除进料用汇（包括偿还外汇贷款本息）后的净创汇额，实行"倒二八"分成（缴二留八）。

3. 发展"两头在外"，要有领导、有计划地进行，不能一哄而起。建议对进口棉花、羊毛、石油等大宗原材料加工出口的业务，对经营彩电等"以出带进、以进养出"的业务，由经贸部和有关部门做出专项安排，择优定点，加强管理。建议经贸部会同有关部门，抓紧制订一套扶持进料加工出口的政策和相应的管理措施，报请国务院批准实施。

要结合治理环境、整顿秩序，进一步完善外贸体制改革，克服多头对外、经营紊乱的现象。对一九八八年新成立的地、市、县外贸公司，要进行清理整顿。经贸部将下达具体实施办法，各地务必抓好。今后进出口经营权主要授予那些有条件的大中型生产企业（企业集团），使之经营本企业的进出口业务，到国际市场上经风雨、创局面。要推行外贸代理制，由省级以上的外贸公司代理进出口业务，发挥它们的主渠道作用。有些地区实行的双轨承包制，即省级公司发挥外销经营优势，承包外贸"三项基数"；地、市、县和生产企业发挥供货优势，承包出口货源，双包共保，是一种好办法，要加以推广。要纠正那种不顾条件层层下放外贸经营权、层层承包的作法。

在认真清理整顿、加强外贸宏观管理的同时，要大力支持那些按照国家规定进行进出口贸易活动的外贸和工贸公司放手经营，开拓国际市场，对生产出口产品所需的原材料、能源、交通运输条件，应优先安排；国家的有关扶持政策应予落实兑现；有关的审批办事环节，应帮助疏通；配额和许可证管理，要引进竞争机制，做到科学化、法制化、公开化。把一切有利于扩大外贸出口的积极因素调动起来，争取实现出口创汇持续稳定增长。

（四）

会议指出，要坚持重实效、上水平，积极有效地吸收利用外商直接投资。举办外商投资企业，对于提高我国技术开发的起点，改进企业管理，促进产品更新换代，开拓出口渠道，获取国外经济信息有积极作用。随着我国投资环境的不断改善，北美、西欧和日本的一些大产业集团来华投资的意向增强，可望逐步办成一些把引进资金、技术和开拓国际市场捆在一起的好项目。根据当前压缩基建、控制信贷的要求，要积极有效地把吸收外商直接投资的工作做好。

要合理控制规模，坚持优选项目。一九八四至一九八七年，平均每年实际吸收外商直接投资十七点七五亿美元。根据当前的经济承受能力，今后两三年内可大体保持或略小于这个规模。重要的问题是认真优选项目，把我们有限的配套能力用到国民经济发展急需的项目上，新上的项目应是："两头在外"或使用我国比较丰富的原材料，产品70%以上出口的；能够带进来先进技术和科学管理经验，有利于我国产业结构调整和科技进步的；可以对现有轻工、纺织、机械企业进行技术改造，发展深加工产品和开发新产品的；以及高技术项目和能源、交通、基础原材料工业项目。要积极争取同拥有资金、技术实力的跨国公司合办一些国家鼓励引进、对发展经济作用较大的项目。

国家计委和地方计委要采取必要措施引导外资投向，并增强其透明度。

为了解决配套资金紧缺的困难，要多办些利用我方老企业原来的厂房、设备作为投资，嫁接国外资金、先进技术和管理经验的中外合资、合作经营企业。采取这种方式，既可以减少我方配套资金的投入，又可以促进企业技术改造。沿海各地要在现行财政体制范围内，根据当地经济发展和财政收入的情况，综合平衡，统筹安排，确定一批企业有计划地分期分批同外商合营。列入国家和地方计划内的新建和技改项目，也可以吸收外商投资。还可以鼓励多办一些外商独资经营企业。

要落实安排配套条件。中外合资、合作经营企业所需配套条件，包括配套资金，要分别纳入国家和地方的计划盘子。在国家和地方年度固定资产投资和流动资金信贷计划中，对于举办外商投资企业的配套资金要有适当安排，不要甩在计划盘子之外。此外，建议国家计委和中国人民银行仿照一九八七年的作法，一九八九年继续安排一块人民币贷款指标，用以支持技术水平较高、效益显著的外商投资项目。新上的外商投资项目，在审批前必须做好可行性研究，综合平衡所需建设和生产条件，不具备条件的，不能签约报批。外商投资项目的审批权，要严格按照国家规定办理，不能不顾条件层层下放，项目一经批准，就要认真履约。

要继续以软环境为重点改善投资环境。主要是简化办事程序，提高工作效率，改进公共服务，健全经济法制，保障企业依法行使自主权。对已经投产营业的外商投资企业，要千方百计提供其生产经营必需的条件，帮助解决实际困难。

要重视保护涉外项目，维护我国对外开放的形象和信誉，保持外商来华投资的好势头。在清理基建项目中，对于已经批准和在建的外商投资项目和外资贷款项目，只要条件落实，应当继续履约，对于已经批准可行性研究报告，并且具备建设和生产条件的项目，可以继续谈判签约；对于不符合国家规定，或不具备条件，需要停止工作的项目，应与外商投资者妥善洽商。做好工作，取得谅解。属于按我政府指令停建的项目，应按照法律和合同规定处理有关各方的损益问题。

（五）

沿海地区在发展外向型经济中，必须大力加强农业基础，抓紧粮食生产，发展创汇农业。在沿海经济蓬勃发展的形势下，某些地区农业滞后的现象值得引起高度重视。决不能认为工业有了很大发展、乡镇工业搞起来了，农业的基础地位就变了；决不能认为温饱问题基本解决了，农民收入明显增加了，农业问题就解决了；沿海开放地区人多地少，市场需求量大，农副产品又是工业发展的重要依托和出口创汇的重要货源，在发展外向型经济中对农业的振兴时刻不容忽视。要坚决贯彻落实全国农村工作会议的精神，加强农业基础地位，不断增强农业后劲。

沿海地区对粮食生产必须抓得很紧，尽可能提高粮食自给水平。目前沿海各地每年约需调入一千万吨（二百亿斤）粮食。完全靠进口，外汇支付能力有限，国际粮食市场风险也大；指望内地增加供应，粮源有困难，运输力量也不适应。而沿海地区粮食增产还有潜力可挖，当务之急是坚决稳住粮食种植面积，粮田一定不能再减。对于乱占耕地的现象，要采取法律手段、经济手段和行政手段坚决刹住。同时要多渠道增加对农业的资金投入，积极组织农民进行劳动积累，搞好农田基本建设，增强抗灾能力，提高单位面积产量，使粮食生产持续稳定增长。

农业副产品今后仍然是出口的重要货源，在调整出口产品结构的同时，要重视发展创汇农业。沿海地区气候好，地貌全，物种多，又有精耕细作的传统农艺。农业的深度开发大有可为。那些不适宜种粮的山地、丘陵、滩涂、水面，正好可以搞创汇农业。要坚持执行"贸工农"方针，发展水产养殖、造林种果、扩大草食畜类生产，并抓好产后加工、保鲜、贮藏，使农业的产业结构向多元化、多层次发展，增加出口创汇货源，使农民的收入年年稳定增长。

（六）

会议认为，树立全局观念，严格管理，加强监督，是顺利实施沿海地区经济发展战略的重要保证。

我国对外开放是同简政放权、发挥各级积极性相结合推进的。实践证明，这条路子适合我国幅员辽阔、地区经济差异较大的情况，但是与此同时，还必须加强宏观调控和管理。沿海地区经济发展战略所以是全国性的经济战略，在于通过加快沿海经济的发展来带动内地经济振兴。这个全局性的战略，要求沿海开放地区牢牢树立着眼全国，顾全大局，服从整体的观念，严肃认真地执行中央和国务院的决策。地方政府一方面要服从国家的宏观调控，另一方面又要在当地履行国家宏观调控的职能。正确的积极性要保护，开拓进取的精神要提倡，但决不允许搞"上有政策、下有对策"之类的不正之风。要通过治理、整顿，在广大干部的思想认识和实际行动上切实解决好这个问题。管理监督与放开搞活，是促进经济健康发展不能偏废的两个方面，在放开搞活的同时，必须相应采取有效的管理监督措施。尤其权力下放之后，地方各级政府的一个重要职责是强化管理监督。要进一步健全法制，严肃执行法纪、政纪、党纪，坚决做到令行禁止。要把管理监督部门和公、检、法力量组织起来，深入查处重大案件。处于对外开放前沿的沿海地区各级政府，要为政清廉，反对腐败现象，厉行勤俭节约，为广大干部群众作好表率，倡导良好的社会风尚。在群众中要加强思想教育，这是深化改革、扩大开放中带有根本性的建设。沿海地区都要研究在对外开放的条件下如何加强思想教育的问题，积极主动地做好思想政治工作。

当前治理、整顿任务十分繁重，实施沿海地区经济发展战略的国际机遇稍纵即逝，到会同志表示，一定要把这双重压力变成工作动力，走出新路子，开创新局面。

国务院批转一九九〇年经济特区工作会议纪要的通知

(国发〔1990〕32号)

国务院同意《一九九〇年经济特区工作会议纪要》，现转发给你们，请贯彻执行。

几年来，经济特区的开发建设，特别在发展外向型经济方面取得了显著成绩。实践证明，中央、国务院关于经济特区的基本政策和措施是正确的、成功的。

进一步办好经济特区，对于推动改革开放，扩大国际影响，具有重要意义，也是缓解当前暂时困难的一项重要措施。经济特区要继续坚持物质文明建设和社会主义精神文明建设两手抓，坚持四项基本原则，加强思想政治工作，保持正确的政治方向，在治理整顿和深化改革中求稳定、求提高、求发展。要积极吸收、利用外资和引进先进技术，更有效地扩展对外贸易和经济技术交流，把外向型经济提高到新水平。

广东、福建、海南三省人民政府和国务院有关部门要继续加强对经济特区的领导和指导，支持特区更好地发展外向型经济，充分发挥特区在对外开放中的窗口和基地作用。

一九九〇年五月二十八日

一九九〇年经济特区工作会议纪要

(一九九〇年三月二十日)

二月五日至八日，国务院在深圳召开经济特区工作会议，参加会议的有深圳、珠海、汕头、厦门、海南五个经济特区的负责同志，广东、福建、海南三省人民政府和国务院有关部门的负责同志。田纪云副总理主持了会议。二月八日，李鹏总理专程到会听取汇报，作了重要讲话。会议交流了各经济特区的工作情况，讨论了贯彻落实党的十三届五中全会精神，进一步抓好治理整顿和深化改革，更好地发展外向型经济，充分发挥对外开放窗口和基地作用问题。现纪要如下：

（一）

会议认为，一九八六年经济特区工作会议以来，特区按照国务院批准的工作方针，把经济工作重点从初创阶段的"搭架子、打基础"转到"抓生产、上水平、求效益"方面来，努力发展以工业为主、工贸结合的外向型经济，取得了显著成果，一九八九年五个经济特区工业总产值达到二百四十亿元，比一九八五年增长了二点四倍，初步形成了具有轻、小、精、新等特色的工业结构，成为我国地区经济发展最快的地方。外贸出口值达到三十八点五亿美元，占全国出口总额的8.9%。特区自产工业品出口率不断提高，接近40%，深圳已达到58.4%。实际吸收外商投资累计达到四十二亿美元，占全国的四分之一以上，外商投资从非生产性项目和一般加工项目向技术水平较高、规模较大的项目发展。随着经济的发展，特区的财政收入不断增加，外汇收支平衡并略有结余。经济特区在发展外向型经济的同时，积极开展与内地的经济联系。通过内联企业和多种合作方式传递信息、转移技术、拓展贸易、培训人员等，日益成为内地企业联系国际市场的重要窗口，在全国的经济生活中发挥了积极作用。实践说明，经济特区的发展方向是正确的，成绩是显著的，并且逐步摸索出一套建设特区的经验。应当认真总结这些宝贵经验，通过治理整顿和深化改革，把经济特区办得更好。

（二）

会议指出，经济特区要在治理整顿和深化改革中求稳定、求提高、求发展，积极吸收利用外资和引进先进技术，更有成效地扩展对外交易和经济技术交流，把外向型经济提高到新水平，在沟通内外经济技术联系，出信息、出技术、出经验、出人才和扩大出口创汇、增加社会积累等方面更好地为全国服务，在服务中进一步发展壮大。为此，要着重抓好以下几个方面的工作：

1. 把治理整顿和深化改革的方针具体贯彻落实到特区工作中去。今明两年全国经济工作总的要求是：加强治理整顿，进一步深化改革，使国民经济逐步走上持续、稳定、协调发展的道路。经济特区要引导广大干部群众把思想统一到五中全会精神上来，认真搞好治理整顿工作。要继续控制固定资产投资规模，按照发展外向型经济的要求，调整产业结构，引导投资方向。把有限的财力主要用在基础设施项目、产品出口项目和技术先进项目上，注重提高经济素质和投资效益。要严格按照国务院规定的政策，认真深入地做好整顿公司、整顿市场秩序的工作，使流通领域做到活而有序。要控制劳务费用的增长，提高劳动生产率，保持吸引外商投资的优势，提高产品外销的竞争能力。要立足于特区初步积累的经济实力，发挥处于对外开放前沿的有利条件，大力开拓外销市场。只要产品适销对路，企业经济效益好，生产发展速度可以而且应该比全国高一些，为国家克服当前的暂时困难做出贡献。海南特区的开发建设处于起步阶段，发展规划要有利于发挥自己的优势，有计划、有重点、有步骤地进行开发建设，国家继续从各方面给予支持。

2. 进一步改善投资环境，更有成效地吸收外商投资。通过吸收外商投资，带进资金、技术、管理经验和国际市场销售渠道，是发展外向型经济的重要媒介。特区要进一步把这个环节抓好，抓得更有成效。要按照国家吸收外资的产业政策和特区发展外向型经济的要求，引导外商投资方向。要在提高加工工业水平的基础上，有计划地引进一些原材料工业和基础元器件工业项目，增强产品的综合配套能力。要积极发展与国际上有经济技术和经营销售实力的大企业合作，争取兴办一批技术先进、效益较高、外销能力强的骨干项目。同时，还要继续举办"两头在外"、投资少、周期短、收效快的项目。

特区改善投资环境，首先要帮助已经投产开业的企业，特别是对外影响大、投资规模大的原材料、元器件工业企业，落实建设和生产经营条件。厦门特区还要重点帮助办好台商投资企业。要不断改进管理，简化办事程序，提高办事效率，为企业提供高质量服务；同时要强化监督机制，不断总结经验，提高监督管理水平。深圳、厦门等特区都面临着供电、供水、交通运输、通讯等基础设施亟待改善的问题，要搞好已经批准的机场、港口、电厂等重大设施项目的建设。要积极吸收外商投资搞基础设施，尽快使这方面条件有较大的改进。

3. 积极调整产业结构和产品结构，增强国际交换和竞争能力。特区要把发展外向型经济的步子迈得更大些，关键是拓展国际市场，扩大产品出口能力。要进一步提高特区自产产品的出口比重，对国际市场适销，国内原材料短缺的产品，应大力发展进料加工、来料加工、补偿贸易，实行"两头在外"，并努力提高净创汇率；对国际市场适销，国内原材料比较宽裕的产品，应组织深加工，实现高增值出口。

特区发展外向型经济，必须把提高经济效益放在首位，逐步实现由速度型向效益型转变。特区的产业结构和产品结构，不能停留在目前以劳动密集产业为主的状态，要大力推动科技进步，向技术密集产业转变。要总结推广办好集团企业的经验，培植一批工贸技结合的集团企业，把产品的开发和生产统一起来，把供销两头密切联系起来，形成关联企业协作配套的整体竞争能力。要联合内地企业和科研单位，搞好合作，加强应用技术的二次开发，创制新产品、新花色、新款式、新功能，把特区的产业和产品提高到一个新水平。深圳特区要进一步加强开拓海外市场的能力。逐步建立国际信息、销售网络，发展远洋贸易。发展在深圳接订单、搞开发、做设计，把加工制造向内地扩散的业务，更好地发挥窗口和基地作用。

特区要重视农业，尤其是海南特区。要有计划地组织农业开发，发展创汇农业产品。注意保护耕地，保护农业生态环境。

4. 适应发展外向型经济的需要，继续深化改革，建立有效的宏观调控机制和富有活力的企业经营机制。

特区经济是国家有计划的商品经济的组成部分，特区经济运行机制同样要实行计划经济与市场调节相结合的原则。由于特区的主要任务是发展外向型经济，市场调节的作用要发挥得更充分一些，调节的范围可以大一点，方式可以灵活一点。加强计划指导和宏观调控，正是为了引导特区经济向外向型发展。特区的经济体制改革要遵循这一方向进一步深入和完善。正在进行的各项改革措施,要继续深入探索,不断总结经验。在搞活经济、增强企业自我发展活力的同时,必须把宏观管理抓好,强化企业自我约束机制,以有效的管理调控,指导和促进开放搞活。要进一步加强经济法规建设,使特区经济管理逐步实现制度化、法规化。

(三)

会议强调,加强社会主义精神文明建设是特区建设的一个重要方面。特区的干部在频繁的对外经济交往中,在吸收利用外资、学习国外先进技术和管理经验的同时,政治上必须保持清醒的头脑。要坚持四项基本原则,加强思想政治工作,保持正确的政治方向。对敌对势力的"和平演变"阴谋,对资产阶级自由化,对腐朽生活方式的侵蚀,要保持高度的警觉,进行有效的斗争。

要加强党的建设,发挥党组织的战斗堡垒作用,发扬密切联系群众的优良作风,深入进行思想政治教育。各级领导干部要带头学好马列著作、毛泽东著作和邓小平著作,理论联系实际,经常深入基层,深入群众,发扬求实精神,指导特区各项建设。要发扬勤俭建国、艰苦奋斗的优良传统,加强廉政建设,建立和完善民主监督制度,克服消极腐败现象。

要普及和提高文化科学教育,加强职业道德建设,倡导移风易俗。对社会上出现的"六害"和各种丑恶现象,要运用法律的、教育的武器予以扫除,常抓不懈。对海外黑社会的渗入,必须密切注视,坚决打击,解决在萌芽状态。特区在经济不断繁荣,人民生活不断提高的同时,要努力创造一个安定的社会环境,使人民安居乐业、使投资者放心,更好地显示出社会主义精神文明的新风貌。

(四)

会议强调,要继续认真执行中央和国务院制定的对经济特区各项特殊政策措施。各级有关部门在制定经济管理具体措施时,应从特区的实际情况出发,允许其有一定灵活性,支持特区更好地发展外向型经济。根据党的十三届五中全会提出的"经济特区和沿海开放地区的基本政策措施不变,并在实践中逐步加以完善"的精神,针对当前实际工作的需要,会议明确以下各点:

1. 特区固定资产投资规模控制和建设项目审批权限,仍按国务院对经济特区的现行规定执行(深圳等四个特区按国发〔1986〕21号和国发〔1988〕22号文件,海南特区按国发〔1988〕24号文件)。对于符合产业政策、有利于特区改善产业结构,经济效益好的项目,投资规模指标不足时,特区可报请国家计委适当调整增加。在国家计划确定的投资总规模内,符合国家的产业政策,经批准可行性研究报告的外商投资企业的开工,由特区自行决定。但对我内地单位在海外及港澳地区兴办企业的法人代表,返回内地投资的企业开工,仍需按原有规定程序报批。

2. 为了与特区投资项目审批权限相衔接,特区人民政府审批出让国有土地使用权的批准权限为耕地一千亩以下或其他土地二千亩以下。超过限额,应经省报国务院审批。

3. 年度人民币信贷计划,深圳继续实行切块安排,厦门、珠海、汕头特区仍实行戴帽下达的办法。请中国人民银行总行根据经济特区经济发展的实际需要,适当增加与外商投资配套的资金和流动资金贷款指标。年度外汇信贷管理办法不变,请中国银行根据特区外汇存款增加情况,对效益好的重点项目所需外汇贷款给予支持安排。

特区自借自还的对外借款,仍按现行办法实行国家计划指标控制。筹借商业贷款需要担保的,可商请中国银行或经批准的其他金融机构承保,也可由各特区指定一家外汇资金充足、对外信誉良好的特区金融性企业经国家外汇管理局批准后,对外承保。

4. 特区一般贸易收汇仍实行按净创汇"倒二八"分成的办法。为解决计算分成、结算留成外汇时间过长,影响外汇周转速度的问题,可采取预拨留成外汇的办法。由当地外汇管理部门按上一个月机电产品收汇的100%、其他商品收汇的80%预拨留成外汇,每季结算,多退少补。特区经营进口业务的企业和以进养出的生产企业的留成外汇,可申请当地外汇管理部门,将部分留成外汇买成现汇,用于经常性的外汇资金周转。卖汇总额由当地外汇管理部门报国家外汇管理部门批准。

5. 特区进口属于国家实行配额和许可证管理的生产性物资,深圳、厦门和海南特区每年按实际需要直接向国家有关主管部门申报计划。珠海、汕头特区应先向省申报计划,经平衡后再向国家有关主管部门申报、戴帽下达,在批准数额内,领取进口许可证并组织进口。

继续允许特区外贸企业、工贸企业自营特区自产产品(除统一经营的一类商品外)出口,适当增加特区自产产品出口配额和许可证数额,并简化审批办证手续,经贸部驻广东特派员办事处派出小组到珠海、汕头两特区就地发证。对已批准的外商投资企业的产品,因出口商品类别和实行许可证的商品范围调整,应本着重合同、守信誉,不追溯既往的原则,尽力保证其按批准的生产规模领证出口。

6. 允许深圳在海关的保税仓库制度基础上,试办保税生产资料市场,统一组织生产资料进口,供应特区内企业,以逐步改变由于各企业自行零星进口而产生的难以集中管理、外商钻空子转移利润等弊端。具体实施和管理办法,由国务院特区办公室会同经贸部、物资部、海关总署和国务院机电产品进口审查办公室等部门商订。

附录五

有关经济特区工作机构负责人员名单

(1979—1990年)

中共深圳市委

第一书记　吴南生（1980年6月至1981年2月）
　　　　　梁　湘（1981年2月至1981年10月）
常务书记　张勋甫（1980年6月至1981年10月）
书　　记　黄施民（1980年6月至1981年10月）
　　　　　罗昌仁（1980年6月至1981年10月）
　　　　　贾　华（1980年6月至1981年10月）
　　　　　秦文俊（1980年6月至1981年10月）
　　　　　方　苞（1980年6月至1981年10月）
　　　　　梁　湘（1981年10月至1986年5月）
　　　　　李　灏（1986年5月——　）
副书记　　周　鼎（1981年10月至1986年7月）
　　　　　李　灏（1985年8月至1986年5月）
　　　　　秦文俊（1986年7月至1987年12月）
　　　　　周溪舞（1986年7月至1987年12月）
　　　　　郑良玉（1990年12月——　）
　　　　　厉有为（1990年12月——　）
常　　委　丁励松（1980年6月至1981年10月）
　　　　　司马鲁（1980年6月至1981年10月）

周溪舞（1981年10月至1986年7月）
方　苞（1981年10月至1983年12月）
罗昌仁（1981年10月至1986年7月）
刘　波（1981年10月至1986年7月）
林　江（1981年10月至1983年8月）
叶澄海（1982年9月至1983年3月）
邹尔康（1983年7月至1988年6月）
沈士义（1983年10至1984年9月）
闻贵清（1984年9月至1987年12）
乔胜利（1984年9月至1986年7月）
张政锦（1984年9月至1986年6月）
黄继友（1986年6月至1987年12月）
李海东（1986年7月——　）
虞德海（1986年7月至1987年12月）
林祖基（1988年12月——　）
古志德（1989年7月至1990年12月）
王众孚（1990年12月——　）
杨广慧（1990年12月——　）
张中林（1990年12月——　）
梁达均（1990年12月——　）
李容根（1990年12月——　）
陈德贻（1990年12月——　）

深圳市人民政府

市　长　梁　湘（1981年2月至1985年8月）
　　　　李　灏（1985年8月至1990年5月）
　　　　郑良玉（1990年5月——　）
副市长　周　鼎（1981年2月至1986年7月）

周溪舞（1981 年 2 月至 1990 年 12 月）

罗昌仁（1981 年 2 月至 1986 年 7 月）

叶澄海（1983 年至 1984 年）

甄锡培（1983 年 7 月至 1986 年 7 月）

李广镇（1984 年 4 月——　）

李传芳（1984 年 6 月——　）

吴小兰（1985 年 6 月至 1986 年 7 月）

邹尔康（1986 年 7 月至 1988 年 6 月）

朱悦宁（1986 年 7 月——　）

张鸿义（1986 年 7 月——）

王众孚（1990 年 11 月——　）

林祖基（1990 年 12 月——　）

中共珠海市委

市委书记　吴健民（1979 年 1 月至 1984 年 1 月）
　　　　　方　苞（1984 年 2 月至 1986 年 12 月）
　　　　　梁广大（1987 年 2 月——　）
副书记　麦庚安（1979 年 1 月至 1986 年 10 月）
　　　　　甘伟光（1979 年 2 月至 1983 年 5 月）
　　　　　关守义（1980 年 10 月至 1984 年 2 月）
　　　　　孙　仁（1980 年 10 月至 1985 年 9 月）
　　　　　凌伯棠（1982 年 7 月至 1983 年 3 月）
　　　　　何仲云（1983 年 5 月至 1991 年 5 月）
　　　　　梁广大（1983 年 10 月至 1986 年 12 月）
　　　　　黄　静（1986 年 10 月——　）
常　委　欧　培（1979 年 2 月至 1980 年 9 月）
　　　　　罗　知（1979 年 2 月至 1984 年 2 月）
　　　　　何　海（1979 年 2 月至 1980 年 9 月）

李长青（1979 年 2 月至 1980 年 9 月）

杨其汉（1979 年 2 月至 1980 年 9 月）

李　洲（1979 年 2 月至 1980 年 4 月）

高　勋（1980 年 10 月至 1984 年 2 月）

李根深（1980 年 10 月至 1984 年 2 月）

牛清臣（1980 年 10 月至 1989 年 6 月）

曾德锋（1980 年 10 月至 1986 年 9 月）

刘文耀（1984 年 2 月至 1986 年 3 月）

李焕池（1986 年 3 月——　）

张耀中（1986 年 3 月——　）

肖时照（1986 年 3 月至 1989 年 4 月）

余炳林（1986 年 10 月至 1989 年 6 月）

谢金雄（1989 年 4 月——　）

赵资贤（1989 年 4 月——　）

卢炳雄（1989 年 5 月——　）

高存亮（1990 年——　）

珠海市人民政府

市　长　吴健民（1980 年 12 月至 1983 年 7 月）

　　　　凌伯棠（1982 年 7 月至 1983 年 3 月）

　　　　梁广大（1983 年 10 月——　）

副市长　向　真（1980 年 10 月至 1984 年 6 月）

　　　　孙　仁（1980 年 11 月至 1984 年 6 月）

　　　　欧　培（1980 年 11 月至 1984 年 6 月）

　　　　苏　标（1980 年 11 月至 1984 年 6 月）

　　　　朱创和（1980 年 11 月至 1984 年 6 月）

　　　　何仲云（1984 年 6 月至 1991 年 5 月）

　　　　黄　健（1984 年 6 月至 1986 年 11 月）

陈焕礼（1984年6月—— ）

黎元泰（1984年6月至1986年11月）

林保万（1986年3月—— ）

陈景棠（1986年11月至1991年5月）

谢金雄（1986年11月至1991年5月）

曾德锋（1986年11月—— ）

雷于蓝（1986年11月—— ）

余炳林（1989年5月—— ）

蔡光成（1990年11月—— ）

中共汕头经济特区委员会

书　记　刘　峰（1983年10月至1990年4月）

　　　　　吴　波（1990年4月—— ）

副书记　李焕然（1986年8月—— ）

　　　　　陈序藩（1986年8月—— ）

　　　　　吴　波（1988年7月至1990年4月）

委　员　杨　峰（1983年10月至1986年8月）

　　　　　方克森（1984年8月—— ）

　　　　　麦友直（1986年8月—— ）

　　　　　李景熙（1986年8月—— ）

　　　　　郑茂生（1987年8月—— ）

　　　　　杨辟明（1988年11月—— ）

　　　　　林启东（1989年3月—— ）

　　　　　陈书燕（1989年3月—— ）

汕头经济特区管理委员会

主　任　刘　峰（1981年10月至1988年7月）

　　　　　吴　波（1988 年 7 月——　　）
副主任　杨　峰（1982 年 1 月至 1986 年 8 月）
　　　　　郑旭初（1982 年 1 月至 1983 年 10 月）
　　　　　陈序藩（1983 年 10 月至 1986 年 8 月）
　　　　　陈作民（1983 年 11 月至 1986 年 8 月）
　　　　　方克森（1984 年 7 月——　　）
　　　　　李焕然（1986 年 8 月——　　）
　　　　　麦友直（1986 年 8 月——　　）
　　　　　郑茂生（1987 年 8 月——　　）
　　　　　李景熙（1989 年 10 月——　　）

中共厦门市委

第一书记　陆自奋（1979 年 11 月至 1984 年 12 月）
书　　记　吴星锋（1979 年 11 月至 1983 年 1 月）
　　　　　邹尔均（1984 年 12 月至 1987 年 1 月）
　　　　　王建双（1987 年 1 月至 1980 年 4 月）
　　　　　石兆彬（1990 年 4 月——　　）
副 书 记　李振经（1979 年 11 月至 1983 年 1 月）
　　　　　张德贞（1979 年 11 月至 1983 年 1 月）
　　　　　何　真（1979 年 11 月至 1983 年 1 月）
　　　　　王成秀（1980 年 9 月至 1983 年 1 月）
　　　　　余　明（1981 年 5 月至 1983 年 1 月）
　　　　　肖　枫（1981 年 5 月至 1983 年 1 月）
　　　　　洪文广（1981 年 5 月至 1983 年 1 月）
　　　　　王一士（1981 年 8 月至 1983 年 1 月）
　　　　　邹尔均（1981 年 8 月——　　）
　　　　　王金水（1983 年 1 月——　　）
　　　　　李秀记（1984 年 9 月——　　）

　　　　　李　力（1984年9月——　）
常　　委　姜文亭（1979年11月至1980年9月）
　　　　　麻善官（1979年11月至1980年4月）
　　　　　张可同（1979年11月至1989年1月）
　　　　　王允晓（1979年11月至1983年1月）
　　　　　张竹三（1979年11月至1983年1月）
　　　　　张　夹（1979年11月至1983年1月）
　　　　　林　源（1979年11月至1988年4月）
　　　　　张振福（1982年6月至1984年12月）
　　　　　王智志（1982年6月至1983年12月）
　　　　　施能鹤（1982年6月至1983年1月）
　　　　　李　力（1983年1月至1984年2月）
　　　　　杨华基（1983年1月至1983年8月）
　　　　　张德明（1983年12月至1986年1月）
　　　　　李秀记（1984年2月至1984年9月）
　　　　　蔡景祥（1984年2月至1990年10月）
　　　　　柯雪琦（女）（1984年9月至1988年4月）
　　　　　刘　丰（1984年12月——　）
　　　　　赵克明（1984年12月至1990年6月）
　　　　　习近平（1985年7月至1988年7月）
　　　　　张仁育（1986年1月至1990年10月）
　　　　　张绪海（1990年6月——　）
　　　　　陈维钦（1990年6月——　）
　　　　　杜明聪（1990年6月——　）
　　　　　吴青田（1990年10月——　）

厦门市人民政府

市　　长　吴星锋（1980年5月至1983年1月）

　　　　　邹尔均（1983年1月至1983年3月代）

　　　　　（1983年3月——　）

副市长　何　真（1980年5月至1983年3月）

　　　　　张可同（1980年5月至1984年9月）

　　　　　张振福（1980年5月至1983年3月）

　　　　　林　源（1980年5月至1983年3月）

　　　　　姜文亭（1980年5月至1980年9月）

　　　　　姜锡琼（1980年5月至1983年3月）

　　　　　王金水（1980年5月至1987年3月）

　　　　　江　平（1980年5月至——　）

　　　　　黄长溪（1980年5月至1983年3月）

　　　　　庄云灏（1980年5月至1983年3月）

　　　　　施能鹤（1981年5月至1983年3月）

　　　　　王一士（1981年8月至1983年3月）

　　　　　邹尔均（1981年8月至1983年1月）

　　　　　李秀记（1983年3月——　）

　　　　　陈植汉（1983年3月至1987年3月）

　　　　　柯雪崎（女）（1983年3月至1987年12月）

　　　　　张其华（1983年3月至1985年6月）

　　　　　洪文广（1983年3月至1985年9月）

　　　　　叶树亮（1984年2月至1987年12月）

　　　　　毛涤生（1984年9月至1987年12月）

　　　　　安　黎（1984年12月至1986年2月）

　　　　　邢国华（1985年1月至1987年12月）

　　　　　习近平（1985年6月至1988年7月）

　　　　　朱亚衍（1987年12月至1988年7月）

　　　　　张宗绪（1987年12月——　）

　　　　　蔡望怀（1987年12月——　）

　　　　蔡景祥（1990年10月—— ）

中共海南省委

书　记　许士杰（1988年9月至1990年7月）
　　　　邓鸿勋（1990年7月—— ）
副书记　梁　湘（1988年9月至1989年9月）
　　　　刘剑锋（1988年9月—— ）
　　　　姚文绪（1988年9月至1991年5月）
常　委　鲍克明（1988年9月—— ）
　　　　缪恩禄（1988年9月至1991年5月）
　　　　王越丰（1988年9月至1991年5月）
　　　　刘桂楠（1988年9月至1989年4月）
　　　　韦泽芳（1988年9月—— ）
　　　　李志民（1988年9月—— ）
　　　　庞为强（1989年4月至1990年8月）
　　　　肖旭初（1990年8月—— ）

海南省人民政府

省　长　梁　湘（1988年8月至1989年9月）
　　　　刘剑锋（1989年9月—— ）
副省长　鲍克明（1988年8月—— ）
　　　　孟庆平（1988年8月—— ）
　　　　王越丰（1988年8月至1991年5月）
　　　　辛业江（1988年8月—— ）
　　　　邹尔康（1988年8月至1990年2月）

国务院特区办公室

主　任　何椿霖（1984年7月—— ）

副主任　胡光宝（1984年10月——　）

　　　　张　戈（1984年10月至1990年4月）

　　　　赵云栋（1986年3月——　）

　　　　陈顺恒（1990年4月——　）

广东省经济特区管理委员会

主　　任　吴南生（1980年5月——　）

第一副主任　梁　湘（1981年5月——　）

副 主 任　王　宁（1980年5月——　）

　　　　　曾定石（1980年5月——　）

　　　　　秦文俊（1980年5月——　）

　　　　　黄施民（1982年1月——　）

秘 书 长　丁励松（1982年1月——　）

广东省特区办公室

主　　任　叶澄海（1983年6月至1984年9月）

　　　　　丁励松（1984年9月至1988年2月）

　　　　　张富堂（1988年4月至1989年9月）

　　　　　黎子流（1989年12月至1990年4月）

副主任　李世平（1983年6月至1985年9月）

　　　　李珠镜（1983年6月——　）

　　　　王志义（1985年4月至1988年1月）

　　　　蔡常今（1986年8月——　）

福建省特区办公室

主　　任　林铭侃（1988年1月——　）

副主任　张明炀（1987年4月至1989年11月）

高洁光（1988年5月至1989年12月）

张　健（1989年11月——　）

李朝阳（1989年11月——　）

附录六

参观访问经济特区的外国贵宾

（1981—1990 年）

亚　洲

香港地区

　　总　督　麦理浩（1981 年 12 月 30 日，到深圳）

　　总　督　尤　德（1982 年 8 月 12 日，到深圳）

　　总　督　卫奕信（1988 年 3 月 3 日，到深圳；1988 年 11 月 6 日，到厦门）

澳门地区

　　总　督　高斯达（1981 年 10 月 22 日，到珠海）

　　总　督　马俊贤（1987 年 2 月 27 日，到珠海）

　　总　督　文礼治（1988 年 7 月 31 日，到珠海）

朝鲜民主主义人民共和国

　　最高人民会议常设会议议长　杨亨燮

　　　　　　　　　　　　　（1983 年 7 月 12 日，到深圳）

　　政务院副总理兼外长　金泳南

　　　　　　　　　　　（1984 年 2 月 19 日，到深圳）

日本国

　　前外长　大来佐武郎（1984 年 5 月下旬，到深圳）

　　公明党委员长　竹入义胜（1984 年 10 月 16 日至 17 日，到深圳）

越南社会主义共和国

黄文欢（1983年12月1日，到深圳）

民主柬埔寨

  主　席　诺罗敦·西哈努克亲王

    （1983年12月20日，到厦门；1986年1月18日至25日，到深圳、珠海）

  总　理　宋双

    （1983年12月20日，到厦门；1985年5月15日，到深圳）

  副主席　乔森潘（1983年12月20日，到厦门）

新加坡共和国

  总　理　李光耀

    （1980年11月22日，到厦门；1985年9月23日至25日，到厦门、深圳；1988年9月22日，到深圳；1990年10月22日，到厦门；1990年10月23日，到深圳）

菲律宾共和国

  参议院副主席·金戈纳（1988年4月4日，到珠海）

  总　统　科·阿基诺（1988年4月14日，到厦门）

印度尼西亚共和国

  总　统　苏哈托（1990年11月18日，到深圳）

孟加拉人民共和国

  总　统　侯赛因·艾尔沙德（1985年7月8日至9日，到深圳）

斯里兰卡民主社会主义共和国

  总　理　普协马达萨（1988年9月25日，到深圳）

缅甸联邦社会主义共和国

  副总理　吴吞丁（1984年6月25日，到深圳）

  副总统　吴山友（1984年11月5日，到深圳）

  总　理　吴貌貌卡（1986年4月17日，到深圳）

泰王国

  泰中友协主席　差猜·春哈旺（1984年11月18日，到深圳）

上议院议长　乌吉·蒙空维纳（1985年8月7日，到深圳）

副总理　蓬沙拉信（1987年6月，到深圳）

马来西亚

总　理　马哈蒂尔（1985年11月27日，到深圳）

科威特国

议　长　阿德萨（1984年8月中旬，到深圳）

也门民主人民共和国

总　理　努　曼（1987年3月17日，到珠海）

阿拉伯也门共和国

副总理　阿塔尔（1987年4月，到深圳）

阿拉伯叙利亚共和国

议　长　卡杜拉（1988年8月24日，到深圳）

土耳其共和国

总　理　图尔古特·厄扎尔（1985年10月4日，到深圳）

副总理　埃尔代姆（1985年10月13日，到深圳）

欧　洲

欧洲议会　议　长　卡尔·阿伦斯（1985年11月3日，到深圳）

欧洲议会　议　长　路易·戎（1988年5月18日，到深圳）

挪威王国

首　相　科勒·维洛克（1984年11月22日，到深圳）

首　相　布伦兰特（1988年1月24日，到深圳）

芬兰共和国

议会议长　埃尔基·毕斯蒂宁（1985年1月22日，到深圳）

总　理　索尔萨（1986年9月18日，到深圳）

芬兰共产党主席　阿尔托率团（1987年1月12日，到深圳）

总　统　毛诺·科伊维斯（1988年10月16日至17日，到深圳）

冰岛共和国

总　理　赫尔曼松（1986年10月21日至22日到深圳）

苏维埃社会主义共和国联盟

部长会议第一副主席　伊·瓦·阿尔希波夫

（1984年12月25日至26日，到深圳）

部长会议第一副主席　马斯柳科夫（1988年6月5日，到深圳）

部长会议副主席　鲍·列托尔斯特赫（1988年11月10日，到深圳）

波兰人民共和国

部长会议副主席　雅努什·奥博多夫斯基

（1985年4月2日，到深圳）

部长会议主席　梅斯内尔（1988年6月8日，到厦门）

捷克斯洛伐克社会主义共和国

总　理　什特劳加尔（1987年4月，到深圳）

捷克斯洛伐克共产党中央政治局委员　比拉克

（1988年3月25日，到深圳）

德意志民主共和国

部长会议副主席　舒尔策（1985年4月28日，到深圳）

德国统一社会党总书记　赫尔曼·拉克森

（1988年4月8日，到深圳）

大不列颠及北爱尔兰联合王国

前首相　希　思（1985年4月19日，到深圳）

前首相　威尔逊（1985年5月14日，到深圳）

荷兰王国

议会议长　丁克·多尔罗

（1985年10月1日，到深圳）

西班牙

参议院议长　何塞·费·德卡凡哈尔

（1985年8月27日，到珠海）

葡萄牙共和国

总　　统　埃亚内斯（1985年5月26日，到珠海）

总　　理　席瓦尔（1987年4月17日，到珠海）

奥地利共和国

副总理兼工商部长　诺贝特·施特格尔

（1983年10月30日，到深圳）

意大利共和国

参议院议长　弗朗西斯科·科西嘉

（1984年9月15日，到深圳）

马耳他共和国

总　　统　阿加诺·巴巴拉女士（1985年9月1日，到厦门）

南斯拉夫社会主义联邦共和国

南共联盟中央主席　马尔科维齐（1984年5月23日，到深圳）

联邦主席团主席　拉多万·伊多维齐（1986年4月6日，到深圳）

保加利亚人民共和国

国民议会主席　托罗夫（1985年11月9日，到厦门）

非　洲

塞拉利昂共和国

总　　统　史蒂文林（1985年3月29日，到厦门）

佛得角共和国

议会议长　阿比利澳·杜阿尔特（1984年8月，到深圳）

贝宁人民共和国

总　　统　马蒂厄·克雷库（1986年10月17日，到深圳）

坦桑尼亚联合共和国

总　　理　萨利姆·艾哈迈德（1984年9月23日，到深圳）

副总统　姆维尼（1985年4月17日，到厦门）

坦桑尼亚革命党总书记　拉希迪·卡瓦瓦

（1985年5月16日，到深圳）

第一副总统兼桑给巴尔总统　伊德里斯·阿卜杜勒·瓦基勒

（1990 年 6 月 23 日，到汕头）

加蓬共和国

　　总　　统　邦　戈（1987 年 2 月 20 日，到深圳）

赞比亚共和国

　　联合民族独立党总书记　祖　卢（1986 年 6 月 21 日，到深圳）

　　总　　统　卡翁达（1988 年 3 月 3 日，到深圳）

莫桑比克人民共和国

　　总　　理　马顺戈（1987 年 11 月 5 日，到深圳）

科摩罗伊斯兰联邦共和国

　　总　　统　艾哈迈德·阿卜杜拉曼（1988 年 11 月 17 日，到海南）

大 洋 洲

澳大利亚联邦

　　副总理兼商贸部长　鲍吞（1984 年 6 月 13 日，到深圳）

　　联邦议会议长　格拉斯·麦克莱（1985 年 7 月 9 日，到深圳）

　　总　　理　霍　克（1986 年 5 月 24 日，到厦门）

瓦努阿图共和国

　　总　　统　蒂马卡塔（1990 年 10 月 16 日，到海南）

北 美 洲

加拿大

　　参议院议长　莫里埃·里尔（1984 年 3 月 28 日，到深圳）

　　众议院议长　劳埃德·弗朗西斯（1984 年 3 月 28 日，到深圳）

　　总　　督　让娜·索维（1987 年 3 月 22 日，到厦门）

　　参议院议长　夏博诺（1987 年 4 月，到深圳）

美利坚合众国

前总统　尼克松（1985年9月8日，到厦门）

副总统　乔治·布什（1985年10月18日，到深圳）

南美洲

牙买加

　　副总理兼外长　休劳森·布勒

　　　　　　　　（1985年6月6日，到深圳）

特立尼达和多巴哥共和国

　　总　理　乔治·钱伯斯（1985年7月18日，到深圳）

哥伦比亚共和国

　　众议院议长　奥瓦列（1987年6月，到深圳）

　　参议院议长　佩雷斯（1987年7月，到深圳）

　　自由党主席　桑佩尔（1987年7月，到深圳）

委内瑞拉共和国

　　众议院议长　罗德里格斯（1987年4月，到深圳）

圭亚那合作共和国

　　副总统　比什韦活·拉姆萨罗谱（1984年7月23日，到深圳）

　　副总理　哈斯林·帕里斯（1988年6月1日，到深圳）

秘鲁共和国

　　部长会议主席　路易斯·阿·卡斯特罗

　　　　　　　　（1986年6月18日，到深圳）

巴西联邦共和国

　　众议院议长　乌·古马良斯（1985年12月11日，到深圳）

阿根廷共和国

　　众议院议长　胡安·为列塞（1985年5月15日，到深圳）

　　阿根廷共产党总书记　阿托斯·法瓦

　　　　　　　　（1988年3月22日，到深圳）